전정6판

영업점 컴플라이언스 오피서(보험편)

Compliance Officer

한국금융연수원

발간사

금융업은 고객의 신뢰를 바탕으로 운영되기 때문에 다른 어느 업종보다도 건전성과 윤리성이 중요합니다. 이러한 속성 때문에 금융회사가 불법행위를 하거나 기업윤리에 어긋나는 행위를 하면 법적인 책임은 물론 사회문제로까지 비화되는 경우도 있어 금융회사의 효과적인 준법감시 시스템은 금융소비자의 신뢰를 확보하는 데 중요한 역할을 합니다.

한국금융연수원은 금융권의 내부통제 강화 및 준법감시문화 정착에 기여하고자 2009년부터 「영업점 컴플라이언스 오피서(Compliance Officer)」 도서를 발간하여 금융회사들로부터 많은 호응을 받고 있습니다.

그러나 기존 도서는 은행권역을 중심으로 내용이 구성되어 있고, 시중에는 증권 및 보험분야의 컴플라이언스 관련 도서가 없어, 차제에 은행 · 증권 · 보험의 각 업권별 업무특성 및 컴플라이언스의 강조점을 반영하여 기 출간된 「영업점 컴플라이언스 오피서」 상 · 하권을 「공통편」, 「은행편」, 「증권편」, 「보험편」으로 확대 개편하여 발간하게 되었습니다.

본 도서의 발간으로 금융회사의 내부통제 역량이 더욱 강화되어 금융사고의 사전예방은 물론, 투명경영 및 윤리경영을 통하여 금융회사들이 금융소비자인 국민들로부터 더욱 사랑과 신뢰를 받을 수 있게 되기를 기대합니다.

끝으로 본 도서 집필을 위하여 애써주신 SC제일은행의 김종천 부장님, 중소기업은행의 민병조 팀장님, 전국은행연합회 김대현 차장님, 미래에셋증권의 조창훈 과장님, 하나대투증권의 백승엽 부부장님, AIA생명보험의 이근택 준법감시인님, 동부생명보험의 이진우 과장님께 깊은 감사의 말씀을 드립니다.

2011년 7월

한국금융연수원 원장 김 윤 환

머리말

『영업점 컴플라이언스 오피서』의 발간으로 국내 최초의 체계화된 컴플라이언스 이론서가 도입된 지 얼마 지나지 않아 보험, 증권, 은행편으로 세분화된 이론서를 발간하게 되어 매우 기쁘게 생각한다. 아울러 이러한 역사적인 저술작업에 동참하게 된 것을 무한한 영광으로 받아들인다.

금융 분야는 각각의 업종에 따라 그 영업방식이 매우 다르고 이에 따라 규제환경도 업(業)의 특성을 반영하여 별도로 구분되어 있다. 따라서 컴플라이언스에 대한 일반적인 개념과 이론을 습득하였더라도 개별 금융회사의 영업방식과 업무 프로세스 및 사업 특성을 이해하지 않고서는 완벽한 컴플라이언스 체계를 구축하기 힘든 것이 사실이다.

이에 보험편을 다루고 있는 본서에서는 보험업의 특성과 일반 이론에서부터 시작하여 보험영업, 계약관리, 상품개발, 고객정보보호, 공시, 자산운용, 기타 업무 및 자금세탁방지에 이르기까지 일반적인 보험회사가 다루고 있는 거의 모든 분야의 컴플라이언스 업무를 기술하였다.

보험업은 크게 생명보험과 손해보험업으로 구분되지만 세부적으로는 재보험, 해양보험, 자동차보험 등 타 분야와 구별되는 전문성을 갖는다. 그렇지만 각 분야별로 깊이 있는 내용을 다루기는 현실적으로 매우 어려운 것이 사실이다. 이는 또한 자격검정시험의 교재로도 쓰이는 본서의 용도를 고려할 때 다소 취지와 맞지 않는 부분도 있다. 그래서 가능하면 실무적인 내용을 다루면서도 일반적인 범주와 내용에 크게 어긋나지 않으려고 노력했음을 감안해주었으면 하는 바람이다.

보험업은 매우 오래된 역사를 가지고 있으며 인간의 질병, 재해, 사망뿐 아니라 경제활동으로 인해 발생하는 모든 손해까지 다룬다. 때문에 어떤 업종보다도 우리 사회에 미치는 영향이 크다고 할 것이다. 또한 보험은 기존의 전통적인 보장의 영역에서 변액보험, 지수연계형 보험 등 새로운 상품 영역으로 발전하고 있으며 판매채널도 대면채널에서 방카슈랑스, 통신판매 등으로 진화를 거듭하고 있다. 이러한 시대적 추세에 부응하기 위해 최근 개정된 「보험업법」은 '적합성의 원칙'을 도입하는 등 보험 소비자의 권리보호를 강화하고 보험회사의 경쟁력을 제고하는 데 중점을 두고 있다. 본 저서는 이러한 금융감독 흐름의 변화를 반영하였으며,

특히 '자금세탁방지' 분야도 보험업의 특성을 반영하여 현업 담당자들에게 실질적인 도움을 주고자 노력하였다.

컴플라이언스는 회사의 질적 수준을 결정하는 지표(Quality Index)이다. 훌륭한 회사는 훌륭한 컴플라이언스 체제를 갖추고 있다. 견고한 컴플라이언스 체제 없이 양적으로 성장하는 회사는 결코 오래가지 못한다는 것이 이미 경험적, 통계적으로 증명되었다. 아무쪼록 본 졸저가 대한민국 보험회사의 질적 성숙과 보험업 컴플라이언스 발전에 조금이라도 기여할 수 있다면 더할 나위 없겠다.

본서는 보험업 최초의 컴플라이언스 이론서이므로 앞으로 개선하고 발전시켜가야 할 부분이 많다. 향후에는 다양한 보험 영역의 많은 전문가들이 참여하여 이 책의 내용을 보다 풍부하고 깊이 있게 만들어나갔으면 하는 바람이다.

마지막으로 이 책의 출판을 위해 기획 단계에서 조언을 주신 국민연금 박용덕 준법감시인님과 유니스 김 이화여대 교수님, 집필과정 중 소중한 자료를 제공해 주고 격려를 아끼지 않은 성균관대학교와 미국 인디애나대학교 MBA 과정 교수님과 동문들 그리고 한국금융연수원 관계자 여러분께 깊이 감사 드린다. 또한 감사의 인사를 빼놓을 수 없는 사람들이 있다. 이 책이 나오기까지 주중에는 바쁜 회사일로, 주말에는 집필로 가족과 함께할 시간을 내기 어려웠다. 힘든 기간 동안 묵묵히 곁에서 지켜봐 주고 응원해준 아내와 아이들에게 고맙고 사랑한다는 말을 전하고 싶다.

2011년 7월
저자 일동

제2판을 내면서

2011년 영업점 컴플라이언스 오피서 보험편이 처음으로 발간된 이후 그 동안 보험업계에는 많은 변화가 있었다. 우선 규제환경 측면에서 가장 큰 변화는 개인정보보호법의 시행에 따른 제도의 변화와 또한 빈발하는 개인정보 유출 사고로 인한 사회적 관심의 증대라고 할 수 있겠다. 한편 2013년 보험업계는 금융감독당국으로부터 산업 비중에 비해 보험과 관련되어 접수되는 고객 민원이 너무 과도하다는 지적을 받고 대대적인 민원감축 대책을 수립하는 등 소비자보호 이슈가 크게 대두되기도 하였다.

이러한 환경 하에서 제2판은 개인정보보호법 등 신설된 법령에 대한 해설을 담았고 자금세탁방지 관련 법률 등 기존 법령에 대한 개정사항을 보완하였다. 특히 초판에서 다루지 않았던 재보험 분야를 새롭게 추가하여 재보험과 관련된 컴플라이언스에 도움이 되도록 하였다.

이 책은 일선에서 근무하는 컴플라이언스 담당자의 업무 길잡이로서의 역할을 하고 있기 때문에 이론위주의 내용보다는 보험회사와 관련된 컴플라이언스 문제를 폭넓게 다루면서 또한 보험 관련 법규 준수에 실질적인 도움이 될 수 있도록 노력을 하였다. 물론 컴플라이언스의 문제는 실제 업무 상황에서 매우 복잡하고 판단하기 어려운 경우가 많기 때문에 컴플라이언스 전문가가 되기 위해서는 한층 더 깊이 있는 지식과 적극적인 업무 마인드가 필요할 것이다. 특히 실제 수행되는 보험회사의 업무 프로세스를 모르는 경우에는 해당 업무에 내재된 컴플라이언스 리스크를 제대로 인지하지 못할 수 있기 때문에 책에만 의존하기 보다는 현업 부서 직원들과의 의사소통을 활발하게 하고 빠르게 변해가는 시장 환경과 규제 변화에 대해서도 늘 관심을 기울이는 것이 바람직하다.

아무쪼록 이 책이 컴플라이언스 담당자와 그 외 보험업 컴플라이언스에 관심이 많은 분들에게 실용적인 도움이 되기를 바라며, 아울러 개정판이 출판될 수 있도록 격려해 주시고 물심양면으로 지원을 아끼지 않으신 한국금융연수원 원장님 이하 임직원 여러분께 깊은 감사의 마음을 드린다.

2014년 7월

이 근 택, 이 진 우 배상

Contents

1편 보험의 기초

2편 보험영업과 관련된 컴플라이언스

제1장 보험 모집인 및 모집조직

제3장 신용정보의 이용 및 보호에 관한 법률

제2장 업무 위수탁

10편 자금세탁방지업무

제1장 자금세탁방지제도의 일반

제1절 자금세탁방지의 개요

제2절 자금세탁방지제도의 내부통제 구축

COMPLIANCE OFFICER

제 1 편

보험의 기초

제 1 장 보험의 기초 이론

1 보험의 사회적 기능과 의의

인류가 고안한 금융제도 중에서도 보험은 이미 기원전부터 그 흔적이 발견될 정도로 오랜 역사를 자랑한다. 보험은 사람의 사망과 질병 및 불의의 사고뿐 아니라 경제활동과 관련된 각종 거래에서 발생할 수 있는 리스크를 완화하기 위한 기본적 장치이다. 생명보험은 상부상조의 정신을 바탕으로 하여 불의의 사고를 당한 이의 경제적 손실과 유가족의 미래를 보장해주기 위한 목적에서 출발하였으며 손해보험의 목적 또한 예측 불가능한 사고로부터 거래당사자를 보호하기 위함에 있다.

보험은 사회보장제도의 보완적 기능도 담당한다. 국가가 제도적으로 보장해주지 못하는 영역에 대해 각 개인이 필요에 따라 본인과 가족의 미래를 설계하고 노후를 준비하는 개인보장이라고 할 수 있다. 그 외에도 보험은 보증보험제도 등을 통해 신용수단으로서의 기능도 담당하고 있으며, 보험료로 축적되는 자산은 경제자금으로 활용되어 국가 경제에 이바지하는 역할도 크다. 따라서 건전한 보험제도의 운영은 사회 안정과 복지 향상에 크게 기여할 수 있다고 하겠다.

2 보험의 역사 [1)]

2-1 고대

기원전부터 사람들은 집단생활을 하면서 그 구성원이 사망하거나 사고를 당해

1) 생명보험협회 발간「2010 생명보험이란 무엇인가」4~5p 및 기타 일반 이론 인용.

손해를 입는 경우 이를 공동으로 도와주었다. 보험과 유사한 이들 제도로써 장례비를 부담하거나 천재지변에 따른 손해를 구제하기도 하였다.

오늘날의 생명보험과 유사한 대표적인 제도로는 BC 3세기경의 에라노이(Eranoi)와 로마 제정시대에 조직된 콜레기아(Collegia Tenuiorum)를 들 수 있다. 에라노이는 어떤 사람이 갑자기 불행한 처지에 이르거나 돈이 필요하게 되었을 때 도움을 주는 일종의 종교적 공제단체였으며, 콜레기아는 당시 사회적 약자나 하층민들이 서로 돕기 위해 만든 상호부조조합이었다. 콜레기아는 회비를 부담하여 예배 등 종교활동에 필요한 비용을 충당하기도 하고 회원의 사망 시 장례비를 지급하였으며 유가족을 위한 급부금도 지급하였다.

한편 고대의 바빌로니아, 페니키아 시대에서 로마 시대까지 이어져 내려온 모험대차(bottomry)라는 제도도 있다. 이 제도는 금융업자가 무역업자에게 자금을 융자할 경우 이자와 별도로 위험부담비용을 부과하는 대신 사고로 인하여 원금을 상환하지 못할 경우 채무를 면제받도록 하였다.

2-2 중세

13~14세기경부터 유럽, 특히 독일에서 발달한 길드(Guild)는 동업자 간의 상호부조조합이다. 길드는 항해 도중에 발생한 선박이나 화물의 손해를 공동으로 부담하였다. 또한 동업자들 모임인 상인길드, 예배나 기도를 목적으로 하는 종교길드, 친목과 자선을 목적으로 하는 사교길드 등으로 다양하게 구성되었다.

그리고 길드는 구성원의 사망, 화재, 도난 등의 재해도 구제해주었다. 길드의 상호구제 기능은 점차 그 필요성에 따라 전문화되었다. 이후 자본주의가 성립하면서 영국의 우애조합(friendly society) 및 독일의 구제금고(hilfskasse) 등과 같은 형태로 발전하였고, 오늘날에도 다양한 형태의 공제조직이 상존하고 있다.

14세기경 이탈리아 제노바, 팔레므로 등의 항구도시에서는 해상보험이 발달하였으며, 이러한 형태의 보험이 포르투칼, 에스파냐 등을 거쳐 영국에 도입되기도 하였다. 특히 1666년 런던대화재 사건은 이후 화재보험이 크게 발달하는 계기가 되었다.

17세기 말에는 프랑스의 루이 14세가 톤틴연금을 시행하였다. 톤틴연금은 이탈리아의 은행가인 톤티(Lorenzo Tonti)가 국가의 재정개선을 위해 건의한 것으로 국고에 유휴자금을 융자하는 자에 대하여 원리금을 지불하는 대신 종신연금을 지급하는 제도였다. 이 제도는 곧 영국, 네덜란드, 독일 등에서 국채조달 수단으로 채택되었으며, 나라에 따라서는 사적인 자금조달 수단으로 이용되기도 하였다. 톤틴연금은 사망률 · 이자계산방법 등에서 근대적 생명보험의 발달에 크게 기여하는 등 보험 사상을 광범위하게 보급시키는 역할을 하였다.

한편 17세기 말 프랑스의 수학자 파스칼(Pascal)이 사람의 생존율을 연구하였고, 영국의 천문학자 할리(Halley)가 최초의 사망률표를 작성함으로써 보험이 과학적인 근거를 갖춘 산업으로 발전하는 데 기술적 기초를 제공하였다.

2-3 근대 이후

1762년 영국에서는 세계 최초로 근대적인 생명보험체제를 갖춘 에퀴타블(Equitable)생명보험회사가 설립되었다. 에퀴타블사는 신체검사, 가입금액의 제한, 해지환급금제도, 보험계약자 배당 등 오늘날 생명보험의 토대가 된 각종 근대적인 제도를 도입하였다. 에퀴타블에 이어 페리칸, 런던라이프, 프로베이던트 등 생명보험사가 설립되었으며, 영국은 1870년에 「생명보험주식회사법」을 제정함으로써 국가감독을 통해 보험산업의 발달과 보험계약자의 이익을 도모하였다.

독일에서는 중세기의 길드가 붕괴되고 자본주의 경제가 성숙됨에 따라 19세기 들어 근대적인 생명보험의 기반을 확립하였다. 1828년에 고타(Gotha)생명보험회사가 창립되었으며 이어 라이프찌히, 하노버, 베를린생명 등이 설립되었다.

프랑스는 톤틴연금제도 이후 비교적 부진한 상황이었다. 1787년에 제국보험회사(Companie Royale d'Assurance)가 창립되었으나 프랑스대혁명으로 곧 해산되었다. 혁명 이후에 유니온, 패닉스, 르몽드 등 여러 회사가 설립되었으나 19세기까지 생명보험의 발전은 매우 완만하게 진행되었다.

미국은 1812년에 펜실베이니아생명보험회사가 설립되었으며, 이후 메사추세츠생명, 뉴욕생명, 뉴잉글랜드생명 등이 설립되어 생명보험이 본격적으로 보급되었다. 이후 1905년 미국 뉴욕주 암스트롱조사위원회가 실시한 경영 및 판매실태 조사결과를 이듬해 뉴욕주 「보험법」에 반영함으로써 경제발전과 더불어 미국 보험산업은 커다란 진전을 보게 되었다.

18세기 말 산업화가 진행되면서 손해보험 분야에서도 기계보험, 상해보험, 자동차보험, 항공보험 등 새로운 보험상품이 개발되었다. 최근에는 여행자보험, 골프보험, 인공위성보험 등 그 상품의 가짓수가 수백 종을 헤아릴 정도로 발전하였다.

3 보험의 기본 원리

3-1 대수의 법칙(law of large numbers)

불의의 사고와 불행으로부터 보장을 받기 위한 것이라는 특성 때문에 보험에서는 필연적으로 확률이 중요시된다. 이러한 확률의 문제와 관련된 것이 바로 대수(大數)의 법칙이다. 대수의 법칙이란 관찰 대상의 수를 늘려갈수록 개개의 단위가 가지고 있는 고유의 요인은 중화되고 그 집단에 내재된 본질적인 경향성이 나타나는 현상을 의미한다. 예컨대, 육면체인 주사위를 던져 각 눈이 나올 확률은 이론적으로 1/6이지만 몇 번만 던질 경우에는 각각의 눈이 나오는 비율이 일정하지 않다. 그러나 던지는 횟수가 많아지면 각 눈이 나오는 횟수는 점차 비슷해지고 1/6에 가깝게 된다.

이러한 대수의 법칙은 보험료 계산 원리 중 하나로 이용된다. 즉, 개인의 사망을 담보로 하는 생명보험 상품의 경우 다수의 모집단에서 각 성별 및 연령별 사망률을 구하고, 이를 기초로 보험금액과 보험요율을 산정할 수 있게 된다.

3-2 수지상등(收支上等)의 원칙

수지상등의 원칙이란 보험계약에서 장래에 들어올 보험료 총액이 장래에 지출해야 할 보험금 액수와 같게 되는 것을 말하며, 이때의 금액은 현재가치로 환산한 금액, 즉 현가 금액(discounted by present value)이다. 다시 말해, 동질의 위험에 처한 사람들이 합리적인 금액을 모아 사고를 당한 구성원에게 지급하는 급여가 같도록 균형을 유지하는 것을 말한다.

3-3 위험률과 생명표

보험은 사망률[2] 또는 위험률과 대수의 법칙을 기초로 하기 때문에 사람의 연령별 생사와 관계된 통계(생존자 수, 사망자 수, 생존율, 사망률, 평균 여명)를 나타낸 생명표 또는 위험률 통계를 기초로 보험료를 산출한다. 생명표는 국민생명표와 경험생명표로 분류하는데, 국민생명표는 전체 국민 또는 특정 지역의 인구를 대상

2) 사망률 = 1년간의 사망자 수 ÷ 연초의 생존자 수

으로 해서 그 인구통계에 의한 사망률을 나타낸 것이고, 경험생명표는 생명보험회사나 공제조합 등의 가입자에 대한 실제 사망 통계치를 근거로 작성된 것이다.

우리나라의 생명보험회사는 1976년부터 국민생명표를 보정(補整)한 조정국민생명표를 사용하다가 1986년부터 실제 보험가입자들의 사망통계를 기초로 작성된 경험생명표를 사용했다. 그리고 2009년 10월부터는 제6회 경험생명표를 표준위험률로 사용하고 있다. 한편 1997년 4월부터 예정위험률[3)]이 자유화됨에 따라 경험사망률의 적용이 회사별 재량으로 실시된다.

3-4 위험전가의 원칙

보험은 불의의 사고로 인해 겪을 수 있는 재산상의 손해 등 피보험자(보험가입자)가 부담하는 위험을 보험자에게 전가한다. 이를 통하여 사회 전체적으로는 위험의 분산화를 통한 사회 안정성을 높일 수 있고 개별 피보험자 입장에서는 재무적 안정성을 기대할 수 있다. 한편 보험자는 재보험을 통하여 단일 보험자가 부담하기 어려운 거대위험을 타 보험자에게 다시 전가하여 재무적 손실위험을 완화할 수 있다.

3-5 이득금지 및 실손보상의 원칙

이득금지 및 실손보상의 원칙이란 주로 손해보험에 적용되는 원칙으로서, 보험사고로 인해 피보험자가 입은 실제 손해액보다 더 많은 금액을 보상을 받아 경제적 이득을 취할 수 없으며 기본적으로 실제 손해액을 최대 한도로 하여 보상하는 원칙을 말한다. 이것은 고의적 사고 등 보험을 통해 경제적 이득을 취하는 도덕적 해이를 예방하는데 일차적 의의가 있다. 한편 생명보험과 같이 특정한 보험사고시 미리 정해진 금액을 보험금으로 지급하는 정액보험은 실손보상의 원칙에 해당하지 않는다.

3) 과거 일정 기간 일어난 보험사고들의 통계를 기초로 하여, 앞으로 일어날 사고 확률을 예측한 것을 말하며 경험사망률을 포함하는 포괄적 개념이다. 보험료 산정에 예정위험률도 포함되므로 예정위험률이 높으면 보험료가 올라가고, 예정위험률이 낮으면 보험료가 저렴해진다.

4 보험료의 구성 원리

보험료 산정에 필요한 기본적인 요소 3가지는 예정위험률, 예정이율, 예정사업비율이다.

4-1 예정위험률

보장이 약속된 특정한 보험사고가 발생할 확률을 예정위험률이라 한다. 예를 들어 생명보험계약의 경우에는 개인이 사망하거나 장해 또는 질병에 걸리는 등의 보험사고가 발생할 확률을 의미하며, 손해보험의 경우에는 화재나 자동차사고 등의 보험사고가 발생할 확률이다. 예정위험률이 높게 산정될수록 보험료는 높게 산출되며 그 반대의 경우에도 마찬가지 원리가 적용된다.

4-2 예정이율

보험회사는 계약자들이 납입한 보험료(수입보험료)를 적립해서 보험사고가 발생한 경우 보험금을 지급하는 한편 미지급된 보험료는 만기 시까지 운용하여 운용수익을 발생시킨다. 결국 만기 시까지 지급될 총보험금과 만기 시까지 들어올 수입보험료는 현재가치 기준으로 일치해야 하는데, 이때 적용하는 할인율이 예정이율이다. 다시 말해, 예정이율은 수입보험료를 가지고 보험회사가 얼마나 운용수익을 올릴 수 있느냐 하는 예정수익률이라고 할 수 있다. 즉, 운용수익률이 8%인 경우보다 9%인 경우에 수입보험료는 저렴해진다. 따라서 예정이율이 높을수록 보험료는 낮아지게 되며 그 반대의 경우에도 마찬가지 원리가 적용된다.

한편 예정이율과 유사한 것으로 공시이율이 있다. 공시이율은 회사의 자산운용수익률과 시중 지표금리를 정기적으로 반영하는 금리연동형 예정이율이라고 할 수 있다. 예정이율이 이미 보험상품 개발 시에 확정되어 보험료에 반영된 것인데 비해, 공시이율은 보험 가입 후에 계속해서 변동하는 이율이다. 또한 공시이율은 계약자가 납입하는 보험료 중에서 순보험료 적립에 적용되기 때문에 높은 공시이율을 적용받을 경우 환급금의 액수가 커지게 된다.

4-3 예정사업비율

보험계약을 체결하고 계약을 유지·관리하기 위하여 보험회사는 모집수수료, 직원 급여 등 각종 비용을 지출한다. 이러한 비용을 사업비라고 총칭하며 보험료 중 이러한 사업비의 구성 비율을 예정사업비율이라고 한다.

5 보험료의 구성

보험료는 크게 순보험료와 부가보험료로 구분할 수 있다. 순보험료는 보험금 지급사유(보험사고)가 발생할 경우 보험금이 지급될 수 있도록 예정위험률과 예정이율을 기초로 하여 산출된다.

순보험료는 다시 위험보험료와 저축보험료로 구분되는데 전자는 사망보험금, 장해급여금 등의 지급 재원이 되는 보험료이며, 후자는 만기생존보험금과 해지환급금 등의 지급 재원이 되는 보험료이다.

부가보험료는 사업비로서 신계약비, 유지비, 수금비 등으로 구분한다. 신계약비는 모집수당, 보험증권 발행 등의 신계약 체결에 필요한 경비를 가리키고 유지비는 계약유지 및 자산운용 등에 필요한 인건비, 관리비 등을 말하며 수금비는 보험료 수금에 필요한 수금사무비 등이 해당한다.

〈표1〉 보험료 구성요소

보험료	순보험료	위험보험료	보험금 지급 재원
		저축보험료	만기생존보험 등의 지급 재원
	부가보험료 (사업비)	신계약비	모집수당, 보험증권 발행 비용
		유지비	계약유지 및 자산운용 비용
		수금비	보험료 수금사무비

6 3대 이원(利源)

■ **위험률차익**

예정위험률에 비해 실제 사망이나 재해, 질병 등 보험사고가 적게 발생하는 경우도 있다. 이때 보험회사는 예상했던 보험금 지급액보다 실제 지급한 보험금이 적게 되는데 이렇게 발생된 이익을 위험률차익이라 한다. 그 반대의 경우는 위험률차손이라고 한다.

■ **이자율차익**

이자율차익이란 예상했던 자산운용수익보다 실제 자산운용수익이 더 많이 발생한 것을 말한다. 그 반대의 경우는 이자율차손이라고 한다.

■ **사업비차익**

사업비차익이란 예상했던 사업비보다 실제 지출한 사업비가 적게 발생한 것을 말한다. 그 반대의 경우는 사업비차손이라고 한다.

7 배당

앞선 6절에서 언급했던 3대 이원에서 차익이 발생한 경우 보험회사는 이를 계약자배당준비금으로 적립하였다가 보험계약자에게 배당금으로 지급할 수 있다. 즉, 배당금이란 보험회사가 보험계약자로부터 받은 보험료에서 발생한 차익금을 보험계약자에게 환원하는 것이다. 이 제도는 2000년 4월부터 시행된 보험가격자유화제도에 따라 완전 자유화되었다. 최근에는 이에 따라 많은 보험상품이 무배당상품으로 출시되고 있는데 무배당상품은 배당금이 없는 대신 납입보험료가 저렴할 수 있다.

보험의 배당이 주식의 배당, 즉 주식회사가 경영활동을 통해 발생한 수익의 일부를 주주들에게 배당하는 것과 다른 점은, 미리 예정했던 보험기초율(예정위험률, 예정이율, 예정사업비율)을 바탕으로 해서 그에 대한 차익금을 지급한다는 점이다.

8 보험의 분류

8-1 「상법」에 의한 분류

현행 「상법」은 보험계약을 상거래 계약의 일부로 보아 별도로 보험편을 두고 있으며 재산상의 손해를 보장하느냐 사람의 생명이나 신체에 관한 보험사고를 보장하느냐에 따라 보험계약을 크게 손해보험과 인(人)보험으로 나누고 있다. 그리고 이를 구체적인 보장 내용에 따라 분류하고 있다(표2 참조).

〈표2〉「상법」에 의한 보험의 분류

<table>
<tr><td rowspan="7">보험</td><td rowspan="5">손해보험</td><td>화재보험</td></tr>
<tr><td>운송보험</td></tr>
<tr><td>해상보험</td></tr>
<tr><td>책임보험</td></tr>
<tr><td>자동차보험</td></tr>
<tr><td rowspan="2">인보험</td><td>생명보험</td></tr>
<tr><td>상해보험</td></tr>
</table>

8-2「보험업법」에 의한 분류

「보험업법」은 보험사업에 대한 전반적인 규율을 목적으로 하고 있으며 보험업을 크게 생명보험업, 손해보험업 및 제3보험업으로 나누고 있다. 각각의 보험업은 다시 종목별로 세분화되는데, 보험회사는 영위하고자 하는 각 종목별로 금융위원회의 허가를 받아야 한다. 단, 생명보험업이나 손해보험업 종목 전부에 대하여 허가를 받은 경우에는 별도의 허가를 받지 않더라도 제3보험업을 영위할 수 있다(표3 참조).

〈표3〉「보험업법」에 의한 보험의 분류

<table>
<tr><td rowspan="11">보험업</td><td rowspan="2">생명보험업</td><td>생명보험</td><td></td></tr>
<tr><td>연금보험(퇴직보험 포함)</td><td></td></tr>
<tr><td rowspan="9">손해보험업</td><td>화재보험</td><td></td></tr>
<tr><td>해상보험(항공/운송보험 포함)</td><td></td></tr>
<tr><td>자동차보험</td><td></td></tr>
<tr><td>보증보험</td><td></td></tr>
<tr><td>재보험</td><td></td></tr>
<tr><td rowspan="4">대통령령으로 정하는 종목</td><td>책임보험</td></tr>
<tr><td>기술보험</td></tr>
<tr><td>권리보험</td></tr>
<tr><td>도난보험</td></tr>
</table>

보험업	손해보험업	대통령령으로 정하는 종목	유리보험
			동물보험
			원자력보험
			비용보험
			날씨보험
	제3보험업	상해보험	
		질병보험	
		간병보험	

9 보험계약의 관계자

9-1 생명보험의 관계자

가. 보험자

보험자는 보험계약의 당사자로서 보험사고가 발생한 때에 보험금 및 기타 급여 지급의 의무를 부담하는 주체이다. 통상 보험회사를 지칭한다. 현행 「보험업법」상 보험자는 일정한 허가를 받아야 보험사업을 영위할 수 있다.

나. 보험계약자

보험계약자는 보험자와 보험계약을 체결하고 보험료 지급의무를 부담하는 주체이다. 보험계약자는 자기를 위하여 보험계약을 체결하기도 하지만, 타인을 위하여 계약을 체결할 수도 있다.

다. 피보험자(보험대상자)

생명보험에서 피보험자는 보험사고의 객체로서 자신의 생명과 신체가 보험에 붙여진 사람을 말한다. 보험계약자와 피보험자는 동일할 수도 있고 다를 수도 있다. 다시 말해 보험계약자가 타인을 피보험자로 할 수도 있다.

보험사기 등을 예방하기 위해 「상법」에서는 피보험자의 자격에 제한을 두고 있는데 15세 미만자, 심신상실자 또는 심신미약자의 사망을 보험사고로 하는 보험계약은 무효로 한다. 또한 사망을 보장하는 보험계약은 피보험자로부터 반드시 서면에 의한 동의를 얻어야 한다. 이때 피보험자는 보험자에 대해서 아무런 권리를 갖지 못하고 다만, 고지의무와 통지의무를 부담한다.

라. 보험수익자

보험수익자는 보험계약에 따른 보험사고가 발생한 경우 보험금을 지급받는 자를 말한다. 보험수익자의 자격에는 특별한 제한이 없으며 특정인을 수익자로 지정할 수 도 있는데 상속인으로 지정하는 경우가 많다. 상해나 질병보험의 경우에는 계약자 또는 피보험자 자신이 보험수익자가 될 수 있다.

그림 1 생명보험 계약 관계자

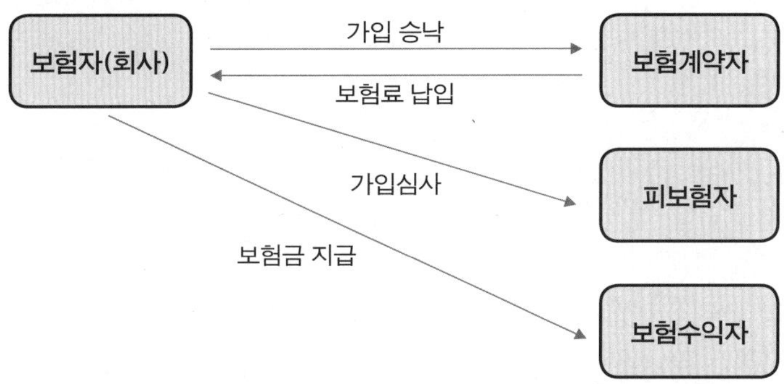

9-2 손해보험의 관계자

재산상의 손해를 보장하는 손해보험의 성격 때문에 손해보험에서의 피보험자와 수익자는 다른 의미로 사용된다. 손해보험에서의 피보험자는 보험대상자가 아니라 피보험이익(insurable interest)의 귀속주체이다. 피보험이익은 재산상의 사고가 발생할 수 있는 보험의 목적에 대하여 경제상의 이익 또는 이해관계를 말한다. 즉, 손해보험에서 피보험자는 보험사고가 발생한 때에 보험금의 지급을 받을 사람이 되므로 별도의 보험수익자라는 명칭을 사용하지 않는다. 계약자와 피보험자가 동일하다면 자기를 위한 손해보험이 되고 동일하지 않으면 타인을 위한 손해보험이 된다.

그림 2 손해보험 계약 관계자

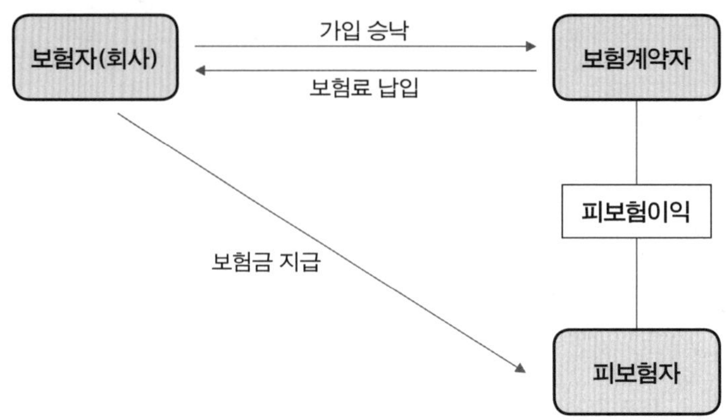

제 2 장 보험업의 특성과 규제환경

1 보험업의 특성

1-1 모집조직 중심 영업(agents-based sales)

전형적인 보험영업은 영업점포 내에서 이루어지는 것이 아니라 보험설계사, 보험대리점을 비롯한 보험 모집조직에 의하여 영업점포 외의 현장에서 이루어진다. 모집조직은 보험계약의 중개와 체결을 담당하고 있는 보험의 핵심 관계자이며 보험업은 이러한 모집조직을 얼마나 건실하게 유지, 관리하느냐에 따라 영업의 질(quality)이 결정된다.

또한 보험상품의 특성상 우선 고객의 니즈(needs)를 파악하고 적합성의 원칙을 고려하여 개별 고객에게 가장 적절한 보장내역을 설계한 후 상품의 내용에 대한 자세한 설명이 뒤따라야 한다. 따라서 시간소모적이고(time-consuming), 고객밀착적인 영업이라고 할 수 있다. 이러한 특성은 통신판매나 기타 비대면 영업에서도 마찬가지다.

1-2 리스크 기반 산업(risk-based industry)

대체로 금융업은 리스크 관리가 매우 중요하지만 보험업은 그중에서도 특히 정교하고 치밀한 리스크 관리가 필요하다. 우선 상품개발 단계에서 역선택[4]과 보험사기를 방지하기 위해 보장급부에 대한 철저한 분석과 치밀한 디자인이 요구된다.

4) 위험발생률이 높은 사람이 자신의 위험발생 정보를 보험자에게 알리지 않고 자신에게 유리한 보험을 선택함으로써 보험회사에게 불리한 선택을 하도록 하는 것.

뿐만 아니라 보험사고의 발생률에 대한 장기적인 통찰력이 필요한데, 보험사고의 발생률은 의료기술 등의 발전에 의해 얼마든지 변동할 수 있기 때문이다.

그 외에도 상품개발 단계에서 지나치게 높은 예정이율이나 공시이율을 적용하여 역마진이 발생한다든지, 실제 치료 비용에 비하여 과다한 보장급부를 제공하는 경우 역선택과 보험사기를 유발하여 보험회사에 큰 경영 압박 요인으로 다가올 수 있다. 또한 외화표시보험 상품의 경우 적절한 환리스크 관리 대책 없이 운용할 경우 금융위기 등의 외부 요인에 의하여 막대한 손실을 입을 수도 있다.

한편 계약심사 단계에서부터 보험계약의 유지, 관리 및 보험금 지급 단계에서의 리스크 관리도 매우 중요하다. 계약심사 단계는 적정한 보험청약을 인수하는 매우 중요한 단계로서 역선택과 보험사기를 미연에 방지하는 역할을 한다. 또한 최근에는 선지급 수수료 등을 노리고 허위 계약을 작성하는 보험 모집조직이 있는바, 이들의 부정행위를 적발하는 등의 역할도 중요시되고 있다. 보험금 심사와 지급 관련 업무도 리스크 관리 측면에서 매우 중요한 역할을 하고 있는데, 특히 최근에는 발달한 의료기술로 인해 보험금분쟁이 매우 많아지고 있다. 과거에는 없었던 신종 수술기법이 도입되거나 약관의 내용이 명확하지 않은 경우 등 보험금 지급 여부를 두고 고객과 보험회사 간의 소송이 자주 발생하고 있으며, 경우에 따라 단체 소송 등이 발생하여 보험회사에 큰 경영 압박이 되기도 한다.

이와 같이 보험업은 상품개발부터 보험금 지급까지 리스크 관리의 연속이라고 할 수 있다. 이러한 리스크 관리는 보험회사의 생존에 영향을 미칠 만큼 중대하기 때문에 아무리 강조해도 지나치지 않다고 할 것이다.

1-3 다변화된 판매채널(diversified sales channels)

금융업 중에서 보험업만큼 다양한 판매채널을 보유한 곳은 없다. 현재까지 개발된 보험영업 채널은 전통적인 대면채널을 비롯하여 통신시설과 인터넷을 활용한 비대면채널, 은행을 보험대리점으로 하는 방카슈랑스, 케이블 방송을 활용하는 홈쇼핑 채널 등 다양하다. 최근에는 할인점과의 제휴를 통한 마트슈랑스까지 출현하는 등 계속 확대되고 있는 추세이다.

다양한 영업채널이 존재한다는 것은 관련된 금융규제가 새롭게 추가되며 이에 따른 내부통제가 새롭게 마련되어야 한다는 측면에서 중대한 의미가 있다. 실제로 서면계약이 아닌 음성녹취에 의한 통신판매 채널이 등장한 후 「보험업법」은 이를 반영하여 통신판매와 관련된 규제를 신설하였고, 방카슈랑스 채널이 도입된 때에도 은행의 우월적 지위 남용 등과 관련한 규제가 새롭게 마련되었다. 이에 따라 보험회사 또한 이러한 규제를 준수하기 위해 새로운 내부통제체제를 갖추어야 하는 문제가 발생한다. 다양한 채널을 보유한 회사는 그만큼 내부통제의 도전 요인이 많아진다는 것을 의미한다.

1-4 경제 · 사회 민감 산업(economic & social sensitive industry)

보험업은 사회, 경제 및 기술발전에 매우 민감하다. 사회, 경제의 발전 단계가 어느 수준에 있는지와 더불어 복지제도의 특수성도 보험수요 측면에 큰 영향을 끼친다. 사회복지제도가 비교적 취약한 사회는 사적 보험으로 이를 보완하려는 수요가 많아지는 반면, 사회복지제도가 발달하면 기존에 민영보험에서 담당하던 보험수요를 공영보험제도에서 흡수하기도 한다. 의료보험제도가 발달하면서 암 등 고액의 치료비가 요구되는 질병에 대한 보장범위가 확대되어 관련된 질병보험의 판매에 영향을 미친 것이 한 예라고 할 수 있다.

과학기술이나 산업의 발전도 보험업에 많은 영향을 준다. 예전에는 없었거나 중요하지 않았던 원자력보험, 기술보험, 날씨보험 등의 발전은 이러한 사례라고 할 수 있다. 특히 의료기술의 발전은 인보험과 관련하여 보험회사로 하여금 경영상 많은 고민과 숙제를 껴안도록 만들었다. 연금상품의 경우 과거에 비해 훨씬 길어지는 사람의 수명으로 인해 보험사의 재정적 리스크가 되고 있으며, 보험약관 개발 당시에 없었던 다양해진 치료기법은 보험금 지급을 둘러싼 많은 분쟁의 요인이 되고 있는 실정이다. 더욱 어려운 점은 인보험 등 많은 보험계약이 길게는 수십 년에 걸친 장기간의 계약이라는 측면에서 상품개발 당시에 고려하기 어려웠던 문제점들이 산업발전으로 인해 갑자기 출현하는 경우가 많다는 점이다.

그림 3 대한민국 평균수명 및 건강수명 추이

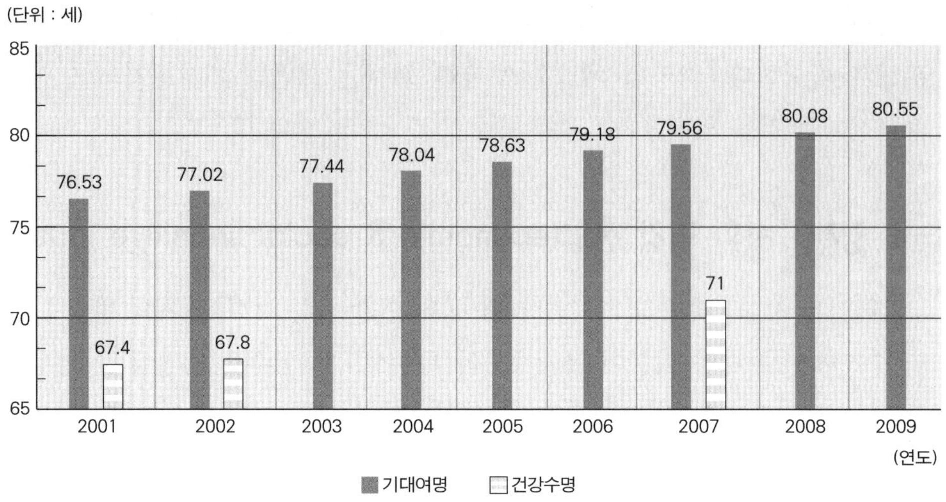

출처 : 통계청, 〈생명표〉(2010-12-10)

그림 4 국가 암 조기검진 수검자 수

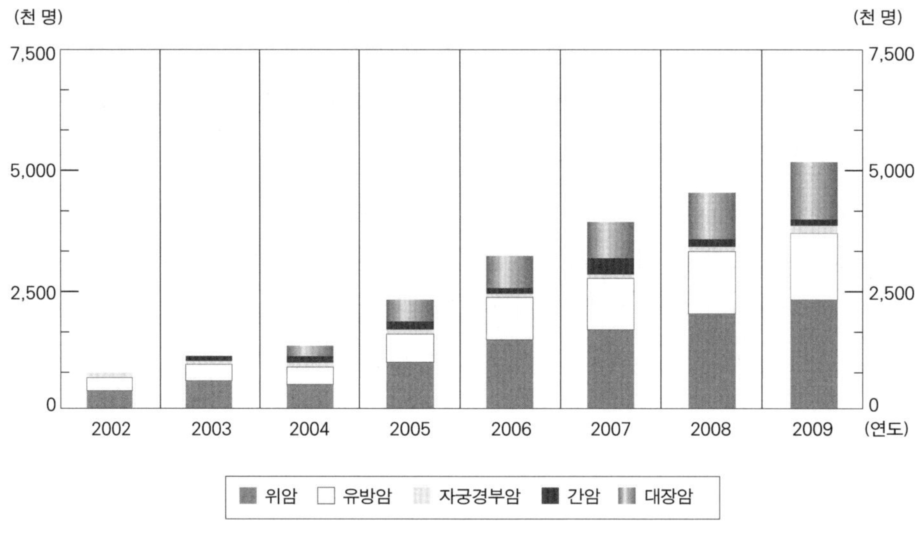

출처 : 보건복지부, 〈국가 암 조기검진사업 정보시스템〉

2 「보험업」 규제환경

「보험업」과 관련된 규제환경은 금융감독기관에 의한 직접 규제와 일반 감독기관에 의한 간접 규제로 크게 나눌 수 있다.

2-1 직접 규제기관

가. 금융위원회

1) 소관사무

금융위원회는 금융 정책 및 제도에 관한 가장 포괄적인 사무를 담당하는 기관이다. 금융위원회의 소관사무는 〈그림 5〉와 같다.

그림 5 금융위원회의 소관사무

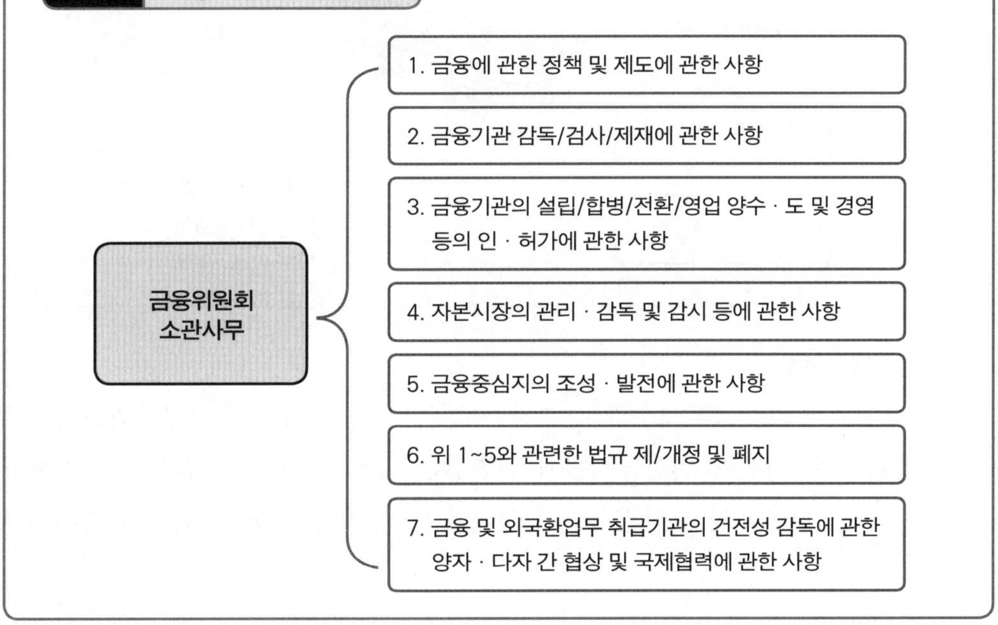

2) 금융감독원에 대한 지도 및 감독

금융위원회는 금융감독원의 업무와 운영 및 관리에 대한 지도 · 감독을 하며 아래의 사항에 대한 심의 · 의결을 한다.

- 금융감독원의 정관 변경에 대한 승인
- 금융감독원의 예산 및 결산 승인
- 기타 금융감독원을 지도 · 감독하기 위하여 필요한 사항

3) 금융위원회의 지위 및 위원의 구성

금융위원회는 「정부조직법」에 따른 중앙행정기관으로서 국무총리 소속으로 설치되어 있으며 그 권한에 속하는 사무를 독립적으로 수행한다. 금융위원회 위원장은 국무총리의 제청으로 대통령이 임명하며, 부위원장은 위원장의 제청으로 대통령이 임명한다.

금융위원회는 〈그림 6〉과 같이 9인의 위원으로 구성된다.

그림 6 금융위원회 위원 구성

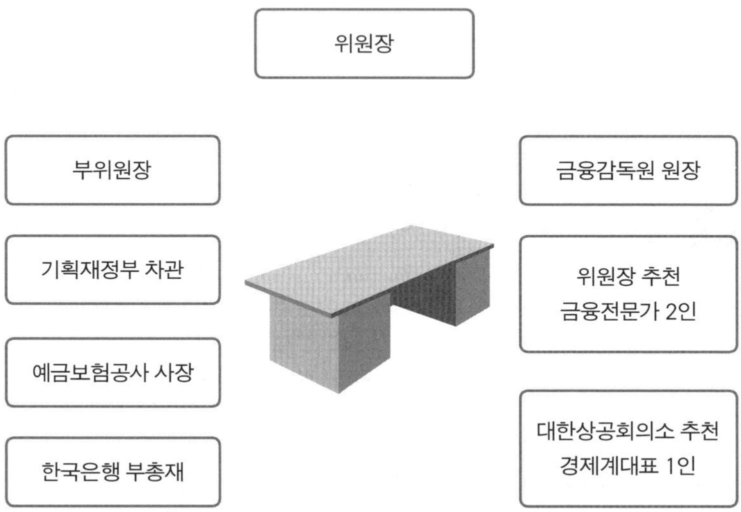

4) 증권선물위원회

금융위원회에는 자본시장과 관련된 사무의 수행을 위해 증권선물위원회가 별도로 설치되어 있다. 증권선물위원회 위원장은 금융위원회 부위원장이 겸임하며 위원장을 포함하여 5인의 위원으로 구성되어 있다. 증권선물위원회는 아래의 업무를 수행한다.

- 자본시장의 불공정거래 조사
- 기업회계의 기준 및 회계감리에 관한 업무
- 금융위원회 소관사무 중 자본시장의 관리 · 감독 및 감시 등과 관련된 주요 사항에 대한 사전심의
- 자본시장의 관리 · 감독 및 감시 등을 위하여 금융위원회로부터 위임받은 업무
- 기타 다른 법령에서 증권선물위원회에 부여된 업무

나. 금융감독원

금융감독원은 무자본 특수법인으로서 금융위원회 또는 증권선물위원회의 지도·감독을 받아 금융기관에 대한 검사·감독업무를 수행한다. 금융감독원 원장은 금융위원회의 의결을 거쳐 금융위원회 위원장이 제청하여 대통령이 임명한다. 금융감독원의 수행업무와 감독 대상 금융기관은 아래와 같다.

〈표4〉 금융감독원의 업무와 감독 대상 기관(금융위원회의 설치 등에 관한 법률 제37조 및 제38조)

수행업무	감독 대상 금융기관의 업무 및 재산상황에 대한 검사
	위 검사결과와 관련하여 이 법(금융위원회의 설치 등에 관한 법률을 말하며, 이하 같음) 또는 다른 법령에 따른 제재[5]
	금융위원회와 이 법 또는 다른 법령에 따라 금융위원회 소속으로 두는 기관에 대한 업무 지원
	그 밖에 이 법 또는 다른 법령에서 금융감독원이 수행하도록 하는 업무
감독 대상 금융기관	「은행법」에 따른 인가를 받아 설립된 은행
	「자본시장과금융투자업에관한법률」에 따른 금융투자업자, 증권금융회사, 종합금융회사 및 명의개서대행회사
	「보험업법」에 따른 보험회사
	「상호저축은행법」에 따른 상호저축은행과 그 중앙회
	「신용협동조합법」에 따른 신용협동조합 및 그 중앙회
	「여신전문금융업법」에 의한 여신전문금융회사 및 겸영 여신업자
	「농업협동조합법」에 따른 농협은행
	「수산업협동조합법」에 따른 수협은행
	다른 법령에서 금융감독원이 검사를 하도록 규정한 기관
	그 밖에 금융업 및 금융 관련 업무를 영위하는 자로서 대통령령으로 정하는 자

2-2 간접 규제기관

가. 공정거래위원회

공정거래위원회(이하 "공정위"라 한다)는 상거래 등 경제행위와 관련된 포괄적인 규제기관이자 준사법기관으로서 보험업 또한 공정위 규율의 대상이 된다. 공정위는 국무총리 소속의 장관급 중앙행정기관이며 의사결정기구인 위원회와 실무기구

5) 금융기관 제재에 관한 자세한 사항은 〈부록1〉을 참조.

인 사무처로 구성되어 있다. 위원회는 9명으로 이루어져 있으며 공정거래 관련 사건을 심의·결정하는 역할을 한다. 위원장과 부위원장은 국무총리의 제청으로 대통령이 임명한다. 공정위의 업무와 관련 법규는 다음과 같이 구분할 수 있다.

〈표5〉 공정위의 업무와 관련 법규

분야	수행업무	관련 법규
경쟁촉진	시장 지배적 지위 남용 행위, 부당한 공동행위, 기타 각종 불공정거래행위 규제	독점규제 및 공정거래에 관한 법률인 「카르텔일괄정리법」[6]
소비자 주권 확립	불공정 약관의 규제 허위·과장의 표시. 광고 규제 할부거래, 방문판매, 전자상거래 등 특수한 거래분야 규제	「약관의규제에관한법률」 「표시·광고의공정화에관한법률」 「방문판매등에관한법률」 「할부거래에관한법률」 「전자상거래등에서의소비자보호에관한법률」
중소기업의 경쟁기반 확보	하도급거래 및 가맹사업 규제	「하도급거래공정화에관한법률」 「가맹사업거래공정화에관한법률」
경제력 집중 억제	대기업집단 계열사 간 상호출자·채무보증 금지, 부당내부거래 억제 및 출자총액 제한	「독점규제및공정거래에관한법률」

이와 같이 공정위는 9개에 이르는 법률을 관장하는 기관으로서 기업활동에 막대한 영향력을 가지고 있다. 특히 보험회사는 불공정거래행위, 담합행위, 불공정 약관, 광고 등의 분야와 밀접한 업무 관련성이 있기 때문에 업무 처리에 있어서 주의를 기울여야 한다.

나. 기타 간접 규제기관

지식경제부 등의 정부 행정기관이나 국회 등도 경제정책의 입안이나 입법활동 및 국정감사 등을 통해 보험업에 적지 않은 영향을 미친다. 때에 따라서 이러한 활동들이 직접 규제기관보다 보험회사에 더 큰 영향을 주기도 한다.

6) 「카르텔일괄정리법」의 정식 명칭은 「독점규제및공정거래에관한법률의적용이제외되는부당한공동행위등의정비에관한법률」이다. 이 법은 1999년 2월에 제정되어 변호사, 회계사, 관세사, 세무사, 변리사, 건축사, 노무사, 수의사, 행정사 등 9개 전문 자격자들의 보수카르텔 및 수출입 관련 카르텔을 법령에 의해 폐지하고, 중소기업제품에 대한 단체수의계약 제도를 개선하는 등 20여 가지 경쟁 제한적 규제를 일괄적으로 개선하였다.

그림 7 보험업 규제환경

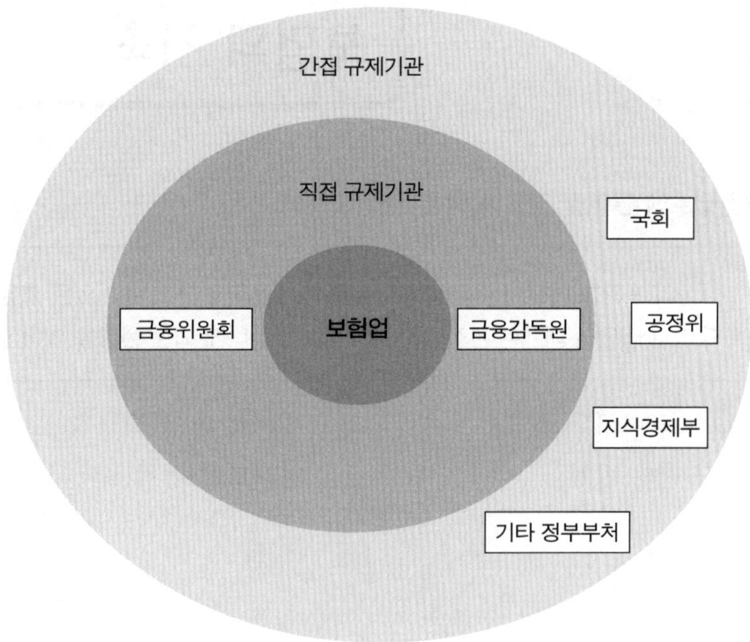

연습문제 제1편

보험의 기초

1 **다음 괄호에 들어갈 말로 적당한 것을 고르라.**

> (　　　)이란 관찰 대상의 수를 늘려갈수록 개개의 단위가 가지고 있는 고유의 요인은 중화되고 그 집단에 내재된 본질적인 경향성이 나타나게 되는 현상을 의미한다.

① 대수의 법칙　　② 우연의 법칙
③ 파스칼의 법칙　　④ 파레토의 법칙

2 **보험료 산출의 기초예정률에 포함되지 않는 것은?**

① 기초 위험률　　② 예정이율
③ 예정해지율　　④ 예정사업비율

3 **다음 규제기관 중 금융정책이나 제도와 관련된 법규의 제 · 개정이나 폐지를 담당하는 곳은?**

① 금융감독원　　② 금융위원회
③ 공정거래위원회　　④ 지식경제부

정답 **1.**① **2.**③ **3.**②

COMPLIANCE OFFICER

제 2 편

보험영업과 관련된 컴플라이언스

제 1 장 보험 모집인 및 모집조직

보험 모집이란 보험회사와 보험에 가입하려고 하는 사람 사이에서 보험계약의 체결을 중개 또는 대리하는 행위를 말한다. 현행 감독법규는 보험을 모집할 수 있는 자격을 보험설계사, 보험대리점, 보험중개사, 보험회사의 임직원 및 보험대리점 또는 보험중개사의 임원이나 사용인으로 신고된 자로 제한하고 있다. 이것은 최소한의 자격을 갖춘 이들만이 보험 모집을 할 수 있도록 함으로써 건전한 보험시장 질서를 유지하고자 함에 있다.

1 보험설계사

1-1 정의

보험설계사란 보험회사나 보험대리점 또는 보험중개사에 소속되어 보험계약의 체결을 중개하는 자(법인이 아닌 사단(社團)과 재단을 포함한다)로서 「보험업법」에 따라 등록된 자를 말한다.

1-2 등록이 제한되는 경우

다음과 같은 경우에는 보험설계사로 등록될 수 없다(보험업법 제84조).

- 피성년후견인 또는 피한정후견인
- 파산선고를 받은 자로서 복권되지 아니한 자
- 「보험업법」 또는 「금융소비자 보호에 관한 법률」에 따라 벌금 이상의 형을 선고받고 그 집행이 끝나거나(집행이 끝난 것으로 보는 경우를 포함한다) 집행이 면

제된 날부터 2년이 지나지 아니한 자

- 「보험업법」 또는 「금융소비자 보호에 관한 법률」에 따라 금고 이상의 형의 집행유예를 선고받고 그 유예기간 중에 있는 자
- 「보험업법」에 따라 보험설계사·보험대리점 또는 보험중개사의 등록이 취소된 후 2년이 지나지 아니한 자 및 2년이 경과했더라도 보험설계사·보험대리점 또는 보험중개사 등록취소 처분을 2회 이상 받은 경우 최종 등록취소 처분을 받은 날부터 3년이 지나지 아니한 자
- 「보험업법」 또는 「금융소비자 보호에 관한 법률」에 따라 과태료 또는 과징금 처분을 받고 이를 납부하지 아니하거나 업무정지 및 등록취소 처분을 받은 보험대리점·보험중개사 소속의 임직원이었던 자로서 과태료·과징금·업무정지 및 등록취소 처분이 있었던 날부터 2년이 지나지 아니한 자
- 영업에 관하여 성년자와 같은 능력을 가지지 아니한 미성년자로서 그 법정대리인이 보험설계사 등록 제한사항에 해당하는 자
- 법인 또는 법인이 아닌 사단이나 재단으로서 그 임원이나 관리인 중에 보험설계사 등록 제한사항 어느 하나에 해당하는 자가 있는 자
- 이전에 모집과 관련하여 받은 보험료, 대출금 또는 보험금을 다른 용도에 유용(流用)한 후 3년이 지나지 아니한 자

1-3 등록요건

보험설계사의 등록요건은 생명보험설계사, 손해보험설계사, 제3보험설계사로 구분되어 규정되어 있다.

〈표6〉 보험설계사 등록요건

구 분	등록요건
생명보험 설계사	다음 중 어느 하나에 해당하는 사람 가. 금융위원회가 정하여 고시하는 바에 따라 생명보험 모집에 관한 연수과정을 이수한 사람 나. 금융위원회가 정하여 고시하는 생명보험 관계 업무에 1년 이상 종사한 경력이 있는 사람(등록 신청일부터 3년 이내에 해당 업무에 종사한 사람으로 한정한다)으로서 감독규정에 따른 교육을 이수한 사람 다. 개인인 생명보험대리점의 등록요건을 갖춘 사람(법인보험대리점의 소속 보험설계사가 되려는 사람만 해당한다) 라. 개인인 생명보험중개사의 등록요건을 갖춘 사람(법인보험중개사의 소속 보험설계사가 되려는 사람만 해당한다)

구 분	등록요건
손해보험 설계사	다음 중 어느 하나에 해당하는 사람 가. 금융위원회가 정하여 고시하는 바에 따라 손해보험 모집에 관한 연수과정을 이수한 사람 나. 금융위원회가 정하여 고시하는 손해보험 관계 업무에 1년 이상 종사한 경력이 있는 사람(등록신청일부터 3년 이내에 해당 업무에 종사한 사람으로 한정한다)으로서 감독규정에 따른 교육을 이수한 사람 다. 개인인 손해보험대리점의 등록요건을 갖춘 사람(법인보험대리점의 소속 보험설계사가 되려는 사람만 해당한다) 라. 개인인 손해보험중개사의 등록요건을 갖춘 사람(법인보험중개사의 소속 보험설계사가 되려는 사람만 해당한다)
제3보험 설계사	다음 중 어느 하나에 해당하는 사람 가. 금융위원회가 정하여 고시하는 바에 따라 제3보험 모집에 관한 연수과정을 이수한 사람 나. 금융위원회가 정하여 고시하는 제3보험 관계 업무에 1년 이상 종사한 경력이 있는 사람(등록신청일부터 3년 이내에 해당 업무에 종사한 사람으로 한정한다)으로서 감독규정에 따른 교육을 이수한 사람 다. 개인인 제3보험대리점의 등록요건을 갖춘 사람(법인보험대리점의 소속 보험설계사가 되려는 사람만 해당한다) 라. 개인인 제3보험중개사의 등록요건을 갖춘 사람(법인보험중개사의 소속 보험설계사가 되려는 사람만 해당한다)

1-4 연수과정

보험설계사 등록요건 중의 하나인 연수과정은 교육과정과 자격시험으로 구분한다. 두 가지 모두 이수하여야 등록할 수 있다. 단, 보험 관계 업무에 1년 이상 종사한 사람은 교육과정만 이수하면 된다.

가. 교육과정

〈표7〉 보험설계사 교육과정

구 분	교육기준
1. 교육 과목	가. 보험 모집과 관련한 윤리교육 나. 보험 관련 법령 및 분쟁 사례 다. 보험상품(생명보험상품, 손해보험상품, 제3보험상품) 라. 회계원리 및 위험관리론(보험중개사와 보험중개사 소속 보험설계사만 해당한다)
2. 교육 기관	보험회사, 「보험업법」에 의해 설립된 단체 및 금융위원회가 정하여 고시하는 교육기관(보험협회, 보험연수원 등)
3. 교육 방법	집합교육 또는 사이버교육
4. 교육 시간	20시간 이상(이 경우 금융위원회가 정하여 고시하는 바에 따라 외부 교육 시간을 5시간 이상 포함하여야 한다)

나. 시험

보험설계사가 되고자 하는 사람은 생명보험협회 또는 손해보험협회(이하 "각 협회"라 한다)가 실시하는 자격시험에 합격해야 한다.

1-5 등록신청 및 기타

보험설계사의 등록신청과 세부업무는 각 보험협회에서 주관한다.

2 보험대리점

2-1 정의

보험회사를 위하여 보험계약의 체결을 대리하는 자(법인이 아닌 사단과 재단을 포함한다)로서 「보험업법」에 따라 등록된 자를 말한다.

2-2 등록이 제한되는 경우

다음과 같은 경우에는 보험대리점으로 등록될 수 없다.

- 보험설계사 등록 제한조건에 해당하는 경우
- 보험설계사 또는 보험중개사로 등록된 자
- 다른 보험회사 등의 임직원
- 외국의 법령에 따라 보험설계사 등록신청 결격사유가 있다고 취급되는 자
- 그 밖에 경쟁을 실질적으로 제한하는 등 불공정한 모집행위를 할 우려가 있는 자로서 대통령령으로 정하는 자

2-3 등록요건

보험대리점은 크게 개인보험대리점과 법인보험대리점으로 구분하여 등록요건이 정해져 있다.

〈표8〉 보험대리점 등록요건

구 분		등록요건
개인보험 대리점	생명보험 대리점	다음 각 목의 어느 하나에 해당하는 사람 가. 금융위원회가 정하여 고시하는 바에 따라 생명보험대리점에 관한 연수과정을 이수한 사람 나. 금융위원회가 정하여 고시하는 생명보험 관계 업무에 2년 이상 종사한 경력이 있는 사람(등록신청일부터 4년 이내에 해당 업무에 종사한 사람으로 한정한다)으로서 「보험업법」에 따른 교육을 이수한 사람
	손해보험 대리점	다음 각 목의 어느 하나에 해당하는 사람 가. 금융위원회가 정하여 고시하는 바에 따라 손해보험대리점에 관한 연수과정을 이수한 사람 나. 금융위원회가 정하여 고시하는 손해보험 관계 업무에 2년 이상 종사한 경력이 있는 사람(등록신청일부터 4년 이내에 해당 업무에 종사한 사람으로 한정한다)으로서 「보험업법」에 따른 교육을 이수한 사람
	제3보험 대리점	다음 각 목의 어느 하나에 해당하는 사람 가. 금융위원회가 정하여 고시하는 바에 따라 손해보험대리점에 관한 연수과정을 이수한 사람 나. 금융위원회가 정하여 고시하는 제3보험 관계 업무에 2년 이상 종사한 경력이 있는 사람(등록신청일부터 4년 이내에 해당 업무에 종사한 사람으로 한정한다)으로서 「보험업법」에 따른 교육을 이수한 사람
법인보험 대리점	생명보험 대리점	다음 각 목의 요건을 모두 갖춘 법인 가. 개인인 생명보험대리점의 등록요건 가목 및 나목의 어느 하나에 해당하는 사람을 1명 이상 두고 있는 법인 나. 임직원 수가 100명 이상인 법인(법 제91조 제1항 각 호의 금융기관은 제외한다)의 경우 소속 임직원의 10분의 1 이상이 「보험업법」에 따른 보험설계사 등록요건을 갖춘 법인
	손해보험 대리점	다음 각 목의 요건을 모두 갖춘 법인 가. 개인인 손해보험대리점의 등록요건 가목 및 나목의 어느 하나에 해당하는 사람을 1명 이상 두고 있는 법인 나. 임직원 수가 100명 이상인 법인(법 제91조 제1항 각 호의 금융기관은 제외한다)의 경우 소속 임직원의 10분의 1 이상이 「보험업법」에 따른 보험설계사 등록요건을 갖춘 법인
	제3보험 대리점	다음 각 목의 요건을 모두 갖춘 법인 가. 개인인 제3보험대리점의 등록요건 가목 및 나목의 어느 하나에 해당하는 사람을 1명 이상 두고 있는 법인 나. 임직원 수가 100명 이상인 법인(법 제91조 제1항 각 호의 금융기관은 제외한다)의 경우 소속 임직원의 10분의 1 이상이 법 제84조에 따른 보험설계사 등록요건을 갖춘 법인

2-4 연수과정

보험설계사와 동일한 교육과정과 자격시험을 거쳐야 한다. 단, 보험대리점 자격시험은 보험협회가 아닌 보험연수원에서 주관한다.

2-5 등록신청 및 기타

보험대리점의 등록신청과 세부사항은 각 보험협회에서 주관한다.

2-6 법인보험대리점

보험설계사가 100명 이상인 법인보험대리점[7])으로서 금융위원회가 정하여 고시하는 법인보험대리점은 다음 각 호의 요건을 모두 갖추어야 한다.

- 법령을 준수하고 보험계약자를 보호하기 위한 업무지침을 정할 것
- 제1호에 따른 업무지침의 준수 여부를 점검하고 그 위반사항을 조사하는 임원 또는 직원을 1명 이상 둘 것(법인대리점 준법감시인 제도)
- 보험계약자를 보호하고 보험계약의 모집업무를 수행하기 위하여 필요한 전산설비 등 물적 시설을 충분히 갖출 것

그 외에도 법인보험대리점은 임원의 자격이나 업무범위 등에 관하여 일정한 「보험업법」의 규제를 받고 있다.

2-7 보험대리점에 대한 검사

금융감독원은 보험대리점에 대한 검사업무 중 보험대리점 및 소속 모집인의 영업행위에 대한 검사업무의 일부를 보험협회의 장 또는 보험 관계 단체의 장에게 위탁한다.

3 보험중개사

3-1 정의

독립적으로 보험계약의 체결을 중개하는 자(법인이 아닌 사단과 재단을 포함한다)로서 「보험업법」에 따라 등록된 자를 말한다.

7) 2015년 11월 24일 개정 기준으로 금융위원회가 고시하는 법인보험대리점은 매분기 말 기준 소속 보험설계사가 500명 이상 규모를 3개월 이상 유지하고 있는 보험대리점이다.

3-2 등록이 제한되는 경우

다음과 같은 경우에는 보험중개사로 등록할 수 없다.

- 보험설계사 또는 보험대리점으로 등록된 자
- 보험설계사 또는 보험대리점 등록 제한사유에 해당하는 경우
- 부채가 자산을 초과하는 법인

3-3 등록요건

〈표9〉 보험중개사 등록요건

구 분		등록요건
개인보험 중개사	생명보험 중개사	다음 각 목의 어느 하나에 해당하는 사람 가. 「보험업법」에 따른 교육을 이수하고 생명보험중개사 시험에 합격한 사람 나. 개인인 생명보험중개사로 2년 이상 종사한 경력이 있는 사람(등록신청일부터 4년 이내에 해당 업무에 종사한 사람으로 한정한다)으로서 「보험업법」에 따른 교육을 이수한 사람 다. 가목의 요건을 충족하는 사람으로서 법인보험중개사의 소속 보험설계사로 2년 이상 종사한 경력이 있는 사람(등록신청일로부터 4년 이내에 해당 업무에 종사한 사람으로 한정한다)으로서 [별표4]에 따른 교육을 이수한 사람
	손해보험 중개사	다음 각 목의 어느 하나에 해당하는 사람 가. 「보험업법」에 따른 교육을 이수하고 손해보험중개사 시험에 합격한 사람 나. 개인인 손해보험중개사로 2년 이상 종사한 경력이 있는 사람(등록신청일부터 4년 이내에 해당 업무에 종사한 사람으로 한정한다)으로서 [별표4]에 따른 교육을 이수한 사람 다. 가목의 요건을 충족하는 사람으로서 법인보험중개사의 소속 보험설계사로 2년 이상 종사한 경력이 있는 사람(등록신청일로부터 4년 이내에 해당 업무에 종사한 사람으로 한정한다)으로서 「보험업법」에 따른 교육을 이수한 사람
	제3보험 중개사	다음 각 목의 어느 하나에 해당하는 사람 가. 「보험업법」에 따른 교육을 이수하고 제3보험중개사 시험에 합격한 사람 나. 개인인 제3보험중개사로 2년 이상 종사한 경력이 있는 사람(등록신청일부터 4년 이내에 해당 업무에 종사한 사람으로 한정한다)으로서 [별표4]에 따른 교육을 이수한 사람 다. 가목의 요건을 충족하는 사람으로서 법인보험중개사의 소속 보험설계사로 2년 이상 종사한 경력이 있는 사람(등록신청일로부터 4년 이내에 해당 업무에 종사한 사람으로 한정한다)으로서 「보험업법」에 따른 교육을 이수한 사람
법인보험 중개사	생명보험 중개사	임직원의 3분의 1 이상이 개인생명보험중개사 가목에 해당하는 자격을 갖추고 상근하는 법인
	손해보험 중개사	임직원의 3분의 1 이상이 개인손해보험중개사 가목에 해당하는 자격을 갖추고 상근하는 법인
	제3보험 중개사	임직원의 3분의 1 이상이 개인제3보험중개사 가목에 해당하는 자격을 갖추고 상근하는 법인

3-4 연수과정

보험중개사의 교육과정은 보험설계사 및 보험대리점과 동일하나 자격시험은 보험협회가 아닌 금융감독원에서 주관한다.

3-5 등록신청 및 기타

보험중개사의 등록신청과 기타 세부사항은 금융감독원에서 주관한다.

4 금융기관 보험대리점

2003년 방카슈랑스제도의 도입에 따라 은행, 증권회사, 신용카드사 등의 금융기관도 보험회사의 대리점 자격으로 보험을 모집할 수 있게 되었다. 금융기관 보험대리점의 모집방법과 기타 규제사항은 제2편 제4장에서 기술한다.

5 영업보증금

영업보증금은 보험모집과 관련한 선량한 보험계약자의 보호와 건전한 보험 모집 질서를 유지하기 위해 보험대리점과 보험중개사로 하여금 일정한 보증금액을 예탁하도록 하는 제도이다.

5-1 보험대리점의 영업보증금

보험대리점의 영업보증금은 1억 원(법인보험대리점의 경우에는 3억 원)의 범위에서 보험회사와 대리점이 협의하여 정할 수 있다. 다만, 금융기관 보험대리점에 대해서는 영업보증금 예탁의무를 면제한다.

한편 금융위원회는 보험계약자의 보호와 모집질서의 유지를 위하여 필요하다고 인정하면 영업보증금의 증액을 명할 수 있다.

보험대리점의 등록을 한 자는 감독규정에 따른 영업보증금을 금융위원회가 지정하는 기관(이하 "영업보증금예탁기관"이라 한다)에 예탁하지 아니하고는 영업을 시작할 수 없다.

영업보증금은 현금 또는 유가증권이나 지급보증서 및 보증보험증권 등으로 예탁할 수 있다.

5-2 보험중개사의 영업보증금

보험중개사의 영업보증금은 개인은 1억 원 이상, 법인은 3억 원 이상으로 하며, 그 구체적인 금액은 해당 보험중개사의 영업규모를 고려하여 총리령으로 정한다. 다만, 금융기관 보험중개사에 대해서는 영업보증금 예탁의무를 면제한다. 금융위원회는 보험계약자의 보호와 모집질서의 유지를 위하여 필요하다고 인정하면 최근 사업연도의 보험중개와 관련된 총수입금액의 5배 범위에서 영업보증금의 증액을 명할 수 있다.

6 교차모집

6-1 제도의 개관

예전의 「보험업법」은 원칙적으로 보험모집 종사자 중 보험설계사로 하여금 소속된 보험회사 외에는 다른 보험회사를 위한 모집행위를 할 수 없도록 제한하고 있다(일사전속주의). 교차모집제도는 이에 대한 예외 제도로서 보험설계사가 소속 보험회사 외 다른 1개의 이종(異種) 보험회사 상품을 판매할 수 있도록 했다. 즉, 생명보험설계사는 1개의 손해보험회사를, 손해보험설계사는 1개의 생명보험회사를 선택하여 보험상품을 판매할 수 있도록 하는 것이다. 생명보험 또는 손해보험회사에 속한 보험설계사가 1개의 제3보험업을 영위하는 회사를 선택하는 것도 교차모집에 해당한다. 교차모집을 하고자 하는 보험설계사는 보험종류에 따른 등록요건을 갖추어 보험협회에 보험설계사 등록을 하여야 한다.

6-2 교차모집과 관련한 보험회사의 금지행위

교차모집과 관련하여 보험회사는 다음의 행위를 하여서는 아니 된다.

- 교차모집 보험설계사에게 자사 소속의 보험설계사로 전환하도록 권유하는 행위
- 교차모집 보험설계사에게 자사를 위하여 모집하는 경우 보험회사가 정한 수수료·수당 외에 추가로 대가를 지급하기로 약속하거나 이를 지급하는 행위
- 교차모집 보험설계사가 다른 보험회사를 위하여 모집한 보험계약을 자사의 보험계약으로 처리하도록 유도하는 행위
- 교차모집 보험설계사에게 정당한 사유 없이 위탁계약 해지, 위탁범위 제한 등 불이익을 주는 행위
- 교차모집 보험설계사의 소속 영업소를 변경하거나 모집한 계약의 관리자를 변경하는 등 교차모집을 제약·방해하는 행위

6-3 교차모집 보험설계사의 금지행위

교차모집을 하는 보험설계사로서는 다음의 행위를 할 수 없다.

- 업무상 알게 된 특정 보험회사의 정보를 다른 보험회사에 제공하는 행위
- 보험계약을 체결하려는 자의 의사에 반하여 다른 보험회사와의 보험계약 체결을 권유하는 등 모집을 위탁한 보험회사 중 어느 한 쪽의 보험회사만을 위하여 모집하는 행위
- 모집을 위탁한 보험회사에 대하여 회사가 정한 수수료·수당 외에 추가로 대가를 지급하도록 요구하는 행위

7 모집종사자에 대한 보험회사의 보수교육 의무

보험회사(보험대리점 및 보험중개사 포함)는 소속 보험설계사에게 등록한 날부터 2년이 지날 때마다 2년이 된 날부터 6개월 이내에 〈표10〉의 기준에 따라 보수교육을 하여야 한다. 법인이 아닌 보험대리점, 보험중개사 또한 동일한 기준에 따라 교육을 받아야 한다.

〈표10〉 모집종사자 교육과정

구 분	교육기준
1. 교육 과목	가. 보험모집과 관련한 윤리교육 나. 보험 관련 법령 및 분쟁 사례 다. 보험상품(생명보험상품, 손해보험상품, 제3보험상품) 라. 회계원리 및 위험관리론(보험중개사와 보험중개사 소속 보험설계사만 해당한다)
2. 교육 기관	보험회사, 「보험업법」에 의해 설립된 단체 및 금융위원회가 정하여 고시하는 교육기관(보험협회, 보험연수원 등)
3. 교육 방법	집합교육 또는 사이버교육
4. 교육 시간	20시간 이상(이 경우 금융위원회가 정하여 고시하는 바에 따라 외부 교육 시간을 5시간 이상 포함하여야 한다)

8 등록의 취소 및 업무의 정지 처분

금융위원회는 건전한 보험 모집질서 확립을 위해 부당한 방법으로 등록한 보험 모집인(보험설계사, 보험대리점 및 보험중개사) 및 모집과 관련하여 「보험업법」을 위반한 행위자에 대해서는 등록의 취소 또는 6개월 내에서 업무정지 처분을 내릴 수 있다.

제 2 장 보험과 금융소비자 보호

2021년 3월 25일 시행된 금융소비자 보호에 관한 법률(이하 '금소법')이 보험을 비롯한 금융관련 소비자보호를 위한 일반법이 됨에 따라, 기존에 보험소비자 보호와 관련하여 보험업법에서 규율하고 있던 많은 내용들 중 금소법과 중복되는 규정들이 삭제 또는 개정되었다. 이에 따라 본서에서는 금소법과 보험업법에서 보험소비자 보호를 위해 규율하고 있는 내용을 함께 기술하도록 하겠다.

1 보험소비자의 구분

금소법에 따라 금융상품에 대한 전문성, 소유자산규모 등에 비추어 금융상품 계약에 따른 위험감수능력이 있는 소비자는 '전문금융소비자'로 분류되고 그 외 소비자는 '일반금융소비자'로 구분하여 '일반금융소비자'에 대해서는 '적합성 원칙', '적정성 원칙' 및 '설명의무' 등 강화된 보호제도를 적용한다.

한편 금소법 시행 이전부터 보험업법은 보험계약자를 '전문보험계약자' 및 '일반보험계약자'로 구분하고 있으며, 금소법에 따른 '전문금융소비자' 및 '일반금융소비자'의 분류기준 및 취지와 대체로 유사하다.

1-1 전문금융소비자 및 전문보험계약자

전문금융소비자와 전문보험계약자는 금융상품과 보험계약에 관한 전문성, 자산규모 등에 비추어 보험계약의 내용을 이해하고 이행할 능력이 있는 자로서 다음 중 어느 하나에 해당하는 자를 말한다(금소법 제2조 제9호 및 보험업법 제2조 제19호).

- 국가
- 한국은행
- 금융기관(대통령령에 근거)
- 주권상장법인
- 그 밖에 대통령령으로 정하는 자

다만, 전문금융소비자 또는 전문보험계약자 중 대통령령으로 정하는 자(지방자치단체, 주권상장법인, 외국 금융기관 및 기타)가 일반금융소비자 또는 일반보험계약자와 같은 대우를 받겠다는 의사를 보험회사에 서면으로 통지하는 경우 보험회사는 정당한 사유가 없으면 이에 동의하여야 하며, 보험회사가 동의한 경우에는 해당 보험계약자는 일반금융소비자 또는 일반보험계약자로 본다.

1-2 일반금융소비자 및 일반보험계약자

일반금융소비자 또는 일반보험계약자는 전문금융소비자 또는 일반보험계약자가 아닌 자를 말한다.

2 적합성의 원칙

2-1 정의

보험상품 판매와 관련하여 적합성 원칙이란 보험회사 또는 보험 모집종사자가 일반금융소비자의 연령, 재산상황, 보험가입의 목적 등에 비추어 그 일반금융소비자에게 적합하다고 인정되는 보험계약의 체결만 권유해야 한다는 원칙을 말한다(금소법 제17조).

2-2 적용 대상

금소법은 금융상품을 보장성 상품(보험상품 및 이와 유사한 것으로 금소법 대통령령으로 정하는 금융상품, 보장성보험과는 다른 개념이므로 유의필요), 투자성 상품, 대출성 상품, 예금성 상품 등 4가지 유형으로 구분하며, 적합성 원칙 등 금소법에서 규율하는 영업원칙은 각 상품유형별 특성에 따라 적용된다.

적합성 원칙을 적용받는 보장성 상품은 보험업법에 따른 변액보험과, 보험료 또는 공제료의 일부를 「자본시장과 금융투자업에 관한 법률」에 따른 금융투자상품의 취득·처분 또는 그 밖의 방법으로 운용할 수 있도록 하는 보험 또는 공제상품(이하 '투자성보험')이다. 한편 대출성 상품을 취급하는 보험회사는 해당 상품에 적용되는 적합성 원칙을 준수해야 한다.

2-3 적합성 평가를 위해 보험회사가 파악해야 할 사항과 의무

보험회사 또는 보험 모집종사자는 변액보험과 투자성보험 권유 시, 일반금융소비자가 보험계약을 체결하기 전에 면담 또는 질문을 통하여 일반금융소비자의 연령, 재산상황, 보험가입의 목적과 기타 법규에서 정하는 사항(의무파악 사항)을 파악하고 일반금융소비자의 서명(전자서명법에 따른 전자서명을 포함), 기명날인, 녹취 및 기타 법에 정한 방법으로 확인을 받아 유지·관리하여야 하며, 확인받은 내용은 일반금융소비자에게 지체 없이 제공하여야 한다.

일반금융소비자에게 변액보험과 투자성보험 권유 시 보험회사의 의무파악 사항은 다음과 같다.

- 일반금융소비자의 연령
- 재산상황(부채를 포함한 자산 및 소득에 관한 사항을 말한다)
- 보험상품 계약 체결의 목적
- 금융상품을 취득·처분한 경험
- 금융상품에 대한 이해도

2-4 적합성 평가의 원칙

보험회사는 변액보험과 투자성보험을 권유할 때, 상기 2-3에서 파악한 정보를 고려하여 일반금융소비자의 손실에 대한 감수능력이 적정한 수준인지 여부를 평가하여 그 일반금융소비자에게 적합하지 아니하다고 인정되는 계약 체결을 권유해서는 아니 된다.

한편 대출성 상품의 경우에는 일반금융소비자의 상환능력과 관련하여 거래 목적, 원리금 변제계획, 신용, 재산상황, 고정지출, 연령 등의 사항을 종합 고려하여 평가해야 한다. 다만, 해당 금융상품의 특성상 필요한 경우에는 그 중 어느 하나만으로 평가할 수도 있다 (금소법 감독규정 제10조)

3 적정성 원칙

적정성 원칙이란 금융상품판매업자가 일반금융소비자에게 계약체결을 권유하지 아니하고 금융상품 판매 계약을 체결하려는 경우에 적용된다(금소법 제18조). 즉, 금융회사의 권유 없이 일반금융소비자가 자발적으로 금융상품 계약을 체결하는 경우에 적용되며, 해당되는 금융상품의 범위는 아래와 같다.

- 보장성 상품: 변액보험과 투자성보험
- 투자성 상품: 파생상품 및 파생결합증권(일부 증권은 제외), 사채(社債) 중 일정한 사유가 발생하는 경우 주식으로 전환되거나 원리금을 상환해야 할 의무가 감면될 수 있는 사채, 고난도 금융투자상품 등
- 대출성 상품: 주택법에 따른 주택담보대출, 증권이나 지식재산권 등을 담보로 계약을 체결하는 대출성 상품 등

보험회사 등 금융상품판매업자가 적정성 여부를 평가하기 위해 파악해야 하는 일반금융소비자와 관련된 정보는 기본적으로 적합성 평가 시 파악해야 하는 정보와 대체로 일치한다. 만약 금융상품판매업자가 파악한 정보를 고려하여 해당 금융상품이 그 일반금융소비자에게 적정하지 아니하다고 판단되는 경우에는 금소법 대통령령으로 정하는 바에 따라 그 사실을 알리고 그 일반금융소비자로부터 서명, 기명날인, 녹취, 그 밖에 금소법 대통령령으로 정하는 방법으로 확인을 받아야 한다.

4 설명 의무

4-1 금소법에 따른 설명 의무

금융상품판매업자등은 일반금융소비자에게 계약 체결을 권유(금융상품자문업자가 자문에 응하는 것을 포함한다)하는 경우 및 일반금융소비자가 설명을 요청하는 경우에는 금융상품에 관한 중요한 사항(일반금융소비자가 특정 사항에 대한 설명만을 원하는 경우 해당 사항으로 한정한다)을 일반금융소비자가 이해할 수 있도록 설명하여야 한다 (금소법 제19조).

금소법에 따른 설명의무는 상품 유형별(보장성 상품, 투자성 상품, 예금성 상품, 대출성 상품)로 이행해야 할 사항과, 금융상품과 연계되거나 제휴된 금·상품 또는 서비스 등이 있는 경우 해당 내용, 금소법 제46조에 따른 청약 철회권에 대한 내용, 그 밖에 예금자보호법이나 민원 처리 절차 등 공통적으로 이행해야 할 사항 등 크게 4가지 설명사항으로 구분된다.

이 중에서 보험상품과 관련된 '중요한 사항'으로 일반금융소비자에게 설명해야 할 것들은 아래 표와 같다.

〈표11〉 설명되어야 할 보험상품의 중요한 사항

중요사항	설명 주체	관련 사항
• 보장성 상품의 내용 • 보험료 • 보험금 지급제한 사유 및 지급절차 • 위험보장기간 • 계약의 해지 · 해제 • 보험료의 감액 청구 • 보험금 또는 해약환급금의 손실 발생 가능성 • 주된 위험보장사항 · 부수적인 위험보장사항 및 각각의 보험료 · 보험금 • 보험료 납입기간 • 해약을 하거나 만기에 이른 경우 각각의 환급금 및 산출 근거. 이 경우 환급금이 이미 납후한 보험료보다 적거나 없을 수 있다는 사실 • 일반금융소비자 또는 피보험자가 상법 제651조에 따른 고지의무 및 같은 법 제652조에 따른 통지의무를 각각 위반한 경우에 금융상품직접판매업자가 계약을 해지할 수 있다는 사실 • 기타 금소법 감독규정 별표3에서 보장성 상품과 관련하여 설명해야 할 사항	모집 종사자 또는 보험회사	• 금융상품판매업자등은 설명의무 이행에 필요한 설명서를 일반금융소비자에게 제공하여야 하며, 설명한 내용을 이행하였음을 서명, 기명날인, 녹취 또는 금소법 대통령령으로 정하는 방법으로 확인을 받아야 한다. 설명서 제공의 예외는 금소법 대통령령 제14조 제4항에서 규정한 경우에 한하여 적용된다(예-기업성 보험이나 여행자 단체보험 등). • 설명서에는 일반금융소비자에게 설명한 내용과 실제 설명서의 내용이 같다는 사실에 대해 설명을 한 사람의 서명(「전자서명법」 제2조제2호에 따른 전자서명을 포함한다. 이하 같다)이 있어야 한다. 다만, 다음 각 호의 계약에 대한 설명서는 제외한다. 1. 예금성 상품 또는 대출성 상품에 관한 계약 2. 「전자금융거래법」에 따른 전자적 장치를 이용한 자동화 방식을 통해서만서비스가 제공되는 계약 • 그 밖에 설명서 작성 방법에 대한 자세한 사항은 금소법 감독규정 제13조 참조

4-2 보험업법에 따른 설명 의무

금소법에 따른 일반금융소비자에 대한 설명 의무와 별개로 보험업법에 따른 보험계약 단계별 설명 의무는 여전히 유지되고 있다.

보험회사는 보험계약의 체결부터 보험금 지급까지의 각 단계에 대하여 일반 보험계약자에게 설명하여야 한다. 다만, 일반보험계약자가 설명을 거부하는 경우에는 그러하지 아니하다(이상 보험업법 제95조의2 및 보험업법 대통령령 제42조의2 참조). 자세한 사항은 다음 표와 같다.

〈표12〉 보험계약 단계별 설명 의무

단 계	설명 내용
보험계약 체결 단계	• 보험의 모집에 종사하는 자의 성명, 연락처 및 소속 • 보험의 모집에 종사하는 자가 보험회사를 위하여 보험계약의 체결을 대리할 수 있는지 여부 • 보험의 모집에 종사하는 자가 보험료나 고지의무사항을 보험회사를 대신하여 수령할 수 있는지 여부 • 보험계약의 승낙절차 • 보험계약 승낙거절 시 거절 사유 • 「상법」 제638조의3제2항에 따라 3개월 이내에 해당 보험계약을 취소할 수 있다는 사실 및 그 취소 절차 · 방법 • 그 밖에 일반보험계약자가 보험계약 체결 단계에서 설명받아야 하는 사항으로서 금융위원회가 정하여 고시하는 사항
보험금 청구 단계	• 담당부서, 연락처 및 보험금 청구에 필요한 서류 • 보험금 심사 절차, 예상 심사기간 및 예상 지급일 • 일반보험계약자가 보험사고 조사 및 손해사정에 관하여 설명받아야 하는 사항으로서 금융위원회가 정하여 고시하는 사항 • 그 밖에 일반보험계약자가 보험금 청구 단계에서 설명받아야 하는 사항으로서 금융위원회가 정하여 고시하는 사항
보험금 심사 · 지급 단계	• 보험금 지급일 등 지급절차 • 보험금 지급 내역 • 보험금 심사 지연 시 지연 사유 및 예상 지급일 • 보험금을 감액하여 지급하거나 지급하지 아니하는 경우에는 그 사유 • 그 밖에 일반보험계약자가 보험금 심사 · 지급 단계에서 설명받아야 하는 사항으로서 금융위원회가 정하여 고시하는 사항

다만, 위 표에 따른 보험계약 체결 단계 중 일부 내용(보험계약 승낙 거절 시 거절사유), 보험금 청구 단계 또는 보험금 심사、지급 단계의 경우 일반보험계약자가

계약체결 전에 또는 보험금 청구권자가 보험금 청구 단계에서 동의한 경우에 한정하여 서면, 문자메시지, 전자우편 또는 팩스 등으로 중요 사항을 통보하는 것으로 설명의무를 대신할 수 있다.

5 불공정영업행위의 금지

불공정영업행위란 금융상품판매업자등이 우월적 지위를 이용하여 금융소비자의 권익을 침해하는 행위로서 아래와 같은 경우를 말한다(금소법 제20조).

- 대출성 상품, 그 밖에 대통령령으로 정하는 금융상품에 관한 계약체결과 관련하여 금융소비자의 의사에 반하여 다른 금융상품의 계약체결을 강요하는 행위
- 대출성 상품, 그 밖에 대통령령으로 정하는 금융상품에 관한 계약체결과 관련하여 부당하게 담보를 요구하거나 보증을 요구하는 행위
- 금융상품판매업자등 또는 그 임직원이 업무와 관련하여 편익을 요구하거나 제공받는 행위
- 연계 · 제휴서비스등이 있는 경우 연계 · 제휴서비스등을 부당하게 축소하거나 변경하는 행위로서 대통령령으로 정하는 행위. 다만, 연계 · 제휴서비스등을 불가피하게 축소하거나 변경하더라도 금융소비자에게 그에 상응하는 다른연계 · 제휴서비스등을 제공하는 경우와 금융상품판매업자등의 휴업 · 파산 · 경영상의 위기 등에 따른 불가피한경우는 제외한다.
- 그 밖에 금융상품판매업자등이 우월적 지위를 이용하여 금융소비자의 권익을 침해하는 행위

또한 금융상품판매업자는 대출성 상품의 경우 다음의 어느 하나에 해당하는 행위를 해서는 아니 된다.

- 자기 또는 제3자의 이익을 위하여 금융소비자에게 특정 대출 상환방식을 강요하는 행위
- 아래 1)부터 3)까지의 경우를 제외하고 수수료, 위약금 또는 그 밖에 어떤 명목이든 중도상환수수료를 부과하는 행위

1) 대출계약이 성립한 날부터 3년 이내에 상환하는 경우
2) 다른 법령에 따라 중도상환수수료부과가 허용되는 경우
3) 금융소비자 보호 및 건전한 거래질서를 해칠 우려가 없는 행위로서 대통령령으로 정하는 경우
   • 개인에 대한 대출 등 대통령령으로 정하는 대출상품의 계약과 관련하여 제3자의 연대보증을 요구하는 경우

6 부당권유행위 금지

금융상품판매업자등은 계약 체결을 권유(금융상품 자문업자가 자문에 응하는 것을 포함)하는 경우에 다음 각 호의 어느 하나에 해당하는 행위를 해서는 아니 된다. 다만, 금융소비자 보호 및 건전한 거래질서를 해칠 우려가 없는 행위로서 대통령령으로 정하는 행위는 제외한다(금소법 제21조).

- 불확실한 사항에 대하여 단정적 판단을 제공하거나 확실하다고 오인하게 할 소지가 있는 내용을 알리는 행위
- 금융상품의 내용을 사실과 다르게 알리는 행위
- 금융상품의 가치에 중대한 영향을 미치는 사항을 미리 알고 있으면서 금융소비자에게 알리지 아니하는 행위
- 금융상품 내용의 일부에 대하여 비교대상 및 기준을 밝히지 아니하거나 객관적인 근거 없이 다른 금융상품과 비교하여 해당 금융상품이 우수하거나 유리하다고 알리는 행위

한편 보험상품의 경우 아래 중 어느 하나에 해당하는 행위는 금지된다.

- 금융소비자(피보험자 포함)가 보험상품 계약의 중요한 사항을 금융상품직접판매업자에게 알리는 것을 방해하거나 알리지 아니할 것을 권유하는 행위
- 금융소비자가 보장성 상품 계약의 중요한 사항에 대하여 부실하게 금융상품직접판매업자에게 알릴 것을 권유하는 행위

또한 투자성 상품의 경우 다음 어느 하나에 해당하는 행위는 금지된다.

- 금융소비자로부터 계약의 체결권유를 해줄 것을 요청받지 아니하고 방문 · 전화 등 실시간 대화의 방법을 이용하는 행위
- 계약의 체결권유를 받은 금융소비자가 이를 거부하는 취지의 의사를 표시하였는데도 계약의 체결권유를 계속하는 행위

7 중복계약 체결 확인 의무

7-1 의무의 내용

보험회사 또는 보험 모집종사자는 보험계약을 모집하기 전에 보험계약자가 되려는 자의 동의를 얻어 모집하고자 하는 보험계약과 동일한 위험을 보장하는 보험계약을 체결하고 있는지 확인하여야 한다. 또한 그 확인한 내용을 보험계약자가 되려는 자에게 즉시 알려야 한다.

7-2 확인 의무 대상 보험계약

확인 의무를 부담하는 보험계약은 실제 부담한 의료비만 지급하는 제3보험상품 계약(실손의료보험계약)을 말한다. 다만, 다음에서 열거하는 보험계약은 제외한다.

- 민간법인 또는 단체가 정관이나 규약에 따라 체결하는 단체보험계약
- 여행 중 발생한 위험을 보장하는 보험계약으로서 「관광진흥법」 제4조에 따라 등록한 여행업자가 일괄 체결하는 보험계약
- 국외여행, 연수 또는 유학 등 국외체류 중 발생한 위험을 보장하는 보험계약(여행자보험 등)

7-3 확인절차

실손의료보험계약을 모집하는 경우에는 우선 피보험자가 되려는 자가 이미 다른 실손의료보험계약의 피보험자로 되어 있는지를 확인해야 하며, 다른 실손의료보험계약의 피보험자로 되어 있는 경우에는 보험금 비례분담 등 보장금 지급에 관한 세부 사항을 안내하여야 한다.

8 보험 모집종사자의 부당한 모집행위 금지

보험설계사 등 보험 모집종사자는 다음과 같은 행위를 하여서는 아니 된다(보험업법 제97조).

- 보험계약의 청약철회 또는 계약 해지를 방해하는 행위
- 보험계약자 또는 피보험자로 하여금 이미 성립된 보험계약(기존 보험계약)을 부당하게 소멸시킴으로써 새로운 보험계약(기존 보험계약과 보장내용 등이 비슷한 경우만 해당한다)을 청약하게 하거나 새로운 보험계약을 청약하게 함으로써 기존 보험계약을 부당하게 소멸시키거나 그 밖에 부당하게 보험계약을 청약하게 하거나 이러한 것을 권유하는 행위
- 실제 명의인이 아닌 자의 보험계약을 모집하거나 실제 명의인의 동의가 없는 보험계약을 모집하는 행위
- 보험계약자 또는 피보험자의 자필서명이 필요한 경우에 보험계약자 또는 피보험자로부터 자필서명을 받지 아니하고 서명을 대신하거나 다른 사람으로 하여금 서명하게 하는 행위
- 다른 모집 종사자의 명의를 이용하여 보험계약을 모집하는 행위
- 보험계약자 또는 피보험자와의 금전대차 관계를 이용하여 보험계약자 또는 피보험자로 하여금 보험계약을 청약하게 하거나 이러한 것을 요구하는 행위
- 「장애인차별금지및권리구제등에관한법률」 제2조에 반하여 정당한 이유 없이 장애인의 보험가입을 거부하는 행위

9 기존 보험계약의 부당한 전환·승환 금지

9-1 개념

보험계약자나 피보험자로 하여금 기존 보험계약을 부당하게 소멸시키고 새로운 보험계약을 청약하게 하는 행위 또는 새로운 보험계약을 청약하게 한 후 기존 보험계약을 부당하게 소멸시키는 행위는 이른바 부당한 '전환계약'으로 위법행위가 된다. 또한 보험설계사 등 모집종사자가 이전 소속회사의 계약을 소멸시키고 현재

소속회사에 해당 계약자나 피보험자 명의의 신계약을 체결시키는 행위는 이른바 '승환계약'으로서 위법행위임과 동시에 보험협회 자율협정 위반이 되어 제재금을 부과받는다.

9-2 전제 조건

부당한 전환·승환계약이 되기 위해서는 기존 보험계약과 새로운 보험계약이 다음의 사항에 모두 해당되어야 한다.

- 기존 보험계약과 새로운 보험계약의 피보험자가 같을 것
- 기존 보험계약과 새로운 보험계약의 위험보장 범위가 생명보험상품, 손해보험상품, 제3보험상품의 구분에 따라 비슷할 것

9-3 부당한 전환계약으로 간주되는 경우와 보험회사의 의무

다음 중 어느 하나에 해당하는 행위를 한 경우에는 부당한 전환계약 행위를 한 것으로 본다.

- 기존 보험계약이 소멸된 날부터 1개월 이내에 새로운 보험계약을 청약하게 하거나 새로운 보험계약을 청약하게 한 날부터 1개월 이내에 기존 보험계약을 소멸하게 하는 행위

  ☞ 다만, 보험계약자가 기존 보험계약 소멸 후 새로운 보험계약 체결 시 손해가 발생할 가능성이 있다는 사실을 알고 있음을 자필로 서명하거나 기명날인 및 녹취 등을 통해 본인의 의사에 따른 행위임이 명백히 증명되는 경우에는 예외로 한다(비교/안내 확인서 제도).
- 기존 보험계약이 소멸된 날부터 6개월 이내에 새로운 보험계약을 청약하게 하거나 새로운 보험계약을 청약하게 한 날부터 6개월 이내에 기존 보험계약을 소멸하게 하는 경우

  ☞ 다만, 해당 보험계약자 또는 피보험자에게 기존 보험계약과 새로운 보험계약의 중요한 사항을 비교하여 알리는 경우는 예외로 한다(비교/안내표 고지 제도). 여기서 중요한 사항은 다음과 같다.
  - 보험료, 보험기간, 보험료 납입주기 및 납입기간
  - 보험가입금액 및 주요 보장내용

- 보험금액 및 환급금액
- 예정이자율 중 공시이율
- 보험 목적
- 보험회사의 면책사유 및 면책사항

〈표13〉 비교/안내 확인서 제도와 비교/안내표 고지 제도의 비교

항목	비교/안내 확인서 제도	비교/안내표 고지 제도
기존 보험 소멸기간	1월	6월
보험회사의 의무	전환계약이 본인의 진정한 의사인지 여부를 확인해야 함	보험사는 다음 사항에 대해 계약자 등에게 알려 주어야 함 - 보험료, 보험기간, 보험료 납입주기 및 납입기간 - 보험가입금액 및 주요 보장내용 - 보험금액 및 환급금액 - 예정이자율 중 공시이율 - 보험 목적 - 보험회사의 면책사유 및 면책사항
확인 방식	자필서명, 기명날인, 녹취	법정 방법은 없으나 비교/안내 확인서 제도 준용

9-4 부당 전환계약의 부활 청구

보험계약자는 부당하게 소멸된 보험계약에 대해 소멸일로부터 6개월 이내에 해당 보험계약의 부활과 새로운 계약의 취소를 청구할 수 있다.

10 특별이익의 제공 금지

보험설계사 등 모집종사자는 보험계약의 체결이나 모집과 관련하여 보험계약자나 피보험자에게 다음 중 어느 하나에 해당하는 특별이익을 제공하거나 제공하기로 약속하여서는 아니 된다.

- 금품(보험계약 체결 시부터 최초 1년간 납입되는 보험료의 100분의 10과 3만원 중 적은 금액은 허용)
- 기초서류에서 정한 사유에 근거하지 아니한 보험료의 할인 또는 수수료의 지급
- 기초서류에서 정한 보험금액보다 많은 보험금액의 지급 약속
- 보험계약자나 피보험자를 위한 보험료의 대납(代納)

- 보험계약자나 피보험자가 해당 보험회사로부터 받은 대출금에 대한 이자의 대납
- 보험료로 받은 수표 또는 어음에 대한 이자 상당액의 대납
- 「상법」 제682조에 따른 제3자에 대한 청구권 대위행사의 포기

11 부당 모집위탁 등의 금지

11-1 부당 모집위탁 금지

보험회사는 「보험업법」에 따른 모집종사자 이외의 자에게 보험 모집을 위탁하거나 그로 인한 수수료, 보수, 그 밖의 대가를 지급하지 못한다. 다만, 다음의 사항은 예외로 한다(보험업법 제99조).

- 기초서류에서 정하는 방법에 따른 경우
- 보험회사가 대한민국 밖에서 외국 보험사와 공동으로 원보험계약(原保險契約)을 인수하거나 대한민국 밖에서 외국의 모집조직(외국의 법령에 따라 모집을 할 수 있도록 허용된 경우만 해당한다)을 이용하여 원보험계약 또는 재보험계약을 인수하는 경우

11-2 모집 재위탁 금지

금융상품판매대리·중개업자가 대리·중개하는 업무를 제3자에게 하게 하거나 그러한 행위에 관하여 수수료·보수나 그 밖의 대가를 지급하는 행위는 금지된다. 다만, 금융상품직접판매업자의 이익과 상충되지 아니하고 금융소비자 보호를 해치지 아니하는 경우로서 대통령령으로 정하는 행위는 제외한다(금소법 제25조 제1항 제2호). 여기서 금소법 대통령령에서 허용하는 행위는 다음과 같다.

- 다음 각 목의 위탁계약을 체결한 경우 수탁자로 하여금 보장성 상품에 관한 계약의 체결을 대리·중개하는 업무를 하게 하거나 그러한 행위에 관하여 위탁자가 수수료·보수나 그 밖의 대가를 지급하는 행위
  가. 보험설계사가 같은 보험회사·보험대리점 또는 보험중개사에 소속된 다른 보험설계사와 위탁계약을 체결한 경우
  나. 보험대리점이 소속 보험설계사 또는 같은 보험회사의 다른 보험대리점과

위탁계약을 체결한 경우. 다만, 같은 보험회사의 다른 보험대리점과 위탁계약을 체결하는 경우에는 금융상품직접판매업자로부터 그 계약의 내용에 대해 사전동의를 받아야 한다.

다. 보험중개사가 소속 보험설계사 또는 다른 보험중개사와 위탁계약을 체결한 경우

• 법인인 금융상품판매대리 · 중개업자가 개인인 금융상품판매대리 · 중개업자에게 예금성 상품 또는 대출성 상품에 관한 계약의 체결을 대리 · 중개하는 업무를 하게 하거나 그러한 행위에 관하여 수수료 · 보수나 그 밖의 대가를 지급하는 행위

11-3 부당한 수수료의 청구 금지

보험중개사는 보험계약 체결의 중개와 관련한 수수료나 그 밖의 대가를 보험계약자에게 청구할 수 없다. 단, 보험계약 체결의 중개와는 별도로 보험계약자에게 특별히 제공한 서비스에 대하여 일정 금액으로 표시되는 보수나 그 밖의 대가를 지급할 것을 미리 보험계약자와 서면약정서로 합의하였고, 이에 의하여 청구하는 경우는 예외로 한다.

⑫ 자기계약의 금지

보험대리점 또는 보험중개사는 자기 또는 자기를 고용하고 있는 자를 보험계약자 또는 피보험자로 하는 보험(이하 "자기계약"이라 한다)을 모집하는 것을 주된 영업목적으로 하지 못한다.

보험대리점 또는 보험중개사가 모집한 자기계약의 보험료 누계액(累計額)이 그 보험대리점 또는 보험중개사가 모집한 보험의 보험료 50%를 초과하게 된 경우에는 자기계약이 영업의 주된 목적이라고 간주된다.

13 보험계약자의 권리

13-1 보험회사의 배상책임

보험회사는 그 임직원 · 보험설계사 또는 보험대리점(보험대리점 소속 보험설계사를 포함)이 모집을 하면서 보험계약자에게 손해를 입힌 경우 배상할 책임을 진다. 다만, 보험회사가 보험설계사 또는 보험대리점에 모집을 위탁하면서 상당한 주의를 하였고, 이들이 모집을 하면서 보험계약자에게 손해를 입히는 것을 막기 위하여 노력한 경우에는 그러하지 아니하다.

보험회사는 해당 임직원 · 보험설계사 또는 보험대리점에 대해 구상권(求償權)을 행사할 수 있다.

13-2 우선 변제권

보험계약자나 보험금을 취득할 자가 보험중개사의 보험계약 체결 중개행위와 관련하여 손해를 입은 경우에는 그 손해액을 영업보증금에서 다른 채권자보다 우선하여 변제받을 권리를 가진다.

제3장 보험안내자료 및 광고 관련 준수사항

1 보험안내자료

1-1 필수 기재사항

보험안내자료는 보험계약자가 가입하는 보험계약의 내용을 설명하는 자료로서 가입설계서, 상품설명서, 변액보험 운용설명서 등을 포함한다.[8)]

보험회사 및 모집종사자는 보험계약자에게 제공하는 상품설명서, 보험계약청약서, 보험증권에 모집종사자(보험대리점의 경우에는 실제 모집한 소속보험설계사를 말한다)의 소속, 성명, 연락처 등을 기재하여야 한다.

가. 보험안내자료의 기재사항 (보험업감독규정 제4-34조)

보험안내자료에는 아래와 같은 사항들이 명백하고 알기 쉽게 기재되어야 한다.

- 보험회사의 상호나 명칭 또는 보험설계사 · 보험대리점 또는 보험중개사의 이름 · 상호나 명칭
- 보험 가입에 따른 권리 · 의무에 관한 주요 사항
- 보험약관으로 정하는 보장에 관한 사항
- 보험금 지급제한 조건에 관한 사항
- 해약환급금에 관한 사항
- 「예금자보호법」에 따른 예금자보호와 관련된 사항
- 보험금이 금리에 연동되는 보험상품의 경우 적용금리 및 보험금 변동에 관한 사항

8) 가입설계서, 상품설명서, 변액보험 운용설명서 등은 상품공시자료로 호칭되기도 함.

- 보험금 지급제한 조건
- 보험안내자료의 제작자 · 제작일, 보험안내자료에 대한 보험회사의 심사 또는 관리번호
- 보험 상담 및 분쟁의 해결에 관한 사항
- 화재보험계약의 경우 보험료와 보험가입금액 감액청구 방법 · 절차 및 재조달가액담보특별약관의 내용, 보험가입금액 및 보험가액에 따라 보험금이 다르게 결정된다는 내용

나. 변액보험의 추가 기재사항

변액보험의 경우에는 다음의 사항이 추가로 기재되어야 한다.

- 변액보험자산의 운용성과에 따라 납입한 보험료의 원금에 손실이 발생할 수 있으며 그 손실은 보험계약자에게 귀속된다는 사실
- 최저로 보장되는 보험금이 설정되어 있는 경우에는 그 내용

1-2 기재 금지사항 (보험업법 시행령 제42조 제2항 및 감독규정 제4-34조 제2항)

보험안내자료에는 아래와 같은 사항이 기재되어서는 아니 된다.

- 「독점규제 및 공정거래에 관한 법률」 제23조 (불공정거래행위)에 따른 사항
- 보험계약의 내용과 다른 사항
- 보험계약자에게 유리한 내용만을 골라 안내하거나 다른 보험회사 상품과 비교한 사항
- 확정되지 아니한 사항이나 사실에 근거하지 아니한 사항을 기초로 다른 보험회사 상품에 비하여 유리하게 비교한 사항
- 특정 보험계약자에게만 혜택을 준다는 내용

1-3 보험안내자료 종류별 필수기재사항 (보험업 감독업무시행세칙 제5-11조)

가. 상품요약서

- 가입자격제한 등 상품별 특이사항

- 보험금 지급사유, 지급금액 및 지급제한 사항
- 보험료 분석표 예시(일반 손해보험에 한함)
- 공시이율(다만, 일반 손해보험은 보험료산출기초 예시)
- 저축성보험: 보험계약 체결에 사용할 목적으로 부가된 금액 등 보험업감독규정 제7-45조 제6항 제1호 내지 제7호에 관한 사항
- 보장성보험: 보험가격지수 및 보장범위지수 예시
- 저축성보험: 모집수수료율 예시(다만, 일반손해보험은 제외)
- 계약자배당에 관한 사항(계약자배당의 종류, 계약자배당금 산출기준, 과거 5년간의 배당률 및 배당실적, 계약자배당준비금 부리이율 등)
- 해지환급금에 관한 사항(해지환급금 산출기준 및 예시, 해지환급금이 적은 이유 등)

나. 변액보험(퇴직연금실적배당보험 포함) 운용설명서

- 변액보험(퇴직연금실적배당보험 포함) 가입 시 유의사항
- 변액보험(퇴직연금실적배당보험 포함)의 개요 및 상품구조
- 변액보험(퇴직연금실적배당보험 포함) 특별계정별 자산의 운용 및 평가
- 변액보험(퇴직연금실적배당보험 포함) 특별계정 운용에 대한 보수 및 수수료
- 최근 3개년의 변액보험(퇴직연금실적배당보험 포함) 특별계정 운용실적

다. 보험계약관리내용

보험회사는 사업년도 만료일 기준으로 1년이상 유지된 계약(단, 기업성 보험 및 전문보험계약자를 대상으로하는 보험은 제외한다)에 대하여 보험계약관리내용을 연1회이상 보험계약자에게 제공하여야 한다. 다만, 변액보험(퇴직연금실적배당보험 포함)계약의 경우에는 변액보험(퇴직연금실적배당보험 포함)계약자에게 분기별

1회이상 보험계약관리내용을 제공하여야 하며, 인터넷 홈페이지를 통하여 보험계약자가 수시로 계약의 변동내역을 확인할 수 있도록 하여야 한다(보험업 감독규정 제7-45)

보험계약관리 내용에 기재되어야 할 내용은 다음과 같다(보험업 감독업무시행세칙 제5-11조)

- 보험계약자와 피보험자의 성명, 연령 및 성별
- 보험회사의 상호, 본점 또는 점포의 주소와 전화번호

• 보험계약의 내용에 관한 사항
• 보험료 납입에 관한 사항
• 계약자배당에 관한 사항
• 바. 보험계약자에 대한 대출금액 및 대출이율에 관한 사항
• 금리연동형보험(감독규정 제5-6조제1항제6호에 의한 계약 포함)의 경우 직전 연도에 적용한 적용이율의 변동현황
• 직업 · 직무변경 등 통지의무에 관한 사항
• 저축성보험(금리확정형보험은 제외)의 사업비, 위험보장을 위해 부가된 금액의 총액, 특별계정에 투입되거나 적용이율로 부리되는 금액의 총액 및 납입보험료 대비 수익률

변액보험계약인 경우에는 위 사항들 외에도 다음 사항이 추가로 포함되어야 한다.

• 보험금액 변동에 관한 사항
• 납입구좌, 구좌당 기준가격 및 해지시 해지환급금
• 가입한 특별계정의 종류 및 특별계정별 계약자적립금 내역
• 특별계정 운용과 관련하여 부가 · 집행하는 각종 보수 및 수수료(귀속주체별로 구분한다)
• 직전 사업년도말 기준 변액보험(퇴직연금실적배당보험 포함)의 특별계정 결산 사항 등

1-4 보험안내자료 작성 기준에 대한 보험협회의 역할

금융감독원장의 위임에 따라 보험협회의 장은 상품설명서 등의 작성기준 및 방법 등에 관한 세부적인 기준을 정할 수 있다.[9)]

1-5 보험안내자료의 관리

보험회사는 보험안내자료의 관리를 전담하는 부서를 지정하고 자체 제작한 보험안내자료 및 보험계약의 체결 또는 모집에 종사하는 자가 제작한 보험안내자료를 심사하여 관리번호를 부여한 후 사용하도록 하여야 한다. 보험중개사 외의 자는 보험회사의 심사를 받지 아니한 보험안내자료를 사용할 수 없다.

9) 동 기준은 〈부록 4〉 보험상품통일공시기준을 참조.

보험회사는 보험안내자료를 심사함에 있어 보험계리사 또는 상품계리부서를 참여시켜야 한다.

2 보험상품 광고

2-1 보험상품 광고의 원칙

보험상품 광고와 관련한 준수사항은 금소법 시행 이전에는 보험업법에서 규율되었으나, 보험상품을 비롯한 전체 금융상품의 광고 관련 준수사항은 이제 금소법에서 규율하게 되었다. 금융상품판매업자등이 금융상품등에 관한 광고를 하는 경우에는 금융소비자가 금융상품의 내용을 오해하지 아니하도록 명확하고 공정하게 전달하여야 한다(금소법 제22조 제2항).

2-2 보험상품 광고에 포함되어야 하는 내용

금융상품판매업자등이 하는 금융상품등에 관한 광고에는 공통적으로 포함되어야 할 내용은 다음과 같다(금소법 제22조 제3항).

- 금융상품에 관한 계약을 체결하기 전에 금융상품 설명서 및 약관을 읽어 볼 것을 권유하는 내용
- 금융상품판매업자등의 명칭, 금융상품의 내용

한편 보험상품의 경우에는 '기존에 체결했던 계약을 해지하고 다른 계약을 체결하는 경우에는 계약체결의 거부 또는 보험료 등 금융소비자의 지급비용이 인상되거나 보장내용이 변경될 수 있다는 사항'이 포함되어야 한다.

또한 대출성 상품의 경우에는 '대출조건'이 포함되어야 한다.

2-3 보험상품 광고와 관련한 금지사항

금소법에서는 금융상품판매업자등이 금융상품 광고를 하는 경우와 관련한 금지사항을 열거하고 있는데 이 중에서 보험상품 광고와 관련하여 금지된 사항은 아래와 같다(금소법 제22조 제4항 제1호).

- 보장한도, 보장 제한 조건, 면책사항 또는 감액지급 사항 등을 빠뜨리거나 충분히 고지하지 아니하여 제한 없이 보장을 받을 수 있는 것으로 오인하게 하는 행위
- 보험금이 큰 특정 내용만을 강조하거나 고액 보장 사례 등을 소개하여 보장내용이 큰 것으로 오인하게 하는 행위
- 보험료를 일(日) 단위로 표시하거나 보험료의 산출기준을 불충분하게 설명하는 등 보험료등이 저렴한 것으로 오인하게 하는 행위
- 만기 시 자동갱신되는 보장성 상품의 경우 갱신 시 보험료등이 인상될 수 있음을 금융소비자가 인지할 수 있도록 충분히 고지하지 아니하는 행위
- 금리 및 투자실적에 따라 만기환급금이 변동될 수 있는 보험상품의 경우 만기환급금이 보험상품의 만기일에 확정적으로 지급되는 것으로 오인하게 하는 행위 등 금융소비자 보호를 위하여 대통령령으로 정하는 행위

2-4 보험상품 광고 시 지켜야 할 방법과 절차

금융상품판매업자등이 금융상품등에 관한 광고를 하는 경우에는 금융소비자가 광고의 내용을 쉽게 이해할 수 있도록 광고의 글자, 영상 및 음성 등 전달방법에 관하여 금융위원회가 정하여 고시하는 기준을 준수해야 한다(금소법 시행령 제19조 제1항).

또한 금융상품판매업자등이 금융상품등에 관한 광고를 하는 경우에는 준법감시인 (준법감시인이 없는 경우에는 감사를 말한다)의 심의를 받아야 한다.

2-5 보험상품 광고와 관련한 보험협회의 역할

보험협회 등 각 금융협회등은 소속 회원사인 금융상품판매업자등(금융상품판매업자와 위탁계약을 체결한 금융상품판매대리·중개업자를 포함한다)의 금융상품 광고와 관련하여 금소법 대통령령으로 정하는 바에 따라 금소법 광고 관련 기준을 준수하는지를 확인하고 그 결과에 대한 의견을 해당 금융상품판매업자등에게 통보할 수 있다(금소법 시행령 제21조).

또한 각 금융협회는 금융상품판매업자등이 금융상품등에 관한 광고 관련 기준을 준수하는지를 확인하기 위해 필요한 경우에는 관련 기관·단체 또는 전문가 등에

게 자료 또는 의견의 제출을 요청할 수 있다.

각 금융협회등이 금융상품 판매업자등에게 광고 관련 의견을 통보하는 경우에는 문서로 해야 한다. 이 경우 금융상품판매업자등의 법 위반사실이 있는 때에는 그 사실을 금융위원회에 알릴 수 있다.

제 4 장 비전통 채널 관련 준수사항

1 방카슈랑스(금융기관 보험대리점 · 중개사 제도)

1-1 금융기관 보험대리점 · 중개사 등록

금융기관은 일정한 요건이 되는 경우 보험대리점 또는 보험중개사로 등록할 수 있다. 금융기관 보험대리점 · 중개사로 등록할 수 있는 금융기관은 다음과 같다.

- 「은행법」에 따라 설립된 은행
- 「자본시장과금융투자업에관한법률」에 따른 투자매매업자 또는 투자중개업자
- 「상호저축은행법」에 따른 상호저축은행
- 「한국산업은행법」에 따라 설립된 한국산업은행
- 「중소기업은행법」에 따라 설립된 중소기업은행
- 「여신전문금융업법」에 따라 허가를 받은 신용카드업자(겸영 여신업자는 제외)

1-2 금융기관 보험대리점 · 중개사의 상품 판매 범위

금융기관 보험대리점 · 중개사의 보험상품 판매 범위는 아래와 같이 단계적으로 확대되어왔다.

〈표14〉 제1단계 : 2003년 8월 30일부터 2005년 3월 31일까지

생명보험	손해보험
가. 개인저축성 보험 1) 개인연금 2) 일반연금 3) 교육보험 4) 생사혼합보험 5) 그 밖의 개인저축성 보험 나. 신용생명보험[11]	가. 개인연금 나. 장기저축성 보험 다. 화재보험(주택) 라. 상해보험(단체상해보험은 제외) 마. 종합보험 바. 신용손해보험[10]

〈표15〉 제2단계 : 2005년 4월 1일 이후
(보험기간 만료 시 환급금이 지급되는 상품은 2006년 10월 1일 이후)

생명보험	손해보험
가. 제1단계 허용상품 나. 개인보장성 보험 중 제3보험(주계약으로 한정하고, 저축성 보험 특별약관 및 질병사망 특별약관을 부가한 상품은 제외)	가. 제1단계 허용상품 나. 개인장기보장성 보험 중 제3보험(주계약으로 한정하고, 저축성 보험 특별약관 및 질병사망 특별약관을 부가한 상품은 제외)

단, 신용카드회사가 모집할 수 있는 보험상품의 범위는 일반 보험대리점이 모집할 수 있는 보험상품의 범위와 동일하다.

1-3 영업방식의 제한

금융기관 보험대리점·중개사가 보험을 모집할 수 있는 방식은 다음과 같이 제한된다.

- 해당 금융기관 보험대리점 등의 점포 내 지정된 장소에서 보험계약자와 직접 대면하여 모집하는 방법
- 인터넷 홈페이지를 이용하여 불특정 다수를 대상으로 보험상품을 안내하거나 설명하여 모집하는 방법

단, 신용카드회사는 특례를 적용하여 우편, 컴퓨터통신 등의 통신수단을 이용하여 모집하는 방법까지 허용하고 있다.

또한 신용카드회사를 제외한 금융기관 보험대리점·중개사에서 보험을 모집할 수 있는 인원은 2명까지로 제한되어 있으나 2년 이상의 모집경력이 있는 보험설계

10) 금융기관으로부터 대출을 받은 피보험자가 상해로 인하여 사망하였을 때 미상환액을 보상하는 보험.
11) 금융기관으로부터 대출을 받은 피보험자가 사망하였을 때 미상환액을 보상하는 보험.

사로서 등록말소 후 6개월 이상 경과한 직원의 채용은 예외로 인정하고 있다(단, 채용기간은 1년 이상으로 해야 한다). 금융기관에서 보험 모집을 담당하는 직원은 대출 등 불공정모집의 우려가 있는 업무를 취급하지 못한다.

한편 금융기관 보험대리점 · 중개사는 매 사업연도별로 전체 신규 보험모집액 중 1개 보험회사 상품의 모집액 비율이 25%를 초과할 수 없다(단, 최대주주가 동일한 보험회사 등 특별한 경우 33%까지 허용).

1-4 공시 의무

금융기관 보험대리점 · 중개사는 해당 금융기관에 적용되는 모집수수료율을 모집하는 점포의 창구 및 인터넷 홈페이지에 공시하여야 하며 보험회사는 모집을 위탁한 금융기관 보험대리점 등의 모집수수료율을, 보험협회는 전체 금융기관 보험대리점 등의 모집수수료율을 각각 비교 · 공시하여야 한다.

1-5 금융기관 보험대리점 · 중개사의 모집 관련 금지행위

금융기관 보험대리점 · 중개사는 보험 모집과 관련하여 다음의 행위를 하여서는 아니 된다.

- 대출 등 해당 금융기관이 제공하는 용역을 제공하는 조건으로 대출 등을 받는 자에게 그 금융기관이 대리 또는 중개하는 보험계약을 체결할 것을 요구하거나 특정한 보험회사와 보험계약을 체결할 것을 요구하는 행위(구속성 보험계약 강요나 기타 부당한 요구 포함)
- 대출 등을 받는 자의 동의를 미리 받지 아니하고 보험료를 대출 등의 거래에 포함시키는 행위
- 법으로 허용된 임직원이 아닌 해당 금융기관의 임직원에게 모집을 하도록 하거나 이를 용인하는 행위
- 해당 금융기관의 점포 외 장소에서 모집을 하는 행위
- 모집과 관련이 없는 금융거래를 통하여 취득한 개인정보를 미리 그 개인의 동의를 받지 아니하고 모집에 이용하는 행위
- 당해 금융기관 보험대리점 등의 본점, 지점 등 점포 내에 보험회사 임직원, 보험설계사 또는 다른 보험대리점 · 중개사를 입주시켜 모집(금융기관 내 입점방

식에 의한 모집)을 하게 하는 행위

- 보험회사 경영에 부당한 영향력을 행사하는 것으로 인정되는 다음 행위
  - 당해 금융기관 대리점 등 또는 제3자의 용역 · 물품 등의 구입을 요구하는 행위
  - 적법한 절차 없이 보험계약자 등 제3자의 개인정보를 요구하는 행위
  - 일방적으로 전산시스템의 변경을 요구하는 행위
  - 모집한 보험계약을 통해 형성된 보험회사의 자산에 일정한 제한을 요구하는 행위

1-6 금융기관 보험대리점 · 중개사의 모집 관련 준수사항

- 해당 금융기관이 대출 등을 받는 자에게 보험계약의 청약을 권유하는 경우 대출 등을 받는 자가 그 금융기관이 대리하거나 중개하는 보험계약을 체결하지 아니하더라도 대출 등을 받는 데 영향이 없음을 알릴 것
- 해당 금융기관이 보험회사가 아니라 보험대리점 또는 보험중개사라는 사실과 보험계약의 이행에 따른 지급책임은 보험회사에 있음을 보험계약을 청약하는 자에게 알릴 것
- 보험을 모집하는 장소와 대출 등을 취급하는 장소를 보험계약을 청약하는 자가 쉽게 알 수 있을 정도로 분리할 것
- 보험계약자 등의 보험민원을 접수하여 처리할 전담창구를 해당 금융기관의 본점에 설치 · 운영할 것

1-7 금융기관 보험대리점 · 중개사의 우월적 지위 남용 금지

금융기관 보험대리점 · 중개사나 금융기관 보험대리점 · 중개사가 되려는 자는 보험계약 체결을 대리하거나 중개하는 조건으로 보험회사에 대하여 다음과 같은 행위를 하여서는 아니 된다.

- 해당 금융기관을 계약자로 하는 보험계약의 할인을 요구하거나 그 금융기관에 대한 신용공여, 자금지원 및 보험료 등의 예탁을 요구하는 행위
- 보험계약 체결을 대리하거나 중개하면서 발생하는 비용 또는 손실을 보험회사에 부당하게 떠넘기는 행위

- 그 밖에 금융기관의 우월적 지위를 이용하여 부당한 요구 등을 하는 행위로서 금융위원회가 고시하는 사항[12)]

2 통신수단을 이용한 보험 모집

통신수단(전화, 우편, 컴퓨터통신)을 이용한 보험 모집은 개인의 사생활 침해나 개인정보의 누출 및 상품설명의 제약 등 여러 가지 리스크가 많기 때문에 「보험업법」에 따른 엄격한 규제를 받고 있다.

2-1 통신수단을 이용한 보험 모집의 대상

- 통신수단을 이용한 모집에 대하여 동의를 한 자
- 통신수단을 이용하여 모집하는 자가 소속되거나 통신수단을 이용하여 모집하는 자에게 모집을 위탁한 보험회사(이하 "위탁보험회사"라 한다)와 보험계약을 체결한 실적이 있는 보험계약자 또는 피보험자(통신수단을 이용한 모집 당시 보험계약이 유효한 피보험자만 해당)
- 통신수단을 이용하여 모집하는 보험중개사가 보험계약을 중개한 실적이 있는 보험계약자 또는 피보험자
- 위탁보험회사, 보험설계사, 보험대리점 또는 보험중개사가 적법한 절차에 따라 개인정보를 제공받거나 개인정보의 활용에 관하여 동의를 받은 경우의 해당 개인

2-2 통신수단을 이용한 보험 모집의 일반 준수사항

- 전화 · 우편 · 컴퓨터 등의 통신매체를 이용한 보험상품 판매에 종사하는 자는 「보험업법」에 따른 모집자격이 있어야 한다.
- 통신판매에 관한 업무를 영위하는 자는 개인정보의 수집 · 활용 · 제공에 있어 관계 법령을 준수하여야 하며, 개인정보가 유출되어 고객에게 피해를 주지 않도록 통신판매 종사자에 대한 교육 및 보안에 만전을 기하여야 한다.
- 보험회사는 전화를 이용한 보험 모집 시 준수해야 할 상품별 표준상품설명대본을 작성하고 모집종사자가 표준상품설명대본에 따라 통신판매를 할 수 있도

12) 자세한 고시사항은 〈부록 7〉 금융기관 보험대리점 등의 우월적 지위 남용 방지를 위한 준수기준 참조.

록 하여야 한다.

- 표준상품설명대본의 제작, 심사 등 관리절차 및 방법은 보험업감독규정의 보험안내자료 관리기준을 준용한다.
- 보험회사 및 모집종사자는 전화를 이용하여 보험을 모집하는 경우에 보험계약자와 최초 통화내용부터 청약이 완료될 때까지 모든 과정을 음성녹음하고 이를 보관하여야 한다.
- 보험회사 또는 보험의 모집에 종사하는 자가 표준상품설명대본을 통해 보험계약의 중요사항을 설명한 경우에는 청약한 날부터 5영업일 이내에 상품설명서를 서면으로 발송하여야 한다.

2-3 통신수단의 종류별 보험 모집의 절차와 방식

가. 전화를 이용한 모집의 경우

통신수단 중 전화를 이용하여 모집하는 자는 보험계약의 청약이 있는 경우 보험계약자의 동의를 받아 청약 내용, 보험료의 납입, 보험기간, 고지의무, 약관의 주요 내용 등 보험계약 체결을 위하여 필요한 사항을 질문 또는 설명하고 그에 대한 보험계약자의 답변 및 확인 내용을 음성녹음하는 등 증거자료를 확보 · 유지하여야 한다. 또한 지체 없이 우편이나 팩스 등을 통하여 보험계약자로부터 청약서에 자필서명을 받아야 한다.

만약 청약자의 신원을 확인할 수 있는 증명자료가 있는 등 다음과 같이 금융위원회가 정하여 고시하는 조건을 충족하는 경우에는 자필서명을 받지 아니할 수 있다.

- 사망 또는 장해를 보장하지 아니하는 보험계약
- 사망 또는 장해를 보장하는 보험계약으로서 보험계약자, 피보험자 및 보험수익자가 동일하거나 보험계약자와 피보험자가 동일하고 보험수익자가 법정상속인인 보험계약
- 신용생명보험계약 또는 신용손해보험계약
- 보험계약자와 피보험자가 동일하고 보험금이 비영리법인에게 기부되는 보험계약
- 본인확인내용, 보험청약내용, 보험료납입, 보험기간, 고지의무, 보험약관의 주요내용 등 보험계약 체결을 위하여 필요한 사항을 질문 또는 설명하고 그에 대한 보험계약자의 답변, 확인내용을 음성녹음하는 등 그 증거자료를 확보,

유지하는 시스템을 갖춘 경우

- 위 음성녹음 내용을 전화나 인터넷 홈페이지 또는 문서화된 확인서(보험계약자 및 피보험자가 요청한 경우에 한하며, 모집에 종사하는 자는 보험계약자 또는 피보험자에게 문서화된 확인서를 요청할 수 있음을 보험계약 체결 전에 알려야 한다)에 의해 보험계약자 및 피보험자가 확인할 수 있는 경우

나. 사이버몰을 이용한 보험 모집의 경우

사이버몰을 이용하여 보험을 모집하는 자는 다음의 사항을 준수하여야 한다.

- 모집을 위하여 설치하는 사이버몰은 모집을 위탁한 보험회사의 심사를 거쳐 관리번호를 부여받은 후 이용할 것
- 사이버몰에는 보험약관의 주요 내용을 표시하여야 하며 보험계약자의 청약 내용에 대해서는 「전자서명법」에 따른 공인전자서명을 받은 경우 외에는 보험계약자로부터 자필서명을 받을 것
- 보험약관 또는 보험증권을 전자문서로 발급하는 경우에는 보험계약자가 해당 문서를 수령하였는지를 확인하여야 하며 보험계약자가 서면으로 발급해 줄 것을 요청하는 경우에는 서면으로 발급할 것

모집을 위한 사이버몰에는 다음의 사항을 이용자가 쉽게 알 수 있도록 표시하여야 한다.

- 사이버몰을 설치한 자의 성명 또는 상호나 명칭, 전화번호, 주소, 위탁보험회사의 상호나 명칭 및 영 제43조 제4항 제1호의 규정에 의한 관리번호
- 자필(전자)서명, 고지의무 위반 시 불이익 등 보험계약 청약 시 유의사항
- 청약철회, 보험료 미납 시 계약해지, 보험료납입 유예 및 계약부활, 통지의무 등 계약변동에 관한 사항
- 예금자보호제도, 보험상담 및 분쟁조정 등 보험계약자 보호에 관한 사항
- 해약환급금이 적은 이유 등 보험료 환급에 관한 사항
- 보장내용, 가입자격의 범위 및 보상하지 아니하는 손해의 내용 등 보험상품의 중요사항

컴퓨터 등 전자적 수단으로 보험계약의 체결 및 대출 등을 하고자 하는 보험회사는 그 거래의 안정성과 보험서비스 이용자의 보호를 위하여 보험회사와 보험서비스 이용자 간의 권리와 의무를 정한 약관을 마련하여 사용하여야 한다.

연습문제 제2편

보험영업과 관련된 컴플라이언스

1 다음 중 보험설계사의 등록요건이 아닌 것은?

① 보험 모집 연수과정 이수
② 보험 관계 업무에 1년 이상 종사
③ 금치산자 혹은 한정치산자가 아닐 것
④ 개인신용도가 상위 30%에 해당할 것

2 다음 중 100인 이상의 보험설계사를 보유한 법인보험대리점 중 금융위원회가 고시하는 대형 법인대리점이 갖추어야 할 법적 요건이 아닌 것은?

① 법령 준수 및 보험계약자를 보호하기 위한 업무지침 수립
② 자체적인 준법감시인을 둘 것
③ 100억 원 이상의 자본금을 확보할 것
④ 전산설비 등 물적 시설을 갖출 것

3 다음 빈칸에 들어갈 숫자로 적당한 것은?

> 보험회사(보험대리점 및 보험중개사 포함)는 소속 보험설계사에게 등록한 날부터 2년이 지날 때마다 2년이 된 날부터 (　)개월 이내에 정해진 기준에 따라 보수교육을 하여야 한다.

4 다음 중 보험금 청구와 관련된 설명 의무의 대상이 아닌 것은?

① 보험금 지급일 등 지급절차
② 보험금 지급 심사자의 경력
③ 보험금 지급 내역
④ 보험금을 감액하여 지급하거나 지급하지 아니하는 경우에는 그 사유

5 '적합성의 원칙'과 관련하여 보험회사가 의무적으로 파악해야 할 사항이 아닌 것은?

① 연간 납세 실적
② 보험가입 목적
③ 월 소득 및 월 소득에서 보험료 지출이 차지하는 비중
④ 보험계약자의 연령

6 월납 보험료가 10만 원인 보험계약을 체결한 보험계약자에게 제공할 수 있는 특별이익의 한도는 얼마까지인가?

① 1만 원
② 3만 원
③ 5만 원
④ 7만 원

정답 1. ④ 2. ③ 3. 6 4.② 5. ① 6. ②

COMPLIANCE OFFICER

제 3 편

보험계약관리와 관련된 컴플라이언스

제1장 계약심사(underwriting)

1 계약심사의 개념

계약심사는 담보하고자 하는 위험(생명보험은 피보험자이고 손해보험은 보험 대상에 따르는 위험이라고 할 수 있다)을 분류하고 적정한 보험료 및 가입조건을 결정하는 과정이다. 따라서 계약심사는 보험료와 보험금 한도의 결정, 역선택의 차단 등 보험회사의 수익성 및 건전성과 직접 연결되는 매우 중요한 업무이다.

2 고지의무

계약심사는 보험계약자 또는 피보험자(보험대상자)의 현재 상태를 심사하고 보험계약을 체결할지 여부를 결정하는 과정이므로 보험계약자 또는 피보험자로부터 중요한 사항에 대한 고지를 받는 것이 매우 중요하다. 생명보험의 경우 피보험자의 나이, 성별, 직업, 취미활동 등이 보험사고의 위험도를 측정하는 중요한 정보가 되며, 손해보험의 경우에는 피보험대상이 무엇이 되느냐에 따라 다양해 요인을 고려할 수 있다. 예컨대, 자동차보험의 경우 과거 사고 기록 등이 중요한 사항이 될 수 있다.

보험계약당시에 보험계약자 또는 피보험자가 고의 또는 중대한 과실로 인하여 중요한 사항을 고지하지 아니하거나 부실의 고지를 한 때에는 보험자(보험회사)는 그 사실을 안 날로부터 1월 내에, 계약을 체결한 날로부터 3년 내에 한하여 계약을 해지할 수 있다. 그러나 보험회사가 계약 당시에 그 사실을 알았거나 중대한 과실로 인하여 알지 못한 때에는 해지할 수 없다(상법 제651조). 이 때 보험회사가 서면으로 질문한 사항은 '중요한 사항'으로 추정한다(상법 제651조의2).

보험계약자는 피보험자의 사고발생의 위험이 현저하게 변경 또는 증가된 사실을 안 때에는 지체 없이 보험회사에 통지하여야 하고 이를 해태한 때에는 보험회사는 그 사실을 안 날로부터 1월 내에 한하여 계약을 해지할 수 있다(상법 제652조). 또한 보험회사는 위험변경증가의 통지를 받은 경우 1월 내에 보험료의 증액을 청구하거나 계약을 해지할 수 있다(상법 제652조).

3 보험계약의 성립 및 청약철회

보험회사가 보험계약자로부터 보험계약의 청약과 함께 보험료 상당액의 전부 또는 일부의 지급을 받은 때에는 다른 약정이 없으면 30일 이내에 그 상대방에 대하여 낙부의 통지(즉, 보험계약 인수 또는 거절의 통지)를 발송하여야 한다. 그러나 인보험계약의 피보험자가 보험계약심사에 필요한 신체검사를 받아야 하는 경우에는 신체검사를 받은 날로부터 그 기간을 기산한다. 만약 보험회사가 동 기간 내에 낙부의 통지를 해태한 때에는(즉, 30일 이내에 인수 또는 거절의 통지를 하지 않은 경우) 보험계약을 승낙한 것으로 본다(상법 제638조의2). 또한 보험계약자로부터 보험계약의 청약과 함께 보험료 상당액의 전부 또는 일부를 받은 후 그 청약을 승낙하기 전에 보험사고가 생긴 때에는 그 청약을 거절할 사유가 없는 한 보험회사는 보험계약상의 책임을 진다. 즉, 보험사고가 생겼다는 이유만으로 보험계약의 청약을 거절해서는 아니 된다. 그러나 인보험계약의 피보험자가 신체검사를 받아야 하는 경우에 그 검사를 받지 아니한 상태에서 보험사고가 발생한 경우에는 그러하지 아니하다(상법 제638조의2).

생명보험의 경우 15세 미만자, 심신상실자 또는 심신박약자의 사망을 보험사고로 한 보험계약은 무효로 한다. 다만, 심신박약자가 보험계약을 체결하거나 단체보험의 피보험자가 될 때에 의사능력이 있는 경우에는 유효한 보험계약이 될 수 있다(상법 제732조).

실제 부담한 의료비만 지급하는 '실손의료보험계약'의 경우에는 보험회사가 보험계약자의 동의를 얻어 해당 보험계약과 동일한 위험을 보장하는 보험계약을 체결하고 있는지를 확인하여야 하며 확인한 내용을 보험계약자가 되려는 자에게 즉시 알려야 한다(보험업법 제95조의5).

한편 보험회사는 보험계약의 체결 전에 보험계약자에게 보험약관을 교부하고 그 약관의 중요한 내용을 설명하여야 한다. 만약 이를 위반한 경우에는 보험계약자가 보험계약이 성립한 날부터 3개월 이내에 그 계약을 취소할 수 있다(상법 제638조의3).

또한 금소법에 따른 일반금융소비자는 '보장성 상품(금소법상의 보험상품 등을 말하며 보장성/저축성 보험과는 다른 용어임에 유의할 것)' 청약을 한 경우에 상법 제640조에 따른 보험증권을 받은 날부터 15일과 청약을 한 날부터 30일 중 먼저 도래하는 기간 내에 청약을 철회할 수 있다(금소법 제46조 제1항 1호). 다만, 보험업법에 따른 보증보험 중 청약의 철회를 위해 제3자의 동의가 필요한 보증보험, 자동차손해배상보장법에 따른 책임보험(일반금융소비자가 동종의 다른 책임보험에 가입한 경우는 제외함), 해당 금융상품에 대한 보장기간이 1년 이내의 범위에서 금융위원회가 정하여 고시하는 기간 이내인 금융상품(현재 금융위원회가 정하여 고시하는 기간은 90일 이내의 단기 보장기간 상품임), 그 밖에 청약의 철회가 건전한 시장질서를 해칠 우려가 높은 것으로서 금융위원회가 정하여 고시하는 '보장성 상품(금융상품판매업자가 계약을 체결하기 전에 일반금융소비자의 건강상태 진단을 지원하는 보장성 상품 등)'은 청약철회의 대상에서 제외한다(금소법 시행령 제37조 제1항 및 금소법 감독규정 제30조 참조)

금소법에 따른 '대출성 상품'의 경우에는 금소법 제23조 제1항 본문에 따라 계약서류를 제공받은 날 또는 금소법 제23조 제1항 단서에 따른 경우에는 계약체결일로부터 14일 이내에 청약 철회를 할 수 있다. 다만, 대출 계약에 따른 금전이나 재화의 지급이 앞서 기재한 날보다 늦게 이루어진 경우에는 그 지급일로부터 14일까지 청약철회가 가능하다.

'보장성 상품'의 경우에 청약철회는 일반금융소비자가 청약의 철회의사를 표시하기 위하여 서면(대통령령으로 정하는 방법에 따른 경우, 즉 전자우편이나 휴대전화 문자메시지 등을 포함)을 발송한 때 효력이 발생하며, '대출성 상품'의 경우에는 일반금융소비자가 청약의 철회의사를 표시하기 위하여 서면 등을 발송하고, 이미 지급받은 금전 · 재화등(이미 제공된 용역은 제외하며, 일정한 시설을 이용하거나 용역을 제공받을 수 있는 권리를 포함한다)을 반환한 때 청약철회의 효력이 발생한다

(금소법 제46조 제2항 참조).

청약이 철회된 경우 금융상품판매업자등이 일반금융소비자로부터 받은 금전 · 재화등의 반환은 다음 어느 하나에 해당하는 방법으로 한다(금소법 제46조 제3항 참조).

- 보장성 상품: 금융상품판매업자등은 청약의 철회를 접수한 날부터 3영업일 이내에 이미 받은 금전 · 재화등을 반환하고, 금전 · 재화등의 반환이 늦어진 기간에 대하여는 대통령령으로 정하는 바에 따라 계산한 금액을 더하여 지급할 것
- 대출성 상품: 금융상품판매업자등은 일반금융소비자로부터 금소법 제46조 제2항 제2호에 따른 금전 · 재화등, 이자 및 수수료를 반환받은 날부터 3영업일 이내에 일반금융소비자에게 대통령령으로 정하는 바에 따라 해당 대출과 관련하여 일반금융소비자로부터 받은 수수료를 포함하여 이미 받은 금전 · 재화등을 반환하고, 금전 · 재화등의 반환이 늦어진 기간에 대해서는 대통령령으로 정하는 바에 따라 계산한 금액을 더하여 지급할 것

4 계약심사와 컴플라이언스의 관계

계약심사는 보험설계사 등 보험 모집종사자들의 보험영업 결과물이라고 할 수 있는 보험계약서(청약서)를 일차적으로 심사하고 걸러내는 업무이다. 따라서 필연적으로 컴플라이언스와 밀접한 관계를 가진다. 예컨대, 보험 모집인들이 보험계약자 및 피보험자로부터 자필서명을 받았는지, 계약 전 알릴 의무 사항(고지사항)에 대해 충분히 설명하고 고지받았는지 등을 평가하고 심사하는 역할은 불완전판매를 예방하기 위해 필수적이라고 할 수 있다.

따라서 계약심사 업무를 담당하는 보험회사의 직원은 단순히 계약심사가 위험률 차익을 관리하는 업무라는 의식을 넘어서 보험의 완전판매에 기여한다는 적극적인 의식이 필요하다. 특히, 최근 중요성이 더욱 부각되고 있는 보험범죄 예방의 경우 계약심사 단계에서 얼마나 잘 걸러주느냐에 따라 그 발생률이 현저히 감소할 수 있다고 하겠다.

5 계약심사와 관련된 컴플라이언스 위반 사례

〈표16〉 계약심사 관련 컴플라이언스 위반 사례

사례 1	미성년자 계약의 인수
내용	「상법」에 의거 15세 미만자의 사망을 보험사고로 하는 생명보험계약은 무효임에도 인수하는 경우 미성년자의 경우 친권자의 동의를 얻어야 함에도 이를 누락하는 경우

사례 2	보험계약 중요사항 비교안내 소홀
내용	보험계약 비교안내자료를 전산출력하여 제공하지 않고 계약자로부터 비교안내 동의서만 징구하거나, 소멸계약 유무 등을 묻는 질문서만 제공하는 경우 피보험자가 동일한 경우 비교안내 대상에 포함시켜야 하나 이를 제외하는 경우

사례 3	보험료 적용의 부적정
내용	객관적이고 합리적인 통계자료의 기초 없이 위험등급과 비위험등급에게 동일한 보험료를 적용

사례 4	승낙거절 기간 이후 인수거절
내용	보험청약일로부터 30일 이내에 보험계약의 승낙 여부를 통지하여야 함에도 불구하고 이 기간을 경과하여 승낙거절을 통지

제 2 장 계약 보전

계약 보전 업무는 보험료 수납, 보험계약 부활, 보험계약 내용 변경(계약자, 피보험자, 수익자 등의 변경 포함) 등으로 구분할 수 있다.

1 보험료 수납

보험료 납입방법은 보험계약자의 편의에 따라 회사에 직접 납입, 은행계좌 자동이체, 지로 등의 방법 중에서 선택할 수 있도록 되어 있다. 또한 정하여진 납입기한에 따른 보험료의 납입은 보험계약자의 보험사고 발생 시에 보장받을 권리와 보험자의 보상 책임 발생 문제를 둘러싼 가장 기본적 요건이 된다.

보험료 납입과 관련하여 보험회사는 보험계약자의 권익보호를 위하여 보험료 납입 최고 및 실효예고 통지 등의 의무를 이행하여야 한다.

2 보험계약의 실효 및 부활

계속보험료(1회차 보험료 이후 계속하여 지급하는 보험료)가 약정한 시기에 지급되지 아니한 때에는 보험회사는 상당한 기간을 정하여 보험계약자에게 최고하고, 그 기간 내에 지급되지 아니한 때에는 그 보험계약을 해지할 수 있다(상법 제650조).

한편 이에 따라 보험계약이 해지되고 해지환급금이 지급되지 아니한 경우에 보험계약자는 일정한 기간 내에 연체보험료에 약정이자를 붙여 보험회사에 지급하고 그 계약의 부활을 청구할 수 있다(상법 제650조의2). 또한 「상법」은 보험계약자의 보험금 청구권과 보험료 또는 적립금의 반환청구권의 소멸시효를 3년, 보험회사의 보험료청구권에 대해서는 2년으로 정하고 있다(상법 제662조, 2014년 3월 11일 개정).

실효된 기간 동안에 피보험자의 직업이나 건강상태의 변경 등이 있을 수 있기에 보험계약의 부활은 신계약에 준하여 처리하는 것이 일반적이다.

통상적으로 보험회사가 부활계약의 청약에 대하여 승낙하는 때에는 보험계약자는 부활 청구일까지의 연체보험료에 회사가 정하는 일정한 이율로 부리한 금액을 납입함으로써 보험계약의 효력 발생이 가능하다.

3 보험계약 변경

여러 가지 사유로 인해 보험계약자는 회사의 승낙을 얻어 보험가입 사항 및 계약자 · 수익자 등의 내용을 변경할 수 있다.

보험계약 변경의 종류로는 계약자 변경, 수익자 변경 및 지정, 종피보험자 변경 및 등재, 피보험자 변경(단체보험 피보험자 교체) 등이 있고, 보험종류 변경, 납입기간 변경, 보험기간 단축, 보험금 감액, 납입방법 변경 등도 있다.

4 위법계약 해지 요구권

금융소비자는 금융상품판매업자등이 금소법 제17조제3항, 제18조제2항, 제19조제1항 · 제3항, 제20조제1항 또는 제21조를 위반하여 동법 대통령령으로 정하는 금융상품에 관한 계약을 체결한 경우 5년 이내의 대통령령으로 정하는 기간 내에 서면 등으로 해당 계약의 해지를 요구할 수 있다. 이 경우 금융상품판매업자등은 해지를 요구받은 날부터 10일 이내에 금융소비자에게 수락여부를 통지하여야 하며, 거절할 때에는 거절사유를 함께 통지하여야 한다.

상기와 같은 금융소비자의 권리를 '위법계약 해지 요구권'이라고 하며 금융상품판매업자등이 아래와 같이 금소법 상의 의무를 이행하지 않은 경우에 적용된다.

- 금소법 제17조에 따른 '적합성 원칙'을 준수하지 않고 일반금융소비자에게 적합하지 아니하다고 인정되는 계약체결을 권유한 경우
- 해당 금융상품이 그 일반금융소비자에게 적정하지 아니하다고 판단되는 경우

에는 대통령령으로 정하는 바에 따라 그 사실을 알리고, 그 일반금융소비자로부터 서명, 기명날인, 녹취, 그 밖에 대통령령으로 정하는 방법으로 확인을 받아야 함에도 이를 이행하지 않는 등, 금융상품판매업자가 금소법 제18조에 따른 '적정성 원칙'을 준수하지 않은 경우

- 금융상품판매업자등이 일반금융소비자에게 계약체결을 권유(금융상품자문업자가 자문에 응하는 것을 포함한다)하는 경우 및 일반금융소비자가 설명을 요청하는 경우에는 금소법 제19조에서 정한 바에 따라 금융상품에 관한 중요한 사항(일반금융소비자가 특정 사항에 대한 설명만을 원하는 경우 해당 사항으로 한정한다)을 일반금융소비자가 이해할 수 있도록 설명해야 함에도 이를 준수하지 아니한 경우, 또는 금융상품판매업자등이 설명을 할 때 일반금융소비자의 합리적인 판단 또는 금융상품의 가치에 중대한 영향을 미칠 수 있는 사항으로서 대통령령으로 정하는 사항을 거짓으로 또는 왜곡(불확실한 사항에 대하여 단정적 판단을 제공하거나 확실하다고 오인하게 할 소지가 있는 내용을 알리는 행위를 말한다)하여 설명하거나 대통령령으로 정하는 중요한 사항을 빠뜨려서 설명한 경우(설명의무 위반)
- 금융상품판매업자등이 대출성 상품에 관한 계약체결과 관련하여 금융소비자의 의사에 반하여 다른 금융상품의 계약체결을 강요하는 등 금소법 제20조에서 금지하는 '불공정영업행위'를 한 경우
- 금융상품판매업자등이 계약체결을 권유(금융상품자문업자가 자문에 응하는 것을 포함)하는 경우에 불확실한 사항에 대하여 단정적 판단을 제공하거나 확실하다고 오인하게 할 소지가 있는 내용을 알리는 행위를 하는 등 금소법 제21조에서 금지하는 '부당권유행위'를 한 경우

5 계약 보전 업무와 관련된 컴플라이언스 위반 사례

〈표17〉 계약 보전 관련 컴플라이언스 위반 사례

사례 1	납입면제 계약에 보험료 징수
내용	보험사고로 인해 장해가 발생하는 등 납입면제가 가능한 계약임에도 불구하고 계속해서 보험료를 징수한 경우

사례 2	보험계약 해지의 부적정
내용	계약자의 해지의사에도 불구하고 보험계약을 유지시키거나 보험회사의 이차 역마진 해소 목적으로 확정형 고금리상품에 가입한 계약자에게 해약을 독려함으로써 보험계약자의 권리를 침해한 경우

사례 3	보험계약 안내 소홀
내용	계약자가 보험금 지급 청구를 위해 보험가입 조회 신청을 했는데, 보험계약이 존재하였음에도 보험협회와의 통신장애, 무료보험의 전산반영 지연 등 보험가입 조회업무 처리 부실로 보험계약이 없는 것으로 잘못 통보한 경우

제 3 장 보험금 지급 및 심사

1 보험금 지급 및 심사 업무의 개념

보험금 지급 및 심사 업무(이하 "보험금 업무"라 한다)는 보험금 청구에서 지급 단계까지 이루어지는 일련의 업무로서 보험금 청구 접수, 보험사고 조사 및 심사, 보험금 지급 업무 등으로 구분된다. 보험금 업무는 보험계약자의 기본 권리인 보험금 수령권을 보호하는 일임과 동시에 보험사기 및 보험범죄를 저지르는 이들로부터 선량한 계약자와 보험회사를 보호하는 중요한 업무이다.

보험금 조사 및 심사 담당자는 상당한 조사 경험과 기법을 터득하고 있어야 복잡다단한 보험사고를 효과적으로 처리할 수 있다. 최근에는 다양한 의료기술의 발달로 인해 특히 질병 및 수술과 관련한 보험금 지급과 관련하여 분쟁이 많이 발생하고 있다.

2 보험금 지급

보험회사는 보험금액의 지급에 관하여 별도의 약정기간이 있는 경우에는 그 기간 내에 당연히 보험금을 지급하여야 하고, 약정기간이 없는 경우에는 보험사고의 통지를 받은 후 지체 없이 지급할 보험금액을 정하여 그 정하여진 날로부터 10일 이내에 피보험자 또는 보험수익자에게 보험금액을 지급하여야 한다(상법 제658조). 다만, 보험사고가 보험계약자 또는 피보험자나 보험수익자의 고의 또는 중대한 과실로 인하여 생긴 때에는 보험자는 보험금액을 지급할 책임이 없으며(상법 제659조), 또한 보험사고가 전쟁 기타의 변란으로 인하여 생긴 때에는 당사자 간에 다른 약정이 없으면 보험금액을 지급할 책임이 없다(상법 제660조).

보험회사는 일반 보험계약자가 보험금 지급을 요청한 경우에는 보험금 지급일 등 지급절차와 보험금 지급내역, 보험금을 감액하거나 지급하지 아니하는 경우에는 그 사유를 설명하여야 한다. 다만, 일반 보험계약자가 계약을 체결하기 전에 또는 보험금 청구권자가 보험금 청구 단계에서 동의한 경우에 한정하여 서면, 문자 메시지, 전자 우편 또는 모사전송(팩스) 등으로 통보하는 것으로 설명을 대신할 수 있다 (보험업법 제95조의2).

3 보험금 업무와 관련된 컴플라이언스 위반 사례

〈표18〉 보험금 업무 관련 컴플라이언스 위반 사례

사례 1	보험금의 임의 과소 지급
내 용	보험금 지급 기준을 임의로 변경하여 과소 지급하거나, 객관적인 입증 없이 자해로 인한 자살 추정을 이유로 보험금을 감액 또는 부지급하는 경우

사례 2	보험금 청구에 대한 안내 미흡
내 용	사망진단서상 사망원인이 뇌졸중 또는 급성심근경색의 의증 또는 추정으로 표시된 보험계약에 대해 별도의 서면 안내절차 없이 사망보험금만 지급하고 진단보험금을 부지급한 경우

사례 3	보험금 지급 지연에 대한 통지 소홀
내 용	약관상 보험금 청구일로부터 15일 이내에 보험금이 지급되어야 함에도 불구하고 해당 보험금을 지연하여 지급하면서 보험금 청구자에게 보험금 지급이 지연되는 구체적인 사유, 지급예정일 및 보험금 가지급제도에 대하여 서면으로 통지하지 않은 경우

제 4 장 보험사기 예방

1 보험사기의 개념

보험사기 또는 보험범죄는 의도적으로 부당한 보험금을 수령하기 위해 저지르는 일체의 불법행위를 말한다. 보험사기는 보험가입 단계와 보험금 청구 단계에서 나타날 수 있다. 보험가입 단계에서는 보험계약 시 자신의 건강상태를 허위로 알리거나 그 밖의 중요한 사실을 숨기며 가입하는 행위 또는 장래에 보험사기를 저지를 의도를 이미 가지고 보험에 가입하는 보험사기가 있을 수 있다. 보험금 청구 단계에서는 경미한 부상을 이유로 장기 입원을 하거나 허위의 보험사고를 일으켜 부당하거나 과다한 보험금을 청구하는 보험사기 등이 있다.

보험사기는 보험회사의 건전성과 수익성을 침해함으로써 결국 보험료 인상 등의 유발 요인이 되어 선량한 보험계약자들에게 피해를 끼치게 되며, 특히 자해사고 등은 사회 윤리적으로 큰 해악을 끼칠 수 있다는 점에서 반드시 근절되어야 할 범죄 중의 하나이다.

그림 8 보험사기의 분류와 유형

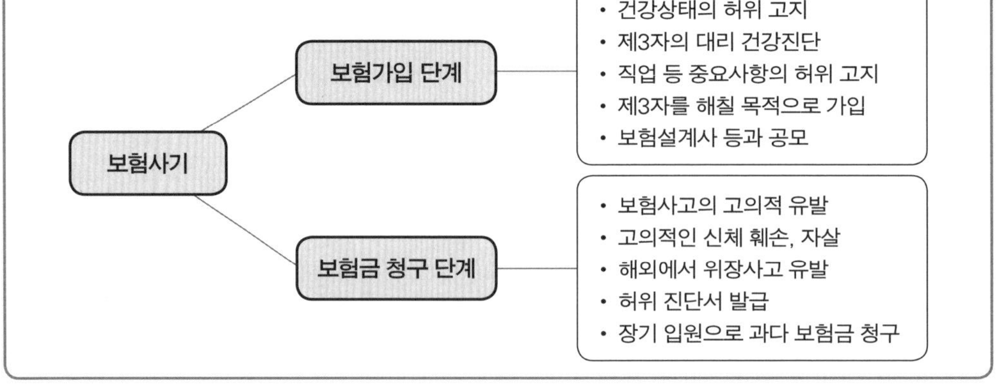

〈표19〉 보험사기 적발현황

(백만 원, 명, %)

구 분			2012년	2013년	2014년	증감률
적발 금액	생명보험		63,403	74,347	87,708	18.0
	손해보험		389,932	444,613	512,021	15.2
		자동차	273,755	282,140	300,793	6.6
		장기손보	103,534	145,090	179,349	23.6
	계		**453,335**	**518,960**	**599,729**	**15.6**
적발 인원	생명보험		4,900	4,128	5,832	41.3
	손해보험		78,281	72,984	78,553	7.6
		자동차	60,821	56,617	61,218	8.1
		장기손보	16,414	15,549	16,220	4.3
	계		**83,181**	**77,112**	**84,385**	**9.4**

출처 : 금융감독원, 보도자료 2015.4.1.

2 보험사기 계약의 특성

2-1 고액 및 다수 계약

보험사기 행위자는 많은 보험금을 수령하기 위해 소득수준에 맞지 않는 과다한 보험계약을 체결한다. 또한 보험사고 발생 이전에 많은 수의 보험계약을 여러 회사에 분산하여 가입하는 것이 특징이다.

2-2 자발적 계약

통상의 보험계약은 보험설계사 등 모집종사자의 권유로 체결되는 데 비하여 보험사기 행위자는 자발적으로 보험회사에 직접 연락하거나 주거지역이 아닌 원격지의 영업소를 방문하는 경향이 있다.

2-3 계약자 및 피보험자의 속성

보험사기 행위자는 대체로 일정한 직업이 없거나 재정상태가 극히 불량하다. 또한 이미 보험사기 외 다른 범죄 경력을 가지고 있는 경우도 많으며 사생활이 비정상적인 경우가 많다.

3 보험사기의 예방과 적발

3-1 계약심사 단계

계약심사는 보험회사가 악의적인 보험계약자의 역선택을 방지하기 위한 근본적인 예방절차이다. 따라서 보험사기를 예방하기 위해 계약심사 시 다양한 요인을 고려하여 인수 여부를 결정해야 한다. 특히 보험계약자의 신용상태나 기존 보험계약사항, 소득, 성향, 개인적 환경, 과거 보험사고, 계약시기, 담보내용, 학력, 직업, 취미 등 많은 요소들을 종합하여 심사할 필요가 있다. 계약심사 단계에서는 보험사기와 관련하여 유사한 성격의 보험계약을 여러 회사에 다양하게 가입하거나 지출되는 보험료의 규모가 본인의 소득에 비해 과도한 금액인지 여부를 면밀히 심사하는 것이 필요하다.

전통적으로 계약심사는 생명보험의 경우 계약자의 건강상태 등 의학적 견지에서의 심사에 중점을 두었으나 점점 복잡하고 다양해지는 보험사기나 불건전 모집행위를 예방하기 위해서는 계약심사 단계에서 보험사기 전문가와 컴플라이언스 전문가가 유기적으로 협력하는 것이 효과적이다.

또한 보험설계사를 비롯한 모집종사자들이 가장 일차적인 계약심사 담당자인 것을 감안하여 모집종사자들에 대해 업무뿐 아니라 윤리적 측면에 대해서도 철저한 교육을 실시하는 것이 중요하다.

마지막으로 보험회사가 기존의 계약심사 및 보험사기 조사자료 등 내·외부적으로 축적된 경험과 통계적 분석 등을 이용하여 효과적인 데이터베이스를 구축하여 보다 전문적이고 기술적인 방법으로 보험사기를 예방하는 것 또한 중요한 점이라고 할 수 있다.

3-2 조사·지급 단계

보험사기를 적시에 효과적으로 적발하기 위해서는 우선 적정한 보험사기 조사 절차를 수립하여야 한다. 예컨대, 신속한 사고현장 확인 절차의 수립은 사고의 고의성 여부에 대한 증거를 수집하는 가장 좋은 방법이 되며 증거수집 방법 및 절차를 어떻게 할 것인가에 대하여 세부적으로 계획을 세우는 것도 매우 중요하다. 보험사기는 시간이 경과함에 따라 증거가 인멸되거나 변질되는 경우가 많으므로 다양한 증거수집 방법의 개발이 필요하다.

보험사기 전담조직의 설치와 전문 조사요원의 양성도 매우 중요하다. 조사업무 역량은 단시간에 습득할 수 있는 성질의 것이 아니므로 전문화된 능력과 경험이 있는 직원들을 보유하는 것이 필수적이다. 또한 이러한 역량수준이 계속 유지될 수 있도록 조사요원들에 대한 체계적인 양성 프로그램이 마련되어야 하며 기존 직원에 대한 재교육도 반드시 필요하다.

현재 금융감독원은 보험계약, 보험사고 및 보험금 지급 정보를 집적하고 시스템을 통해 보험사기 혐의자를 자동 추출하는 보험사기인지시스템(IFAS)을 개선하여 다양한 보험사기 혐의 그룹에 대한 기획조사 분석기능을 추가하는 등 보험범죄 적발 능력을 강화하고 있다.

또한 생명보험 및 손해보험협회에서도 보험사기 방지를 위해 보험계약 정보를 체계적으로 집적하여 보험계약 체결이나 보험금 지급심사에 필요한 정보를 실시간으로 조회하는 시스템을 운영하고 있으며 보험회사는 보험금 지급심사 시 이를 활용하고 있다. 개별 보험회사에서도 보험사기 특별조사반(SIU)을 설치하여 금감원 및 보험협회와 유기적인 협조체제를 갖추고 있다.

참고자료 • 금융감독원 보도자료 일부 발췌 : 보험사기 척결 특별대책(2015.04.14.)

최근 동향 최근 생명보험 및 장기손해보험을 이용한 사기비중이 확대되는 가운데 특히 고액의 입원보험금을 노린 허위 · 과다입원*(소위 나이롱환자)이 급증하고 있는 상황

* 나이롱환자 사기 : 443억 원('12년) → 448억 원('13년) → 735억 원('14년, 64.3%↑)

- 보험사기 방법도 더욱 지능화되어 병원사무장 및 보험설계사 등이 브로커 역할을 주도하는 조직적 보험사기*가 성행
  * 병원 · 설계사 관련 사기 : 160억 원('12년) → 178억 원('13년) → 450억 원('14년, 152.8%↑)
- 외제차의 수리비* 및 렌트비가 고가인 점을 악용하여 경미한 다수의 고의사고를 야기하는 외제차 이용 보험사기가 증가
  * 외제차 수리비 : 5,250억 원('12년) → 6,778억 원('13년) → 7,858억 원('14년, 15.9%↑)
- 보험금을 노린 강력범죄(살인 등)의 건당 보험금 규모*도 급증세
  * 보험살인 · 고의상해 건당금액 : 16백만 원('12년) → 89백만 원('13년) → 123백만 원('14년, 37.8%↑)

근절 필요성 그동안의 근절노력과 적발실적 증가에도 불구하고 보험사기 규모가 여전히 연간 3~4조 원대에 이르는 것으로 추정*

* 보험사기 규모추정을 위한 연구용역 결과 '10년 기준 3.4조 원으로 추정('11년, 서울대학교 · 보험연구원 공동수행)

- 궁극적으로 선량한 보험가입자의 부담가중 등 경제 · 사회적 손실로 귀결
- 보험금 누수를 초래하고 이는 선량한 보험가입자의 보험료 추가부담으로 이어져, 국민 1인당 7만 원, 가구당 20만 원의 경제적 손실 발생

- 불필요한 과잉진료, 허위입원 등을 유발하여 국민건강보험의 재정악화 및 보험료 인상요인으로 작용
- 살인 · 상해 등 생명 · 신체에 위해를 가하는 강력범죄의 수반으로 금전적 피해를 넘어 사회불안을 야기

가. 보험사기 예방시스템 전면 보강

1) 보험가입내역 조회시스템 개선을 통한 과도한 보험가입 억제

현황 보험계약자의 과도한 보험가입으로 인한 보험사기 유인을 방지하기 위하여 생 · 손보협회에서 보험가입내역 조회시스템을 운영 중

- 동 시스템을 통해 보험회사가 보험계약 인수 시 가입한도금액을 제한하고 있음
- 누적 가입금액 산정 시 업권(생 · 손보 별도), 보험상품(저축성상품 제외) 등에 따라 누락되는 계약이 다수 발생하여 실효성 미흡

대책 보험회사가 누적 가입한도금액 산정 시 정액으로 지급하는 보험금액* 전체가 반영되어 사기목적의 다수보험계약이 사전에 차단될 수 있도록 조회시스템을 근본적으로 개선**

* 사망보험금, 입원보험금, 장해보험금 등

** 생 · 손보 전체 보험계약내역 반영, 대상계약 기간을 전체 기간의 보유계약으로 확대

- 금감원 · 보험업계 공동의 T/F를 구성하여 2016년 상반기까지 개선완료 목표로 추진

2) 고액 사망보험계약 인수심사 강화 및 점검 실시

현황 최근 고액의 재해사망보험 가입 후 고의로 사망사고를 일으키는 보험범죄가 지속적으로 발생*하는 등 인수심사의 문제점 노출

* (사례) 외국인 배우자를 피보험자로 11개 보험사에 26건의 사망보험계약을 체결한 후 고속도로 교통사고를 일으켜 배우자를 현장에서 사망케 한 사건 등

대책 보험회사가 보험사기 목적의 고액 사망보험계약을 효과적으로 차단할 수 있도록 2015년도 중 계약인수 심사체계를 대폭 개선*

* (예시) 재해사망담보 누적가입한도 산정대상 계약범위 확대, 소득없는 배우자 등을 피보험자로 하는 계약 심사 시 소득 인정 축소, 소득 반영 재정심사 기준의 구체화 등

- 보험회사가 계약인수 시 개선된 심사기준을 제대로 준수하는지를 매년 보험회사 사기방지업무 실태점검 시 철저히 점검

3) 보험사기 유발요인 개선

① 불필요한 장기입원 가능케 하는 불합리한 제도 개선

현황 허위 · 과다입원 보험사기 혐의자들은 불명확한 입원의 정의 등 약관의 허점*을 악용하여 장기입원

* 보험약관상 입원에 대한 객관적이고 구체적인 기준이 없어 의사(환자)의 주관적(임의적) 판단하에 입원이 가능하고 질병의 경중에 관계없이 입원 한도 일수가 동일

대책 대법원 판례, 외국의 사례 등을 참조하여 통원치료가 가능함에도 입원보험금 편취를 목적으로 불필요하게 장기간 반복 입원하지 않도록 경미한 질병 · 상해에 대한 세부 입원 인정기준 마련*

* 금감원, 보험연구원 및 보험업계와 공동으로 T/F를 구성하여 2016년 상반기까지 완료 목표로 추진

② 자동차보험 렌트비 지급기준 개선

현황 자동차 사고 시 고가·외제차의 렌트비가 과다*하여 보험사기 유인** 및 전체 보험 가입자의 보험료 인상요인으로 작용

* 사고당 외제차 렌트비(평균 56.5만 원)는 국산차 렌트비(12만 원)의 4.7배

** 렌트비 허위·과다·중복 청구 및 고가의 렌트비 지급을 악용한 다수의 고의사고 후 미수선 수리비 지급요구 등 보험사기 다발

대책 부당하게 수리를 지연시키는 경우, 지연일수는 렌트비 지급대상에서 제외하는 등 렌트비 지급기준 관련 제도개선 추진

③ 경미한 자동차 사고 수리기준 마련

현황 경미한 자동차 사고임에도 피해자의 요구수준* 및 정비업체 종류 등에 따라 피해자 동차에 대한 수리비용이 큰 차이

* 피해자는 수리비를 부담하지 않으므로, 수리 가능한 경미한 범퍼손상의 경우에도 새 범퍼로의 교환을 요구하고, 보험사가 이에 불응하는 경우 민원 제기

대책 자동차 사고 시 교환빈도가 가장 높은 범퍼를 대상으로 새 부품으로 교환할 정도인지에 대한 연구 용역을 선행, 국토교통부와 함께 수리한 범퍼와 새 범퍼 간 비교실험과 충돌시험을 거쳐 「경미사고 수리기준」 마련

4) 국민에게 다가가는 보험사기 예방 홍보

현황 홍보포스터 및 시나리오 공모전, 보도자료 배포 등을 통해 보험사기 예방 홍보활동을 전개하였으나 예산상 제약 등으로 일회성 홍보활동에 그치고, 대국민 접근성이 낮아 홍보효과 미흡

대책 생·손보협회와 공동으로 공중파 TV, 온라인 등 보다 친숙한 형태의 접근성이 높은 매체 등을 활용한 홍보 실시

나. 보험사기 적발을 위한 상시감시·조사·수사지원 대폭 강화

1) 보험사기 연루가능성 높은 계약에 대한 상시감시 강화

현황 단기간에 다수의 고액보험계약 집중 가입 등 보험사기 연루가능성이 높은 보험계약자에 대한 상시감시가 미흡

대책 보험사기 연루가능성이 높은 보험계약자*를 정기적으로 사전분석하여 상시 집중감시할 수 있는 시스템을 2016년 상반기까지 구축

* (예시) 과거 보험사기 연루자, 보험사기 가능성이 높은 입원·장해·재해사망을 보장하는 다수의 고액보험계약에 단기간 내 집중 가입한 자 등

2) 보험사기인지시스템의 조직형 사기혐의 분석기능 강화

현황 보험사기인지시스템(IFAS)은 개별혐의자 분석 중심으로 최근 급증하는 조직형 보험사기*에 효과적 대응 한계

* 보험계약자 상호간 또는 병원종사자, 보험설계사 등 전문가들과 공모

대책 보험사기 혐의주체 간 연관성을 분석하여 혐의그룹을 추출하는 SNA기법*을 인지시스템에 도입하는 등 조직형 보험사기에 대한 강력한 감시체계를 2016년 상반기까지 구축

* SNA(Social Network Analysis) 기법을 통하여 사무장병원·보험설계사·환자, 정비업체(렌트카업체)·자동차보험 피해자·가해자 등의 조직적 공모 사기 적발

3) 보험사기 취약분야에 대한 기획조사 대폭 강화

현황 최근 보험사기는 계약자 또는 가족 단위의 생계형 보험사기에서 일부 병원사무장 또는 보험설계사 등이 브로커 역할을 주도하는 사업형 보험사기로 진화

- 의료법상 불법인 사무장병원* 등에 대하여는 적극 대응하여 왔으나, 그 수법이 다양화·지능화하고 있어 보다 체계적인 기획조사 필요

  * 사무장병원 : 의료인이 아닌 자가 의료기관의 개설에 필요한 비용을 부담하고 의료인의 명의를 대여받아 의료기관을 개설·운영하는 것

대책 2개의 특별조사팀을 가동하여 보험사기 연루 의료기관·보험설계사·정비업체 등에 대해 경찰청과 함께 기획조사 지속 실시

> ▷ **2015년 중 중점 조사대상 및 항목**
> - 사무장병원, 문제 의사의 허위진단서 발행 또는 허위입원 유도행위
> - 보험설계사가 보험사기 브로커 역할 또는 문제병원에 직접 허위·과다 입원하여 보험금을 편취하는 행위
> - 정비업체의 자동차 수리비 및 부품비 허위·과다청구 행위, 외제차 정비업체 및 렌터카업체의 허위견적서 발행 행위

- 보험사기 관련 전문지식 및 경험이 풍부한 수사경력자를 보험조사국의 직원으로 채용하여 기획조사·수사지원 관련 자문 역할 수행

4) 수사기관의 보험사기 수사에 대한 체계적 지원

현황 수사기관에 사건을 통보한 이후 적극적인 수사지원이 필요하나, 그간 조사인력 부족 등으로 체계적이고 집중적인 수사자료 분석지원이 미흡

대책 전국 보험사기다발 취약지역 위주로 지역별 전담자를 지정하여 수사자료 분석 지원 및 사후관리를 효율화하고

- 검찰, 경찰, 건강보험공단, 건강보험심사평가원 등 유관기관과 긴밀히 공조하여 자료 분석 등 지원 강화
- 보험회사도 3개의 수사지원반*을 신규로 구성(20여 명)하여 주요 수사진행 건별로 밀착 수사지원

  * 자동차보험 수사지원반(외제차 수리비 허위·과다 청구 등), 장기손해보험·생명보험 수사지원반(사무장병원, 보험설계사, 나이롱환자의 허위·과다 입원 등)

다. 보험사기 범죄자에 대한 처벌 강화

1) 처벌 수위 강화를 위한 입법 노력 경주

현황 보험사기자에 대한 처벌을 대폭 강화하는 내용 등의 보험사기 방지 관련 법률 제·개정안*이 현재 국회에 계류 중

* 보험사기방지특별법(박대동 의원) : 미수범 처벌 및 편취보험금에 따른 가중처벌, 보험사기 확정판결을 받은 자의 보험금 반환의무 등 보험업법 개정안(안효대 의원) : 보험사기 행위 가중처벌

대책 입법 논의과정에서 보험사기 폐해의 심각성 등을 충분히 설명함으로써 처벌수위 강화 입법이 성사되도록 꾸준히 노력

2) 현행 법제하에서 처벌 강화 협조 요청

현황 보험사기범의 징역형 비율은 22.6%로 일반사기범(45.2%)의 절반 수준에 그치는 등 보험사기범에 대한 처벌이 일반사기범보다 약한 실정

대책 검찰, 경찰, 법원 등 사법기관에 보험사기에 대한 처벌을 강화해 주도록 요청하고 필요 시 관련 자료를 적극 제공

3) 금융거래 제한 등 추진

① 일반인 보험사기자의 보험업 종사 제한 추진

현황 현행 「보험업법」상 보험사기에 연루된 보험설계사 등 보험업 종사자에 대해서는 등록취소 등 행정제재를 부과(2014.7. 시행)할 수 있으나, 일반인 보험사기자의 경우 보험업 종사를 제한할 근거가 없어 보험설계사 등록 등 보험업 취업이 가능

대책 현재 국회에 계류 중인 보험사기 방지 관련 법률 제·개정안*에 일반인 보험사기자의 보험설계사 등 보험업 종사를 제한하는 내용이 반영될 수 있도록 적극 노력

* 총 6건의 법률 제·개정안(보험사기방지특별법 1건, 보험업법 3건, 형법 2건)

② 금융거래 제한 추진

현황 보험사기로 벌금, 징역 등 법원의 유죄판결이 확정된 자도 아무런 제한 없이 추가적인 보험가입 등이 가능한 상황

- 보험사기자에 대하여 형사처벌 이외에 보험가입제한 등 경제적 불이익을 부과하는 제도 도입 필요

대책 보험회사를 속여 보험금을 청구하여 법원에서 사기죄로 유죄판결이 확정된 자 등을 금융질서문란자로 등록하는 방안 추진*

* 금융위·은행연합회 등과 협의 추진

- 금융질서문란자로 등록 시 개별 보험회사의 보험가입제한을 포함한 금융 거래 시 불이익 부과 가능

4 보험사기 실제 사례

사례 1 제3차량을 대상으로 고의 교통사고 야기

고등학교 선후배 사이인 H(22세, 남) 등 10명은 유흥비 마련을 목적으로 2004년 1월 서울 강서구 OO전화국 인근 도로에서 중앙선을 넘어오는 차량을 노려 고의로 교통사고를 낸 뒤 보험사로부터 치료비와 합의금 600만 원을 수령하는 등 2003년 10월부터 10개월 동안 5차례에 걸쳐 모두 2,000만 원 상당의 보험금을 수령.

현재 대학생인 H등은 고등학교 재학 중 죄의식 없이 보험사기를 저질렀으며 6년 만인 2009년 9월 수사기관에 적발됨.

*출처 : 금융감독원 발표자료

사례 2 아르바이트생 모집을 통한 허위사고

A(32세, 남)는 인터넷 구인광고 홈페이지에 '정선카지노 자리 지킴 아르바이트 일당 10만 원'이라는 광고를 냈음. 이후 이를 보고 찾아온 대학생 등 30명에게 실제로는 차량을 운행하지 않고 교통사고가 없었음에도 상해를 입은 것처럼 꾸며 2008년 7월 부터 2009년 6월까지 14회에 걸쳐 4,000만 원 상당의 보험금을 편취해오다 2009년 12 월 수사기관에 적발됨.

*출처: 금융감독원 발표자료

사례 3 보험금 노린 방화

K(40세, 남)는 2008년 2월부터 레스토랑을 운영해오던 중 지속적인 경영적자로 더 이상 운영할 여력이 없게 되자, A보험사에 가입해둔 8억 원의 화재보험금을 수령할 목적으로 2008년 12월 자정경 종업원을 퇴근시킨 후 사전에 준비해두었던 등유와 부탄가스 등을 이용하여 레스토랑에 불을 지른 후 보험금을 청구.

A보험사는 현장조사 도중 방화혐의를 인지하고 수사기관에 진정하였고, 수사기관이 국립과학수사연구소 현장 감식을 실시한 결과 방화 사실이 적발됨.

*출처 : 금융감독원 발표자료

사례 4 진료비 허위 청구

L(48세, 남) 등 6명은 교통사고 치료 전문 병원의 원장들로서 자신의 병원에 입원한 교통사고 환자 S(53세, 남)를 6일간 치료하였음에도 10일간 치료한 것처럼 속여 보험금을 청구하거나 환자들이 조기퇴원 등으로 치료를 받지 않았음에도 모든 처치를 한 것처럼 진료서류를 허위로 꾸며 보험금을 청구.

2008년 1월부터 2009년 7월까지 환자 3,000여 명에 대한 진료비 약 5억 원 상당을 보험사로부터 편취해오다 수사기관에 적발됨.

*출처 : 금융감독원 발표자료

사례 5 고의적 상해사고 유발

K는 평소 반신불수의 지병을 앓던 노숙자를 한적한 도로변 계단에서 아래로 밀거나, 벽돌로 이마와 다리를 가격하여 입원시킨 후 교통사고가 발생한 것처럼 허위 신고하여 보험금 편취를 시도.

*출처 : 금융감독원 발표자료

사례 6 **택시기사의 보험사기**

개인택시 운전자인 A는 운전 중 발생한 '경미한 후미추돌 사고' 등의 사유로 총 200일간 병원에 입원하여 입원보험금을 청구하였으나 입원기간 중에도 개인택시 영업을 계속 한 것이 확인되어 보험금 편취 사실이 적발됨. *출처 : 금융감독원 발표자료

사례 7 **보험설계사가 선량한 계약자에게 접근하여 보험사기 공모**

보험설계사 김OO은 같은 지역에 사는 23명의 지인에게 접근하여 "보험료를 걱정하지 말라, 통원의료비를 수령하여 보험료를 납부하게 해주겠다"라며 보험계약을 체결하고 220여 회에 걸쳐 가공 사고를 유발한 후, 허위 통원진단서를 발급받는 방법으로 166백만 원의 보험금을 편취. *출처 : 금융감독원 발표자료

사례 8 **정비업체 사장과 브로커가 인터넷 카페를 통해 보험사기 공모**

A정비업체 대표 김OO와 브로커 임OO는 인터넷 카페를 통해 "차주의 비용부담 없이 차량을 도색해주겠다"며 안내하고, 차량도색을 의뢰한 300여 명의 차량을 고의로 손상시킨 후 실제 사고가 난 것처럼 위장하는 방식으로 총 6억 원 상당의 보험금 편취.

*출처 : 금융감독원 발표자료

사례 9 **병원종사자가 허위 입 · 퇴원확인서를 통해 보험사기 공모**

OO병원 원장 김OO와 사무장 등은 병원운영이 어려워지자 보험설계사들과 공모 하여 환자들을 모집하고, 이들 환자들에게 허위 입 · 퇴원확인서를 발급해주거나 입원 일자를 조작하는 방식으로, 병원은 건강보험금 3억 원을, 환자들은 민영보험금 14억 원을 편취. *출처 : 금융감독원 발표자료

연습문제 제3편

보험계약관리와 관련된 컴플라이언스

1 **보험료와 보험금 한도의 결정, 역선택의 차단 등 보험회사의 수익성 및 건전성과 직접 연결되는 업무의 종류는?**

① 계약심사 업무
② 계약보전 업무
③ 보험금 심사 업무
④ 자산운용 업무

2 **보험금 지급 및 심사 업무의 의의를 잘못 설명한 것은?**

① 계약자의 보험금 수령권 보호
② 보험사기의 예방
③ 보험금 지급규모의 절감
④ 선량한 계약자의 보호

3 **다음 중 보험가입 단계에서 발생할 수 있는 보험사기 유형이 아닌 것은?**

① 건강상태의 허위 고지
② 제3자의 대리 건강진단
③ 직업의 허위 고지
④ 보험금 청구를 위한 허위 진단서 발급

정답 1.① 2.③ 3.④

COMPLIANCE OFFICER

제 4 편

보험상품 개발 및 인가와 관련된 컴플라이언스

제 1 장

상품개발 및 신고

1 보험상품의 신고 대상

보험회사가 보험상품을 개발하는 경우 해당 상품에 관한 세부적인 내용은 상품별 기초서류(약관, 사업방법서, 보험료 및 책임준비금 산출방법서)에 자세히 기재되며 보험회사는 기초서류에 기재된 사항을 준수하며 보험업을 경영하여야 한다. 예컨대, 기초서류에 정하고 있는 보장내용이나 판매방법과 달리 보험회사가 운영하는 경우 이것은 「보험업법」 위반 사항이 되므로 유의해야 한다(보험업법 제127조 3). 현행 법규상 보험상품과 관련한 감독은 해당 보험상품의 성격에 따라 감독기관에 사전신고하거나 판매 후 사후보고(제출)해야 한다. 즉, 사전인가가 아닌 신고수리 제도의 형태로 운영되고 있다.

보험회사는 취급하려는 보험상품에 관한 기초서류를 새롭게 작성하거나 변경하려는 경우 금융위원회에 신고하여야 할 사항은 다음 각 호의 어느 하나에 해당되는 경우이다(보험업법 제127조). 실무적으로는 금융감독원이 보험업법 시행령에 따라 다른 업무와 함께 기초서류 신고수리 업무도 위탁받고 있으므로 결국 보험회사는 금융감독원에 신고하면 된다(보험업법 시행령 제100조 제1항).

- 법령의 제정 · 개정에 따라 새로운 보험상품이 도입되거나 보험상품 가입이 의무가 되는 경우
- 보험회사가 금융기관보험대리점(은행, 신용카드사 등) 등을 통하여 모집하는 경우
- 보험계약자 보호를 위해 보험업법 시행령에서 정하는 다음의 별표와 같은 경우

〈표20〉 기초서류의 신고대상(보험업법 시행령 제71조 [별표6]) 〈개정 2015.1.6.〉

구 분	신고대상
공통	가. 보험회사가 이미 신고 또는 판매되지 않는 위험을 보장하거나 새로운 위험구분단위 등을 적용하여 설계하는 경우 나. 법령에 따라 정부나 지방자치단체가 보험료의 일부를 지원하는 보험으로서 다음의 어느 하나에 해당하는 경우 1) 「농어업재해보험법」에 따른 농작물재해보험, 가축재해보험, 양식수산물재해보험 2) 「풍수해보험법」에 따른 풍수해보험 다. 단종손해보험대리점이 모집하는 보험인 경우
사업방법서	특정 자산의 수익률 또는 지표 등에 연계하여 보험료적립금 적용이율이 변동되고 특별계정으로 설정 · 운용되는 경우
보험약관	가. 보장하는 위험이 실효성이 있음에도 불구하고 보험계약을 소멸시키는 경우 나. 피보험자의 사망을 보장하는 사망보험금이 이미 납입한 보험료의 합계액에 미달하는 경우. 다만, 연금보험에서 연금 지급이 시작된 이후 사망한 경우나 보험료 납입기간을 80세 이하로 설정한 경우는 제외한다. 다. 보험기간 중 위험을 보장하지 않는 기간을 금융위원회가 정하여 고시하는 기간 이상으로 확대하는 경우 라. 보험기간 중에 위험률을 변경할 수 있도록 설계하는 경우
보험료 및 책임준비금 산출방법서	가. 금융위원회가 정하여 고시하는 기준에 따라 보험회사의 과거 경험통계 또는 객관성 있는 국내외 통계자료 등을 기초로 합리적인 방법으로 보험요율을 산출하지 않거나 보험요율 산출기관이 제공하는 참조순보험요율을 참고하여 보험요율을 산출하지 않는 경우 나. 순보험요율을 성별 · 연령별로 구분하여 산출하지 않는 경우. 다만, 다음의 어느 하나에 해당하는 경우는 제외한다. 1) 보장하는 모든 위험이 하나의 위험률로 산출된 경우 2) 피보험자가 2인 이상인 보험에서 주피보험자(피보험자 중 주된 보장의 대상이 되는 피보험자를 말한다)의 연령에 따라 종피보험자(주피보험자에 종속되어 보장을 받는 피보험자를 말한다)의 연령이 결정되는 경우 3) 연령별 보험료의 차이가 미미하여 대표연령을 적용한 경우 4) 단체보험에서 대상 단체 단위별로 위험률이 산출되었거나 피보험단체의 평균보험연령 또는 평균연령을 적용한 경우 5) 제1조의2 제4항 제1호에 따른 상해보험계약의 경우 다. 장래 현금흐름과 예상이익을 사용하는 현금흐름방식을 적용하지 않고 보험료를 산출하는 경우. 다만, 다음의 어느 하나에 해당하는 보험계약은 제외한다. 1) 보험기간이 3년 이하인 보험계약 2) 법 제108조 제1항 제2호의 보험계약 라. 위험률의 특성 외의 이유로 순보험료식 보험료적립금이 음(陰)의 값을 가지는 경우 마. 다음의 어느 하나에 해당하는 방식으로 자동차보험요율을 산출하는 경우 1) 이미 신고 또는 판매되지 않은 새로운 위험구분단위를 도입하는 경우 2) 교통법규 위반경력 평가의 대상항목 및 대상기간 등 평가기준을 변경하는 경우
기타	금융위원회는 제1호부터 제4호까지에서 규정한 사항 외에 기초서류의 신고대상에 관하여 필요한 사항을 정하여 고시할 수 있다.

2 보험상품의 신고 절차

보험회사는 사전신고 의무에 따라 기초서류를 신고하는 경우에는 판매개시일 30일(금융위원회로부터 기초서류 변경을 권고받은 사항을 반영하여 신고하는 경우에는 15일) 전까지 금융위원회가 정하여 고시하는 보험상품신고서에 다음 각 호의 서류를 첨부하여 제출하여야 한다. 다만, 다른 법령의 개정에 따라 기초서류의 내용을 변경하는 경우 등 금융위원회가 정하여 고시하는 경우에는 금융위원회가 정하여 고시하는 기한까지 보험상품신고서를 제출할 수 있다(보험업법 시행령 제71조 제2항, 개정 2015.1.6.).

- 「보험업법」 제184조 제1항에 따라 선임계리사가 검증 · 확인한 기초서류
- 보험료, 책임준비금 및 위험률 산출의 변경이 있는 경우에는 그 변경이 적절한지에 대한 보험요율 산출기관(보험개발원) 또는 「보험업법」 제128조 제2항에 따른 독립계리업자의 검증확인서

또한 금융위원회는 보험계약자 보호 등에 필요하다고 인정되면 보험회사로 하여금 매분기 종료일의 다음 달 10일까지 분기별 보험상품 판매 목록을 제출하게 할 수 있다(보험업법 시행령 제71조 제3항).

기타 보험상품의 기초서류와 관련한 세부적인 신고 기준은 금융위원회에서 정하고 있다(보험업감독규정 제8절 기초서류 신고 기준 및 작성 · 변경원칙 등)

3 보험요율 산출의 원칙

보험회사는 보험요율을 산출할 때 객관적이고 합리적인 통계자료를 기초로 대수(大數)의 법칙 및 통계신뢰도를 바탕으로 하여야 하며, 다음의 사항을 지켜야 한다(보험업법 제129조).

- 보험요율이 보험금과 그 밖의 급부(給付)에 비하여 지나치게 높지 아니할 것
- 보험요율이 보험회사의 재무건전성을 크게 해칠 정도로 낮지 아니할 것
- 보험요율이 보험계약자 간에 부당하게 차별적이지 아니할 것

참고자료 • **보험개발원 소개(보험개발원 홈페이지 내용 중 발췌)**

재무부는 사단법인 한국손해보험요율산정회를 법률에 근거한 보험요율 산출단체로 개편하여 보험 관련 전문기관으로 육성하는 것을 목적으로 「보험업법」 개정을 추진하고, 1988년 12월 31일 개정 시 제198조의2를 신설하여 보험요율 산출단체 설립근거를 마련하게 되었다.

이후 「보험업법」 개정 취지에 따른 보험요율 산출단체 설립방안이 산정회, 재무부, 보험회사, 보험관계단체 등의 참여하에 마련되어 금융산업발전심의회의 전체회의 및 보험분과(위)의 심의를 거쳐 1989년 6월에 확정되었고, 9월에는 재무부의 보험개발원 설립 세부추진계획이 확정되었다. 이러한 계획에 따라 1989년 10월 25일에는 보험개발원 설립위원회가 발족되었다.

보험개발원 설립위원회는 설립위원과 위원장 및 사무국장으로 구성되었으며, 설립위원으로는 회의에 참석한 22개 보험회사 대표를, 위원장으로는 김봉철(재무부 국제심판소 심판관)을, 사무국장으로는 조정수(산정회 조사통계부장)를 선임하였다. 사무국은 산정회에서 파견한 5명의 직원으로 구성되어 보험개발원 설립관계와 산정회의 해산 및 청산과 관련된 실무작업을 수행하였다.

설립위원회는 설립과 동시에 개발원 설립기본계획과 정관(안) 및 설립인가 신청서류에 대해 심의(1989.10.25.)하고 이후 발기인 총회를 열어(1989.10.30.) 보험개발원의 설립에 필요한 설립계획, 정관 및 제규정을 확정하였다. 11월 4일에는 설립인가를 재무부에 신청하였으며 11월 18일에는 재무부장관의 인가(재무부보험 22330-545)를, 11월 27일에는 서울민사지방법원에 설립등기(등기번호 503호)를 마침으로써 사단법인 보험개발원(INSURANCE DEVELOPMENT INSTITUTE OF KOREA)이 정식으로 출범하였다. 보험개발원은 그 기능을 보험요율의 산출과 검증, 보험정보의 수집과 제공 및 통계의 작성, 보험에 대한 연구기능 등 3개의 주요 축으로 편재하고 각각의 기능에 생명보험에 관련된 업무를 추가하여 보험전문기관으로서의 기능을 수행하게 되었다.

보험요율의 산출과 검증에 있어서는 생명보험의 경험생명표를 비롯한 위험률의 산출과 검증이 추가되었다. 이에 따라 그동안 보험계리인회에서 작성하던 경험생명표 작성과 위험률의 산출 업무가 보험개발원으로 이관되었으며, 또한 보험회사가 개발한 보험상품의 확인을 통하여 보험회사의 안정적인 상품개발을 지원하고 보험소비자의 이익을 보호하는 보험상품 전문기관으로서의 역할이 부여되었다.

보험통계를 비롯한 보험정보의 관리는 「보험업법」에 보험개발원의 설립목적(보험과 관련된 정보의 효율적인 관리 · 이용)으로 명시되었으며 보험개발원은 보험업계의 정보 집중기관으로 기능하게 되었다. 이에 따라 보험개발원은 보험통계를 비롯한 보험정보의 체계적인 집적과 분석을 위한 조직을 정비하고 보험전산망을 구축하여 보험산업의 정보동맥으로서의 역할을 수행하게 되었다.

4 생명보험 상품설계의 원칙

생명보험회사는 생명보험 상품을 설계하거나 보험약관을 작성하려는 경우 보험업 감독규정에 따라 다음 사항을 지켜야 한다(보험업감독규정 제7-60조).

- 저축성보험의 경우 생존시 지급하는 보험금은 이미 납입한 보험료를 초과하여야 한다. 다만, 생존연금을 지급하는 연금보험 및 변액보험은 그러하지 아니하다.
- 저축성보험의 경우 평균공시이율을 부리이율로 계산한 순보험료식 보험료적립금이 납입완료시점(납입기간이 7년 이상인 경우 7년, 일시납의 경우 15개월)에 이미 납입한 보험료를 초과하여야 한다. 다만, 보험기간이 종신인 생존연금 및 연금저축보험은 평균공시이율에 0.25%p를 가산한 부리이율로 계산할 수 있다.
- 위 기준에 따라 순보험료식 보험료적립금을 계산할 때 위험보험료 및 보증수수료 등 위험보장에 필요한 금액과 특별계정 운용수수료는 영(0)으로 한다.
- 변액보험 및 금리연동형보험(연금보험을 제외한다)의 경우 최저사망보험금 등을 설정하여야 한다.
- 중증의 상해, 질병 등으로 위험을 보장하기 어려운 경우 등을 제외하고는 보장하는 위험이 실효성이 있음에도 불구하고 보험계약을 소멸시켜서는 아니된다.
- 피보험자의 사망을 보장하는 사망보험금이 이미 납입한 보험료의 합계액 이상이어야 한다. 다만, 연금보험에서 연금 지급이 시작된 이후 사망한 경우나 보험료 납입기간을 80세 이하로 설정한 경우는 제외한다.

5 자동차보험 상품설계의 원칙

손해보험회사가 자동차보험 상품을 설계하려는 경우 다음 사항을 지켜야 한다(보험업감독규정 제7-62조).

- 보험기간은 3년 이내로 할 것
- 자동차보험의 위험담보 범위는 다음과 같을 것
  - 피보험자동차의 소유, 사용, 관리 중 발생한 사고로 인한 제3자에 대한 피

보험자의 손해배상책임 담보

– 자동차사고로 인한 피보험자의 신체 또는 재물에 대한 보상 담보

– 자동차의 소유·사용·관리로 인한 피보험자의 각종 비용 담보

6 제3보험 및 장기손해보험 상품설계의 원칙

보험회사가 제3보험 상품 및 장기손해보험 상품을 설계하려는 경우 다음 사항을 지켜야 한다(보험업감독규정 제6-71조 및 제7-63조).

- 약관상 보장하지 아니하는 원인으로 사망시 책임준비금을 지급하고 계약이 소멸하도록 설계할 것
- 의료기관에 입원 또는 통원을 보장하며 보험업법 시행령 별표6 제1호에 해당하는 보험상품을 설계하는 경우 해당 의료기관 또는 대표기관이 포함된 협의기구 등을 통해 보험금 청구시 제출서류, 제공절차 및 보험금 지급사유를 명확히 설정할 것. 이 경우 협회는 보험회사를 대신하여 협의기구를 구성할 수 있으며, 이에 대한 세부사항은 협회의 장이 정한다.
- 약관상 실제 발생하는 손해(이하 "실손해"라 한다)를 보장하는 경우 다음 각 호의 요건을 충족하여야 한다.
  1. 실손의료보험은 보험업법 시행령 제42조의5제1항에 따른 실손의료보험계약으로만 구성된 보험상품으로 판매하고, 그 보험계약은 주계약과 주계약에서 보장하지 않는 대상을 보장하는 특약(이하 "특약"이라고 한다)으로 구성할 것. 다만, 단체보험상품 및 여행보험상품의 경우에는 실손의료보험계약을 포함하여 판매할 수 있다.
  2. 주계약으로 체결한 실손의료보험계약[다음 각 목에서 정하는 공제금액보다 높은 공제금액을 적용하고 65세 이상에서 보험가입이 가능한 실손의료보험(이하 "노후실손의료보험"이라 한다)과 감독원장이 정하는 표준사업방법서에 따른 계약전 알릴의무 사항을 축소한 실손의료보험(이하 "유병력자실손의료보험"이라 한다)은 제외한다. 이하 "기본형 실손의료보험"이라 한다.]의 보험금을 약관에서 보장대상으로 하는 본인부담의료비(공제전)에서 다음 각 목의 금액을 공제한 금액으로 할 것. 단, 국민건강보험법 제42조의 요양기관이 아닌 해외 소재 의료기관의 의료비는 공제 대상 의료비에서 제외한다.

가. 입원 : 보장대상의료비의 10% 또는 20%(단, 공제할 금액이 연간 200만원을 초과하는 때에는 200만원까지 공제한다)

나. 외래(국민건강보험법 제42조 요양기관별 방문 1회당 또는 1일당):

1) 의료법 제3조제2항제1호에 의한 의원 · 치과의원 · 한의원, 의료법 제3조제2항제2호에 의한 조산원, 지역보건법 제7조에 의한 보건소, 지역보건법 제8조에 의한 보건의료원, 지역보건법 제10조에 의한 보건지소, 농어촌 등 보건의료를 위한 특별조치법 제15조에 의한 보건진료소 : 1만원 또는 1만원과 보장대상의료비의 20%중 큰 금액

2) 의료법 제3조의3에 의한 종합병원, 동법 제3조의2에 의한 병원 · 치과병원 · 한방병원, 요양병원 : 1만5천원 또는 1만5천원과 보장대상의료비의 20%중 큰 금액

3) 국민건강보험법 제42조제2항에 의한 전문요양기관 또는 의료법 제3조의4에 의한 상급종합병원 : 2만원 또는 2만원과 보장대상의료비의 20%중 큰 금액

다. 국민건강보험법 제42조제1항제2호에 의한 약국, 동법 제42조제1항제3호에 의한 한국희귀의약품센터에서의 처방 · 조제(의사의 처방전 1건당, 의약분업예외지역에서 약사의 직접조제 1건당) : 8천원 또는 8천원과 보장대상의료비의 20%중 큰 금액

2의2. 특약으로 체결한 실손의료보험계약(노후실손의료보험은 제외한다)의 보험금을 약관에서 보장대상으로 하는 본인부담의료비(공제전)에서 1회당 또는 일당 2만원 또는 보장대상의료비의 30% 중 큰 금액을 공제한 금액으로 할 것. 단, 국민건강보험법 제42조의 요양기관이 아닌 해외 소재 의료기관의 의료비는 공제 대상의료비에서 제외한다.

3. 실손의료보험에서 위험구분단위별로 보험료의 변경이 매년 ±25%를 초과하지 않을 것. 다만, 보험회사가 제7-16조부터 제7-19조까지에서 정하는 조치를 요구받거나 그러할 가능성이 있다고 인정되는 경우는 그러하지 아니한다.

4. 실손의료보험 위험률을 국민건강보험법 및 의료급여법에 근거하여 비용을 산정하는 급여부분과 비급여부분으로 구분할 것(여행보험은 제외)

5. 노후실손의료보험의 경우 다음 각 목의 보장내용을 준수하여 보험약관을 작성할 것

가. 보험가입금액의 한도는 다른 실손의료보험의 입원과 통원(외래 및 처방조제)의 연간 최대 보장금액을 합산한 금액 이하일 것. 다만, 통원의 회(건)당 보상한도는 100만원을 최고한도로 한다.

나. 지급보험금 계산시 약관에서 보장대상으로 하는 본인부담 의료비(공제전)에서 입원은 30만원 통원은 3만원을 우선 공제한 후 나머지 금액에서 다음 각 세목의 금액을 추가로 공제할 것. 다만, 입원의 경우 공제할 금액이 연간 500만원을 초과하는 때에는 500만원까지 공제한다.

1) 국민건강보험법 및 의료급여법에 근거하여 비용을 산정하는 급여부분 : 20%이상

2) 국민건강보험법 및 의료급여법에서 정하는 비급여부분 : 30%이상

6. 실손의료보험은 다음 각 목의 내용을 준수하여 사업방법서를 작성할 것

가. 경험통계 등을 기초로 순보험요율의 적정성을 매년 검증할 것. 다만, 새로운 위험을 보장하는 경우는 5년까지 적정성을 검증하지 아니할 수 있다.

나. 보험기간 및 보장내용 변경주기를 15년 이내로 할 것. 다만, 노후실손의료보험은 3년 이내로 한다.

다. 75세 이상을 보장하는 경우 노후실손의료보험을 해당 시점에 판매 또는 보유하고 있을 것

라. 국민건강보험법 등에서 정하는 비급여부분에 대하여 공제비율이 20%미만인 실손의료보험은 청구된 보험금이 해당 법규의 급여 대상에서 제외되는 비용인지 여부에 대하여 확인할 수 있을 것

제 2 장

기초서류 관련 준수사항

1 기초서류의 개념

기초서류는 보험상품별 약관, 사업방법서, 보험료 및 책임준비금의 산출방법서를 말한다. 기초서류를 쉽게 비유하자면 주택건축업자가 매수인에게 전달하는 주택 설계도 및 계약관계 서류라고 할 수 있다.

이러한 기초서류는 보험회사 설립허가를 위하여 필수적으로 제출해야 하는 서류임과 동시에 개별 상품의 신고 또는 인가를 받기 위해서도 필수적으로 제출해야 한다. 또한 기초서류는 계약자들이 언제든지 열람할 수 있도록 본점에 비치하거나 웹사이트(홈페이지) 등에 게시하여야 한다.

2 기초서류의 작성 원칙(보험업법 시행령 [별표7])

〈표21〉 기초서류 작성 · 변경 원칙

구 분	작성 · 변경 원칙
공통	법 또는 이 영에 따른 생명보험업과 손해보험업 겸영 제한에 위배되지 않고, 보험회사 재무건전성을 현저하게 해칠 우려가 없을 것
사업방법서	가. 보험계약의 체결 · 유지 및 관리에 필요한 사항을 구체적으로 적을 것 나. 관련 법령에 위배되거나 불건전한 보험영업을 초래하는 내용 또는 보험계약자 및 피보험자를 부당하게 차별하는 등 불합리한 내용을 포함하지 않을 것 다. 보험약관의 내용에 의하지 아니하고 보험계약자 등의 권리를 축소 또는 의무를 확대하거나 보험회사의 의무를 축소하는 내용을 포함하지 않을 것 라. 보험상품의 명칭은 보장내용을 적절히 반영할 것 마. 보험요율을 할인 · 할증하는 경우에는 그 대상 및 범위 등에 관한 사항을 분명하게 적을 것

구 분	작성 · 변경 원칙
보험약관	가. 보험계약자가 이해하기 쉽게 표현이 명확해야 하고, 보험계약자의 합리적 기대 또는 사회공익에 반하지 않을 것 나. 「상법」 등 관련 법령에 위배되거나 보험계약자 등의 권리 또는 의무를 부당하게 축소 또는 확대하지 않을 것 다. 부적합한 위험을 보장내용으로 하지 않을 것 라. 피보험자의 사망 또는 보험사고로 인한 보험목적물의 전부손해에 대한 보험금(연금보험에서 연금 지급 시작 이후 지급되는 보험금은 제외한다)은 해약환급금 이상일 것 마. 보험금의 지급 사유 및 지급보험금 등 보장내용이 지나치게 과도하여 도덕적 위험을 유발하지 않도록 할 것 바. 적용이자율에 따라 보험금액이 변동되는 경우 그 이자율, 이자율의 계산방법 및 공시방법을 분명하게 적을 것
보험료 및 책임준비금 산출방법서	가. 보험료 및 책임준비금의 산출방법서는 보험약관상 보장하는 위험에 상응하는 적정한 보험금이 지급될 수 있도록 작성할 것 나. 책임준비금 및 해약환급금은 금융위원회가 정하여 고시하는 기준에 따라 산출 · 적립할 것

3 보험업감독규정에 따른 사업방법서의 필수 기재사항 및 준수사항

3-1 필수 기재사항(감독규정 제7-54조)

보험회사는 보험종목별 또는 보험상품별 사업방법서를 작성하려는 경우 다음 각 호의 사항을 기재하여야 한다.

- 보험업의 영위 지역, 영위하는 보험종목, 피보험자 또는 보험목적의 범위에 관한 사항
- 보험금액과 보험기간의 제한에 관한 사항
- 피보험자 또는 보험목적의 선택과 보험계약 체결의 절차에 관한 사항
- 보험료의 수수, 보험금의 지급과 보험료 등의 환급에 관한 사항
- 재보험의 수수에 관한 사항
- 보험계약에 대한 이익 또는 잉여금의 배당에 관한 사항
- 약관의 규정에 의한 대출에 관한 사항
- 보험금액 · 보험종류 또는 보험기간 등 보험계약의 변경에 관한 사항
- 위험의 상태와 보험목적의 검사에 관한 사항
- 그 밖에 약관상 보험회사가 정하도록 한 사항

3-2 사업방법서 작성 시 준수사항

〈표22〉 사업방법서 작성 시 준수사항(감독규정 제7-55조에서 제7-58조)

보험종목	준수사항
생명보험	1. 보험료의 추가납입은 주계약 기본보험료 납입한도의 2배 이내로(단, 보장성보험은 1배) 하여야 하며, 적립금의 중도인출은 해약환급금의 일정 범위 내에서 하여야 한다. 2. 재무건전성을 해치지 않도록 보험금을 지급하기 위해 필요한 순보험료를 제외한 범위 내에서 보험료를 할인할 수 있으며 이 경우 할인요건 및 할인율 등을 구체적으로 명기하여야 한다.
퇴직보험	1. 퇴직보험은 단체 또는 단체의 대표자가 단체의 구성원을 피보험자로 하여 단체의 구성원이 퇴직하는 경우 연금 또는 일시금으로 퇴직금을 수령할 수 있도록 하는 보험으로 「근로기준법」 제34조의 규정에 의한 요건을 갖추어야 한다. 2. 책임준비금이 가입단체의 퇴직급여 추계액을 초과하는 때에는 보험계약자에게 반환할 수 있다.
손해보험	1. 위 생명보험, 퇴직보험 준수사항 준용. 단 일반손해보험(자동차보험 포함)은 제외한다. 2. 장기손해보험의 저축성보험은 보험기간을 15년 이내로 설정하여야 한다. 3. 손해보험업의 보험종목 전부를 취급하는 손해보험회사가 영 제15조제1항 각 호의 보험종목(연금저축보험, 퇴직보험 등)을 취급하는 경우에는 연금 지급기간을 5년 이상 25년 이내의 확정기간으로 설정하여야 한다.
제3보험	위 생명보험, 퇴직보험 준수사항 준용하며 보장성보험으로 개발하여야 한다. 다만, 보험기간이 1년 이상 15년 이하인 손해보험회사의 상해보험은 저축성보험으로 개발할 수 있다.

4 보험약관 필수 기재사항

보험회사는 다음의 사항을 보험약관에 반드시 기재하여야 한다(보험업 감독규정 제7-59조).

- 보험회사가 보험금을 지급하여야 할 사유
- 보험계약의 무효사유
- 보험회사의 면책사유
- 보험회사의 의무 범위 및 그 의무이행의 시기
- 보험계약자 또는 피보험자가 그 의무를 이행하지 아니한 경우에 받는 손실
- 보험계약의 전부 또는 일부의 해지 원인과 해지한 경우 당사자의 권리 · 의무
- 보험계약자 · 피보험자 또는 보험금액을 취득할 자가 이익 또는 잉여금의 배당을 받을 권리가 있는 경우에는 그 범위
- 적용이율 또는 자산운용 실적에 따라 보험금 등이 변동되는 경우 그 이율 및

실적의 계산 및 공시 방법 등

- 예금자보호 등 보험계약자 권익보호에 관한 사항

5 보험약관 및 보험안내자료 이해도 평가 제도

보험약관 이해도 평가 제도는 보험회사로 하여금 일반인이 이해하기 쉬운 보험약관을 작성하도록 유도함으로써 보험소비자의 권익을 보호하기 위해 도입되었다. 이에 따라 금융위원회는 보험소비자와 보험의 모집에 종사하는 자 등 보험업법 시행령으로 정하는 자를 대상으로 개별 보험회사의 보험약관 및 보험안내자료(상품설명서 등 보험업감독규정 제7-82에 따라 금융위원회가 정하여 고시하는 자료를 대상)에 대한 이해도를 평가하고 그 결과를 대통령령으로 정하는 바에 따라 공시할 수 있다(보험업법 제128조의4).

금융위원회는 보험소비자의 보험약관에 대한 이해도를 평가하기 위해 평가대행기관을 지정할 수 있다. 지정된 평가대행기관은 조사 대상 보험약관에 대하여 보험소비자의 이해도를 평가하고 그 결과를 금융위원회에 보고하여야 한다.

보험약관 이해도 평가대행기관은 보험요율 산출기관이 담당하며 평가결과 공시주기는 연 2회 이상으로 한다. 평가대행기관은 보험소비자, 보험전문가, 법률전문가 등으로 구성된 '보험약관 이해도 평가위원회'를 구성하여 평가 절차를 수행한다.

연습문제 제4편

보험상품 개발 및 인가와 관련된 컴플라이언스

1 다음 중 기초서류에 포함되지 않는 것은?

① 약관
② 사업방법서
③ 청약서
④ 보험료 산출방법서

2 보험약관 이해도 평가결과의 공시 주기는 얼마인가?

① 연 1회 이상
② 연 2회 이상
③ 연 3회 이상
④ 연 4회 이상

3 다음 중 자동자보험의 보험기간은 몇 년 이내이어야 하는가?

① 1년
② 2년
③ 3년
④ 4년

정답 1.③ 2.② 3.③

COMPLIANCE OFFICER

제 5 편

재보험과 관련된 컴플라이언스

제 1 장 재보험 개관

1 재보험의 개념 및 역사

전통적인 의미의 재보험(reinsurance)은 보험회사가 계약자로부터 인수한 보험위험의 전부 또는 일부를 다른 보험회사에게 전가하는 거래를 말한다. 한편 보험위험의 전가를 주된 목적으로 하지 않고 금리위험이나 자본 상태의 개선 등을 위한 재보험거래는 금융재보험 또는 자본개선 목적의 재보험이라고 하는데 이러한 재보험거래는 거래 목적에 따라 다양한 이름으로 호칭되고 있다.

보험계약을 처음 체결하여 이를 재보험사에 부보하는 회사를 원보험사(direct insurer), 원수사(original insurer) 또는 출재사(ceding insurer)라고 하며, 출재사로부터 원보험계약을 인수하는 회사를 재보험사(reinsurer)라고 한다. 재보험을 인수하는 것을 수재라고 표현한다. 한편 재보험사는 재보험계약을 다시 다른 재보험사에 출재할 수도 있는데 이를 재재보험(retrocession)이라고 한다.

재보험은 일반 보험의 역사에 버금갈 만큼 오래된 역사를 가지고 있으며 특히 화재사고가 보험과 재보험 산업의 발전에 많은 영향을 끼쳤다. 1666년 '런던 대화재' 사건이 발생한지 2년 후 최초의 화재보험회사가 설립되었는데, 1842년 독일 함부르크의 대화재 이후 많은 보험사들이 보험금 지급불능 상태가 되었다. 이에 Cologne Reinsurance가 최초의 전문 재보험사로 1852년 설립되었다. 1861년 스위스 글라루스(Glarus) 대화재 이후인 1863년에는 Swiss Re 재보험사가 설립되었다(이상 Life, Health & Annuity Reinsurance 4th Edition John E. Tiller and Denise Tiller 공동저자 인용). 이와 같이 재보험은 원보험회사의 보험위험을 나눠 가짐으로서 보험산업의 안정과 발전을 도모하는 목적으로 출발하게 된 것이다.

2 재보험의 종류

2-1 인수방식에 따른 분류

가. 임의재보험(facultative reinsurance)

임의재보험은 원보험계약의 인수 여부를 각 개별 계약마다 심사하여 결정하는 방식이다. 주로 대형 건물에 대한 화재보험이나 보장금액이 매우 큰 (예컨대 10억 이상의 사망보험 계약) 생명보험계약 등 보험위험이 큰 계약이 대상이다. 매우 전통적인 방식의 재보험계약이라고 할 수 있다.

나. 특약재보험(treaty reinsurance)

특약재보험은 개개의 보험계약들이 유사한 성질을 가지고 있거나 기타 다른 사유로 건별 심사가 필요하지 않거나 적절하지 않는 경우 출재사와 재보험사가 미리 출재대상 계약의 대상, 범위, 재보험사의 책임액, 출재사의 보유액(출재사가 책임지는 보험금액), 보험금 정산 방법 등의 제반 재보험조건을 정해 놓고 신규 계약이 발생할 때마다 별도의 심사를 거치지 않고 자동으로 재보험 인수하는 형태의 재보험계약을 말한다. 예컨대, 생명보험의 경우 특정 암보험 상품에 신규 가입자가 발생할 때마다 자동으로 재보험에 가입되도록 하는 형태의 재보험계약을 말한다.

2-2 책임 분담 방식에 따른 분류

가. 비례재보험

비례재보험은 출재사와 재보험사가 미리 비율을 정해 놓고 해당 비율만큼 재보험료를 수수하고 보험금 지급책임을 분담하는 것을 말한다. 예컨대, 비례배분(quota share) 방식으로 40%의 비율을 정해 놓은 경우 원보험료의 40%가 재보험료로 납부가 되며 보험금 지급 사고가 발생할 경우 재보험사가 40% 만큼만 지급책임을 부담하게 된다. 물론 재보험금 지급한도를 정해 놓을 수도 있는데 이 경우에는 재보험사가 한도금액까지만 지급 책임을 부담한다. 또한 출재사의 보유한도 금액을 미리 설정해 놓고 보유한도 금액까지는 출재사에서 위험을 부담하고 초과되는 금액만 사전에 정해진 비율만큼 재보험사가 책임지는 형태도 매우 흔한 비례재보험계약이다. 실무적으로는 매우 다양한 형태의 비례재보험이 있는데 특징적인 부분은 미리 양 당사자의 책임을 비율로 정하는 것에 있다고 할 것이다.

나. 비(非)비례재보험

비비례재보험은 재보험사와 원보험사의 책임 분담을 비율로 정하지 않는 모든 형태의 재보험계약이다. 예컨대, 미리 정해진 손해액을 초과하는 손실액 전부를 재보험사가 부담하거나 일정기간의 누적손해율이 예정손해율을 초과할 경우 그 초과분을 재보험사가 부담하는 재보험계약 등이 있다. 비비례재보험 또한 실무적으로 다양한 형태의 재보험 거래가 있다.

2-3 재보험목적에 따른 분류

전통적인 재보험은 원보험사가 인수한 보험위험(insurance risk), 즉 보험금 지급사고에 대한 위험을 다른 보험사에게 전가하는 것을 목적으로 한다. 이에 반해 금융재보험은 재보험사를 활용하여 지급여력이나 재무구조의 개선 또는 저금리나 경기 침체에 따라 발생할 수 있는 자산운용 리스크 등 보험위험이 아닌 다른 위험을 재보험사에게 전가하는 형태의 재보험을 말한다. 전통적인 재보험도 보험위험의 전가(risk transfer)를 통해 책임준비금 적립의 의무를 감경받음으로 인해 일정부분 지급여력을 향상시킬 수 있으나 지급여력의 향상 그 자체가 주된 목적인 경우 일정한 규모의 유지보험계약을 재보험에 가입한 후 보험계약에서 발생하는 현금 흐름을 유동화하여 지급여력의 제고와 재무구조 개선에 도움을 받을 수 있다. 이는 마치 대출채권을 보유하고 있는 은행이 해당 대출채권을 유동화하여 현금화하는 것과 기본적으로 유사한 형태라고 할 수 있다. 금융재보험은 특별히 정형화된 형태가 없으며 거래 목적에 따라 다양한 형태로 이루어진다.

3 재보험의 법적 성격

재보험계약은 원보험계약과는 독립적인 보험계약이며 출재회사와 재보험사가 계약 당사자가 된다. 원보험계약은 법적으로 재보험계약에 대한 당사자가 아니며 재보험에 부보된 보험위험일 뿐이다. 「상법」은 보험자가 보험사고로 인하여 부담할 책임에 대하여 다른 보험자와 재보험계약을 체결할 수 있으며, 이 재보험계약은 원보험계약의 효력에 영향을 미치지 아니한다라고 규정하여 원보험계약과 재보험계약은 법적으로 별개의 계약임을 명시하고 있다(상법 제661조). 또한 「상법」은 책임보험에 관한 규정을 그 성질에 반하지 아니하는 범위에서 재보험계약에 준용하도록 하고 있다(상법 제726조). 한편 한국의 '보험업법(2021.04.20. 개정 기준)은 재보험계약을 손해보험상품 중의 하나로 열거하고 있어서 보험회사가 생명보험상품을 재보험에 가입하는 경우에도 해당 재보험계약은 손해보험상품으로 취급되며, 재보험업은 손해보험업의 보험종목 중 하나로 분류된다(보험업법 제2조제1호나목 및 제4조제1항제2호). 해외의 경우에는 재보험사인 경우에도 손해보험과 생명보험을 별개로 보아 각각의 사업허가를 주는 경우도 있다.

4 재보험자산

보험업법 시행령(제63조 제2항 및 제3항)에서는 아래와 같은 요건을 충족하는 재보험에 가입하는 경우 재보험사는 재보험을 받은 부분에 대한 책임준비금을 적립하도록 하고 출재회사는 재보험사가 적립한 책임준비금을 재보험자산으로 처리할 수 있도록 하여, 즉 책임준비금 적립의무를 재보험에 가입한 부분만큼 면제받을 수 있도록 하여 결과적으로 지급여력이 제고될 수 있도록 하고 있다.

- 보험위험의 전가가 있을 것
- 해당 재보험계약으로 인하여 재보험을 받은 회사에 손실 발생 가능성이 있을 것

단, 재보험사가 아래 중 하나에 해당될 경우에는 출재사는 재보험자산을 인정받을 수 없다.

- 국내외 감독기관이 정하는 재무건전성에 관한 기준을 충족하지 못하는 경우
- 국제적으로 인정받는 신용평가기관에서 실시한 최근 3년 이내의 신용평가에서 평가등급이 투자적격이 아닌 경우, 다만 외국 정부가 자본금의 2분의 1이상을 출자한 외국보험회사로서 국제적으로 인정받는 신용평가기관에서 실시한 최근 3년 이내의 신용평가에서 해당 정부가 받은 국가신용등급이 투자적격인 경우는 제외한다.

한편, 금융감독원은 재보험사 리스팅(listing)제도를 운영하여 출재회사가 상대방 재보험사가 위 시행령의 규정을 충족하는 적격 재보험사 여부 확인 업무를 지원하고 있다. 재보험거래를 하고자 하는 원보험사는 재보험사의 재무건전성 관련 자료

와 신용등급 증빙 자료를 보험개발원에 제출하고 보험개발원은 기준 충족 여부를 심사하여 이를 리스팅한다. 한번 등록된 재보험사는 증빙 자료의 유효기간 만료일까지 중복하여 등록할 필요 없이 다른 출재회사는 등록 여부만 확인한 후 재보험 거래를 할 수 있다. 등록에 필요한 증빙서류가 사실과 다름이 없는지 확인하고 이를 제출할 의무는 원보험사에 있는데 이는 원보험사로 하여금 거래 상대방 재보험사의 적격성 여부를 주체적으로 확인하라는 의미이다.

5 공동재보험(Coinsurance)

2010년대 이후부터 도입이 추진된 보험 관련 국제회계기준인 IFRS17과 신지급여력제도(K-ICS)가 본격적으로 2023년 시행될 예정임에 따라 보험사들은 이전보다 엄격한 재무건전성 관리를 요구 받게 되었다. 이에 금융위원회는 보험사의 보험부채 감축에 활용될 수 있는 공동재보험(Coinsurance)을 도입하고 관련된 보험업감독규정을 신설 또는 개정하였다.

공동재보험은 2개 이상의 보험사가 하나의 보험계약을 공동으로 인수하는 '공동인수'와는 다른 개념인데, 공동재보험을 이해하기 위해서는 먼저 보험료의 구성을 살펴보아야 한다. 보험료는 보험사고가 발생했을 때 미리 약속된 보험금을 지급하기 위한 재원인 '위험보험료'와 일정한 이율로 적립하여 나중에 보험계약자에게 돌려 줄 재원인 '저축보험료' 및 보험사의 사무경비와 보험모집수당을 지급하기 위한 재원인 '부가보험료'로 구성된다. 이 3가지 보험료를 총합하여 '영업보험료'로 호칭하며, 이 중에서 '위험보험료'와 '저축보험료'만 합산한 보험료를 '순보험료'로 호칭한다. 생명보험계약의 경우 통상적으로 많은 보험상품이 '저축보험료'를 포함하고 있으나, 손해보험계약의 경우에 일반손해보험 상품은 그 특성상 '저축보험료'가 없이 '위험보험료'와 '부가보험료'만으로 구성되며 일부 장기손해보험상품(통상적으로 보험기간이 3년을 초과하는 보험상품)의 경우에도'저축보험료'없이 구성되는 경우가 있다.

공동재보험 도입 이전 한국의 전통적 재보험은 보험금 지급과 관련된 리스크만을 재보험사에게 전가하는 계약이다. 즉, 암 진단이 보장되는 암 보험계약이 40%의 비례재보험 형태로 재보험에 가입된 경우, 해당 재보험계약 체결 시점에 출재보험사는 전체보험료(영업보험료)의 40%를 지급하는 것이 아니라 보험금 지급 재원인 '위험보험료'의 40%를 재보험사에게 지급한다. 만약 원보험계약의 피보험자가 암 진단을 받게 되어 원보험사(출재보험사)가 1억원의 보험금을 지급하게 되면 재보험사는 해당 보험금의 40%인 4천만원을 출재보험사에게 지급한다. 이를 도식화하면 아래 그림과 같다.

〈표24〉〈전통적 비례재보험의 보험료 및 리스크 전가 형태〉

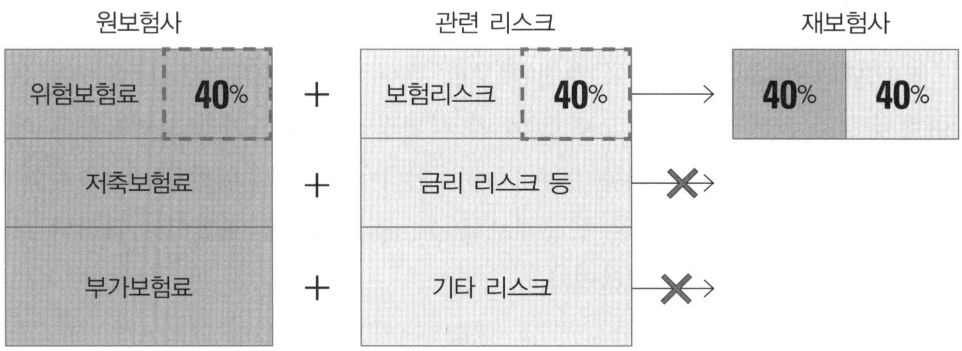

위 그림과 같이 전통적 재보험은 원보험사가 부담하는 여러 리스크 중에서 보험금 지급과 관련된 보험리스크만을 재보험사에 전가하므로 저축보험료 비중이 큰 저축성 보험의 경우에는 금리 리스크 등 저축보험료와 관련된 리스크를 온전히 원보험사가 부담하게 되어 원보험사는 시장금리 하락 및 자산운용 환경 악화 등의 리스크로부터 자유롭지 못하는 상황에 처해진다. 실제로 1990년대 및 2000년대 초반에 판매된 고정금리형 저축성보험은 확정이율 5%를 상회하는 고금리 상품인데 지속된 저금리 환경으로 인해 보험사의 소위 '역마진'상황이 심화되는 결과를 초래하고 있다. 공동재보험은 원보험사가 이러한 리스크를 재보험사에 전가할 수 있도록 하여 궁극적으로 보험사의 재무건전성 관리에 도움을 줄 수 있다. 공동재보험의 보험료 및 리스크 전가를 도식화하면 아래와 같다.

〈표25〉〈공동재보험의 보험료 및 리스크 전가 형태〉

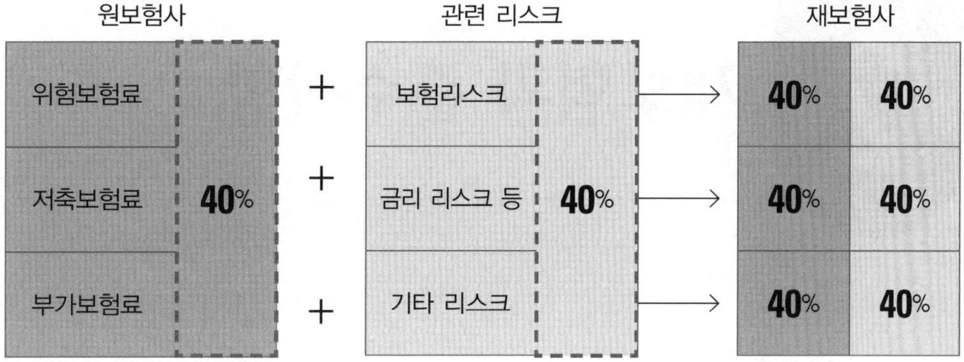

위와 같이 금리 리스크와 해약 리스크 등 저축보험료와 관련된 리스크를 재보험사에 전가하면 사실상 원보험사와 재보험사는 보험계약과 관련한 리스크를 상호 공동으로 분담하는 것이 되므로 이를 공동재보험이라고 부른다. 또한 공동재보험을 통해 일정 부분 리스크를 감축한 원보험사는 그 감축된 부분만큼 '요구자본'이 축소되고 이는 결국 지급여력비율(=가용자본/요구자본) 계산 시 그 분모를 감소시킬 수 있다는 의미이므로 공동재보험을 통해 지급여력비율을 개선할 수 있는 것이다.

제 2 장 재보험과 준수사항

1 재보험계약의 보고

보험회사는 다음 중 어느 하나에 해당하는 재보험계약을 체결하거나 동 계약의 조건을 변경하는 경우에는 계약 체결 후 1개월 이내에 계약체결 내용을 감독원장에게 제출하여야 한다(보험업 감독규정 제7-12조)

- 예상 투자수익을 감안하여 재보험료 산정
- 상당한 보험위험의 전가가 없는 재보험계약으로서 금융감독원장이 정하는 계약
- 장기손해보험(순보험료가 위험보험료만으로 구성되는 경우에 한한다) 또는 일반손해보험의 재보험계약을 제외한 보험회사가 순보험료를 출재하는 재보험계약 (“공동재보험계약”)

2 재보험의 관리(보험업 감독규정 제7-12조의2)

- 보험회사는 재보험 계약과 관련한 재무건전성을 관리하기 위해 재보험 위험관리전략을 수립하여 운영하여야 한다. 이 경우, 위험관리전략을 수립함에 있어 보험회사의 자본관리계획, 위험관리 기본방침, 사업규모, 위험의 특성, 위험의 감내능력 등을 고려하여야 한다.
- 보험회사는 재보험 계약과 관련된 계약서류 및 합의내용 등 일체의 자료 및 정보를 문서화(자기테이프 · 디스켓, 그 밖의 정보보존장치를 포함한다)한 서류를 작성 · 관리하여야 한다.

- 보험회사는 재보험 위험관리전략을 이행하기 위해서 필요한 내부통제체계를 구축·운영하여야 한다.
- 금융감독원장은 위 규정에 따른 재보험 위험관리전략의 수립 및 운영, 재보험 계약 관련 자료 및 정보의 관리, 내부통제체계의 구축·운영 등에 관하여 세부적인 절차 및 기준을 정할 수 있다 (자세한 내용은 보험업 감독업무 시행세칙 별표 28의1 참조)
- 보험회사는 보험위험의 인수 및 보유에 따른 비용 등 합리적인 사업비를 충당할 수 있도록 개별 일반손해보험(자동차보험 제외)의 계약별로 인수한 보험위험의 100분의 10 이상을 보유하여야 한다. 다만, 다음 중 어느 하나에 해당하는 경우에는 그러하지 아니하다.
  - 위험관리위원회가 보험계약의 특수성, 위험분석, 회사의 재무여건 등을 감안하여 보험위험을 100분의 10 이상 보유하는 것이 어렵다고 결정하는 경우
  - 재보험 계약을 인수한 보험회사가 당해 재보험 계약에 대해 다시 재보험에 가입하는 경우
- 보험회사가 공동재보험계약을 체결하는 경우에는 보험회사와 재보험계약을 인수한 보험회사 간에 재보험료 수수 및 보험금 지급과 관련하여 사전에 일정한 비율을 정하는 형태의 계약(이하 "비례재보험계약")이어야 한다. 공동비례재보험계약을 체결하기 위해서는 보험계약을 인수 받는 보험회사는 적격 재보험사(감독규정 제7-12조제7항에 따른)이어야 하며, 해당 적격 재보험사가 적격 재보험사의 지위를 상실할 경우 해당 내용을 알게 된 후 1개월 이내에 해당 계약의 처리 방안을 감독원장에게 제출하여야 한다.

3 재보험계약의 회계처리 (보험업 감독규정 제7-13조)

- 계약기간이 1년을 초과하는 재보험 계약계약에 대하여는 동 계약에 의해 발생하는 보험료, 보험금 및 수수료 등 수익과 비용은 그것이 발생한 기간에 정당하게 배분되도록 회계처리 하여야 한다.
- 보험위험의 전가가 없거나 재보험을 받은 보험사의 손실발생 가능성이 없는 등 보험업법 시행령 제63조 제2항의 요건의 충족을 아니하는 재보험계약에 대해서

는 예치금 또는 예수금으로 회계처리 하여야 한다.

- 공동재보험계약시 원보험사가 재보험사에 지급하는 비용에 대해서는 보험업 감독규정 제7-13조제4항에 따라 처리한다 (수익과 비용을 계약기간에 걸쳐 상각하여 처리)

연습문제 제5편

재보험과 관련된 컴플라이언스

1 **다음 중 재보험사가 재보험을 받은 부분에 대해 적립한 책임준비금을 출재회사가 재보험자산으로 처리하기 위해 필요한 재보험계약의 법적 요건이 아닌 것은?**

① 보험위험의 전가가 있을 것
② 해당 재보험계약으로 인하여 재보험을 받은 회사에 손실발생 가능성이 없을 것
③ 재보험사가 국내외 감독기관이 정하는 재무건전성에 관한 기준을 충족할 것
④ 재보험사의 신용 평가등급이 투자적격 이상인 경우

2 **다음 중 재보험의 법적 성격을 잘못 설명한 것은?**

① 재보험계약은 원보험계약과는 독립적인 보험계약이다.
② 재보험계약의 당사자는 원보험계약자와 재보험사이다.
③ 상법은 책임보험에 관한 내용을 재보험계약에 준용토록 하고 있다.
④ 「보험업법」은 재보험회사를 손해보험회사로 분류하고 있다.

3 **다음 중 보험업 감독규정에 따른 재보험 관련 정기공시 사항으로 옳은 것은?**

① 매 반기말 재보험거래 관련 현황
② 재보험거래와 관련한 거액의 수익이 발생한 경우
③ 재보험 운영인력의 규모
④ 재보험 내부규정의 개정

정답 1.② 2.② 3.①

COMPLIANCE OFFICER

제 6 편

고객정보보호와 관련된 컴플라이언스

제 1 장 금융회사의 대형 정보 유출 사고와 재발방지 대책

1 금융회사의 대형 정보 유출 사고

2014년 초 카드사의 부정사용방지시스템(FDS ; Fraud Detection System) 개발 책임자로 일하던 용역업체 직원 A에 의하여 카드사의 수많은 고객정보가 유출되는 대형 사건이 발생하였다. 유출 규모는 3개 카드사 합계 1억 건이 넘는 규모였고, 개인 신상정보, 결제계좌, 카드번호와 카드 유효기간 등뿐만 아니라 신용한도 금액, 신용등급과 같은 민감한 정보까지 유출되었다.

초유의 대형 정보 유출사건과 관련하여 정부 당국은 3개 카드사에 대하여 3개월간 영업정지 처분을 내렸고, 카드사의 최고경영자를 포함한 임직원에 대한 징계가 추진되었다. 카드 3사에 대한 형사재판은 카드사들의 USB 메모리 반출·입 통제 의무 및 안전성 확보조치의무의 불이행, FDS 용역계약에 따른 정보보호책임 등을 이유로 벌금형이 2020년 8월 확정되었다. 피해 고객들이 카드사 및 용역업체에 대한 손해배상책임을 청구하는 민사 소송에서도 법원은 피해 고객들의 손을 들어 줬다. 용역업체 직원 A와 그로부터 개인정보를 처음 받은 B, B로부터 정보를 산 대부중개업자, 광고업체 직원, 경매업자 등 10여명은 실형을 선고 받았다.

2 금융분야 개인정보 유출 재발방지 종합대책 등

2-1 금융분야 개인정보 유출 재발방지 종합대책

정부 당국은 카드사 정보유출과 과거 해킹사고 등에서 드러난 문제점에 대한 근본적 · 종합적인 재발방지 방안을 마련하여 부분적 · 단편적 대응에 따른 반복적인 정보유출 · 해킹사고를 차단하고, ICT에 기초한 신용사회의 기반을 재구축한다는 차원에서 금융분야 개인정보 보호 및 사이버안전을 획기적으로 제고할 수 있는 방안을 강구하는데 중점을 둔 「금융분야 개인정보 유출 재발방지 종합대책」을 2014년 3월 발표했다.

「금융분야 개인정보 유출 재발방지 종합대책」의 4가지 기본 방향은 다음과 같다.

1) 개인정보의 「수집-보유 · 활용-파기」 등 단계별로 금융소비자의 권리 보호 및 금융회사 책임을 대폭 강화
   - 구체적인 기술적 보안방안에 있어서는 자율권을 부여하되, 유출사고 발생 시에는 금융회사에 엄정히 책임을 물어 형식적 기준과 절차만 준수하면 사고가 발생해도 제재를 받지 않는 문제를 방지

2) 금융회사가 확실하게 책임지는 구조를 확립
   - CEO 등의 책임을 강화하고 모집인과 제3자에게 제공한 정보에 대해서도 금융회사에 관리책임을 부과
   - 징벌적 과징금 도입, 형벌과 행정제재 상향을 통해 「개인정보보호법」 등 정보보호의 일반법보다 책임을 한층 강화

3) 해킹 등 외부로부터의 전자적 침해행위에 대해서도 기존 대책(2013년 7월 발표)을 대폭 보강
   - 주기적인 보안 이행실태 점검, 보안전담기구 설치 등으로 상시적인 보안체계 구축

4) 이미 계열사와 제3자에 제공되었거나 외부 유출된 정보로 인해 잠재적으로 피해가 발생할 가능성에 대해서도 대응방안을 강구

2-2 금융권의 개인정보보호체계 개선

2014년 3월의 「금융분야 개인정보 유출 재발방지 종합대책」 발표 이후 정부 당국은 2016년 신용정보의 보호 및 이용에 관한 법률(이하 '신용정보법'), 개인정보보호법, 정보통신망 이용촉진 및 정보보호 등에 관한 법률(이하 '정보통신망법') 등의 개정을 추진하여 금융권의 개인정보보호체계를 21년 만에 전면적으로 바꾸게 된다.

정보 당국의 개선 방안을 살펴보면, 1) 신용정보법 적용 대상을 감독대상인 금융

회사(금융공공기관 포함) · 신용정보회사 · 신용정보집중기관에 한정하고, 금융회사가 아닌 일반 상거래회사가 신용과 관계된 정보(대출, 연체 등)를 처리할 경우에는 개인정보보호법 및 정보통신망법을 적용하도록 하여 신용정보법, 개인정보보호법, 정보통신망법 간 유사 · 중복규제를 해소하고, 2) 고유식별정보와 신용정보를 구분하지 않고 금융회사가 금융거래 등과 관련해 처리하는 모든 정보를 신용정보로 정의하여 개인신용정보 보호를 강화하며, 3) 개인신용정보를 '생존하는 개인에 관한 정보로서 신용정보주체를 식별할 수 있는 정보'로 규정하여 비식별정보의 활용 근거를 마련하고 개인신용정보보호 의무를 추가하는 것을 주요 내용으로 하고 있다.(출처 : 금융감독원 http://www.fss.or.kr) 구체적인 개인정보보호 관련 법률은 입법예고와 규제개혁위원회, 법제처 등의 심사를 거쳐 법제화되므로 상세 내용 및 구체적인 반영 내용은 개인정보보호 관련 법령의 내용을 통해 살펴보아야 할 것이다.

2-3 금융분야 개인정보 가이드라인 개정

금융감독원은 2016년 6월 「제2차 국민체감 20대 금융관행 개혁」의 일환으로 금융회사 등의 개인신용정보 관리실태를 전면 점검하여 금융소비자의 권익을 제고하는 방향으로 개인신용정보 관리관행을 개선하고, 개인신용정보 관리 취약분야에 대한 감독을 강화하게 된다.

그리고 금융위원회, 금융감독원과 행정안전부는 2013년 7월 금융위원회와 금융감독원이 금융회사의 개인정보 보호업무를 지원하고 개인정보보호 관련 법률에 따른 명확한 업무 처리기준을 제시하기 위하여 발간한 「금융분야 개인정보보호 가이드라인」을 한층 강화된 개인정보보호 관련 법률에 맞추고 새롭게 도입된 다양한 제도 변화 이행의 혼선 방지를 위하여 2016년 12월 개정안을 마련하여 2017년 2월 배포하였다.

개정된 「금융분야 개인정보보호 가이드라인」은 1) 2014년 이후 개인정보보호 관련 법령의 개정사항(신용정보법은 개인신용정보의 수집 · 제공시 필수와 선택 동의 사항을 구분하여 설명한 후 동의 받도록 하는 동의방식 개선 등의 사항을, 개인정보보호법은 주민등록번호를 처리하려면 적법한 근거 법률 및 시행령이 있어야 하며 보관 시에는 암호화 등을 통한 안전하게 보관하여야 하는 의무 등)을 반영하고, 2) 개인(신용)정보 보호업무 기준 명확화 및 판례 · 사례를 제공하고, 3) 금융회사의 개인(신용)정보 보호업무 관련 질의 사항을 반영하여 Q&A를 수록하였다.

개인정보보호 관련 법령의 개정사항과 개정된 「금융분야 개인정보보호 가이드라인」 등의 내용을 잘 숙지하여 개인(신용)정보를 처리하는 업무의 이행 기준과 의무 사항을 잘 준수하고 금융소비자의 개인정보가 안전하게 수집 · 처리 · 관리될 수 있는 금융거래 환경을 만들어 가도록 노력하여야 할 것이다.(출처 : 금융감독원 http://www.fss.or.kr)

3 2020년 데이터 3법 개정 등의 새로운 변화

2020.1.9. 데이터 3법으로 불리우는 「개인정보보호법」, 「신용정보의 이용 및 보호에 관한 법률(이하 '신용정보법')」, 「정보통신망의 이용촉진 및 정보보호 등에 관한 법률(이하 '정보통신망법')」의 3개 법이 국회 본회의를 통과하였다(단, 2020.2.4. 공포, 2020.8.5. 시행). 2020년에 개정된 데이터 3법은 개인정보의 보호를 강화하면서도 데이터 활용 활성화를 통한 관련 산업의 발전을 조화롭게 모색할 수 있도록 관련 제도를 보완하였다.

3-1 데이터 3법의 주요 개정 내용 (과학기술정보통신부,금융위원회,행정안전부 자료 종합)

개정된 데이터 3법은 첫째, 다소 모호했던 '개인정보의 판단 기준'을 명확히 하였다. 개인정보 여부는 결합할 수 있는 다른 정보의 입수 가능성, 식별에 소요되는 시간 · 비용 · 기술 등을 합리적으로 고려하도록 하고, 이러한 요건에 해당하지 않는 익명화된 정보는 개인정보보호법을 적용하지 않음을 명확히 하였다.

둘째, 데이터 이용 활성화를 위해 '가명정보 개념'을 도입하고 '데이터 간 결합 근거'를 마련하였다. 가명정보(추가정보 없이는 특정 개인을 알아볼 수 없는 정보)는 통계작성 · 과학적연구 · 공익적 기록 보존 등을 위해 정보주체의 동의 없이 적절한 안전조치 하에 이용할 수 있다. 또한, 보안시설을 갖춘 전문기관을 통해 기업 또는 기관 간 데이터 결합이 허용된다.

셋째, 데이터 활용에 따른 개인정보 처리자의 책임을 강화하였다. 가명정보 처리나 데이터 결합 시 안전조치의무를 부과하고 특정개인을 알아보는 행위를 금지하며, 위반시 과태료나 형사벌 외에 '전체 매출액의 3%에 해당하는 과징금'도 부과할 수 있다(가명정보 처리나 데이터 결합 시 안전조치의무:가명정보를 복원하기 위한 추가정보는 별도로 분리 보관 및 제3자 제공 금지, 데이터 활용 과정에서 개인 식별가능 정보가 생성된 경우 지체없이 처리 중단 및 회수·파기 등).

넷째, 개인정보 보호 관련 법률의 유사·중복 규정을 정비하고 추진체계를 효율화하였다. '행정안전부', '방송통신위원회', '금융위원회'의 개인정보보호 기능을 '개인정보 보호위원회'로 일원화하고 '개인정보 보호위원회'를 중앙행정기관으로 격상, 조사·처분권을 부여하는 등을 통해 개인정보 감독기구의 독립성을 확보하였다. 다만, 신용정보법의 경우 신용정보회사등[신용정보회사 및 채권추심회사, 본인신용정보관리회사, 신용정보집중기관, 신용정보제공·이용자로서 「금융위원회의 설치 등에 관한 법률」 제38조 각 호의 어느 하나(검사 대상 기관)에 해당하는 자, 그 외 대통령령으로 정하는 금융업 또는 보험업을 하는 자]에 대한 감독·검사권과 조치명령권은 금융위원회가 그대로 보유하고, 금융위원회의 감독을 받지 아니하는 신용정보제공·이용자(이하 "상거래기업 및 법인"이라 함)에 대한 자료제출 요구·조사권, 시정조치권은 개인정보 보호위원회에 이관하는 것으로 정리되었다.

4 2023.9. 전면 개정 개인정보보호법의 주요 내용

2023년 9월 개인정보보호법은 전면 개정을 통해 정보주체인 국민의 권리는 실질적으로 보장하면서 온라인-오프라인으로 이원화되어 있는 개인정보 처리 기준을 디지털 환경에 맞게 일원화하는 등 그동안 각 계에서 논의되어 온 다양한 내용을 포함하는 방향으로 변경되었다.

전면 개정된 개인정보보호법의 핵심 내용은 아래와 같다(출처: 개인정보보호위원회 보도자료, 2023.9.6./2023.12.29.).

첫째, 국민의 권익보호가 보다 실질적으로 이루어질 수 있도록 국민의 생명·신체 등 보호를 위해 명백히 필요한 경우에는 관계기관에 개인정보제공이 가능하도록 법 체계를 정비하였고, 국민이 개인정보 분쟁조정을 신청한 경우 모든 개인정보처리자가 참여하도록 의무화하였다.

둘째, 폐쇄회로 텔레비전(CCTV)과 같은 고정형 영상정보처리기기와 드론·자율주행차 등 이동형 영상정보처리기기에 대한 운영 기준을 마련하여 합리적인 목적 범위 내에서의 영상정보의 촬영이 가능하도록 하였다.

셋째, 온-오프라인으로 이원화된 규정들은 '동일행위 동일규제 원칙'에 따라 모든 개인정보처리자에게 동일한 기준을 적용하도록 하였다.

넷째, 국민의 개인정보가 대규모로 관리되고 있는 주요 공공시스템 운영기관에 대하여 안전성 확보 조치를 강화하였고, 개인정보를 사적인 목적으로 이용한 경우에는 형벌을 부과할 수 있도록 하였다.

다섯째, 의도적 · 반복적 위반행위에 대하여는 엄중한 제재를, 단순 과실이나 정보주체에게 피해 가능성이 없는 경미한 위반행위에 대하여는 면제까지 가능하도록 과징금 · 과태료 등 제재규정을 개편하였다.

정보주체의 권익 보호

❶	❷	❸	❹
국민의 생명 신체 등 보호를 위한 법 체계 정비	개인정보 처리 요건 개선 및 처리방침 평가 도입	개인정보 분쟁조정 강화	손해배상청구소송 시 국민의 정보 접근권 강화

온 · 오프라인 이중 규제 등 개선

❶	❷	❸	❹
영상정보처리기기 운영기준 개선	수집 출처 통지 및 이용 · 제공 내역 통지 제도 합리화	14세 미만 아동의 개인정보 보호 확대	개인정보 유출 등의 신고 · 통지 일원화
❺	❻	❼	
안전조치 기준 일원화	개인정보 파기 특례 정비	벌칙 규정 개선	

공공기관 안전성 강화 등

❶	❷	❸	❹	❺
주요 공공시스템 안전조치 강화	공공기관 개인정보파일 등록 확대	공공기관 개인정보 영향평가 개선	통계법 적용 제외 규정개선	처리위탁 · 재위탁 시 개인정보 보호 개선

글로벌 스탠다드

❶	❷
국외 이전 다양화 및 이전 중지명령 도입	과징금 제도 개선

출처 : 개인정보 보호위원회 보도자료, 2023.9.6.

〈표23〉 2023.9. 전면 개정 개인정보보호법의 주요 개정 내용

(출처: 개인정보 보호위원회 보도자료, 2023.9.6.)

구분	개정 사항	주요 내용
1) 정보주체의 권익 보호	① 국민의 생명 · 신체 등 보호를 위한 법 체계 정비	– 급박한 생명 · 신체 · 재산의 이익 보호를 위한 경우 우선하여 개인정보 수집 · 이용 · 제공 가능하도록 개선
		– 코로나19 등 공공의 안전을 위한 경우에도 국민의 개인정보를 안전하게 관리(안전조치 · 파기 · 권리보장 등 준수)
		– 국민의 민감정보가 의도치 않게 공개되지 않도록 공개 가능성 및 비공개 선택 방법을 알리도록 함
	② 개인정보 처리 요건 개선 및 처리방침 평가 운영	– 동의 외에도 계약 이행 등 개인정보 처리 요건을 다양화하고, 자유로운 의사에 따른 정보주체의 선택권 보장 등 동의방법에 대한 원칙을 명시함(2024.9.15.시행)
		– 개인정보 처리 요건 개선에 따라 개인정보 처리방침에 대한 적정성을 평가하고 개선 권고할 수 있도록 함
	③ 개인정보 분쟁조정 강화	– 분쟁조정 의무 참여 대상을 모든 개인정보처리자로 확대
		– 15일 이내 거부 의사가 없으면 수락한 것으로 간주
	④ 손해배상청구소송 시 국민의 정보 접근권 강화	– 법원이 당사자의 신청에 따라 손해 증명 또는 손해액 산정에 필요한 자료제출을 명할 수 있는 근거 마련
2) 온 · 오프라인 이중 규제 개선	① 영상정보처리기기 운영기준 개선	– 영상정보를 저장하지 않고 통계 목적으로 일시적으로 처리하는 경우 고정형 영상정보처리기기 설치 · 운영 가능
		– 드론, 자율주행차 등 이동형 영상정보처리기기의 촬영 사실 표시 등 운영기준을 마련하고, 정보주체가 알기 어려운 경우 개인정보위 구축 사이트에 공지하게 함
	② 수집 출처 통지 및 이용 · 제공 내역 통지 제도 합리화	– 통지 의무 대상자의 범위를 일원화하고 통지도 함께 할 수 있도록 개선
		– 서비스 · 기술 변화를 반영하여 알림창을 통해 개별적으로 알릴 수 있도록 하여 통지 방법을 다양화
	③ 14세 미만 아동의 개인정보 수집	– 모든 개인정보처리자에게 법정대리인의 동의 확인, 알기 쉬운 언어 사용 등 의무 확대
	④ 개인정보 유출 등의 신고 · 통지	– 온라인과 오프라인 · 공공기관으로 이원화되어 있는 유출 신고 · 통지를 일원화하여 알게 된 때부터 72시간 내 통지
	⑤ 안전조치 기준 일원화	– 온라인과 오프라인으로 구분되어 있던 안전조치 기준을 온라인을 중심으로 일원화하고, 기술 중립적으로 정비
	⑥ 개인정보 파기 특례 정비	– 정보주체의 의사와 무관하게 1년 동안 서비스 이용이 없는 경우 파기 등 조치를 강제했던 규정 삭제

구분	개정 사항	주요 내용
2) 온 · 오프라인 이중 규제 개선	⑦ 벌칙 규정 개선	– 소상공인 등 개인정보처리자의 규모, 경미한 위반행위 등을 종합적으로 고려해 과태료 면제가 가능하도록 개선
		– 형벌보다 경제적 제재로 사업자의 실질적 억지력을 유도할 수 있는 경우 과징금으로 전환
3) 공공기관 안전성 강화 등	① 주요 공공시스템 안전조치	– 공공부문 개인정보 유출 방지 대책에 따라 공공시스템 운영기관에 대한 안전조치 기준을 강화(2024.9.15.시행)
	② 공공기관 개인정보파일 등록 확대	– 내부적 업무처리 목적이더라도 일시적으로 처리되는 경우 등을 제외하고는 모두 등록하여 관리
		– 통계법 적용 제외 규정이 개정됨에 따라 통계법에 따라 수집되는 개인정보파일도 60일 내에 개인정보위에 등록
	③ 공공기관 개인정보 영향평가 개선	– 영향평가서 요약본을 공개할 수 있도록 하여 공공기관의 개인정보 처리 투명성을 강화
		– 공공기관이 통계법에 따라 개인정보파일을 운용하고 있는 경우 2년 이내 영향평가 실시 후 개인정보위에 결과 제출
	④ 통계법 적용 제외 규정 개선	– 종전에는 통계법에 따라 수집되는 개인정보는 법 제3장부터 제7장까지 적용을 배제하였으나, 통계법에 특별한 규정이 있는 경우를 제외하고는 법 적용하도록 개정
	⑤ 처리위탁 · 재위탁 보호조치	– 수탁자의 범위에 다시 위탁받은 제3자를 포함하고, 수탁자가 제3자에게 다시 위탁하려는 경우 위탁자 동의를 받도록 함
		– 수탁자의 경우에도 법 위반에 대한 책임이 있는 범위 내에서 과징금 · 과태료 · 형벌을 적용할 수 있도록 함
4) 글로벌 스탠다드	① 국외 이전 및 이전 중지명령	– 글로벌 스탠다드에 맞게 국가등 인정, 개인정보 보호인증 등을 받은 기업으로 국외 이전 가능하도록 다양화
		– 법을 위반하거나 보호수준이 취약하여 정보주체에게 피해 발생 우려가 현저한 경우 국외 이전을 중지할 수 있도록 근거 마련
	② 과징금 제도 개선	– 과징금 상한액을 전체 매출액 기준으로 한정하되, 과징금 산정기준이 되는 매출액은 전체 매출액에서 위반행위와 관련 없는 매출액을 제외하도록 함
		– 과징금 규정 일원화로 공공기관을 포함한 모든 개인정보처리자와 수탁자에게 과징금 규정 적용
		– 중소 · 영세사업자 등의 부담능력을 감안하여 과징금 납부기한을 2년 범위 내에서 연기 · 분할 납부할 수 있도록 근거 마련

제 2 장 「개인정보보호법」

1 개념 등

1-1 개념 및 다른 법률과의 관계

개인정보란 살아 있는 개인에 관한 정보로서 성명, 주민등록번호 및 영상 등을 통하여 개인을 식별할 수 있는 정보를 말하며, 해당 정보만으로는 특정 개인을 알아볼 수 없더라도 다른 정보와 쉽게 결합하여 알아볼 수 있는 것을 포함한다. 따라서 법인등록번호 등 법인에 관한 정보는 「개인정보보호법」의 적용대상이 아니지만 관련 임직원의 정보는 개인정보에 해당한다. 그리고 개인정보처리자란 업무를 목적으로 개인정보파일을 운용하기 위하여 스스로 또는 다른 사람을 통하여 개인정보를 처리하는 공공기관, 법인, 단체 및 개인 등을 말한다. 개인정보에 관하여는 "신용정보의 이용 및 보호에 관한 법률"(이하 "신용정보법"이라 한다), "정보통신망 이용촉진 및 보호에 관한 법률"(이하 "정보통신망법"이라 한다) 등 다른 법률에 특별한 규정이 있는 경우를 제외하고 「개인정보보호법」에서 정하는 바에 따른다. 개인정보의 처리 및 보호에 관한 다른 법률을 제정하거나 개정하는 경우에는 이 법의 목적과 원칙에 맞도록 하여야 한다.

〈표24〉 개인정보 및 그와 구별되는 개념[12)]

항목	내용
개인정보	살아 있는 개인에 관한 정보로서 다음의 어느 하나에 해당하는 정보 가. 성명, 주민등록번호 및 영상 등을 통하여 개인을 알아볼 수 있는 정보 나. 해당 정보만으로는 특정 개인을 알아볼 수 없더라도 다른 정보와 쉽게 결합하여 알아볼 수 있는 정보(이 경우 쉽게 결합할 수 있는지 여부는 다른 정보의 입수 가능성 등 개인을 알아보는 데 소요되는 시간 · 비용 · 기술 등을 합리적으로 고려하여야 함) 다. 가목 또는 나목을 가명처리함으로써 원래의 상태로 복원하기 위한 추가 정보의 사용 · 결합 없이는 특정 개인을 알아볼 수 없는 정보
가명정보	개인정보의 일부를 삭제하거나 일부 또는 전부를 대체하는 등의 방법으로 추가 정보가 없이는 특정 개인을 알아볼 수 없도록 처리(가명처리)함으로써 원래의 상태로 복원하기 위한 추가 정보의 사용 · 결합 없이는 특정 개인을 알아볼 수 없는 정보
익명정보	더 이상 특정 개인인 정보주체를 알아볼 수 없도록 개인정보를 처리함으로써 다른 정보를 사용하여도 특정 개인을 알아볼 수 없는 정보(이 경우 시간 · 비용 · 기술 등을 합리적으로 고려하여야 함)
추가정보	개인정보의 전부 또는 일부를 대체하는 데 이용된 수단이나 방식(알고리즘 등), 가명정보와의 비교 · 대조 등을 통해 삭제 또는 대체된 개인정보를 복원할 수 있는 정보(매핑 테이블 정보, 가명처리에 사용된 개인정보 등)
결합정보	합법적으로 접근하여 그 지배력을 확보할 수 있는 두 개 이상의 정보를 쉽게 결합하여 특정 개인을 알아볼 수 있는 정보(이 경우 현재의 기술 수준이나 충분히 예견될 수 있는 기술 발전 등을 고려하여 시간이나 비용, 노력이 합리적으로 과다하게 수반되지 않아야 함)
개인영상정보	영상정보처리기기에 의하여 촬영 · 처리되는 영상정보 중 개인의 초상, 행동 등과 관련된 영상으로서 해당 개인을 식별할 수 있는 정보

1-2 개인정보 보호 원칙

개인정보처리자는 개인정보 보호를 위하여 다음 사항을 준수하여야 한다.

- 개인정보의 처리 목적을 명확하게 하여야 하고 그 목적에 필요한 범위에서 최소한의 개인정보만을 적법하고 정당하게 수집하여야 한다.
- 개인정보의 처리 목적에 필요한 범위에서 적합하게 개인정보를 처리하여야 하며, 그 목적 외의 용도로 활용하여서는 아니 된다.
- 개인정보의 처리 목적에 필요한 범위에서 개인정보의 정확성, 완전성 및 최신성이 보장되도록 하여야 한다.
- 개인정보의 처리 방법 및 종류 등에 따라 정보주체의 권리가 침해받을 가능

12) 개인정보보호 법령해석 실무교재(2021.11. 개인정보 보호위원회) 8~9페이지

성과 그 위험 정도를 고려하여 개인정보를 안전하게 관리하여야 한다.

- 개인정보 처리방침 등 개인정보의 처리에 관한 사항을 공개하여야 하며, 열람청구권 등 정보주체의 권리를 보장하여야 한다.
- 정보주체의 사생활 침해를 최소화하는 방법으로 개인정보를 처리하여야 한다.
- 개인정보를 익명 또는 가명으로 처리하여도 개인정보 수집목적을 달성할 수 있는 경우 익명처리가 가능한 경우에는 익명에 의하여, 익명처리로 목적을 달성할 수 없는 경우에는 가명에 의하여 처리될 수 있도록 하여야 한다.
- 개인정보보호법 및 관계 법령에서 규정하고 있는 책임과 의무를 준수하고 실천함으로써 정보주체의 신뢰를 얻기 위하여 노력하여야 한다.

1-3 정보주체의 권리

정보주체는 자신의 개인정보 처리와 관련하여 다음의 권리를 가진다.

- 개인정보의 처리에 관한 정보를 제공받을 권리
- 개인정보의 처리에 관한 동의 여부, 동의 범위 등을 선택하고 결정할 권리
- 개인정보의 처리 여부를 확인하고 개인정보에 대하여 열람(사본의 발급을 포함) 및 전송을 요구할 권리
- 개인정보의 처리 정지, 정정 · 삭제 및 파기를 요구할 권리
- 개인정보의 처리로 인하여 발생한 피해를 신속하고 공정한 절차에 따라 구제받을 권리
- 완전히 자동화된 개인정보 처리에 따른 결정을 거부하거나 그에 대한 설명 등을 요구할 권리

1-4 국가 등의 책무[13)]

국가와 지방자치단체는 개인정보 보호를 위하여 다음의 책무를 부담한다.

- 개인정보의 목적 외 수집, 오용 · 남용 및 무분별한 감시 · 추적 등에 따른 폐해를 방지하여 인간의 존엄과 개인의 사생활 보호를 도모하기 위한 시책을 강구하여야 한다.

13) 2023.9.15. 시행된 최근 개정 개인정보보호법 제13조의2는 개인정보의 보호 및 처리의 중요성을 국민에게 알리기 위하여 매년 9월 30일을 개인정보 보호의 날로 지정하고, 국가와 지방자치단체는 개인정보 보호의 날이 포함된 주간에 개인정보 보호 문화 확산을 위한 각종 행사를 실시할 수 있도록 규정하고 있다.

- 정보주체의 권리를 보호하기 위하여 법령의 개선 등 필요한 시책을 마련하여야 한다.
- 만 14세 미만 아동이 개인정보 처리가 미치는 영향과 정보주체의 권리 등을 명확하게 알 수 있도록 만 14세 미만 아동의 개인정보 보호에 필요한 시책을 마련하여야 한다.
- 개인정보의 처리에 관한 불합리한 사회적 관행을 개선하기 위하여 개인정보처리자의 자율적인 개인정보 보호 활동을 존중하고 촉진 · 지원하여야 한다.
- 개인정보의 처리에 관한 법령 또는 조례를 적용할 때에는 정보주체의 권리가 보장될 수 있도록 개인정보 보호 원칙에 맞게 적용하여야 한다.

2 개인정보 수집 원칙

2-1 원칙적 동의 징구

개인정보는 원칙적으로 다음과 같은 사항을 모두 알리고 정보주체의 동의를 받아 수집해야 한다. 다음의 사항을 변경하는 경우에도 이를 알리고 동의를 받아야 한다.

- 수집 및 이용 목적
- 수집 항목
- 보유 및 이용 기간
- 동의 거부권이 있다는 사실 및 동의 거부 시 불이익이 있다면 그 내용

2-2 예외적으로 동의 없이 수집 가능한 경우

다음과 같은 경우에는 예외적으로 동의를 받지 않더라도 수집이 가능하다.

- 법률에 특별한 규정이 있거나 법령상 의무준수를 위해 불가피한 경우
- 공공기관이 법령 등에서 정하는 소관 업무의 수행을 위하여 불가피한 경우
- 정보주체와 체결한 계약을 이행하거나 계약을 체결하는 과정에서 정보주체의 요청에 따른 조치를 이행하기 위하여 필요한 경우

• 명백히 정보주체 또는 제3자의 급박한 생명, 신체, 재산의 이익을 위하여 필요하다고 인정되는 경우
• 개인정보처리자의 정당한 이익을 달성하기 위하여 필요한 경우로서 명백하게 정보주체의 권리보다 우선하는 경우(개인정보처리자의 정당한 이익과 상당한 관련이 있고 합리적인 범위를 초과하지 아니하는 경우에 한함)
• 공중위생 등 공공의 안전과 안녕을 위하여 긴급히 필요한 경우

당초 수집 목적과 합리적으로 관련된 범위에서 정보주체에게 불이익이 발생하는지 여부, 암호화 등 안전성 확보에 필요한 조치를 하였는지 여부 등을 고려하여 정보주체의 동의 없이 개인정보를 이용할 수 있다. 이 경우 다음의 사항을 고려해야 한다.14)

• 당초 수집 목적과 관련성이 있는지 여부
• 개인정보를 수집한 정황 또는 처리 관행에 비추어 볼 때 개인정보의 추가적인 이용 또는 제공에 대한 예측 가능성이 있는지 여부
• 정보주체의 이익을 부당하게 침해하는지 여부
• 가명처리 또는 암호화 등 안전성 확보에 필요한 조치를 하였는지 여부

2-3 개인정보 수집의 제한

개인정보를 수집할 때에는 수집 목적을 명확히 하고 그 목적 달성에 필요한 최소한의 정보만 수집하여야 한다. 즉, 체결한 계약을 이행하거나 계약을 체결하는 과정에서 정보주체의 요청에 따른 조치를 이행하기 위하여 필요한 정보(필수정보)를 수집할 경우 해당 계약을 이행하거나 계약을 체결하는 과정에서 정보주체의 요청에 따른 조치와 직접적인 관계가 없는 부가적인 서비스 제공 또는 상품소개, 구매 권유 등의 목적으로 수집하는 정보(선택정보)는 정보주체의 별도의 동의를 받아야 한다. 이 경우 최소한의 개인정보 수집이라는 입증책임은 개인정보처리자가 부담한다. 그리고 정보주체의 동의를 받아 개인정보를 수집하는 경우 필요한 최소한의 정보 외의 개인정보 수집에는 동의하지 아니할 수 있다는 사실을 구체적으로 알리고 개인정보를 수집하여야 하며, 정보주체가 필요한 최소한의 정보 외의 개인정보

14) 2023.9.15. 시행된 개정 개인정보보호법 시행령에서는 개인정보처리자의 개인정보의 추가적인 이용 또는 제공이 지속적으로 발생하는 경우에는 상기 고려 사항에 대한 판단 기준을 개인정보 처리방침에 공개하고, 개인정보 보호책임자가 해당 기준에 따라 개인정보의 추가적인 이용 또는 제공을 하고 있는지 여부를 점검하도록 규정하고 있다.

수집에 동의하지 아니한다는 이유로 정보주체에게 재화 또는 서비스의 제공을 거부하여서는 아니 된다.

2-4 정보주체 이외로부터 수집한 개인정보의 수집 출처 등 통지

정보주체 이외로부터 수집한 개인정보를 처리하는 때에는 정보주체의 요구가 있으면 즉시 다음의 모든 사항을 정보주체에게 알려야 한다.

- 수집 출처
- 처리 목적
- 개인정보 처리의 정지를 요구하거나 동의를 철회할 권리가 있다는 사실

상기 원칙에도 불구하고 처리하는 개인정보의 종류·규모, 종업원 수 및 매출액 규모 등을 고려하여 대통령령으로 정하는 기준[15) [① 5만명 이상의 정보주체에 관하여 민감정보 또는 고유식별정보를 처리하는 자 또는 ② 100만명 이상의 정보주체에 관하여 개인정보를 처리하는 자] 에 해당하는 자가 정보주체의 동의를 받아 정보주체 이외로부터 개인정보를 수집하여 처리하는 때에는 정보주체의 요구가 없더라도 상기 항목 모두를 다음의 방법으로 정보주체에게 알려야 한다. 다만, 개인정보처리자가 수집한 정보에 연락처 등 정보주체에게 알릴 수 있는 개인정보가 포함되지 아니한 경우에는 그러하지 아니하다.

상기 대통령령으로 정하는 기준에 해당하는 개인정보처리자는 사항을 다음의 어느 하나에 해당하는 방법으로 개인정보를 제공받은 날부터 3개월 이내에 정보주체에게 알려야 한다. 다만, 해당 개인정보처리자가 개인정보를 제공받는 자, 개인정보를 제공받는 자의 개인정보 이용 목적, 제공하는 개인정보의 항목, 개인정보를 제공받는 자의 개인정보 보유 및 이용 기간에 대하여 정보주체의 동의를 받은 범위에서 연 2회 이상 주기적으로 개인정보를 제공받아 처리하는 경우에는 개인정보를 제공받은 날부터 3개월 이내에 정보주체에게 알리거나 그 동의를 받은 날부터 기산하여 연 1회 이상 정보주체에게 알려야 한다.

- 서면·전자우편·전화·문자전송 등 정보주체가 통지 내용을 쉽게 확인할 수 있는 방법
- 재화 및 서비스를 제공하는 과정에서 정보주체가 쉽게 알 수 있도록 알림창을

15) 2023.9.15. 시행된 개정 개인정보보호법 시행령에 따라 상기 5만명, 100만명의 수는 전년도 말 기준 직전 3개월 간 일일평균을 기준으로 산정한다.

통해 알리는 방법

그리고 개인정보처리자는 다음의 통지를 함께 할 수 있다.

- 개인정보의 수집 출처 등 통지
- 개인정보 이용 · 제공 내역의 통지
- 전송요구대상정보 전송 내역의 통지

상기 대통령령으로 정하는 기준에 해당하는 개인정보처리자는 동 통보 후 해당 개인정보를 개인정보보호법에 따라 파기할 때까지 다음 사항을 보관 · 관리하여야 한다.

- 정보주체에게 알린 사실
- 알린 시기
- 알린 방법

※ 민감정보 : 사상 · 신념, 노동조합 · 정당의 가입 · 탈퇴, 정치적 견해, 건강, 성생활 등에 관한 정보, 그 밖에 정보주체의 사생활을 현저히 침해할 우려가 있는 개인정보로서 대통령령으로 정하는 정보(유전자검사 등의 결과로 얻어진 유전정보, 범죄경력자료에 해당하는 정보, 개인의 신체적 · 생리적 · 행동적 특징에 관한 정보로서 특정 개인을 알아볼 목적으로 일정한 기술적 수단을 통해 생성한 정보, 인종이나 민족에 관한 정보)

※ 고유식별정보 : 법령에 따라 개인을 고유하게 구별하기 위하여 부여된 식별정보로서 대통령령으로 정하는 정보(주민등록번호, 여권번호, 운전면허의 면허번호, 외국인등록번호)

다만, 정보주체의 권리보다 명백히 우선하는 경우로서 다음의 경우에는 정보주체 이외로부터 수집한 개인정보를 처리하는 경우에도 상기 사항을 정보주체에게 알리지 않아도 된다.

- 통지를 요구하는 대상이 되는 개인정보가 국가 안전, 외교상 비밀, 범죄의 수사, 공공기관의 내부적 업무처리만을 위하여 사용되거나 다른 법령에 따라 비밀로 분류되는 등 「개인정보보호법」 제32조 제2항 각 호의 어느 하나에 해당하는 개인정보파일에 포함되어 있는 경우
- 통지로 인하여 다른 사람의 생명 · 신체를 해할 우려가 있거나 다른 사람의 재산과 그 밖의 이익을 부당하게 침해할 우려가 있는 경우

정보주체가 아닌 제3자로부터 개인정보를 수집하거나 제공받는 경우에는 해당 정

보가 적법하고 적정한 수단에 의해 수집된 정보인지를 확인해야 한다.

2-5 개인정보 이용 · 제공 내역의 통지

대통령령으로 정하는 기준[① 5만명 이상의 정보주체에 관하여 민감정보 또는 고유식별정보를 처리하는 자 또는 ② 100만명 이상의 정보주체에 관하여 개인정보를 처리하는 자. 이 경우 정보주체의 수는 전년도 말 기준 직전 3개월 간 일일평균을 기준으로 산정함]에 해당하는 개인정보처리자는 개인정보보호법에 따라 수집한 개인정보의 이용 · 제공 내역이나 이용 · 제공 내역을 확인할 수 있는 정보시스템에 접속하는 방법을 주기적으로 정보주체에게 통지하여야 한다. 다만, 연락처 등 정보주체에게 통지할 수 있는 개인정보를 수집 · 보유하지 아니한 경우에는 통지하지 아니할 수 있다.

상기 주기적 통지의 대상이 되는 정보주체는 다음의 정보주체를 제외한 정보주체로 한다.

- 통지에 대한 거부의사를 표시한 정보주체
- 개인정보처리자가 업무수행을 위해 그에 소속된 임직원의 개인정보를 처리한 경우 해당 정보주체
- 개인정보처리자가 업무수행을 위해 다른 공공기관, 법인, 단체의 임직원 또는 개인의 연락처 등의 개인정보를 처리한 경우 해당 정보주체
- 법률에 특별한 규정이 있거나 법령 상 의무를 준수하기 위하여 이용 · 제공한 개인정보의 정보주체
- 공공기관이 법령 등에서 정하는 소관 업무의 수행을 위하여 이용 · 제공한 개인정보의 정보주체

상기 주기적 통지의 대상 정보는 다음과 같다.

- 개인정보의 수집 · 이용 목적 및 수집한 개인정보의 항목
- 개인정보를 제공받은 제3자와 그 제공 목적 및 제공한 개인정보의 항목. 다만, 「통신비밀보호법」 제13조, 제13조의2, 제13조의4 및 「전기통신사업법」 제83조 제3항에 따라 제공한 정보는 제외한다.

상기 주기적 통지는 다음 중 어느 하나의 방법으로 연 1회 이상 해야 한다.

- 서면 · 전자우편 · 전화 · 문자전송 등 정보주체가 통지 내용을 쉽게 확인할 수 있는 방법

– 재화 및 서비스를 제공하는 과정에서 정보주체가 쉽게 알 수 있도록 알림창을 통해 알리는 방법(개인정보의 이용·제공 내역을 확인할 수 있는 정보시스템에 접속하는 방법을 통지하는 경우로 한정한다)

정보주체로부터 동의를 받는 방법

• 각각의 동의 사항을 구분하여 정보주체가 이를 명확하게 인지할 수 있도록 알리고 각각 동의를 받아야 함. 이와 관련하여 2023.9.15. 시행된 최근 개정 개인정보보호법은 각각의 동의 사항을 구분하여 정보주체가 이를 명확하게 인지할 수 있도록 알리고 동의를 받아야 하는 경우로서 "재화나 서비스를 홍보하거나 판매를 권유하기 위하여 개인정보의 처리에 대한 동의를 받으려는 경우, 그 밖에 정보주체를 보호하기 위하여 동의 사항을 구분하여 동의를 받아야 할 필요가 있는 경우로서 개인정보보호법 시행령으로 정하는 경우"를 추가로 명시하고 있다.

• 개인정보처리자가 정보주체로부터 동의를 서면(「전자문서 및 전자거래 기본법」의 전자문서를 포함)으로 받을 때에는 개인정보의 수집·이용 목적, 수집·이용하려는 개인정보의 항목 등 다음의 중요한 내용을 개인정보 보호위원회가 고시로 정하는 방법에 따라 명확히 표시하여 알아보기 쉽게 하여야 한다.

  – 개인정보의 수집·이용 목적 중 재화나 서비스의 홍보 또는 판매 권유 등을 위하여 해당 개인정보를 이용하여 정보주체에게 연락할 수 있다는 사실
  – 처리하려는 개인정보의 항목 중 민감정보, 여권번호, 운전면허의 면허번호 및 외국인등록번호
  – 개인정보의 보유 및 이용 기간(제공 시에는 제공받는 자의 보유 및 이용 기간을 말함)
  – 개인정보를 제공받는 자 및 개인정보를 제공받는 자의 개인정보 이용 목적

※ 여기서 말하는 개인정보 보호위원회가 고시로 정하는 방법이란 다음의 방법을 통해 종이 인쇄물, 컴퓨터 표시화면 등 서면 동의를 요구하는 매체의 특성과 정보주체의 이용환경 등을 고려하여 정보주체가 쉽게 알아볼 수 있도록

표시하는 방법을 말한다.

- 글씨의 크기, 색깔, 굵기 또는 밑줄 등을 통하여 그 내용이 명확히 표시되도록 할 것
- 동의 사항이 많아 중요한 내용이 명확히 구분되기 어려운 경우에는 중요한 내용이 쉽게 확인될 수 있도록 그 밖의 내용과 별도로 구분하여 표시할 것

- 개인정보처리자가 개인정보의 처리에 대하여 정보주체의 동의를 받을 때에는 다음 조건을 모두 충족해야 한다.
  - 정보주체가 자유로운 의사에 따라 동의 여부를 결정할 수 있을 것
  - 동의를 받으려는 내용이 구체적이고 명확할 것
  - 그 내용을 쉽게 읽고 이해할 수 있는 문구를 사용할 것
  - 동의 여부를 명확하게 표시할 수 있는 방법을 정보주체에게 제공할 것
- 개인정보처리자는 정보주체의 동의 없이 처리할 수 있는 개인정보에 대해서는 그 항목과 처리의 법적 근거를 정보주체의 동의를 받아 처리하는 개인정보와 구분하여 개인정보보호법 제30조 제2항에 따라 공개하거나 전자우편 등 대통령령으로 정하는 방법에 따라 정보주체에게 알려야 함(동의 없이 처리할 수 있는 개인정보라는 입증책임은 개인정보처리자가 부담)
- 정보주체가 선택적으로 동의할 수 있는 사항을 동의하지 아니하거나 홍보나 판매 권유 및 개인정보의 목적 외 이용 · 제공에 대한 동의를 하지 아니한다는 이유로 정보주체에게 재화 또는 서비스의 제공을 거부하여서는 아니 됨
- 만 14세 미만 아동의 개인정보를 처리하기 위하여 동의를 받아야 할 때에는 그 법정대리인의 동의를 받아야 하며, 법정대리인이 동의하였는지를 확인하여야 한다[법정대리인의 동의를 받기 위하여 필요한 최소한의 정보로서 대통령령으로 정하는 정보(법정대리인의 성명 및 연락처에 관한 정보)는 법정대리인의 동의 없이 해당 아동으로부터 직접 수집할 수 있음]. 만 14세 미만의 아동에게 개인정보 처리와 관련한 사항의 고지 등을 할 때에는 이해하기 쉬운 양식과 명확하고 알기 쉬운 언어를 사용하여야 한다.

 개인정보처리자는 개인정보 수집 매체의 특성상 동의 내용을 전부 표시하기 어려운 경우에는 인터넷주소 또는 사업장 전화번호 등 동의 내용을 확인할 수 있는 방법을 법정대리인에게 안내할 수 있다.

3 개인정보의 제공 및 이용 등의 제한[16)]

3-1 개인정보의 제공

개인정보는 다음의 경우 제3자에게 제공(공유 포함)할 수 있다.

- 정보주체의 동의를 받은 경우
- 법률에 특별한 규정이 있거나 법령상 의무를 준수하기 위하여 불가피한 경우, 공공기관이 법령 등에서 정하는 소관 업무의 수행을 위하여 불가피한 경우, 명백히 정보주체 또는 제3자의 급박한 생명, 신체, 재산의 이익을 위하여 필요하다고 인정되는 경우, 개인정보처리자의 정당한 이익을 달성하기 위하여 필요한 경우로서 명백하게 정보주체의 권리보다 우선하는 경우(개인정보처리자의 정당한 이익과 상당한 관련이 있고 합리적인 범위를 초과하지 아니하는 경우에 한함), 공중위생 등 공공의 안전과 안녕을 위하여 긴급히 필요한 경우

개인정보의 제3자 제공을 위하여 정보주체로부터 동의를 받을 때(아래 동의받는 사항이 변경되는 경우 포함)에는 다음의 사항을 정보주체에게 알리고 동의를 받아야 한다.

- 제공받는 자
- 제공받는 자의 개인정보 이용 목적
- 제공 항목
- 제공받는 자의 개인정보 보유 및 이용 기간
- 동의를 거부할 권리가 있다는 사실 및 동의 거부에 따른 불이익이 있는 경우에는 그 불이익의 내용

당초 수집 목적과 합리적으로 관련된 범위에서 정보주체에게 불이익이 발생하는지 여부, 암호화 등 안전성 확보에 필요한 조치를 하였는지 여부 등을 고려하여 정보주체의 동의 없이 개인정보를 제공할 수 있다. 이 경우 다음의 사항을 고려해야 한다.

- 당초 수집 목적과 관련성이 있는지 여부

16) 2023.9.15. 시행된 최근 개정 개인정보보호법은 개인정보보호법 시행령으로 정하는 기준에 해당하는 개인정보처리자는 개인정보보호법에 따라 수집한 개인정보의 이용·제공 내역이나 이용·제공 내역을 확인할 수 있는 정보시스템에 접속하는 방법을 주기적으로 정보주체에게 통지하여야 한다. 다만, 연락처 등 정보주체에게 통지할 수 있는 개인정보를 수집·보유하지 아니한 경우에는 통지하지 아니할 수 있다는 내용을 신설하여 기술하고 있다.

- 개인정보를 수집한 정황 또는 처리 관행에 비추어 볼 때 개인정보의 추가적인 이용 또는 제공에 대한 예측 가능성이 있는지 여부
- 정보주체의 이익을 부당하게 침해하는지 여부
- 가명처리 또는 암호화 등 안전성 확보에 필요한 조치를 하였는지 여부

3-2 개인정보의 국외 이전

개인정보처리자는 개인정보를 국외로 제공(조회되는 경우를 포함) · 처리위탁 · 보관(이하 이 절에서 "이전"이라 함)하여서는 아니 된다. 다만, 다음의 어느 하나에 해당하는 경우에는 개인정보를 국외로 이전할 수 있다.

- 정보주체로부터 국외 이전에 관한 별도의 동의를 받은 경우
- 법률, 대한민국을 당사자로 하는 조약 또는 그 밖의 국제협정에 개인정보의 국외 이전에 관한 특별한 규정이 있는 경우
- 정보주체와의 계약의 체결 및 이행을 위하여 개인정보의 처리위탁 · 보관이 필요한 경우로서 다음의 어느 하나에 해당하는 경우
  - 아래 정보주체에게 알려야 하는 사항을 개인정보 처리방침에 공개한 경우
  - 전자우편 등 대통령령으로 정하는 방법에 따라 아래 정보주체에게 알려야 하는 사항을 정보주체에게 알린 경우
- 개인정보를 이전받는 자가 개인정보 보호 인증 등 개인정보 보호위원회가 정하여 고시하는 인증을 받은 경우로서 다음의 조치를 모두 한 경우
  - 개인정보 보호에 필요한 안전조치 및 정보주체 권리보장에 필요한 조치
  - 인증받은 사항을 개인정보가 이전되는 국가에서 이행하기 위하여 필요한 조치
- 개인정보가 이전되는 국가 또는 국제기구의 개인정보 보호체계, 정보주체 권리보장 범위, 피해구제 절차 등이 이 법에 따른 개인정보 보호 수준과 실질적으로 동등한 수준을 갖추었다고 개인정보 보호위원회가 인정하는 경우

개인정보처리자는 정보주체로부터 국외 이전에 관한 별도의 동의를 받을 때에는 미리 다음의 사항을 정보주체에게 알려야 하고, 아래 사항을 변경하는 경우에는 정보주체에게 알리고 동의를 받아야 한다.

- 이전되는 개인정보 항목

- 개인정보가 이전되는 국가, 시기 및 방법
- 개인정보를 이전받는 자의 성명(법인인 경우에는 그 명칭과 연락처를 말함)
- 개인정보를 이전받는 자의 개인정보 이용목적 및 보유 · 이용 기간
- 개인정보의 이전을 거부하는 방법, 절차 및 거부의 효과

개인정보처리자는 상기 기준에 따라 개인정보를 국외로 이전하는 경우 국외 이전과 관련한 개인정보보호법의 다른 규정, 제17조부터 제19조까지의 규정(개인정보의 제공, 개인정보의 목적 외 이용 · 제공 제한, 개인정보를 제공받은 자의 이용 · 제공 제한) 및 제5장(정보 주체의 권리 보장)의 규정을 준수하여야 하고, 대통령령으로 정하는 보호조치를 하여야 한다. 그리고, 개인정보처리자는 이 법을 위반하는 사항을 내용으로 하는 개인정보의 국외 이전에 관한 계약을 체결하여서는 아니 된다.

개인정보 보호위원회는 개인정보의 국외 이전이 계속되고 있거나 추가적인 국외 이전이 예상되는 경우로서 일정한 경우 개인정보처리자에게 개인정보의 국외 이전을 중지할 것을 명할 수 있다. 이러한 국외 이전 중지 명령을 받은 개인정보처리자는 명령을 받은 날부터 7일 이내에 개인정보 보호위원회에 이의를 제기할 수 있다.

상기 내용에도 불구하고 개인정보의 국외 이전을 제한하는 국가의 개인정보처리자에 대해서는 해당 국가의 수준에 상응하는 제한을 할 수 있다. 다만, 조약 또는 그 밖의 국제협정의 이행에 필요한 경우에는 그러하지 아니하다.

개인정보를 이전받은 자가 해당 개인정보를 제3국으로 이전하는 경우에 관하여는 상기 기준을 준용한다. 이 경우 "개인정보처리자"는 "개인정보를 이전받은 자"로, "개인정보를 이전 받는 자"는 "제3국에서 개인정보를 이전받는 자"로 본다.

3-3 개인정보의 목적 외 이용 · 제공의 제한

개인정보처리자는 개인정보의 수집 · 이용시의 준수 원칙에 따른 범위를 초과하여 이용하거나 개인정보의 제공과 개인정보의 국외 이전시 준수 원칙에 따른 범위를 초과하여 제3자에게 제공하여서는 아니 된다.

다만, 다음의 경우에는 정보주체 또는 제3자의 이익을 부당하게 침해할 우려가 있을 때를 제외하고는 개인정보를 목적 외의 용도로 이용하거나 이를 제3자에게 제공할 수 있다.

- 정보주체로부터 별도의 동의를 받은 경우

- 다른 법률에 특별한 규정이 있는 경우
- 명백히 정보주체 또는 제3자의 급박한 생명, 신체, 재산의 이익을 위하여 필요하다고 인정되는 경우
- 개인정보를 목적 외의 용도로 이용하거나 이를 제3자에게 제공하지 아니하면 다른 법률에서 정하는 소관 업무를 수행할 수 없는 경우로서 개인정보 보호위원회의 심의·의결을 거친 경우(공공기관의 경우로 한정)
- 조약, 그 밖의 국제협정의 이행을 위하여 외국정부 또는 국제기구에 제공하기 위하여 필요한 경우(공공기관의 경우로 한정)
- 범죄의 수사와 공소의 제기 및 유지를 위하여 필요한 경우(공공기관의 경우로 한정)
- 법원의 재판업무 수행을 위하여 필요한 경우(공공기관의 경우로 한정)
- 형 및 감호, 보호처분의 집행을 위하여 필요한 경우(공공기관의 경우로 한정)
- 공중위생 등 공공의 안전과 안녕을 위하여 긴급히 필요한 경우

상기 개인정보의 목적 외 이용·제공에 대한 정보주체의 동의를 받을 때(아래 동의받는 사항이 변경되는 경우 포함)에는 다음의 사항을 정보주체에게 알리고 동의를 받아야 한다.

- 제공받는 자
- 이용 목적(제공 시에는 제공받는 자의 이용 목적)
- 이용 항목 또는 제공 항목
- 보유 및 이용 기간(제공 시에는 제공받는 자의 보유 및 이용 기간)
- 동의를 거부할 권리가 있다는 사실 및 동의 거부에 따른 불이익이 있는 경우에는 그 불이익의 내용

개인정보를 목적 외의 용도로 제3자에게 제공하는 경우에는 개인정보를 제공받는 자에게 이용 목적, 이용 방법, 그 밖에 필요한 사항에 대하여 제한을 하거나, 개인정보의 안전성 확보를 위하여 필요한 조치를 마련하도록 요청하여야 한다. 이 경우 요청을 받은 자는 개인정보의 안전성 확보를 위하여 필요한 조치를 하여야 한다.

개인정보처리자로부터 개인정보를 제공받은 자는 다음의 경우를 제외하고는 개인정보를 제공받은 목적 외의 용도로 이용하거나 이를 제3자에게 제공하여서는 아니 된다.

- 정보주체로부터 별도의 동의를 받은 경우

• 다른 법률에 특별한 규정이 있는 경우

4 고유식별정보 및 민감정보 처리

고유식별정보는 주민등록번호, 외국인등록번호, 여권번호, 운전면허번호, 외국인등록번호를 말한다(개인정보보호법 제24조 제1항). 한편 「신용정보법」의 개인식별정보는 고유식별정보를 포함하여 개인의 성명, 성별, 국적 등 개인을 식별할 수 없는 정보를 포함하기 때문에 그 범위가 고유식별정보에 비해 넓다고 할 수 있다.

민감정보는 개인의 사상, 신념, 노동조합이나 정당의 가입탈퇴, 정치적 견해, 건강, 성생활 등에 관한 정보, 유전 정보, 범죄경력자료에 해당하는 정보, 개인의 신체적 · 생리적 · 행동적 특징에 관한 정보로서 특정 개인을 알아볼 목적으로 일정한 기술적 수단을 통해 생성한 정보, 인종이나 민족에 관한 정보를 말한다(개인정보보호법 제23조).

고유식별정보 또는 민감정보의 처리는 다음의 경우에 한하여 처리할 수 있다(민감정보와 고유식별정보는 분실 · 도난 · 유출 · 위조 · 변조 또는 훼손되지 아니하도록 대통령령으로 정하는 바에 따라 암호화 등 안전성 확보에 필요한 조치를 하여야 함).

• 정보주체에게 개인정보 수집 · 이용 또는 제공과 관련하여 동의를 받을 때 알리는 사항을 알리고 다른 개인정보의 처리에 대한 동의와 별도로 동의를 받은 경우
• 법령에서 구체적으로 고유식별정보 또는 민감정보의 처리를 요구하거나 허용하는 경우

개인정보처리자는 재화 또는 서비스를 제공하는 과정에서 공개되는 정보에 정보주체의 민감정보가 포함됨으로써 사생활 침해의 위험성이 있다고 판단하는 때에는 재화 또는 서비스의 제공 전에 민감정보의 공개 가능성 및 비공개를 선택하는 방법을 정보주체가 알아보기 쉽게 알려야 한다.

그러나 주민등록번호의 경우에는 상기 기준과 달리 다음의 경우에만 주민등록번호를 처리할 수 있다(주민등록번호가 분실 · 도난 · 유출 · 위조 · 변조 또는 훼손되지 아니하도록 암호화 조치를 통하여 안전하게 보관하여야 하며, 정보주체가 인터넷 홈페이지를 통하여 회원으로 가입하는 단계에서는 주민등록번호를 사용하지 아니하

고도 회원으로 가입할 수 있는 방법을 제공하여야 함).

- 법률 · 대통령령 · 국회규칙 · 대법원규칙 · 헌법재판소규칙 · 중앙선거관리위원회규칙 및 감사원규칙에서 구체적으로 주민등록번호의 처리를 요구하거나 허용한 경우
- 정보주체 또는 제3자의 급박한 생명, 신체, 재산의 이익을 위하여 명백히 필요하다고 인정되는 경우
- 상기 경우에 준하여 주민등록번호 처리가 불가피한 경우로서 개인정보 보호위원회가 고시로 정하는 경우

「신용정보법」은 신용정보회사등은 동의를 받더라도 개인의 정치적 사상, 종교적 신념, 그 밖에 신용정보와 관계없는 사생활에 관한 정보의 수집 및 조사를 금지하고 있다.

5 개인정보처리에 대한 업무 위탁

개인정보처리자는 일정한 요건하에서 정보주체의 동의 없이 제3자에게 개인정보의 처리에 대한 업무를 위탁할 수 있다(개인정보법 제26조). 이 경우 위탁 업무 내용과 개인정보처리 업무 수탁자(개인정보 처리 업무를 위탁받아 처리하는 자로부터 위탁받은 업무를 다시 위탁받은 제3자를 포함)를 정보주체가 언제든지 쉽게 확인할 수 있도록 홈페이지 등을 통해 공개해야 한다. 또한 개인정보처리 업무를 위탁하는 경우 아래 사항이 포함된 문서로 하여야 한다.

- 위탁 업무 수행 목적 외 개인정보의 처리금지에 관한 사항
- 개인정보의 기술적, 관리적 보호조치에 관한 사항
- 위탁 업무의 목적과 범위 및 재위탁 제한에 관한 사항
- 개인정보에 대한 접근 제한 등 안전성 확보 조치에 관한 사항
- 위탁 업무와 관련하여 보유하고 있는 개인정보의 관리현황 점검 등 감독에 관한 사항
- 수탁자 준수의무 위반 시 손해배상 등 책임에 관한 사항

위탁자가 재화 또는 서비스를 홍보하거나 판매를 권유하는 업무를 위탁하는 경우에는 서면, 전자 우편, 팩스, 전화, 문자전송 또는 이에 상당하는 방법에 따라 위탁하는 업무의 내용과 수탁자를 정보주체에게 알려야 한다(위탁하는 업무의 내용

이나 수탁자가 변경된 경우에도 동일).

수탁자는 개인정보처리자로부터 위탁받은 해당 업무 범위를 초과하여 개인정보를 이용하거나 제3자에게 제공하여서는 아니된다. 수탁자는 위탁받은 개인정보의 처리 업무를 제3자에게 다시 위탁하려는 경우에는 위탁자의 동의를 받아야 한다.

개인정보처리 업무 위탁자는 개인정보보호와 관련하여 수탁업체에 대한 교육 및 감독을 강화해야 하고 수탁자가 개인정보를 처리하는 과정에 「개인정보보호법」을 위반하여 발생한 손해배상 책임에 대해서는 수탁자를 위탁자의 소속직원으로 본다.

개인신용정보 처리 업무 위탁은 신용정보법(제17조)이 적용되고, 그 밖의 개인정보 처리 업무 위탁은 개인정보보호법(제26조)이 적용된다. 그리고 기타 금융관계 법령에서 업무 위탁 관련 사항을 별도 규정하고 있는 경우에는 해당 법령을 적용한다.

개인정보의 "처리위탁"과 "제3자 제공"은 개인정보를 외부의 제3자에게 이전 · 제공 또는 공유한다는 점은 동일하지만 개념상 일정한 차이가 존재한다. 사업 · 업무 제휴 등에 있어 금융기관이 금융기관 자신의 업무처리를 위해 제휴사에게 개인정보를 제공하고 제공 받은 제휴사는 단순히 금융회사를 대신해 개인정보를 처리할 뿐 제휴사의 이익을 위해 이용하지 않는 것은 처리위탁이다(배송업무 위탁, 전산센터 운영 위탁, 콜센터 · TM업무 아웃소싱 등). 그러나 금융기관이 수집된 개인정보를 제공 받는 자(제휴사)의 이익을 위하여 이전 · 제공 또는 공유하는 것은 제3자 제공이다(카드 사용 시 마일리지 적립을 위해 항공사에 카드사용 내역을 제공, 대형마트에서 개인정보 수집 후 보험회사에 제공, 기타 사업 · 업무 제휴 등).[17)]

6 가명정보의 처리에 관한 특례

6-1 가명정보의 처리 등

통계작성, 과학적 연구, 공익적 기록보존 등을 위하여 정보주체의 동의 없이 가명정보를 처리할 수 있다. 가명정보를 제3자에게 제공하는 경우에는 특정 개인을 알아보기 위하여 사용될 수 있는 정보를 포함해서는 아니 된다.

17) 금융분야 개인정보보호 가이드라인 개정본(2016.12., 금융위원회, 금융감독원, 행정안전부) 32페이지

6-2 가명정보의 결합 제한

통계작성, 과학적 연구, 공익적 기록보존 등을 위한 서로 다른 개인정보처리자 간의 가명정보의 결합은 개인정보 보호위원회 또는 관계 중앙행정기관의 장이 지정하는 전문기관이 수행한다. 결합을 수행한 기관 외부로 결합된 정보를 반출하려는 개인정보처리자는 가명정보 또는 익명정보로 처리한 뒤 전문기관의 장의 승인을 받아야 한다.

6-3 가명정보에 대한 안전조치의무 등

가명정보를 처리하는 경우에는 원래의 상태로 복원하기 위한 추가 정보를 별도로 분리하여 보관·관리하는 등 해당 정보가 분실·도난·유출·위조·변조 또는 훼손되지 않도록 대통령령으로 정하는 바에 따라 안전성 확보에 필요한 기술적·관리적 및 물리적 조치를 하여야 한다.

개인정보처리자는 가명정보를 처리하는 경우 처리목적 등을 고려하여 가명정보의 처리 기간을 별도로 정할 수 있다. 개인정보처리자는 가명정보를 처리하고자 하는 경우에는 가명정보의 처리 목적, 제3자 제공 시 제공받는 자, 가명정보의 처리 기간(처리 기간을 별도로 정한 경우에 한함) 등 가명정보의 처리 내용을 관리하기 위하여 대통령령으로 정하는 사항에 대한 관련 기록을 작성하여 보관하여야 하며, 가명정보를 파기한 경우에는 파기한 날부터 3년 이상 보관하여야 한다.

6-4 가명정보 처리 시 금지의무 등

가명정보를 처리하는 자는 특정 개인을 알아보기 위한 목적으로 가명정보를 처리해서는 아니 된다.

가명정보를 처리하는 과정에서 특정 개인을 알아볼 수 있는 정보가 생성된 경우에는 즉시 해당 정보의 처리를 중지하고, 지체 없이 회수·파기하여야 한다.

6-5 가명정보 관련 개인정보보호법 적용 범위

가명정보는 제20조(정보주체 이외로부터 수집한 개인정보의 수집 출처 등 통지), 제20조의2(개인정보 이용·제공 내역의 통지), 제27조(영업양도 등에 따른 개인정보의 이전 제한), 제34조(개인정보 유출 등의 통지·신고) 제1항, 제35조(개인정보의 열람), 제35조의2(개인정보의 전송 요구), 제36조(개인정보의 정정 · 삭제) 및 제37조(개인정보의 처리정지 등)를 적용하지 아니한다.

7 개인정보의 안전성 확보 조치

개인신용정보의 안전성 확보 조치에 대해서는 신용정보법(제19조)과 전자금융거래법(제21조)이 적용되고, 그 밖의 개인정보의 안전성 확보 조치에 대해서는 개인정보보호법(제29조)과 전자금융거래법(제21조)이 적용된다. 다만, 주민등록번호는 개인정보보호법(제24조의2)에 따라 분실 · 도난 · 유출 · 위조 · 변조 또는 훼손되지 아니하도록 암호화하여야 하고, 주민등록번호를 제외한 고유식별정보의 암호화는 개인정보보호법(제24조 제3항)이 적용되며, 주민등록번호를 포함한 고유식별정보에 대해서는 「개인정보의 안전성 확보조치 기준」(개인정보 보호위원회 고시)에 정한 필요한 조치를 취하여야 한다.

금융기관이 개인신용정보와 그 밖의 개인정보를 하나의 전산시스템을 통해 통합관리하고 다양한 목적으로 이용하는 경우 적용 법률을 특정하기 어려우므로 신용정보법, 개인정보보호법, 전자금융거래법 등 각 법률에서 정하는 안전성 확보 조치를 모두 준수하는 것이 바람직하다. 다만, 각 법률에서 규정하는 안전성 확보 조치 중 제정 취지나 내용이 사실상 일치하는 규정의 경우에는 하나의 법률에서 정하는 안전성 조치 사항을 준수하여도 각 법률의 규정을 모두 준수한 것으로 간주될 수 있다.[18)]

7-1 내부관리계획의 수립 및 시행

개인정보처리자는 개인정보가 분실, 도난, 유출, 변조 또는 훼손되지 아니하도록 내부관리계획 수립, 접속기록 보관 등 안전성 확보에 필요한 기술적, 관리적 및 물리적 조치를 하여야 한다(개인정보보호법 제29조). 개인정보의 안전성 확보 조치에 관한 세부 기준은 개인정보보호법 시행령 및 개인정보 보호위원회가 정하는 고시인 「개인정보의 안전성 확보조치 기준(개인정보 보호위원회 고시)」 등의 내용을 참고하기 바란다.

18) 금융분야 개인정보보호 가이드라인 개정본(2016.12., 금융위원회, 금융감독원, 행정안전부) 38~39페이지

7-2 접근권한 및 비밀번호 관리

개인정보처리시스템의 접근 권한을 개인정보취급자에게만 업무 수행에 필요한 최소한의 범위로 차등 부여하여야 한다. 개인정보취급자 또는 개인정보취급자의 업무가 변경되었을 경우 지체 없이 개인정보처리시스템의 접근 권한을 변경 또는 말소하여야 한다. 그리고 그 권한부여, 변경 또는 말소에 대한 내역을 기록하고, 그 기록을 최소 3년간 보관하여야 한다. 개인정보처리시스템에 접근할 수 있는 계정을 발급하는 경우 정당한 사유가 없는 한 개인정보취급자 별로 계정을 발급하고 다른 개인정보취급자와 공유되지 않도록 하여야 한다. 또한, 개인정보취급자 또는 정보주체의 인증수단을 안전하게 적용하고 관리하여야 한다. 정당한 권한을 가진 개인정보취급자 또는 정보주체만이 개인정보처리시스템에 접근할 수 있도록 일정 횟수 이상 인증에 실패한 경우 개인정보처리시스템에 대한 접근을 제한하는 등 필요한 조치를 하여야 한다.

7-3 접근통제 시스템 설치 및 운영

개인정보처리자는 정보통신망을 통한 불법적인 접근 및 침해사고 방지를 위한 안전조치로서, 개인정보처리시스템에 대한 접속 권한을 인터넷 프로토콜(IP) 주소 등으로 제한하여 인가받지 않은 접근을 제한하고, 개인정보처리시스템에 접속한 인터넷 프로토콜(IP) 주소 등을 분석하여 개인정보 유출 시도를 탐지하고 대응하여야 한다.

정보통신망을 통해 외부에서 개인정보처리시스템에 접속하려는 경우 인증서, 보안토큰, 일회용 비밀번호 등 안전한 인증수단을 적용하여야 한다. 다만, 이용자가 아닌 정보주체의 개인정보를 처리하는 개인정보처리시스템의 경우 가상사설망 등 안전한 접속수단 또는 안전한 인증수단을 적용할 수 있다.

개인정보가 인터넷 홈페이지, P2P, 공유설정 등을 통하여 권한이 없는 자에게 공개되거나 유출되지 않도록 개인정보처리시스템, 개인정보취급자의 컴퓨터 및 모바일 기기 등에 조치를 하여야 한다.

개인정보처리시스템에 대한 불법적인 접근 및 침해사고 방지를 위하여 개인정보취급자가 일정시간 이상 업무처리를 하지 않는 경우에는 자동으로 접속이 차단되도록 하는 등 필요한 조치를 하여야 한다.

업무용 모바일 기기의 분실·도난 등으로 개인정보가 유출되지 않도록 해당 모바일 기기에 비밀번호 설정 등의 보호조치를 하여야 한다.

전년도 말 기준 직전 3개월간 그 개인정보가 저장·관리되고 있는 이용자 수가 일일평균 100만명 이상인 개인정보처리자는 개인정보처리시스템에서 개인정보를 다운로드 또는 파기할 수 있거나 개인정보처리시스템에 대한 접근 권한을 설정할 수 있는 개인정보취급자의 컴퓨터 등에 대한 인터넷망 차단 조치를 하여야 한다. 다만, 클라우드컴퓨팅서비스를 이용하여 개인정보처리시스템을 구성·운영하는 경우에는 해당 서비스에 대한 접속 외에는 인터넷을 차단하는 조치를 하여야 한다.

7-4 개인정보의 암호화

개인정보처리자는 비밀번호, 생체인식정보 등 인증정보를 저장 또는 정보통신망을 통하여 송·수신하는 경우에 이를 안전한 암호 알고리즘으로 암호화하여야 한다. 다만, 비밀번호를 저장하는 경우에는 복호화되지 아니하도록 일방향 암호화하여 저장하여야 한다.

개인정보처리자는 이용자의 개인정보(주민등록번호, 여권번호, 운전면허번호, 외국인등록번호, 신용카드번호, 계좌번호, 생체인식정보)에 대해서는 안전한 암호 알고리즘으로 암호화하여 저장하여야 한다.

개인정보처리자는 이용자가 아닌 정보주체의 개인정보를 다음과 같이 저장하는 경우에는 암호화하여야 한다.

- 인터넷망 구간 및 인터넷망 구간과 내부망의 중간 지점(DMZ : Demilitarized Zone)에 고유식별정보를 저장하는 경우
- 내부망에 고유식별정보를 저장하는 경우. 다만, 주민등록번호 외의 고유식별정보를 저장하는 경우에는 다음의 기준에 따라 암호화의 적용여부 및 적용범위를 정하여 시행할 수 있다.
  - 개인정보 영향평가의 대상이 되는 공공기관의 경우에는 해당 개인정보 영향평가의 결과
  - 암호화 미적용시 위험도 분석에 따른 결과

개인정보를 정보통신망을 통하여 인터넷망 구간으로 송·수신하는 경우에는 이를 안전한 암호 알고리즘으로 암호화하여야 한다.

이용자의 개인정보 또는 이용자가 아닌 정보주체의 고유식별정보, 생체인식정보를 개인정보취급자의 컴퓨터, 모바일 기기 및 보조저장매체 등에 저장할 때에는 안

전한 암호 알고리즘을 사용하여 암호화한 후 저장하여야 한다.

10만명 이상의 정보주체에 관하여 개인정보를 처리하는 대기업 · 중견기업 · 공공기관 또는 100만명 이상의 정보주체에 관하여 개인정보를 처리하는 중소기업 · 단체에 해당하는 개인정보처리자는 암호화된 개인정보를 안전하게 보관하기 위하여 안전한 암호 키 생성, 이용, 보관, 배포 및 파기 등에 관한 절차를 수립 · 시행하여야 한다.

7-5 접속기록 관리

개인정보처리자는 개인정보취급자의 개인정보처리시스템에 대한 접속기록을 1년 이상 보관 · 관리하여야 한다. 다만, 다음의 어느 하나에 해당하는 경우에는 2년 이상 보관 · 관리하여야 한다.

- 5만명 이상의 정보주체에 관한 개인정보를 처리하는 개인정보처리시스템에 해당하는 경우
- 고유식별정보 또는 민감정보를 처리하는 개인정보처리시스템에 해당하는 경우
- 개인정보처리자로서 「전기통신사업법」 제6조 제1항에 따라 등록을 하거나 같은 항 단서에 따라 신고한 기간통신사업자에 해당하는 경우

개인정보의 오 · 남용, 분실 · 도난 · 유출 · 위조 · 변조 또는 훼손 등에 대응하기 위하여 개인정보처리시스템의 접속기록 등을 월 1회 이상 점검하여야 한다. 특히 개인정보의 다운로드가 확인된 경우에는 내부 관리계획 등으로 정하는 바에 따라 그 사유를 반드시 확인하여야 한다.

개인정보처리자는 접속기록이 위 · 변조 및 도난, 분실되지 않도록 해당 접속기록을 안전하게 보관하기 위한 조치를 하여야 한다.

7-6 보안프로그램 관리

개인정보처리자는 악성프로그램 등을 방지 · 치료할 수 있는 보안 프로그램을 설치 · 운영하여야 한다. 이 경우 프로그램의 자동 업데이트 기능을 사용하거나, 정당한 사유가 없는 한 일 1회 이상 업데이트를 실시하는 등 최신의 상태로 유지되도록 하며, 발견된 악성프로그램 등에 대해 삭제 등 대응 조치를 하여야 한다.

개인정보처리자는 악성프로그램 관련 경보가 발령된 경우 또는 사용 중인 응용프로그램이나 운영체제 소프트웨어의 제작업체에서 보안 업데이트 공지가 있는 경

우 정당한 사유가 없는 한 즉시 이에 따른 업데이트 등을 실시하여야 한다.

7-7 물리적 보호 장치

개인정보를 보관하는 물리적 보관장소에 대해서는 출입통제절차를 수립해야 하며 서류나 보조저장매체 등은 잠금장치가 있는 안전한 장소에 보관해야 한다.

7-8 개인정보의 파기

개인정보를 파기할 경우 다음 중 어느 하나의 조치를 하여야 한다.

- 완전파괴(소각 · 파쇄 등)
- 전용 소자장비(자기장을 이용해 저장장치의 데이터를 삭제하는 장비)를 이용하여 삭제
- 데이터가 복원되지 않도록 초기화 또는 덮어쓰기 수행

개인정보의 일부만을 파기하는 경우, 상기 방법으로 파기하는 것이 어려울 때에는 다음의 조치를 하여야 한다.

- 전자적 파일 형태인 경우 : 개인정보를 삭제한 후 복구 및 재생되지 않도록 관리 및 감독
- 전자적 파일 외의 기록물, 인쇄물, 서면, 그 밖의 기록매체인 경우 : 해당 부분을 마스킹, 천공 등으로 삭제

기술적 특성으로 상기 방법으로 파기하는 것이 현저히 곤란한 경우에는 법 제58조의2에 해당하는 정보(시간 · 비용 · 기술 등을 합리적으로 고려할 때 다른 정보를 사용하여도 더 이상 개인을 알아볼 수 없는 정보)로 처리하여 복원이 불가능하도록 조치를 하여야 한다.

8 개인정보처리방침의 수립 및 공개와 평가 및 개선권고

개인정보처리자는 다음의 사항이 포함된 개인정보의 처리방침을 수립하여 정보주체가 쉽게 알수 있도록 인터넷 홈페이지 등에 게재하여야 한다.

- 개인정보의 처리 목적

- 개인정보의 처리 및 보유 기간
- 개인정보의 제3자 제공에 관한 사항(해당되는 경우에만 정한다)
- 개인정보의 파기절차 및 파기방법(다른 법령에 따라 보존하여야 하는 경우에는 그 보존근거와 보존하는 개인정보 항목을 포함)
- 민감정보의 공개 가능성 및 비공개를 선택하는 방법(해당되는 경우에만 정한다)
- 개인정보처리의 위탁에 관한 사항(해당되는 경우에만 정한다)
- 가명정보의 처리 등에 관한 사항(해당되는 경우에만 정한다)
- 정보주체와 법정대리인의 권리 · 의무 및 그 행사방법에 관한 사항
- 개인정보 보호책임자의 성명 또는 개인정보 보호업무 및 관련 고충사항을 처리하는 부서의 명칭과 전화번호 등 연락처
- 인터넷 접속정보파일 등 개인정보를 자동으로 수집하는 장치의 설치 · 운영 및 그 거부에 관한 사항(해당하는 경우에만 정한다)
- 처리하는 개인정보의 항목
- 개인정보를 국외로 이전하는 경우 국외 이전의 근거와 개인정보의 국외 이전에 대한 동의를 받을 때 정보주체에게 미리 알려야 할 사항
- 개인정보의 안전성 확보 조치에 관한 사항
- 국외에서 국내 정보주체의 개인정보를 직접 수집하여 처리하는 경우 개인정보를 처리하는 국가명

개인정보 처리방침의 내용과 개인정보처리자와 정보주체 간에 체결한 계약의 내용이 다른 경우에는 정보주체에게 유리한 것을 적용한다.

개인정보 보호위원회는 개인정보 처리방침에 관하여 다음의 사항을 평가하고, 평가 결과 개선이 필요하다고 인정하는 경우에는 개인정보처리자에게 개선을 권고할 수 있다.

- 개인정보보호법에 따라 개인정보 처리방침에 포함하여야 할 사항을 적정하게 정하고 있는지 여부
- 개인정보 처리방침을 알기 쉽게 작성하였는지 여부
- 개인정보 처리방침을 정보주체가 쉽게 확인할 수 있는 방법으로 공개하고 있는지 여부

9 개인정보 보호책임자

개인정보처리자는 개인정보의 처리에 관한 업무를 총괄하여 책임지는 개인정보 보호책임자를 지정하여야 한다. 다만, 종업원 수, 매출액 등이 대통령령으로 정하는 기준(「소상공인기본법」 상의 소상공인에 해당하는 개인정보처리자를 말함)에 해당하는 개인정보처리자의 경우에는 지정하지 아니할 수 있고, 이 경우 개인정보처리자의 사업주 또는 대표자가 개인정보 보호책임자가 된다. 공공기관 외의 개인정보처리자는 ① 사업주 또는 대표자 또는 ② 임원(③ 임원이 없는 경우에는 개인정보 처리 관련 업무를 담당하는 부서의 장)에 해당하는 사람 중에서 개인정보 보호책임자를 지정하여야 한다.

개인정보 보호책임자가 수행하는 업무는 다음과 같다.

- 개인정보 보호 계획의 수립 및 시행
- 개인정보처리 실태 및 관행의 정기적인 조사 및 개선
- 개인정보처리와 관련된 고객 불만의 처리 및 피해 구제
- 개인정보 유출 및 오남용 방지를 위한 내부통제시스템의 구축
- 개인정보보호 교육 계획의 수립 및 시행
- 개인정보파일의 보호 및 관리 · 감독
- 개인정보처리방침의 수립, 변경 및 시행
- 개인정보 처리와 관련된 인적 · 물적 자원 및 정보의 관리
- 처리 목적이 달성되거나 보유기간이 지난 개인정보의 파기

개인정보 보호책임자는 상기 업무를 수행함에 있어서 필요한 경우 개인정보의 처리 현황, 처리 체계 등에 대하여 수시로 조사하거나 관계 당사자로부터 보고를 받을 수 있다. 그리고 개인정보 보호책임자가 개인정보 보호와 관련하여 개인정보보호법 및 다른 관계 법령의 위반 사실을 알게 된 경우에는 즉시 개선조치를 하여야 하며, 필요하면 소속 기관 또는 단체의 장에게 개선조치를 보고하여야 한다. 개인정보처리자(금융기관)는 개인정보 보호책임자가 상기 업무를 수행함에 있어서 정당한 이유 없이 불이익을 주거나 받게 하여서는 아니 되며, 개인정보 보호책임자가 업무를 독립적으로 수행할 수 있도록 보장하여야 한다.

개인정보처리자는 개인정보의 안전한 처리 및 보호, 정보의 교류, 그 밖에 대통령령으로 정하는 공동의 사업을 수행하기 위하여 개인정보 보호책임자를 구성원으

로 하는 개인정보 보호책임자 협의회를 구성 · 운영할 수 있다.

개인정보 보호위원회는 개인정보 보호책임자 협의회의 활동에 필요한 지원을 할 수 있다.

10 영상정보처리기기의 설치 · 운영 제한

2023.9.15. 시행된 최근 개정 개인정보보호법은 영상정보처리기기를 고정형 영상정보처리기기와 이동형 영상정보처리기기로 구분하여 설치 · 운영을 제한하고 있다.

10-1 고정형 영상정보처리기기의 설치 · 운영 제한

고정형 영상정보처리기기란 일정한 공간에 설치되어 지속적 또는 주기적으로 사람 또는 사물의 영상 등을 촬영하거나 이를 유 · 무선망을 통하여 전송하는 장치로서 다음의 장치를 말한다.

- 폐쇄회로 텔레비전: 다음의 어느 하나에 해당하는 장치
  - 일정한 공간에 설치된 카메라를 통하여 지속적 또는 주기적으로 영상 등을 촬영하거나 촬영한 영상정보를 유무선 폐쇄회로 등의 전송로를 통하여 특정 장소에 전송하는 장치
  - 상기 장치에 따라 촬영되거나 전송된 영상정보를 녹화 · 기록할 수 있도록 하는 장치
- 네트워크 카메라: 일정한 공간에 설치된 기기를 통하여 지속적 또는 주기적으로 촬영한 영상정보를 그 기기를 설치 · 관리하는 자가 유무선 인터넷을 통하여 어느 곳에서나 수집 · 저장 등의 처리를 할 수 있도록 하는 장치

누구든지 다음의 경우를 제외하고는 공개된 장소에 고정형 영상정보처리기기를 설치 · 운영하여서는 아니 된다.

- 법령에서 구체적으로 허용하고 있는 경우
- 범죄의 예방 및 수사를 위하여 필요한 경우
- 시설의 안전 및 관리, 화재 예방을 위하여 정당한 권한을 가진 자가 설치 · 운영하는 경우

• 교통단속을 위하여 정당한 권한을 가진 자가 설치 · 운영하는 경우
• 교통정보의 수집 · 분석 및 제공을 위하여 정당한 권한을 가진 자가 설치 · 운영하는 경우
• 촬영된 영상정보를 저장하지 아니하는 경우로서 대통령령으로 정하는 경우
  – 출입자 수, 성별, 연령대 등 통계값 또는 통계적 특성값 산출을 위해 촬영된 영상정보를 일시적으로 처리하는 경우
  – 그 밖에 상기 기준에 준하는 경우로서 개인정보 보호위원회의 심의 · 의결을 거친 경우

누구든지 불특정 다수가 이용하는 목욕실, 화장실, 발한실, 탈의실 등 개인의 사생활을 현저히 침해할 우려가 있는 장소의 내부를 볼 수 있도록 고정형 영상정보처리기기를 설치 · 운영하여서는 아니 된다. 다만, 교도소, 정신보건 시설 등 법령에 근거하여 사람을 구금하거나 보호하는 시설로서 대통령령으로 정하는 시설[교정시설, 정신의료기관(수용시설을 갖추고 있는 것만 해당), 정신요양시설 및 정신재활시설]에 대하여는 그러하지 아니하다.

고정형 영상정보처리기기를 설치 · 운영하려는 공공기관의 장과 교도소, 정신보건시설 등 법령에 근거하여 사람을 구금하거나 보호하는 시설로서 대통령령으로 정하는 시설[교정시설, 정신의료기관(수용시설을 갖추고 있는 것만 해당), 정신요양시설 및 정신재활시설]에 고정형 영상정보처리기기를 설치 · 운영하려는 자는 공청회 · 설명회의 개최 등 대통령령으로 정하는 절차를 거쳐 관계 전문가 및 이해관계인의 의견을 수렴하여야 한다.

고정형 영상정보처리기기를 설치 · 운영하는 자(이하 "고정형영상정보처리기기운영자"라 한다)는 정보주체가 쉽게 인식할 수 있도록 다음 사항이 포함된 안내판을 설치하는 등 필요한 조치를 하여야 한다(군사시설, 국가중요시설, 국가보안시설의 경우에는 제외).

• 설치 목적 및 장소
• 촬영 범위 및 시간
• 관리책임자의 연락처
• 그 밖에 대통령령으로 정하는 사항

고정형영상정보처리기기운영자는 고정형 영상정보처리기기의 설치 목적과 다른 목적으로 고정형 영상정보처리기기를 임의로 조작하거나 다른 곳을 비춰서는 아니

되며, 녹음기능은 사용할 수 없다.

고정형영상정보처리기기운영자는 개인정보가 분실 · 도난 · 유출 · 위조 · 변조 또는 훼손되지 아니하도록 안전성 확보에 필요한 조치를 하여야 한다.

고정형영상정보처리기기운영자는 다음의 사항이 포함된 고정형 영상정보처리기기 운영 · 관리 방침을 마련하여야 한다. 다만, 개인정보 처리방침을 정할 때 고정형 영상정보처리기기 운영 · 관리에 관한 사항을 포함시킨 경우에는 고정형 영상정보처리기기 운영 · 관리 방침을 마련하지 아니할 수 있다.

- 고정형 영상정보처리기기의 설치 근거 및 설치 목적
- 고정형 영상정보처리기기의 설치 대수, 설치 위치 및 촬영 범위
- 관리책임자, 담당 부서 및 영상정보에 대한 접근 권한이 있는 사람
- 영상정보의 촬영시간, 보관기간, 보관장소 및 처리방법
- 고정형영상정보처리기기운영자의 영상정보 확인 방법 및 장소
- 정보주체의 영상정보 열람 등 요구에 대한 조치
- 영상정보 보호를 위한 기술적 · 관리적 및 물리적 조치
- 그 밖에 고정형 영상정보처리기기의 설치 · 운영 및 관리에 필요한 사항

고정형영상정보처리기기운영자는 고정형 영상정보처리기기의 설치 · 운영에 관한 사무를 위탁할 수 있다. 다만, 공공기관이 고정형 영상정보처리기기 설치 · 운영에 관한 사무를 위탁하는 경우에는 대통령령으로 정하는 절차 및 요건에 따라야 한다.

10-2 이동형 영상정보처리기기의 운영 제한

이동형 영상정보처리기기란 사람이 신체에 착용 또는 휴대하거나 이동 가능한 물체에 부착 또는 거치하여 사람 또는 사물의 영상 등을 촬영하거나 이를 유 · 무선망을 통하여 전송하는 장치로서 다음의 장치를 말한다.

- 착용형 장치: 안경 또는 시계 등 사람의 신체 또는 의복에 착용하여 영상 등을 촬영하거나 촬영한 영상정보를 수집 · 저장 또는 전송하는 장치
- 휴대형 장치: 이동통신단말장치 또는 디지털 카메라 등 사람이 휴대하면서 영상 등을 촬영하거나 촬영한 영상정보를 수집 · 저장 또는 전송하는 장치
- 부착 · 거치형 장치: 차량이나 드론 등 이동 가능한 물체에 부착 또는 거치하여 영상 등을 촬영하거나 촬영한 영상정보를 수집 · 저장 또는 전송하는 장치

업무를 목적으로 이동형 영상정보처리기기를 운영하려는 자는 다음의 경우를 제외하고는 공개된 장소에서 이동형 영상정보처리기기로 사람 또는 그 사람과 관련된 사물의 영상(개인정보에 해당하는 경우로 한정한다)을 촬영하여서는 아니 된다.

- 제15조(개인정보의 수집 · 이용) 제1항 각 호에 의하여 개인정보 수집이 가능하고 수집 목적의 범위에서 이용할 수 있는 경우
- 촬영 사실을 명확히 표시하여 정보주체가 촬영 사실을 알 수 있도록 하였음에도 불구하고 촬영 거부 의사를 밝히지 아니한 경우(이 경우 정보주체의 권리를 부당하게 침해할 우려가 없고 합리적인 범위를 초과하지 아니하는 경우로 한정한다)
- 그 밖에 상기 기준에 준하는 경우로서 대통령령으로 정하는 경우

누구든지 불특정 다수가 이용하는 목욕실, 화장실, 발한실, 탈의실 등 개인의 사생활을 현저히 침해할 우려가 있는 장소의 내부를 볼 수 있는 곳에서 이동형 영상정보처리기기로 사람 또는 그 사람과 관련된 사물의 영상을 촬영하여서는 아니 된다. 다만, 인명의 구조 · 구급 등을 위하여 필요한 경우로서 대통령령으로 정하는 경우[범죄, 화재, 재난 또는 이에 준하는 상황에서 인명의 구조 · 구급 등을 위하여 사람 또는 그 사람과 관련된 사물의 영상(개인정보에 해당하는 경우로 한정)의 촬영이 필요한 경우]에는 그러하지 아니하다.

이동형 영상정보처리기기로 사람 또는 그 사람과 관련된 사물의 영상을 촬영하는 경우에는 불빛, 소리, 안내판 등 대통령령으로 정하는 바[불빛, 소리, 안내판, 안내서면, 안내방송 또는 그 밖에 이에 준하는 수단이나 방법으로 정보주체가 촬영 사실을 쉽게 알 수 있도록 표시하고 알려야 한다. 다만, 드론을 이용한 항공촬영 등 촬영 방법의 특성으로 인해 정보주체에게 촬영 사실을 알리기 어려운 경우에는 개인정보 보호위원회가 구축하는 인터넷 사이트에 공지하는 방법으로 알릴 수 있다]에 따라 촬영 사실을 표시하고 알려야 한다.

이동형 영상정보처리기기의 운영에 관하여는 개인정보보호법 제25조 제6항부터 제8항까지의 규정(안전성 확보에 필요한 조치, 운영 · 관리 방침 마련, 설치 · 운영에 관한 사무의 위탁)을 준용한다.

11 영업양도등에 따른 개인정보의 이전 제한

개인정보처리자가 영업의 전부 또는 일부의 양도·합병 등으로 개인정보를 다른 사람에게 이전하는 경우에는 미리 다음의 사항을 서면 등의 방법으로 해당 정보주체에게 알려야 한다.

- 이전하려는 사실
- 영업양수자등의 성명(법인의 경우에는 법인의 명칭), 주소, 전화번호 및 그 밖의 연락처
- 정보주체가 개인정보의 이전을 원하지 아니하는 경우 조치할 수 있는 방법 및 절차

영업양수자등은 개인정보를 이전받았을 때에는 지체 없이 그 사실을 서면 등의 방법으로 정보주체에게 알려야 한다. 다만, 상기 개인정보처리자가 그 이전 사실을 해당 정보주체에게 이미 알린 경우에는 그러하지 아니하다.

영업양수자등은 영업의 양도·합병 등으로 개인정보를 이전받은 경우에는 이전 당시의 본래 목적으로만 개인정보를 이용하거나 제3자에게 제공할 수 있으며, 이 경우 영업양수자등은 개인정보처리자로 본다.

상기 같은 이유로 개인정보를 이전하려는 자(이하 "영업양도자등"이라 함)가 과실 없이 서면 등의 방법으로 상기 각 사항을 정보주체에게 알릴 수 없는 경우에는 해당 사항을 인터넷 홈페이지에 30일 이상 게재하여야 한다. 다만, 인터넷 홈페이지에 게재할 수 없는 정당한 사유가 있는 경우에는 다음 중 어느 하나의 방법으로 상기 각 사항을 정보주체에게 알릴 수 있다.

- 영업양도자등의 사업장등의 보기 쉬운 장소에 30일 이상 게시하는 방법
- 영업양도자등의 사업장등이 있는 시·도 이상의 지역을 주된 보급지역으로 하는 일반일간신문·일반주간신문 또는 인터넷신문에 싣는 방법

12 개인정보취급자에 대한 감독

개인정보처리자는 개인정보를 처리함에 있어서 개인정보가 안전하게 관리될 수 있도록 임직원, 파견근로자, 시간제근로자 등 개인정보처리자의 지휘·감독을 받아

개인정보를 처리하는 자(이하 "개인정보취급자"라 한다)의 범위를 최소한으로 제한하고, 개인정보취급자에 대하여 적절한 관리·감독을 하여야 한다. 개인정보처리자는 개인정보의 적정한 취급을 보장하기 위하여 개인정보취급자에게 정기적으로 필요한 교육을 실시하여야 한다.

13 개인정보보호 인증제도와 개인정보 영향평가

13-1 개인정보보호 인증제도

개인정보 보호위원회는 개인정보처리자의 개인정보처리 및 보호와 관련한 일련의 조치가 「개인정보보호법」에 부합하는지 등에 관하여 인증할 수 있으며, 그 인증의 유효기간은 3년으로 한다.

거짓이나 그 밖의 부정한 방법으로 개인정보 보호 인증을 받은 경우 개인정보 보호위원회는 반드시 해당 인증을 취소하여야 하며, 다음의 경우에는 개인정보 보호위원회가 인증을 취소할 수 있다.

- 개인정보 보호 인증의 실효성 유지를 위한 개인정보 보호위원회의 연 1회 이상의 사후관리를 거부 또는 방해한 경우
- 인증기준에 미달하게 된 경우
- 개인정보보호 관련 법령을 위반하고 그 위반사유가 중대한 경우

개인정보보호 인증을 받은 자는 개인정보 보호위원회가 정하여 고시하는 개인정보 보호 인증표시를 사용하되, 인증의 범위와 유효기간을 함께 표시하는 방법으로 인증의 내용을 표시하거나 홍보할 수 있다.

13-2 개인정보 영향평가

공공기관의 장은 전자적으로 처리할 수 있는 일정한 개인정보파일의 운용으로 인하여 정보주체의 개인정보 침해가 우려되는 경우에는 그 위험요인의 분석과 개선 사항 도출을 위한 평가인 영향평가를 하고 그 결과를 개인정보 보호위원회에 제출하여야 한다.

공공기관 외의 개인정보처리자는 개인정보파일 운용으로 인하여 정보주체의 개

인정보 침해가 우려되는 경우에는 영향평가를 하기 위하여 적극 노력하여야 한다.

14 개인정보의 파기

개인정보처리자는 보유기간의 경과, 개인정보의 처리 목적 달성, 가명정보의 처리 기간 경과 등 그 개인정보가 불필요하게 되었을 때에는 지체 없이 그 개인정보를 파기하여야 한다. 다만, 다른 법령에 따라 보존하여야 하는 경우에는 그러하지 아니하다. 개인정보의 보유기간이 경과하거나 수집한 목적이 달성되었으나 다른 법령에 따라 개인정보를 파기하지 아니하고 보존하여야 하는 경우에는 해당 개인정보 또는 개인정보파일을 다른 개인정보와 분리하여 저장 · 관리하여야 한다.

개인정보를 파기할 때에는 복구 또는 재생되지 아니하도록 다음의 방법으로 파기하여야 한다.

- 전자적 파일 형태인 경우 : 복원이 불가능한 방법으로 영구 삭제. 다만, 기술적 특성으로 영구 삭제가 현저히 곤란한 경우에는 익명정보로 처리하여 복원이 불가능하도록 조치해야 한다.
- 제1호 외의 기록물, 인쇄물, 서면, 그 밖의 기록매체인 경우: 파쇄 또는 소각

15 정보주체의 권리 보장 등

15-1 개인정보의 열람

개인정보주체는 자신의 개인정보에 대한 열람을 요구할 수 있으며 상대방 금융회사는 10일 이내에 열람이 가능하도록 조치해야 한다. 다만, 해당 기간 내에 열람할 수 없는 정당한 사유가 있으면 정보주체에게 그 사유를 알리고 열람을 연기할 수 있으며, 그 사유가 소멸하면 지체 없이 열람하게 하여야 한다. 그리고 개인정보처리자는 법률에 따라 열람이 금지되거나 제한되는 경우 또는 다른 사람의 생명 · 신체를 해할 우려가 있거나 다른 사람의 재산과 그 밖의 이익을 부당하게 침해할 우려가 있는 경우에는 정보주체에게 그 사유를 알리고 열람을 제한하거나 거절할 수 있다.

15-2 개인정보의 전송 요구

개인정보주체는 개인정보 처리 능력 등을 고려하여 대통령령으로 정하는 기준에 해당하는 개인정보처리자[19]에 대하여 다음의 요건을 모두 충족하는 개인정보를 자신에게로 전송할 것을 요구할 수 있다.

- 정보주체가 전송을 요구하는 개인정보가 정보주체 본인에 관한 개인정보로서 다음의 어느 하나에 해당하는 정보일 것
  - 정보주체의 동의를 받아 처리되는 개인정보
  - 체결한 계약을 이행하거나 계약을 체결하는 과정에서 정보주체의 요청에 따른 조치를 이행하기 위하여 처리되는 개인정보
  - 법률에 특별한 규정이 있거나 법령상 의무를 준수하기 위하여 불가피한 경우, 공공기관이 법령 등에서 정하는 소관 업무의 수행을 위하여 불가피한 경우, 법령에서 민감정보의 처리를 요구하거나 허용하는 경우, 법령에서 구체적으로 고유식별정보의 처리를 요구하거나 허용하는 경우에 따라 처리되는 개인정보 중 정보주체의 이익이나 공익적 목적을 위하여 관계 중앙행정기관의 장의 요청에 따라 보호위원회가 심의 · 의결하여 전송 요구의 대상으로 지정한 개인정보
- 전송을 요구하는 개인정보가 개인정보처리자가 수집한 개인정보를 기초로 분석 · 가공하여 별도로 생성한 정보가 아닐 것
- 전송을 요구하는 개인정보가 컴퓨터 등 정보처리장치로 처리되는 개인정보일 것

---

19) "대통령령으로 정하는 기준에 해당하는 개인정보처리자(정보전송자)"란 각각 다음 각 호의 어느 하나에 해당하는 자(이하 "정보전송자"라 한다)를 말한다.

1. 보건의료 관련 기관, 법인 및 단체 중 다음 각 목의 어느 하나에 해당하는 자(이하 "보건의료정보전송자"라 한다)
   가. 질병관리청
   나. 「국민건강보험법」 제13조에 따른 국민건강보험공단 및 같은 법 제62조에 따른 건강보험심사평가원
   다. 「의료법」 제3조의4에 따른 상급종합병원
   라. 그 밖에 「보건의료기본법」 제3조제4호에 따른 보건의료기관 중 개인정보를 전송할 수 있는 기술적 · 재정적 능력과 그 개인정보가 저장 · 관리되고 있는 정보주체의 수 등을 고려하여 보호위원회가 보건복지부장관과 협의하여 고시하는 자
2. 통신 관련 기관, 법인 및 단체 중 다음 각 목의 어느 하나에 해당하는 자(이하 "통신정보전송자"라 한다)
   가. 「전파법」 제10조에 따라 주파수를 할당받아 이동통신서비스를 제공하는 자로서 정보주체와 이동통신서비스의 이용에 관한 계약을 체결한 자
   나. 그 밖에 「전기통신사업법」 제5조제2항에 따른 기간통신사업을 경영하는 자 중 개인정보를 전송할 수 있는 기술적 · 재정적 능력과 그 개인정보가 저장 · 관리되고 있는 정보주체의 수 등을 고려하여 보호위원회와 과학기술정보통신부장관이 공동으로 정하여 고시하는 자
3. 에너지 관련 기관, 법인 및 단체 중 다음 각 목의 어느 하나에 해당하는 자(이하 "에너지정보전송자"라 한다) [2026.1.1. 시행 예정]
   가. 「전기사업법」 제2조제10호에 따른 전기판매사업자
   나. 다음의 어느 하나에 해당하는 자 중 개인정보를 전송할 수 있는 기술적 · 재정적 능력과 그 개인정보가 저장 · 관리되고 있는 정보주체의 수 등을 고려하여 보호위원회와 산업통상자원부장관이 공동으로 정하여 고시하는 자
      1) 「도시가스사업법」 제2조제2호에 따른 도시가스사업자
      2) 그 밖의 「도시가스사업법」 제2조제1호의2에 따른 도시가스사업 관련 기관, 법인 및 단체

정보주체는 매출액, 개인정보의 보유 규모, 개인정보 처리 능력, 산업별 특성 등을 고려하여 대통령령으로 정하는 기준에 해당하는 개인정보처리자[20]에 대하여 상기 기준에 따른 전송 요구 대상인 개인정보를 기술적으로 허용되는 합리적인 범위에서 다음의 자에게 전송할 것을 요구할 수 있다.

- 개인정보관리 전문기관
- 안전조치의무를 이행하고 대통령령으로 정하는 시설 및 기술 기준을 충족하는 자[21]

개인정보처리자는 개인정보의 전송 요구를 받은 경우에는 시간, 비용, 기술적으로 허용되는 합리적인 범위에서 해당 정보를 컴퓨터 등 정보처리장치로 처리 가능한 형태로 전송하여야 한다.

상기 개인정보의 전송 요구를 받은 개인정보처리자는 다음의 어느 하나에 해당하는 법률의 관련 규정에도 불구하고 정보주체에 관한 개인정보를 전송하여야 한다.

- 「국세기본법」 제81조의13
- 「지방세기본법」 제86조
- 그 밖에 제1호 및 제2호와 유사한 규정으로서 대통령령으로 정하는 법률의 규정

개인정보주체는 상기 개인정보의 전송 요구를 철회할 수 있다. 개인정보처리자는 정보주체의 본인 여부가 확인되지 아니하는 경우 등 대통령령으로 정하는 경우[22]

20) 각주 19)의 정보전송자와 동일함

21) "대통령령으로 정하는 시설 및 기술 기준을 충족하는 자(일반수신자)"란 고유의 업무를 수행하는 과정에서 수집한 정보의 진위 여부 등을 확인하기 위하여 개인정보를 전송받는 자로서 다음의 사항에 관하여 개인정보 보호위원회가 정하여 고시하는 시설 및 기술을 갖춘 자를 말한다.
1. 표준 전송 절차, 전송시스템 연계 및 전송 보안 기준 등을 충족하는 전송 요구 관련 시스템
2. 전송 이력의 기록·보관 및 전송받은 개인정보의 분리 보관을 위한 시스템
3. 개인정보에 대한 불법적인 접근 및 침해사고 방지를 위한 탐지 및 차단 시스템
4. 개인정보에 대한 접근권한 관리 및 접근 통제 시스템

22) "정보주체의 본인 여부가 확인되지 아니하는 경우 등 대통령령으로 정하는 경우"란
1. 법정대리인 동의 여부가 확인되지 않는 경우
2. 열람의 제한 또는 거절 사유에 해당하는 경우
3. 전송요구대상정보의 전송이 제3자의 권리나 정당한 이익을 침해하는 경우
4. 대리인 여부가 확인되지 않는 경우
5. 전송 요구 사항이 특정되지 않는 경우
6. 정보주체의 본인 여부가 확인되지 않는 경우
7. 정보주체의 인증정보를 탈취하는 등 부당한 방법에 의한 전송 요구임을 알게 된 경우
8. 정보주체 본인, 일반전문기관, 특수전문기관 또는 일반수신자가 아닌 자에게 전송해 줄 것을 요구하는 경우
9. 개인정보가 범죄에 악용되는 등 부정한 방법으로 사용되어 정보주체의 이익을 명백히 침해하는 경우
10. 정보주체가 동일한 개인정보에 대하여 정당한 사유 없이 과도하게 반복적으로 전송을 요구하여 업무에 지장을 초래하는 경우
11. 정보주체가 제3자의 기망이나 협박 때문에 전송 요구를 한 것으로 의심될 만한 정황이 확인되는 등 전송 요구를 거절하거나 전송을 중단할 합리적 사유가 있는 경우

에는 상기 개인정보의 전송 요구를 거절하거나 전송을 중단할 수 있다. 개인정보주체는 상기 개인정보의 전송 요구로 인하여 타인의 권리나 정당한 이익을 침해하여서는 아니 된다.

개정 개인정보보호법은 상기 개인정보 전송 요구의 대상이 되는 정보의 범위는 보건의료정보전송자, 통신정보전송자, 에너지정보전송자로 나누어 각각의 대상 정보의 범위를 규정하고 있다.

개인정보 전송 시 전송 요구를 받은 정보전송자는 정보시스템 장애 등으로 전송이 지연되거나 불가능한 사유가 없으면 지체 없이 개인정보를 전송해야 한다. 이 경우 정보전송자는 지체 없이 전송할 수 없는 정당한 사유가 있는 경우에는 정보주체에게 그 사유를 알리고 전송을 연기할 수 있으며, 그 사유가 소멸하면 지체 없이 개인정보를 전송해야 한다. 정보전송자는 개인정보를 전송하는 경우 개인정보의 정확성, 완전성 및 최신성을 유지해야 한다. 정보전송자는 전송의 안전성 및 신뢰성이 보장될 수 있도록 대통령령이 정하는 방식[23]에 따라 개인정보를 전송해야 한다.

개인정보관리 전문기관 및 일반수신자는 개인정보관리 전문기관 및 일반수신자로서 처리하는 정보와 다른 개인정보처리자로서 처리하는 정보를 분리하여 보관해야 한다. 다만, 특수전문기관(「의료법」 제3조에 따른 의료기관에 한정)이 전자의무기록시스템으로 보건의료전송정보를 진료 목적으로 전송받는 경우로서 전자의무기록을 안전하게 관리·보존하는 경우에는 분리 보관을 하지 않을 수 있다.

정보전송자, 개인정보관리 전문기관 및 일반수신자는 다음의 보건의료전송정보, 통신전송정보, 에너지전송정보 및 자율전송정보(이하 "전송요구대상정보"라 한다) 전송 내역을 3년간 보관해야 한다. 다만, 정보전송자의 경우 중계전문기관이 대신 보관할 수 있다.

- 정보주체가 제3자 전송요구를 하는 경우 특정해야 하는 사항
- 정보주체의 전송 요구에 따른 정보 송수신 기록
- 전송 요구의 철회, 거절 및 전송 중단 내역 및 사유

일반전문기관 및 특수전문기관은 상기 전송요구대상정보 전송 내역을 제15조의3 제4항 각 호의 어느 하나에 해당하는 방법[24]으로 연 1회 이상 정보주체에게 알려

23) 전송의 안전성 및 신뢰성이 보장될 수 있도록 대통령령이 정하는 방식이란
1. 정보 전송 시 안전한 암호 알고리즘으로 암호화하여 전송하는 방식
2. 정보전송자와 개인정보관리 전문기관 및 일반수신자 간에 미리 협의하여 정하는 방식
3. 정보전송자와 개인정보관리 전문기관 및 일반수신자 간 상호 식별·인증할 수 있는 방식
4. 정보전송자와 개인정보관리 전문기관 및 일반수신자 간 상호 확인할 수 있는 방식

야 한다. 다만, 정보주체가 통지에 대한 거부의사를 표시한 경우에는 통지를 생략할 수 있다.

15-3 개인정보의 정정 · 삭제

자신의 개인정보를 열람한 정보주체는 개인정보처리자에게 그 개인정보의 정정 또는 삭제를 요구할 수 있다(다만, 다른 법령에서 그 개인정보가 수집 대상으로 명시되어 있는 경우에는 그 삭제를 요구할 수 없으며, 개인정보처리자는 지체 없이 그러한 내용을 정보주체에게 알려야 함).

개인정보처리자는 개인정보의 정정 또는 삭제에 관하여 다른 법령에 특별한 절차가 규정되어 있는 경우를 제외하고는 지체 없이 그 개인정보를 조사(필요하면 해당 정보주체에게 정정 · 삭제 요구사항의 확인에 필요한 증거자료를 제출하게 할 수 있음)하여 정보주체의 요구에 따라 정정 · 삭제 등 필요한 조치를 한 후 그 결과를 정보주체에게 알려야 하며, 개인정보를 삭제할 때에는 복구 또는 재생되지 아니하도록 조치하여야 한다.

15-4 개인정보의 처리정지 등

정보주체는 개인정보처리자에 대하여 자신의 개인정보처리의 정지를 요구하거나 개인정보 처리에 대한 동의를 철회할 수 있고, 개인정보처리자는 지체 없이 정보주체의 요구에 따라 개인정보처리의 전부를 정지하거나 일부를 정지하여야 한다.

다만, 다음의 경우에는 개인정보처리자는 정보주체의 처리정지 요구를 거절하거나 동의 철회에 따른 조치를 하지 아니할 수 있으며, 개인정보처리자는 처리정지 요구를 거절하거나 동의 철회에 따른 조치를 하지 아니하였을 때에는 정보주체에게 지체 없이 그 사유를 알려야 한다.

- 법률에 특별한 규정이 있거나 법령상 의무를 준수하기 위하여 불가피한 경우
- 다른 사람의 생명 · 신체를 해할 우려가 있거나 다른 사람의 재산과 그 밖의 이익을 부당하게 침해할 우려가 있는 경우

24) 개인정보보호법 제15조의3 제4항 각 호의 어느 하나에 해당하는 방법이란
1. 서면 · 전자우편 · 전화 · 문자전송 등 정보주체가 통지 내용을 쉽게 확인할 수 있는 방법
2. 재화 및 서비스를 제공하는 과정에서 정보주체가 쉽게 알 수 있도록 알림창을 통해 알리는 방법(법 제20조의2 제1항에 따른 개인정보의 이용 · 제공 내역을 확인할 수 있는 정보시스템에 접속하는 방법을 통지하는 경우로 한정한다)

- 공공기관이 개인정보를 처리하지 아니하면 다른 법률에서 정하는 소관 업무를 수행할 수 없는 경우
- 개인정보를 처리하지 아니하면 정보주체와 약정한 서비스를 제공하지 못하는 등 계약의 이행이 곤란한 경우로서 정보주체가 그 계약의 해지 의사를 명확하게 밝히지 아니한 경우

개인정보처리자는 정보주체의 요구에 따라 처리가 정지된 개인정보에 대하여 지체 없이 해당 개인정보의 파기 등 필요한 조치를 하여야 하고, 정보주체가 동의를 철회한 때에는 지체 없이 수집된 개인정보를 복구 · 재생할 수 없도록 파기하는 등 필요한 조치를 하여야 한다.

만 14세 미만 아동의 법정대리인은 개인정보처리자에게 그 아동의 개인정보 열람, 정정, 삭제, 처리정지, 동의 철회 등의 요구를 할 수 있다.

개인정보처리자는 정보주체가 열람, 정정, 삭제, 처리정지, 동의 철회 등의 요구를 할 수 있는 구체적인 방법과 절차를 마련하고, 이를 정보주체가 알 수 있도록 공개하여야 하며, 정보주체의 요구에 대한 거절 등 조치에 대하여 불복이 있는 경우 이의를 제기할 수 있도록 필요한 절차를 마련하고 안내하여야 한다.

개인정보처리자는 개인정보 처리정지 요구를 받은 날부터 10일 이내에 ① 해당 개인정보의 처리정지 조치를 한 경우에는 그 조치를 한 사실을, ② 처리정지 요구에 대한 거절이 가능한 경우에 해당하여 그 처리정지 요구에 따르지 아니한 경우에는 그 사실 및 이유와 이의제기방법을 개인정보 보호위원회가 정하여 고시하는 개인정보 처리정지 요구에 대한 결과 통지서로 해당 정보주체에게 알려야 한다.

16 개인정보의 유출 및 노출

개인정보처리자는 개인정보가 분실 · 도난 · 유출(이하 "유출등"이라 한다)되었음을 알게 되었을 때에는 정당한 사유가 없는 한 지체 없이 정보주체에게 아래의 사항을 서면, 전자 우편, 팩스, 전화, 문자전송 등의 방법으로 통지하여야 한다. 다만, 정보주체의 연락처를 알 수 없는 경우 등 정당한 사유가 있는 경우에는 대통령령으로 정하는 바에 따라 통지를 갈음하는 조치를 취할 수 있다.

- 유출된 개인정보 항목

- 유출 시점 및 경위
- 유출로 인해 발생할 수 있는 피해 최소화를 위해 정보주체가 할 수 있는 방법 등에 관한 정보
- 개인정보처리자의 대응조치 및 피해구제 절차
- 정보주체에게 피해가 발생한 경우 신고 등을 접수할 수 있는 담당부서 및 연락처

개인정보처리자는 개인정보가 유출등이 된 경우 그 피해를 최소화하기 위한 대책을 마련하고 필요한 조치를 하여야 한다.

개인정보처리자는 다음의 어느 하나에 해당하는 경우로서 개인정보의 유출등이 있음을 알게 되었을 때에는 72시간 이내에 상기 통지 사항을 지체 없이 개인정보 보호위원회 또는 대통령령으로 정하는 전문기관(한국인터넷진흥원)에 신고하여야 한다. 다만, 천재지변이나 그 밖에 부득이한 사유로 인하여 72시간 이내에 신고하기 곤란한 경우에는 해당 사유가 해소된 후 지체 없이 신고할 수 있으며, 개인정보 유출등의 경로가 확인되어 해당 개인정보를 회수·삭제하는 등의 조치를 통해 정보주체의 권익 침해 가능성이 현저히 낮아진 경우에는 신고하지 않을 수 있다.

- 1천명 이상의 정보주체에 관한 개인정보가 유출등이 된 경우
- 민감정보 또는 고유식별정보가 유출등이 된 경우
- 개인정보처리시스템 또는 개인정보취급자가 개인정보 처리에 이용하는 정보기기에 대한 외부로부터의 불법적인 접근에 의해 개인정보가 유출등이 된 경우

개인정보처리자는 상기 신고를 하려는 경우로서 유출등이 된 개인정보의 항목, 유출등이 된 시점과 그 경위에 관한 구체적인 내용을 확인하지 못한 경우에는 개인정보가 유출등이 된 사실, 그때까지 확인된 내용 및 법 34조 제1항 제3호부터 제5호까지의 사항(유출등으로 인하여 발생할 수 있는 피해를 최소화하기 위하여 정보주체가 할 수 있는 방법 등에 관한 정보, 개인정보처리자의 대응조치 및 피해구제절차, 정보주체에게 피해가 발생한 경우 신고 등을 접수할 수 있는 담당부서 및 연락처)을 서면등의 방법으로 우선 신고해야 하며, 추가로 확인되는 내용에 대해서는 확인되는 즉시 신고해야 한다.

이 경우 개인정보 보호위원회 또는 대통령령으로 정하는 전문기관(한국인터넷진흥원)은 피해 확산방지, 피해 복구 등을 위한 기술을 지원할 수 있다.

개인정보처리자는 개인정보가 유출등이 되었음을 알게 되었을 때에는 서면등의

방법으로 72시간 이내에 상기 통지 사항을 정보주체에게 알려야 한다. 다만, 다음의 어느 하나에 해당하는 경우에는 해당 사유가 해소된 후 지체 없이 정보주체에게 알릴 수 있다.

- 유출등이 된 개인정보의 확산 및 추가 유출등을 방지하기 위하여 접속경로의 차단, 취약점 점검·보완, 유출등이 된 개인정보의 회수·삭제 등 긴급한 조치가 필요한 경우
- 천재지변이나 그 밖에 부득이한 사유로 인하여 72시간 이내에 통지하기 곤란한 경우

개인정보처리자는 상기 통지를 하려는 경우로서 유출등이 된 개인정보의 항목, 유출등이 된 시점과 그 경위에 관한 구체적인 내용을 확인하지 못한 경우에는 개인정보가 유출등이 된 사실, 그때까지 확인된 내용 및 법 제34조 제1항 제3호부터 제5호까지의 사항(유출등으로 인하여 발생할 수 있는 피해를 최소화하기 위하여 정보주체가 할 수 있는 방법 등에 관한 정보, 개인정보처리자의 대응조치 및 피해 구제절차, 정보주체에게 피해가 발생한 경우 신고 등을 접수할 수 있는 담당부서 및 연락처)을 서면등의 방법으로 우선 통지해야 하며, 추가로 확인되는 내용에 대해서는 확인되는 즉시 통지해야 한다.

개인정보처리자는 정보주체의 연락처를 알 수 없는 경우 등 정당한 사유가 있는 경우에는 상기 통지해야 하는 사항을 정보주체가 쉽게 알 수 있도록 자신의 인터넷 홈페이지에 30일 이상 게시하는 것으로 상기 통지를 갈음할 수 있다. 다만, 인터넷 홈페이지를 운영하지 아니하는 개인정보처리자의 경우에는 사업장등의 보기 쉬운 장소에 상기 통지 사항을 30일 이상 게시하는 것으로 상기 통지를 갈음할 수 있다.

개인정보처리자는 고유식별정보, 계좌정보, 신용카드정보 등 개인정보가 정보통신망을 통하여 공중에 노출되지 아니하도록 하여야 한다. 개인정보처리자는 공중에 노출된 개인정보에 대하여 개인정보 보호위원회 또는 대통령령으로 지정한 전문기관(한국인터넷진흥원)의 요청이 있는 경우에는 해당 정보를 삭제하거나 차단하는 등 필요한 조치를 하여야 한다.

17 「개인정보보호법」 위반에 대한 제재

17-1 과징금 부과

1) 과징금 부과 대상 행위 및 금액 등

2023.9.15. 시행된 최근 개정 개인정보보호법은 행위 유형에 따라 구별되어 있는 과징금 관련 조항을 동법 제64조의2으로 통합하여 기술하고 있다.

개인정보 보호위원회는 다음의 어느 하나에 해당하는 경우에는 해당 개인정보처리자에게 전체 매출액의 100분의 3을 초과하지 아니하는 범위에서 과징금을 부과할 수 있다. 다만, 매출액이 없거나 매출액의 산정이 곤란한 경우로서 개인정보보호법 시행령으로 정하는 경우에는 20억원을 초과하지 아니하는 범위에서 과징금을 부과할 수 있다.

- 제15조(개인정보의 수집 · 이용) 제1항, 제17조(개인정보의 제공) 제1항, 제18조(개인정보의 목적 외 이용 · 제공 제한) 제1항 · 제2항(제26조 제8항에 따라 준용되는 경우를 포함) 또는 제19조(개인정보를 제공받은 자의 이용 · 제공 제한)를 위반하여 (정보주체의 동의를 받지 않고) 개인정보를 처리한 경우
- 제22조의2(아동의 개인정보 보호) 제1항(제26조 제8항에 따라 준용되는 경우를 포함)을 위반하여 법정대리인의 동의를 받지 아니하고 만 14세 미만인 아동의 개인정보를 처리한 경우
- 제23조(민감정보의 처리 제한) 제1항 제1호(제26조 제8항에 따라 준용되는 경우를 포함)를 위반하여 정보주체의 동의를 받지 아니하고 민감정보를 처리한 경우
- 제24조(고유식별정보의 처리 제한) 제1항 · 제24조의2(주민등록번호 처리의 제한) 제1항(제26조 제8항에 따라 준용되는 경우를 포함한다)을 위반하여 고유식별정보 또는 주민등록번호를 처리한 경우
- 제26조(업무위탁에 따른 개인정보의 처리 제한) 제4항에 따른 관리 · 감독 또는 교육을 소홀히 하여 수탁자가 이 법의 규정을 위반한 경우
- 제28조의5(가명정보 처리 시 금지의무 등) 제1항(제26조 제8항에 따라 준용되는 경우를 포함)을 위반하여 특정 개인을 알아보기 위한 목적으로 정보를 처리한 경우

- 제28조의8(개인정보의 국외 이전) 제1항(제26조 제8항 및 제28조의11에 따라 준용되는 경우를 포함)을 위반하여 개인정보를 국외로 이전한 경우
- 제28조의9(개인정보의 국외 이전 중지 명령) 제1항(제26조 제8항 및 제28조의11에 따라 준용되는 경우를 포함)을 위반하여 국외 이전 중지 명령을 따르지 아니한 경우
- 개인정보처리자가 처리하는 개인정보가 분실 · 도난 · 유출 · 위조 · 변조 · 훼손된 경우. 다만, 개인정보가 분실 · 도난 · 유출 · 위조 · 변조 · 훼손되지 아니하도록 개인정보처리자가 제29조(안전조치의무)(제26조 8항에 따라 준용되는 경우를 포함)에 따른 안전성 확보에 필요한 조치를 다한 경우에는 그러하지 아니하다.

개인정보 보호위원회는 상기 과징금을 부과하려는 경우 전체 매출액에서 위반행위와 관련이 없는 매출액을 제외한 매출액을 기준으로 과징금을 산정한다.

개인정보 보호위원회는 상기 과징금을 부과하려는 경우 개인정보처리자가 정당한 사유 없이 매출액 산정자료의 제출을 거부하거나 거짓의 자료를 제출한 경우에는 해당 개인정보처리자의 전체 매출액을 기준으로 과징금을 산정하되 해당 개인정보처리자 및 비슷한 규모의 개인정보처리자의 개인정보 보유 규모, 재무제표 등 회계자료, 상품 · 용역의 가격 등 영업현황 자료에 근거하여 매출액을 추정할 수 있다.

개인정보 보호위원회는 상기 과징금을 부과하는 경우에는 위반행위에 상응하는 비례성과 침해 예방에 대한 효과성이 확보될 수 있도록 다음의 사항을 고려하여야 한다.

- 위반행위의 내용 및 정도
- 위반행위의 기간 및 횟수
- 위반행위로 인하여 취득한 이익의 규모
- 암호화 등 안전성 확보 조치 이행 노력
- 개인정보가 분실 · 도난 · 유출 · 위조 · 변조 · 훼손된 경우 위반행위와의 관련성 및 분실 · 도난 · 유출 · 위조 · 변조 · 훼손의 규모
- 위반행위로 인한 피해의 회복 및 피해 확산 방지 조치의 이행 여부
- 개인정보처리자의 업무 형태 및 규모
- 개인정보처리자가 처리하는 개인정보의 유형과 정보주체에게 미치는 영향
- 위반행위로 인한 정보주체의 피해 규모

• 개인정보 보호 인증, 자율적인 보호 활동 등 개인정보 보호를 위한 노력
• 개인정보 보호위원회와의 협조 등 위반행위를 시정하기 위한 조치 여부

개인정보 보호위원회는 다음의 어느 하나에 해당하는 사유가 있는 경우에는 과징금을 부과하지 아니할 수 있다.

• 지급불능·지급정지 또는 자본잠식 등의 사유로 객관적으로 과징금을 낼 능력이 없다고 인정되는 경우
• 본인의 행위가 위법하지 아니한 것으로 잘못 인식할 만한 정당한 사유가 있는 경우
• 위반행위의 내용·정도가 경미하거나 산정된 과징금이 소액인 경우
• 그 밖에 정보주체에게 피해가 발생하지 아니하였거나 경미한 경우로서 개인정보보호법 시행령으로 정하는 사유가 있는 경우

2) 과징금의 납부기한 및 징수 등

개인정보 보호위원회는 과징금을 부과하려는 경우에는 해당 위반행위를 조사·확인한 후 위반사실·부과금액·이의 제기 방법 및 이의 제기 기간 등을 서면으로 명시하여 과징금 부과대상자에게 통지해야 한다.

과징금 부과 통지를 받은 자는 통지를 받은 날부터 30일 이내에 개인정보 보호위원회가 지정하는 금융기관에 과징금을 납부해야 한다. 과징금의 납부를 받은 금융기관은 과징금을 납부한 자에게 영수증을 발급해야 하고, 과징금을 수납한 때에는 지체 없이 그 사실을 개인정보 보호위원회에 통보해야 한다.

개인정보 보호위원회는 과징금을 내야 할 자가 납부기한까지 이를 내지 아니하면 납부기한의 다음 날부터 내지 아니한 과징금의 연 100분의 6에 해당하는 가산금을 징수한다. 이 경우 가산금을 징수하는 기간은 60개월을 초과하지 못한다. 개인정보 보호위원회는 과징금을 내야 할 자가 납부기한까지 내지 아니한 경우에는 기간을 정하여 독촉하고, 독촉으로 지정한 기간 내에 과징금과 가산금을 내지 아니하면 국세강제징수의 예에 따라 징수한다.

개인정보 보호위원회는 법원의 판결 등의 사유로 부과된 과징금을 환급하는 경우에는 과징금을 낸 날부터 환급하는 날까지의 기간에 대하여 금융회사 등의 예금이자율 등을 고려하여 대통령령으로 정하는 이자율(「국세기본법 시행령」 제43조의3 제2항 본문에 따른 이자율을 말함)을 적용하여 계산한 환급가산금을 지급하여야 한다. 개인정보 보호위원회는 법원의 판결에 따라 과징금 부과처분이 취소되어 그

판결이유에 따라 새로운 과징금을 부과하는 경우에는 당초 납부한 과징금에서 새로 부과하기로 결정한 과징금을 공제한 나머지 금액에 대해서만 환급가산금을 계산하여 지급한다.

개인정보 보호위원회는 과징금의 납부기한을 연기하는 경우에는 원래 납부기한의 다음 날부터 2년을 초과할 수 없다. 개인정보 보호위원회는 과징금을 분할 납부하게 하는 경우에는 각 분할된 납부기한 간의 간격은 6개월을 초과할 수 없으며, 분할 횟수는 6회를 초과할 수 없다.

17-2 손해배상의 책임[25]

1) 일반적인 손해배상 책임

정보주체는 개인정보처리자가 「개인정보보호법」을 위반한 행위로 **손해를 입으면** 개인정보처리자에게 손해배상을 청구할 수 있다. 이 경우 그 개인정보처리자는 고의 또는 「**과실**」이 없음을 입증하지 아니하면 책임을 면할 수 없다.

2) 징벌적 손해배상 제도

개인정보처리자의 고의 또는 「**중대한 과실**」로 인하여 개인정보가 분실 · 도난 · 유출 · 위조 · 변조 또는 훼손된 경우로서 정보주체에게 **손해가 발생한 때**에는 법원은 **그 손해액의 5배를 넘지 아니하는 범위**에서 손해배상액을 정할 수 있다. 다만, 개인정보처리자가 고의 또는 「**중대한 과실**」이 없음을 증명한 경우에는 그러하지 아니하다.

법원이 징벌적 손해배상액을 정할 때 고려하여야 하는 사항은 다음과 같다.

- 고의 또는 손해 발생의 우려를 인식한 정도
- 피해 규모
- 개인정보처리자가 취득한 경제적 이익
- 벌금 및 과징금

25) 개인정보보호법 제39조의7(손해배상의 보장)은 개인정보처리자로서 매출액, 개인정보의 보유 규모 등을 고려하여 개인정보보호법 시행령으로 정하는 기준에 해당하는 자는 일반적 손해배상, 징벌적 손해배상, 법정손해배상의 책임 이행을 위하여 보험 또는 공제에 가입하거나 준비금을 적립하는 등 필요한 조치를 하여야 한다. 다만, 다음의 어느 하나에 해당하는 자는 보험 또는 공제 가입, 준비금 적립 등의 조치를 하지 아니할 수 있다. ① 개인정보보호법 시행령으로 정하는 공공기관, 비영리법인 및 단체, ② 「소상공인기본법」 제2조 제1항에 따른 소상공인으로서 개인정보보호법 시행령으로 정하는 자에게 개인정보 처리를 위탁한 자, ③ 다른 법률에 따라 상기 손해배상책임의 이행을 보장하는 보험 또는 공제에 가입하거나 준비금을 적립한 개인정보처리자

- 위반행위의 기간 · 횟수 등
- 개인정보처리자의 재산상태
- 개인정보처리자가 정보주체의 개인정보 분실 · 도난 · 유출 후 해당 개인정보를 회수하기 위하여 노력한 정도
- 개인정보처리자가 정보주체의 피해구제를 위하여 노력한 정도

17-3 법정손해배상 청구

정보주체는 개인정보처리자의 고의 또는 「**과실**」로 인하여 **개인정보가 분실 · 도난 · 유출 · 위조 · 변조 또는 훼손된 경우**에는 300만원 이하의 범위에서 상당한 금액을 손해액으로 하여 배상을 청구할 수 있다. 이 경우 해당 개인정보처리자는 고의 또는 「**과실**」이 없음을 입증하지 아니하면 책임을 면할 수 없다.

법원은 변론 전체의 취지와 증거조사의 결과를 고려하여 300만원 이하의 범위에서 상당한 손해액을 인정할 수 있다.

일반적 손해배상책임 및 징벌적 손해배상책임으로서의 손해배상을 청구한 정보주체는 해당 재판의 사실심의 변론이 종결되지 전까지 그 청구를 법정손해배상 청구로 변경할 수 있다.

※ **일반적인 손해배상 청구**의 경우에는 「개인정보보호법을 위반한 행위로 **손해를 입으면**」, **징벌적 손해배상 청구**의 경우에는 「개인정보가 분실 · 도난 · 유출 · 위조 · 변조 또는 훼손된 경우로서 정보주체에게 **손해가 발생한 때**」와 같이 「**손해 발생」이라는 요건이 필요하지만**, **법정손해배상** 청구의 경우 「**손해 발생」이라는 요건이 필요 없고** 「**개인정보가 분실 · 도난 · 유출 · 위조 · 변조 또는 훼손된 경우**」라고 규정되어 있다는 차이가 있다.

17-4 벌칙

1) 위반행위별 벌칙

「개인정보보호법」 위반행위에 대한 벌칙은 다음과 같다.

- **10년 이하**의 징역 또는 **1억원 이하**의 벌금
  - 공공기관의 개인정보처리업무를 방해할 목적으로 공공기관에서 처리하고 있는 개인정보를 변경하거나 말소하여 공공기관의 업무 수행의 중단 · 마비 등 심각한 지장을 초래한 자
  - 거짓이나 그 밖의 부정한 수단이나 방법으로 다른 사람이 처리하고 있는 개인정보를 취득한 후 이를 영리 또는 부정한 목적으로 제3자에게 제공한 자

와 이를 교사 · 알선한 자

- **5년 이하**의 징역 또는 **5천만원 이하**의 벌금
  - 법률에 특별한 규정이 있거나 법령상 의무를 준수하기 위하여 불가피한 경우, 공공기관이 법령 등에서 정하는 소관 업무의 수행을 위하여 불가피한 경우, 명백히 정보주체 또는 제3자의 급박한 생명, 신체, 재산의 이익을 위하여 필요하다고 인정되는 경우, 개인정보처리자의 정당한 이익을 달성하기 위하여 필요한 경우로서 명백하게 정보주체의 권리보다 우선하는 경우(이 경우 개인정보처리자의 정당한 이익과 상당한 관련이 있고 합리적인 범위를 초과하지 아니하는 경우에 한함), 공중위생 등 공공의 안전과 안녕을 위하여 긴급히 필요한 경우가 아님에도 정보주체의 동의를 받지 아니하고 개인정보를 제3자에게 제공한 자 및 그 사정을 알고 개인정보를 제공받은 자(업무위탁에 따른 개인정보의 처리 제한 관련하여 준용되는 경우 포함)
  - 수집 목적 범위 내의 이용, 원칙적으로 허용된 제3자 제공, 예외적으로 허용되는 목적 외 이용 및 제3자 제공, 개인정보를 제공받은 자의 이용 · 제공 제한, 수탁자의 위탁받은 업무 범위 내 이용 · 제3자 제공, 영업의 양도 · 합병 등으로 개인정보를 이전받은 경우의 이용 · 제3자 제공 등의 범위 및 제한, 가명정보의 처리 · 제공 등에 대한 규정을 위반하여 개인정보를 이용하거나 제3자에게 제공한 자 및 그 사정을 알면서도 영리 또는 부정한 목적으로 개인정보를 제공받은 자
  - 제22조의2 제1항(제26조제8항에 따라 준용되는 경우를 포함한다)을 위반하여 법정대리인의 동의를 받지 아니하고 만 14세 미만인 아동의 개인정보를 처리한 자
  - 개인정보보호법상 민감정보의 처리 제한 규정을 위반하여 민감정보를 처리한 자
  - 개인정보보호법상 고유식별정보의 처리 제한 규정을 위반하여 고유식별정보를 처리한 자
  - 개인정보 보호위원회 또는 관계 중앙행정기관의 장으로부터 전문기관으로 지정받지 아니하고 가명정보를 결합한 자
  - 가명정보의 결합 제한 규정을 위반하여 전문기관의 장의 승인을 받지 아니하고 결합을 수행한 기관 외부로 결합된 정보를 반출하거나 이를 제3자에게 제공한 자 및 그 사정을 알면서도 영리 또는 부정한 목적으로 결합된 정

보를 제공받은 자

- 가명정보 처리 시 금지의무 등의 규정을 위반하여 특정 개인을 알아보기 위한 목적으로 가명정보를 처리한 자
- 업무상 알게 된 개인정보를 누설하거나 권한 없이 다른 사람이 이용하도록 제공한 자 및 그 사정을 알면서도 영리 또는 부정한 목적으로 개인정보를 제공받은 자
- 개인정보를 처리하거나 처리하였던 자로서 정당한 권한 없이 또는 허용된 권한을 초과하여 다른 사람의 개인정보를 이용, 훼손, 멸실, 변경, 위조 또는 유출한 자

• **3년 이하**의 징역 또는 **3천만원 이하**의 벌금
  - 고정형 영상정보처리기기의 설치 목적과 다른 목적으로 고정형 영상정보처리기기를 임의로 조작하거나 다른 곳을 비추는 자 또는 녹음기능을 사용한 자
  - 거짓이나 그 밖의 부정한 수단이나 방법으로 개인정보를 취득하거나 개인정보처리에 관한 동의를 받는 행위를 한 자 및 그 사정을 알면서도 영리 또는 부정한 목적으로 개인정보를 제공받은 자
  - 직무상 알게 된 비밀을 누설하거나 직무상 목적 외에 이용한 자

• **2년 이하**의 징역 또는 **2천만원 이하**의 벌금
  - 개인정보의 정정 · 삭제 요구에도 불구하고 정정 · 삭제 등 필요한 조치를 하지 아니하고 개인정보를 계속 이용하거나 이를 제3자에게 제공한 자
  - 개인정보의 처리정지 요구에도 불구하고 개인정보의 처리를 정지하지 아니하고 개인정보를 계속 이용하거나 제3자에게 제공한 자
  - 개인정보보호법 위반 관련 손해배상 소송에서의 법원의 비밀유지명령을 국내외에서 정당한 이유 없이 위반한 자
  - 개인정보 보호위원회의 자료제출 요구에 대하여 법 위반사항을 은폐 또는 축소할 목적으로 자료제출을 거부하거나 거짓의 자료를 제출한 자
  - 개인정보 보호위원회의 자료제출 요구에도 불구하고 자료를 제출하지 아니하거나 개인정보보호법을 위반한 사실이 있다고 인정되어 개인정보 보호위원회가 실시하는 출입 · 검사에 대하여 자료의 은닉 · 폐기, 접근 거부 또는 위조 · 변조 등을 통하여 조사를 거부 · 방해 또는 기피한 자

그리고 상기 비밀유지명령 위반죄는 비밀유지명령을 신청한 자의 고소가 없으면

공소를 제기할 수 없다.

2) 양벌규정

법인의 대표자나 법인 또는 개인의 대리인, 사용인, 그 밖의 종업원이 그 법인 또는 개인의 업무에 관하여 행한 위법행위가

- 「개인정보보호법」상 10년 이하의 징역 또는 1억원 이하의 벌금에 해당하면
  - 그 행위자를 벌하는 외에 그 법인 또는 개인을 **7천만원 이하의 벌금**에 처한다.
- 「개인정보보호법」상 그 외 다른 유형의 징역 또는 벌금에 해당하면
  - 그 행위자를 벌하는 외에 그 법인 또는 개인에게도 **해당 조문의 벌금형**을 과한다.
- 다만, 법인 또는 개인이 그 위반행위를 방지하기 위하여 해당 업무에 관하여 상당한 주의와 감독을 게을리하지 아니한 경우에는 그러하지 아니하다.

3) 몰수 · 추징 등

「개인정보보호법」상 벌칙에 해당하는 죄를 지은 자가 해당 위반행위와 관련하여 취득한 금품이나 그 밖의 이익은 몰수할 수 있으며, 이를 몰수할 수 없을 때에는 그 가액을 추징할 수 있다. 이 경우 몰수 또는 추징은 다른 벌칙에 부가하여 과할 수 있다.

4) 위반행위별 과태료

「개인정보보호법」 위반행위에 대한 과태료는 다음과 같다.

- **5천만원 이하**의 과태료
  - 고정형 영상정보처리기기의 설치 · 운영 제한 규정을 위반하여 불특정 다수가 이용하는 개인의 사생활을 현저히 침해할 우려가 있는 장소의 내부를 볼 수 있도록 고정형 영상정보처리기기를 설치 · 운영한 자
  - 이동형 영상정보처리기기의 운영 제한 규정을 위반하여 불특정 다수가 이용하는 개인의 사생활을 현저히 침해할 우려가 있는 장소의 내부를 볼 수 있도록 이동형 영상정보처리기기로 사람 또는 그 사람과 관련된 사물의 영상을 촬영한 자
- **3천만원 이하**의 과태료
  - 필요한 최소한의 정보 외의 개인정보 수집 동의, 선택적 동의, 홍보 · 판매 권유를 위한 동의, 목적 외의 용도 이용 동의, 제3자 제공 동의와 관련하여 동

의하지 아니한다는 이유로 정보주체에게 재화 또는 서비스의 제공을 거부한 자

- 정보주체 이외로부터 수집한 개인정보의 수집 출처 등 통지에 대한 규정을 위반하여 정보주체에게 통지해야 할 사실을 알리지 아니한 자
- 개인정보의 이용 · 제공 내역의 통지 규정을 위반하여 개인정보의 이용 · 제공 내역이나 이용 · 제공 내역을 확인할 수 있는 정보시스템에 접속하는 방법을 통지하지 아니한 자
- 개인정보 파기 조항에 위반하여 개인정보의 파기 등 필요한 조치를 하지 아니한 자
- 민감정보 · 고유식별정보의 처리 제한, 고정형 영상정보처리기기의 설치 · 운영 관련 안전성 확보에 필요한 조치, 가명정보에 대한 안전조치의무 등, 개인정보가 분실 · 도난 · 유출 · 위조 · 변조 또는 훼손되지 아니하도록 내부 관리계획 수립, 접속기록 보관 등 안전성 확보에 필요한 기술적 · 관리적 및 물리적 조치를 하지 아니한 자
- 민감정보의 처리 제한 규정을 위반하여 민감정보의 공개 가능성 및 비공개를 선택하는 방법을 알리지 아니한 자
- 주민등록번호 처리의 제한 규정을 위반하여 주민등록번호를 처리한 자
- 주민등록번호 처리의 제한 규정을 위반하여 주민등록번호가 분실 · 도난 · 유출 · 위조 · 변조 또는 훼손되지 아니하도록 암호화 조치를 하지 아니한 자
- 주민등록번호 처리의 제한 규정을 위반하여 정보주체가 인터넷 홈페이지를 통하여 회원으로 가입하는 단계에서 주민등록번호를 사용하지 아니하고도 회원으로 가입할 수 있는 방법을 제공하지 아니한 자
- 고정형 영상정보처리기기의 설치 · 운영 제한 규정을 위반하여 공개된 장소에 고정형 영상정보처리기기를 설치 · 운영한 자
- 이동형 영상정보처리기기의 운영 제한 규정을 위반하여 공개된 장소에서 이동형 영상정보처리기기로 사람 또는 그 사람과 관련된 사물의 영상을 촬영한 자
- 재화 또는 서비스를 홍보하거나 판매를 권유하는 업무를 위탁하는 경우 위탁하는 업무의 내용과 수탁자(변경된 경우 포함)를 정보주체에게 알려야 함에도 이를 알리지 아니한 자
- 가명정보 처리 시 금지의무 등 규정에 위반하여 개인을 알아볼 수 있는 정보

가 생성되었음에도 이용을 중지하지 아니하거나 이를 회수 · 파기하지 아니한 자

- 개인정보의 국외 이전 제한 규정에 위반하여 보호조치를 하지 아니한 자
- 개인정보 보호 인증 규정을 위반하여 인증을 받지 아니하였음에도 거짓으로 인증의 내용을 표시하거나 홍보한 자
- 개인정보 영향평가 규정을 위반하여 영향평가를 하지 아니하거나 그 결과를 보호위원회에 제출하지 아니한 자
- 개인정보 유출 등의 통지 · 신고 규정을 위반하여 정보주체에게 같은 항 각 호의 사실을 알리지 아니한 자
- 개인정보 유출 등의 통지 · 신고 규정을 위반하여 개인정보 보호위원회 또는 한국인터넷진흥원에 신고하지 아니한 자
- 개인정보의 열람 규정을 위반하여 열람을 제한하거나 거절한 자
- 개인정보관리 전문기관으로 지정을 받지 아니하고 정보주체의 권리행사를 지원하기 위한 개인정보 전송시스템의 구축 및 표준화 업무를 수행한 자
- 개인정보관리 전문기관 금지 행위를 위반하는 경우(정보주체에게 개인정보의 전송 요구를 강요하거나 부당하게 유도하는 행위나 그 밖에 개인정보를 침해하거나 정보주체의 권리를 제한할 우려가 있는 행위로서 개인정보보호법 시행령으로 정하는 행위)
- 개인정보의 정정 · 삭제 규정을 위반하여 정정 · 삭제 등 필요한 조치를 하지 아니한 자
- 개인정보의 처리정지 등 규정을 위반하여 파기 등 필요한 조치를 하지 아니한 자
- 자동화된 결정에 대한 정보주체의 권리 등 규정을 위반하여 정당한 사유 없이 정보주체의 요구에 따르지 아니한 자
- 개인정보 보호위원회의 자료제출 요구에 관계 물품 · 서류 등 자료를 제출하지 아니하거나 거짓으로 제출한 자
- 개인정보 보호위원회의 출입 · 검사를 거부 · 방해 또는 기피한 자
- 개인정보 보호위원회의 시정조치 명령에 따르지 아니한 자

• **2천만원 이하**의 과태료

- 업무위탁에 따른 개인정보의 처리 제한 규정을 위반하여 위탁자의 동의를 받

지 아니하고 제3자에게 다시 위탁한 자

- 국내대리인의 지정 규정을 위반하여 국내대리인을 지정하지 아니한 자

• 1**천만원 이하**의 과태료

- 개인정보 보호수준 평가 규정에 위반하여 정당한 사유 없이 자료를 제출하지 아니하거나 거짓으로 제출한 자
- 개인정보의 파기 규정을 위반하여 개인정보를 분리하여 저장·관리하지 아니한 자
- 동의를 받는 방법에 대한 규정을 위반하여 동의를 받은 자
- 업무위탁에 따른 개인정보의 처리 제한 규정을 위반하여 업무위탁 시 같은 항 각 호의 내용이 포함된 문서로 하지 아니한 자
- 업무위탁에 따른 개인정보의 처리 제한 규정을 위반하여 위탁하는 업무의 내용과 수탁자를 공개하지 아니한 자
- 영업양도 등에 따른 개인정보의 이전 제한 규정을 위반하여 정보주체에게 개인정보의 이전 사실을 알리지 아니한 자
- 가명정보에 대한 안전조치의무 등 규정에 위반하여 관련 기록을 작성하여 보관하지 아니한 자
- 개인정보 처리방침의 수립 및 공개 규정에 위반하여 개인정보 처리방침을 정하지 아니하거나 이를 공개하지 아니한 자
- 개인정보 보호책임자의 지정 등 규정에 위반하여 개인정보 보호책임자를 지정하지 아니한 자
- 개인정보의 열람, 개인정보의 정정·삭제, 개인정보의 처리정지 등 규정에 위반하여 정보주체에게 알려야 할 사항을 알리지 아니한 자
- 분쟁조정위원회의 자료의 요청에 대하여 자료를 정당한 사유 없이 제출하지 아니하거나 거짓으로 제출한 자
- 분쟁조정위원회의 출입·조사·열람을 정당한 사유 없이 거부·방해 또는 기피한 자

상기 과태료는 개인정보보호법 시행령으로 정하는 바에 따라 개인정보 보호위원회가 부과·징수한다. 이 경우 개인정보 보호위원회는 위반행위의 정도·동기·결과, 개인정보처리자의 규모 등을 고려하여 과태료를 감경하거나 면제할 수 있다.

5) 과태료에 관한 규정 적용의 특례

법 제75조의 과태료에 관한 규정을 적용할 때 법 제64조의2에 따라 과징금을 부과한 행위에 대하여는 과태료를 부과할 수 없다.

18 개인정보 보호위원회, 개인정보 분쟁조정위원회 등

18-1 개인정보 보호위원회

1) 개인정보 보호위원회의 설치

개인정보 보호에 관한 사무를 독립적으로 수행하기 위하여 국무총리 소속으로 개인정보 보호위원회를 둔다. 개인정보 보호위원회는 「정부조직법」 제2조에 따른 중앙행정기관으로 본다. 다만, 다음의 사항에 대하여는 「정부조직법」 제18조[26]를 적용하지 아니한다.

- 정보주체의 권리침해에 대한 조사 및 이에 따른 처분에 관한 사항, 개인정보의 처리와 관련한 고충처리 · 권리구제 및 개인정보에 관한 분쟁의 조정의 사무
- 개인정보 침해요인 평가에 관한 사항 심의 · 의결 사항

2) 개인정보 보호위원회의 구성 등

개인정보 보호위원회는 상임위원 2명(위원장 1명, 부위원장 1명)을 포함한 9명의 위원으로 구성한다.

위원은 개인정보 보호에 관한 경력과 전문지식이 풍부한 다음의 사람 중에서 위원장과 부위원장은 국무총리의 제청으로, 그 외 위원 중 2명은 위원장의 제청으로, 2명은 대통령이 소속되거나 소속되었던 정당의 교섭단체 추천으로, 3명은 그 외의 교섭단체 추천으로 대통령이 임명 또는 위촉한다.

- 개인정보 보호 업무를 담당하는 3급 이상 공무원(고위공무원단에 속하는 공무원을 포함)의 직에 있거나 있었던 사람

---

26) 정부조직법 제18조(국무총리의 행정감독권) ① 국무총리는 대통령의 명을 받아 각 중앙행정기관의 장을 지휘 · 감독한다. ② 국무총리는 중앙행정기관의 장의 명령이나 처분이 위법 또는 부당하다고 인정될 경우에는 대통령의 승인을 받아 이를 중지 또는 취소할 수 있다.

- 판사 · 검사 · 변호사의 직에 10년 이상 있거나 있었던 사람
- 공공기관 또는 단체(개인정보처리자로 구성된 단체를 포함)에 3년 이상 임원으로 재직하였거나 이들 기관 또는 단체로부터 추천받은 사람으로서 개인정보 보호 업무를 3년 이상 담당하였던 사람
- 개인정보 관련 분야에 전문지식이 있고 「고등교육법」 상 학교에서 부교수 이상으로 5년 이상 재직하고 있거나 재직하였던 사람

위원장과 부위원장은 정무직 공무원으로 임명하며, 위원장, 부위원장, 사무처의 장은 「정부조직법」 제10조에도 불구하고 정부위원이 된다.

위원의 임기는 3년으로 하되, 한 차례만 연임할 수 있다. 위원이 궐위된 때에는 지체 없이 새로운 위원을 임명 또는 위촉하여야 하며, 이 경우 후임으로 임명 또는 위촉된 위원의 임기는 새로이 개시된다.

위원은 다음의 어느 하나에 해당하는 경우를 제외하고는 그 의사에 반하여 면직 또는 해촉되지 아니하며, 법률과 양심에 따라 독립적으로 직무를 수행한다.(신분보장)

- 장기간 심신장애로 인하여 직무를 수행할 수 없게 된 경우
- 개인정보보호법상의 결격사유에 해당하는 경우
- 개인정보보호법 또는 그 밖의 다른 법률에 따른 직무상의 의무를 위반한 경우

위원은 법률과 양심에 따라 독립적으로 직무를 수행하여야 한다.

위원은 재직 중 다음의 직을 겸하거나 직무와 관련된 영리업무에 종사하여서는 아니 되며, 정치활동에 관여할 수 없다.(겸직금지)

- 국회의원 또는 지방의회의원
- 국가공무원 또는 지방공무원
- 그 밖에 대통령령으로 정하는 직

다음의 어느 하나에 해당하는 사람은 위원이 될 수 없다.(결격사유)

- 대한민국 국민이 아닌 사람
- 「국가공무원법」 제33조 각 호의 어느 하나에 해당하는 사람
- 「정당법」 제22조에 따른 당원

위원이 상기 결격사유 중 어느 하나에 해당하게 된 때에는 그 직에서 당연 퇴직한다. 다만, 「국가공무원법」 제33조 제2호는 파산선고를 받은 사람으로서 「채무자

회생 및 파산에 관한 법률」에 따라 신청기한 내에 면책신청을 하지 아니하였거나 면책불허가 결정 또는 면책 취소가 확정된 경우만 해당하고, 같은 법 제33조 제5호는 「형법」 제129조부터 제132조까지, 「성폭력범죄의 처벌 등에 관한 특례법」 제2조, 「아동 · 청소년의 성보호에 관한 법률」 제2조 제2호 및 직무와 관련하여 「형법」 제355조 또는 제356조에 규정된 죄를 범한 사람으로서 금고 이상의 형의 선고유예를 받은 경우만 해당한다.

3) 개인정보 보호위원회의 소관 사무

개인정보 보호위원회는 다음의 소관 사무를 수행한다.

- 개인정보의 보호와 관련된 법령의 개선에 관한 사항
- 개인정보 보호와 관련된 정책 · 제도 · 계획 수립 · 집행에 관한 사항
- 정보주체의 권리침해에 대한 조사 및 이에 따른 처분에 관한 사항
- 개인정보의 처리와 관련한 고충처리 · 권리구제 및 개인정보에 관한 분쟁의 조정
- 개인정보 보호를 위한 국제기구 및 외국의 개인정보 보호기구와의 교류 · 협력
- 개인정보 보호에 관한 법령 · 정책 · 제도 · 실태 등의 조사 · 연구, 교육 및 홍보에 관한 사항
- 개인정보 보호에 관한 기술개발의 지원 · 보급, 기술의 표준화 및 전문인력의 양성에 관한 사항
- 개인정보보호법 및 다른 법령에 따라 보호위원회의 사무로 규정된 사항

4) 개인정보 보호위원회의 심의 · 의결 사항 등

개인정보 보호위원회는 다음의 사항을 심의 · 의결한다.

- 개인정보 침해요인 평가에 관한 사항
- 기본계획 및 시행계획에 관한 사항
- 개인정보 보호와 관련된 정책, 제도 및 법령의 개선에 관한 사항
- 개인정보의 처리에 관한 공공기관 간의 의견조정에 관한 사항
- 개인정보 보호에 관한 법령의 해석 · 운용에 관한 사항
- 개인정보의 이용 · 제공에 관한 사항
- 개인정보의 국외 이전 중지 명령에 관한 사항
- 개인정보 영향평가 결과에 관한 사항

- 과징금 부과에 관한 사항
- 의견제시 및 개선권고에 관한 사항
- 시정권고에 관한 사항
- 시정조치 등에 관한 사항
- 고발 및 징계권고에 관한 사항
- 처리 결과의 공표 및 공표명령에 관한 사항
- 과태료 부과에 관한 사항
- 소관 법령 및 보호위원회 규칙의 제정 · 개정 및 폐지에 관한 사항
- 개인정보 보호와 관련하여 보호위원회의 위원장 또는 위원 2명 이상이 회의에 부치는 사항
- 그 밖에 개인정보보호법 또는 다른 법령에 따라 보호위원회가 심의 · 의결하는 사항

개인정보 보호위원회는 상기 사항을 심의 · 의결하기 위하여 필요한 경우 다음의 조치를 할 수 있다.

- 관계 공무원, 개인정보 보호에 관한 전문 지식이 있는 사람이나 시민사회단체 및 관련 사업자로부터의 의견 청취
- 관계 기관 등에 대한 자료제출이나 사실조회 요구(요구를 받은 관계 기관 등은 특별한 사정이 없으면 이에 따라야 함)

개인정보 보호위원회는 개인정보 보호와 관련된 정책, 제도 및 법령의 개선에 관한 사항을 심의 · 의결한 경우에는 관계 기관에 그 개선을 권고할 수 있고, 동 권고 내용의 이행 여부를 점검할 수 있다.

5) 개인정보 보호위원회 및 소위원회의 회의

개인정보 보호위원회의 회의는 위원장이 필요하다고 인정하거나 재적위원 4분의 1 이상의 요구가 있는 경우에 위원장이 소집한다.

위원장 또는 2명 이상의 위원은 개인정보 보호위원회에 의안을 제의할 수 있다.

개인정보 보호위원회의 회의는 재적위원 과반수의 출석으로 개의하고, 출석위원 과반수의 찬성으로 의결한다.

개인정보 보호위원회는 효율적인 업무 수행을 위하여 개인정보 침해 정도가 경미하거나 유사 · 반복되는 사항 등을 심의 · 의결할 소위원회를 둘 수 있다. 소위원회

가 심의 · 의결한 것은 개인정보 보호위원회가 심의 · 의결한 것으로 본다.

소위원회는 3명의 위원으로 구성하며, 소위원회의 회의는 구성위원 전원의 출석과 출석위원 전원의 찬성으로 의결한다.

6) 개인정보 보호위원회의 사무처와 개인정보 보호위원회의 운영

개인정보 보호위원회의 사무를 처리하기 위하여 개인정보 보호위원회에 사무처를 두며, 개인정보보호법에 규정된 것 외에 개인정보 보호위원회의 조직에 관한 사항은 대통령령으로 정한다.

개인정보보호법과 다른 법령에 규정된 것 외에 개인정보 보호위원회의 운영 등에 필요한 사항은 개인정보 보호위원회의 규칙으로 정한다.

18-2 개인정보 분쟁조정위원회

개인정보에 관한 분쟁의 조정을 위하여 개인정보 분쟁조정위원회를 두며, 위원장 1명을 포함한 30명 이내의 위원으로 구성한다.

분쟁조정위원회(또는 조정부)는 재적위원 과반수의 출석으로 개의하며 출석위원 과반수의 찬성으로 의결한다[27].

개인정보와 관련한 분쟁의 조정을 원하는 자는 분쟁조정위원회에 분쟁조정을 신청할 수 있고, 분쟁조정위원회는 당사자 일방으로부터 분쟁조정 신청을 받았을 때에는 그 신청내용을 상대방에게 알려야 한다. 개인정보처리자가 분쟁조정의 통지를 받은 경우에는 특별한 사유가 없으면 분쟁조정에 응하여야 한다. 그러나, 개인정보처리자는 개인정보보호법 제43조 제3항에 따른 특별한 사유가 있어 분쟁조정에 응하지 않으려는 경우에는 분쟁조정의 통지를 받은 날부터 10일 이내에 그 사유를 명시하여 분쟁조정 불응 의사를 분쟁조정위원회에 알려야 한다.

분쟁조정위원회는 조정안을 작성하면 지체 없이 각 당사자에게 제시하여야 한다. 이 경우 분쟁조정위원회는 당사자에게 조정안을 제시할 때에는 조정안을 제시받은 날부터 15일 이내에 수락 여부를 알리지 않으면 조정을 "**수락**"한 것으로 본다는 사

27) 2023.9.15. 시행된 최근 개정 개인정보보호법은 개인정보 분쟁조정 절차에서의 의견과 진술은 소송(해당 조정에 대한 준재심은 제외)에서 원용하지 못하도록 하고 있다.

실을 당사자에게 알려야 한다. 분쟁조정위원회로부터 조정안을 제시받은 당사자는 조정안을 거부하려는 경우에는 조정안을 제시받은 날부터 15일 이내에 인편, 등기우편 또는 전자우편의 방법으로 그 의사를 분쟁조정위원회에 알려야 한다.

조정안을 제시받은 당사자가 제시받은 날부터 15일 이내에 수락 여부를 알리지 아니하면 조정을 "**수락**"한 것으로 본다. 당사자가 조정내용을 수락한 경우(수락한 것으로 보는 경우를 포함) 분쟁조정위원회는 조정서를 작성하고, 분쟁조정위원회의 위원장과 각 당사자가 기명날인 또는 서명을 한 후 조정서 정본을 지체 없이 각 당사자 또는 그 대리인에게 송달하여야 한다. 다만, 당사자가 조정을 수락한 것으로 보는 경우에는 각 당사자의 기명날인 및 서명을 생략할 수 있다. 당사자가 조정내용을 수락(수락한 것으로 보는 경우를 포함)하여 송달된 조정의 내용은 재판상 화해와 동일한 효력을 갖는다.

18-3 집단분쟁조정

국가 및 지방자치단체, 개인정보 보호단체 및 기관, 정보주체, 개인정보처리자는 정보주체의 피해 또는 권리침해가 다수의 정보주체에게 같거나 비슷한 유형으로 발생하는 경우로서 대통령령으로 정하는 사건에 대하여는 분쟁조정위원회에 일괄적 분쟁조정인 집단분쟁조정을 의뢰 또는 신청할 수 있다.

여기서 대통령령으로 정하는 사건이란 다음의 요건을 모두 갖춘 사건을 말한다.

- 피해 또는 권리침해를 입은 정보주체의 수가 다음의 정보주체를 제외하고 50명 이상일 것
  - 개인정보처리자와 분쟁해결이나 피해보상에 관한 합의가 이루어진 정보주체
  - 같은 사안으로 다른 법령에 따라 설치된 분쟁조정기구에서 분쟁조정 절차가 진행 중인 정보주체
  - 해당 개인정보 침해로 인한 피해에 대하여 법원에 소를 제기한 정보주체
- 사건의 중요한 쟁점이 사실상 또는 법률상 공통될 것

집단분쟁조정을 의뢰받거나 신청받은 분쟁조정위원회는 그 의결로써 집단분쟁조정의 절차를 개시할 수 있다. 이 경우 분쟁조정위원회는 개인정보보호법 시행령으로 정하는 기간 동안 그 절차의 개시를 공고하여야 한다. 집단분쟁조정의 기간은

분쟁조정 절차 개시 공고가 종료된 날의 다음 날부터 60일 이내로 한다. 다만, 부득이한 사정이 있는 경우에는 분쟁조정위원회의 의결로 처리기간을 연장할 수 있다.

분쟁조정위원회는 개인정보처리자가 분쟁조정위원회의 집단분쟁조정의 내용을 수락한 경우에는 집단분쟁조정의 당사자가 아닌 자로서 피해를 입은 정보주체에 대한 보상계획서를 작성하여 분쟁조정위원회에 제출하도록 권고할 수 있다.

일반 분쟁조정 사건의 경우에는 신청된 조정사건에 대한 처리절차를 분쟁조정위원회가 진행하던 중에 한 쪽 당사자가 소를 제기하면 그 조정의 처리를 중지(이를 당사자에게 알려야 함)하여야 한다. 그러나 집단분쟁조정의 경우에는 집단분쟁조정의 당사자인 다수의 정보주체 중 일부의 정보주체가 법원에 소를 제기한 경우에는 분쟁조정위원회는 그 절차를 중지하지 아니하고, 소를 제기한 일부의 정보주체를 그 절차에서 제외한다.

19 개인정보 단체소송

19-1 단체소송의 제기 주체 및 대상 행위

소비자단체, 비영리민간단체 등「개인정보보호법」이 정하는 일정한 단체는 개인정보처리자가 집단분쟁조정을 거부하거나 집단분쟁조정의 결과를 수락하지 아니한 경우에는 법원에 권리침해 행위의 금지·중지를 구하는 단체소송을 제기할 수 있다.

19-2 전속관할

단체소송의 소는 피고의 주된 사무소 또는 영업소(주된 사무소나 영업소가 없는 경우에는 주된 업무담당자의 주소)가 있는 곳의 지방법원 본원 합의부의 관할에 전속한다(외국사업자에 적용하는 경우 대한민국에 있는 이들의 주된 사무소·영업소 또는 업무담당자의 주소에 따라 정함).

19-3 소송대리인의 선임 등

단체소송을 제기하는 원고는 변호사를 소송대리인으로 선임하여야 하고, 소장과 함께 소송허가신청서를 법원에 제출하여야 한다. 법원은 다음의 요건을 모두 갖춘 경우에 한하여 결정으로 단체소송을 허가한다.

- 개인정보처리자가 분쟁조정위원회의 조정을 거부하거나 조정결과를 수락하지 아니하였을 것
- 단체소송 관련 소송허가신청서의 기재사항에 흠결이 없을 것

단체소송의 원고 청구를 기각하는 판결이 확정된 경우 이와 동일한 사안에 관하여는 다른 소비자단체 등이 단체소송을 제기할 수 없다. 다만, 다음의 어느 하나에 해당하는 경우에는 그러하지 아니하다.

- 판결이 확정된 후 그 사안과 관련하여 국가 · 지방자치단체 또는 국가 · 지방자치단체가 설립한 기관에 의하여 새로운 증거가 나타난 경우
- 기각판결이 원고의 고의로 인한 것임이 밝혀진 경우

20 적용의 일부 제외

다음의 정보에 대해서는 개인정보 보호정책의 수립 등에 대한 조항은 적용되지만 개인정보의 처리, 개인정보의 안전한 관리, 정보주체의 권리 보장, 정보통신서비스 제공자 등의 개인정보 처리 등 특례, 개인정보 분쟁조정위원회, 개인정보 단체소송에 대한 조항을 적용하지 아니한다. 이 경우에도 그 목적을 위하여 필요한 범위에서 최소한의 기간에 최소한의 개인정보만을 처리하여야 하며, 개인정보의 안전한 관리를 위하여 필요한 기술적 · 관리적 및 물리적 보호조치, 개인정보의 처리에 관한 고충처리, 그 밖에 개인정보의 적절한 처리를 위하여 필요한 조치를 마련하여야 한다.

- 국가안전보장과 관련된 정보 분석을 목적으로 수집 또는 제공 요청되는 개인정보
- 언론, 종교단체, 정당이 각각 취재 · 보도, 선교, 선거 입후보자 추천 등 고유 목적을 달성하기 위하여 수집 · 이용하는 개인정보

공개된 장소에 고정형 영상정보처리기기를 설치 · 운영하여 처리되는 개인정보에 대해서는 제15조(개인정보의 수집 · 이용), 제22조(동의를 받는 방법), 제22조의2(아동의 개인정보 보호), 제27조(영업양도 등에 따른 개인정보의 이전 제한) 제1

항 · 제2항, 제34조(개인정보 유출 등의 통지 · 신고) 및 제37조(개인정보의 처리정지 등)를 적용하지 아니한다.

개인정보처리자가 동창회, 동호회 등 친목 도모를 위한 단체를 운영하기 위하여 개인정보를 처리하는 경우에는 개인정보의 수집 · 이용, 개인정보처리방침의 수립 및 공개, 개인정보보호 책임자의 지정 관련 조항이 적용되지 않는다.

한편, 시간 · 비용 · 기술 등을 합리적으로 고려할 때 다른 정보를 사용하여도 더 이상 개인을 알아볼 수 없는 정보에는 개인정보보호법 전체가 적용되지 아니한다.

21 금지행위 등

21-1 금지행위

개인정보를 처리하거나 처리하였던 자는 다음의 행위를 하여서는 아니 된다.

- 거짓이나 그 밖의 부정한 수단이나 방법으로 개인정보를 취득하거나 처리에 관한 동의를 받는 행위
- 업무상 알게 된 개인정보를 누설하거나 권한 없이 다른 사람이 이용하도록 제공하는 행위
- 정당한 권한 없이 또는 허용된 권한을 초과하여 다른 사람의 개인정보를 이용, 훼손, 멸실, 변경, 위조 또는 유출하는 행위

21-2 비밀유지 등

다음의 업무에 종사하거나 종사하였던 자는 직무상 알게 된 비밀을 다른 사람에게 누설하거나 직무상 목적 외의 용도로 이용하여서는 아니 된다. 다만, 다른 법률에 특별한 규정이 있는 경우에는 그러하지 아니하다.

- 개인정보 보호위원회의 업무
- 가명정보의 결합 제한 관련 전문기관의 지정 업무 및 전문기관의 업무
- 개인정보 보호 인증 업무
- 영향평가 업무
- 개인정보관리 전문기관의 지정 업무 및 개인정보관리 전문기관의 업무

- 분쟁조정위원회의 분쟁조정 업무

22 침해 사실의 신고 등

개인정보처리자가 개인정보를 처리할 때 개인정보에 관한 권리 또는 이익을 침해받은 사람은 개인정보 보호위원회에 그 침해 사실을 신고할 수 있다.

개인정보 보호위원회는 개인정보 침해 사실 신고의 접수·처리 등에 관한 업무를 효율적으로 수행하기 위한 전문기관으로 **한국인터넷진흥원**을 지정할 수 있다. 이 경우 전문기관은 개인정보침해 신고센터를 설치·운영하여야 하며, 동 **신고센터**는 다음의 업무를 수행한다.

- 개인정보처리와 관련한 신고의 접수·상담
- 사실의 조사·확인 및 관계자의 의견 청취
- 상기 업무에 딸린 업무

개인정보 보호위원회는 다음의 권한을 **한국인터넷진흥원**에 위탁한다.

- 개인정보 보호를 위한 국제기구와 외국의 개인정보 보호기구와의 교류·협력
- 개인정보 보호에 관한 법령·정책·제도·실태 등의 조사·연구
- 개인정보 보호에 관한 기술개발의 지원·보급
- 개인정보 보호에 관한 교육·홍보
- 개인정보 보호와 관련된 기관·단체의 육성 및 지원
- 영향평가의 활성화를 위한 관계 전문가의 육성 및 영향평가 기준의 개발
- 정보주체가 자신의 개인정보에 대한 열람을 공공기관에 요구하고자 할 때의 열람 요구의 접수 및 처리
- 개인정보 보호위원회의 자료제출 요구 및 검사(개인정보침해 신고센터에 접수된 신고의 접수·처리 및 상담과 관련된 사항만 해당)
- 평가기관 지정신청서의 접수 및 신고 사항의 접수

제3장 신용정보의 이용 및 보호에 관한 법률

1 「신용정보의 이용 및 보호에 관한 법률」 개관 및 용어

「신용정보의 이용 및 보호에 관한 법률」(이하 "신용정보법"이라 한다)은 신용정보의 효율적 이용과 체계적 관리를 도모하며 신용정보의 오용 · 남용으로부터 사생활의 비밀 등을 적절히 보호함으로써 건전한 신용질서를 확립하고 국민경제의 발전에 이바지함을 목적으로 제정된 법이다.

미리 알아 두면 좋은 용어의 정의

- 신용정보업: 개인신용평가업, 개인사업자신용평가업, 기업신용조회업, 신용조사업
- 신용정보회사: 신용정보업에 대하여 금융위원회의 허가를 받은 자(개인신용평가회사, 개인사업자신용평가회사, 기업신용조회회사, 신용조사회사)
- 신용정보집중기관: 신용정보를 집중하여 관리 · 활용하는 자로서 금융위원회로부터 허가받은 자
  - 종합신용정보집중기관: 신용정보법 시행령으로 정하는 금융기관 전체로부터의 신용정보를 집중관리 · 활용하는 신용정보집중기관
  - 개별신용정보집중기관: 종합신용정보집중기관 관련 금융기관 외의 같은 종류의 사업자가 설립한 협회 등의 협약 등에 따라 신용정보를 집중관리 · 활용하는 신용정보집중기관

- 신용정보제공 · 이용자: 고객과의 금융거래 등 상거래를 위하여 본인의 영업과 관련하여 얻거나 만들어 낸 신용정보를 타인에게 제공하거나 타인으로부터 신용정보를 제공받아 본인의 영업에 이용하는 자와 그 밖에 이에 준하는 자로서 신용정보법 시행령으로 정하는 자
- 신용정보주체: 처리된 신용정보로 알아볼 수 있는 자로서 그 신용정보의 주체가 되는 자
- 처리: 신용정보의 수집(조사를 포함), 생성, 연계, 연동, 기록, 저장, 보유, 가공, 편집, 검색, 출력, 정정, 복구, 이용, 결합, 제공, 공개, 파기, 그 밖에 이와 유사한 행위
- 자동화평가: 신용정보회사등의 종사자가 평가 업무에 관여하지 아니하고 컴퓨터 등 정보처리장치로만 개인신용정보 및 그 밖의 정보를 처리하여 개인인 신용정보주체를 평가하는 행위
- 가명처리: 추가정보를 사용하지 아니하고는 특정 개인인 신용정보주체를 알아볼 수 없도록 개인신용정보를 처리(그 처리 결과가 다음의 어느 하나에 해당하는 경우로서 가명처리 · 익명처리에 관한 행위규칙에 따라 그 추가정보를 분리하여 보관하는 등 특정 개인인 신용정보주체를 알아볼 수 없도록 개인신용정보를 처리한 경우를 포함)하는 것
  - 어떤 신용정보주체와 다른 신용정보주체가 구별되는 경우
  - 하나의 정보집합물(정보를 체계적으로 관리하거나 처리할 목적으로 일정한 규칙에 따라 구성되거나 배열된 둘 이상의 정보들을 말함)에서나 서로 다른 둘 이상의 정보집합물 간에서 어떤 신용정보주체에 관한 둘 이상의 정보가 연계되거나 연동되는 경우
  - 상기 사항과 유사한 경우로서 신용정보법 시행령으로 정하는 경우
- 가명정보: 가명처리한 개인신용정보
- 익명처리: 더 이상 특정 개인인 신용정보주체를 알아볼 수 없도록 개인신용정보를 처리하는 것
- 대주주: 다음의 어느 하나에 해당하는 주주
  - 최대주주: 신용정보회사, 본인신용정보관리회사 및 채권추심회사의 의결권 있는 발행주식(출자지분을 포함) 총수를 기준으로 본인 및 그와 대통령령으로 정하는 특수한 관계가 있는 자(이하 "특수관계인")가 누구의

명의로 하든지 자기의 계산으로 소유하는 주식(그 주식과 관련된 증권예탁증권을 포함)을 합하여 그 수가 가장 많은 경우의 그 본인

- 다음 중 어느 하나에 해당하는 자
  ① 누구의 명의로 하든지 자기의 계산으로 신용정보회사, 본인신용정보관리회사 및 채권추심회사의 의결권 있는 발행주식 총수의 100분의 10 이상의 주식(그 주식과 관련된 증권예탁증권을 포함)을 소유한 자
  ② 임원[이사, 감사, 집행임원(「상법」에 따라 집행임원을 둔 경우로 한정)을 말함)]의 임면 등의 방법으로 신용정보회사, 본인신용정보관리회사 및 채권추심회사의 중요한 경영사항에 대하여 사실상의 영향력을 행사하는 주주로서 신용정보법 시행령으로 정하는 자

2 「신용정보법」과 다른 법률과의 관계

"신용정보의 이용 및 보호"에 관하여 다른 법률에 특별한 규정이 있는 경우를 제외하고는 「신용정보법」에서 정하는 바에 따른다. 다만, 개인정보의 보호에 관하여 「신용정보법」에 특별한 규정이 있는 경우를 제외하고는 「개인정보보호법」에서 정하는 바에 따른다.

3 「신용정보법」에 따른 정보의 분류

3-1 신용정보

"신용정보"란 금융거래 등 상거래에서 거래 상대방의 신용을 판단할 때 필요한 정보로서 다음의 정보를 말한다.

① 특정 신용정보주체를 **식별**할 수 있는 정보(②부터 ⑤까지의 어느 하나에 해당하는 정보와 **결합되는 경우만** 신용정보에 해당)

② 신용정보주체의 **거래내용**을 판단할 수 있는 정보

③ 신용정보주체의 **신용도**를 판단할 수 있는 정보

④ 신용정보주체의 **신용거래능력**을 판단할 수 있는 정보

⑤ ①부터 ④까지의 정보 외에 신용정보주체의 **신용**을 판단할 때 필요한 정보

3-2 식별정보

"특정 신용정보주체를 식별할 수 있는 정보"란 다음의 정보를 말한다.

• 살아 있는 개인에 관한 정보로서 다음 각각의 정보

가. 성명, 주소, 전화번호 및 그 밖에 이와 유사한 정보로서 **신용정보법 시행령으로 정하는 정보** [전자우편주소, 사회 관계망 서비스(Social Network Service) 주소, 그 밖에 유사한 정보로서 **금융위원회가 정하여 고시하는 정보**(성별, 국적, 그 밖에 이와 유사한 정보, 「민법」에 따른 거소)]

나. 법령에 따라 특정 개인을 고유하게 식별할 수 있도록 부여된 정보로서 **신용정보법 시행령으로 정하는 정보** [이하 "개인식별번호", 주민등록번호, 여권번호, 운전면허의 면허번호, 외국인등록번호, 국내거소신고번호]

다. 개인의 신체 일부의 특징을 컴퓨터 등 정보처리장치에서 처리할 수 있도록 변환한 문자, 번호, 기호 또는 그 밖에 이와 유사한 정보로서 특정 개인을 식별할 수 있는 정보

라. 가부터 다까지와 유사한 정보로서 **신용정보법 시행령으로 정하는 정보** [「정보통신망법」 제23조의3에 따른 본인확인기관이 특정 개인을 고유하게 식별할 수 있도록 부여한 정보, 신용정보회사등이 개인식별번호를 사용하지 않고 특정 개인을 고유하게 식별하거나 동일한 신용정보주체를 구분하기 위해 부여한 정보, 그 밖에 유사한 정보로서 **금융위원회가 정하여 고시하는 정보**(관세청이 발급하는 개인통관고유번호, 종합신용정보집중기관이 신용정보집중관리를 하기 위하여 신용정보주체에게 부여한 신용관리번호)]

• 기업(사업을 경영하는 개인 및 법인과 이들의 단체를 말함) 및 법인의 정보로서 다음 각각의 정보

가. 상호 및 명칭

나. 본점 · 영업소 및 주된 사무소의 소재지

다. 업종 및 목적

라. 개인사업자(사업을 경영하는 개인을 말함) · 대표자의 성명 및 개인식별번호

마. 법령에 따라 특정 기업 또는 법인을 고유하게 식별하기 위하여 부여된 번

호로서 **신용정보법 시행령으로 정하는 정보** [법인등록번호, 「부가가치세법 시행령」에 따른 등록번호 및 고유번호, 그 밖에 유사한 정보로서 **금융위원회가 정하여 고시하는 정보**]

바. 유사한 정보로서 **신용정보법 시행령으로 정하는 정보** [설립연월일, 팩시밀리번호, 그 밖에 유사한 정보로서 **금융위원회가 정하여 고시하는 정보**(국제사업자 등록번호(DUNS NUMBER))]

3-3 거래내용 판단 정보

"신용정보주체의 거래내용을 판단할 수 있는 정보"란 다음의 정보를 말한다.

- 신용정보제공 · 이용자에게 신용위험이 따르는 거래로서 다음 각각의 거래의 종류, 기간, 금액, 금리, 한도 등에 관한 정보

  가. 「은행법」에 따른 신용공여

  나. 「여신전문금융업법」에 따른 신용카드, 시설대여 및 할부금융 거래

  다. 「자본시장과 금융투자업에 관한 법률」에 따른 신용공여

  라. 유사한 거래로서 **신용정보법 시행령으로 정하는 거래**

  [「상호저축은행법」에 따른 신용공여, 「신용협동조합법」에 따른 대출등, 「새마을금고법」에 따른 대출, 「대부업 등의 등록 및 금융이용자 보호에 관한 법률」에 따른 대부계약, 「보험업법」에 따른 신용공여 및 대출등, 「온라인투자연계금융업 및 이용자 보호에 관한 법률」에 따른 연계대출,

  그 밖에 유사한 거래로서 다음 각 목 및 신용정보법 시행령 제21조제2항 각 호의 기관이 수행하는 거래

  – 금융지주회사, 기술보증기금, 농업협동조합, 농업협동조합중앙회, 농협은행, 한국무역보험공사, 보험회사, 산림조합, 산림조합중앙회, 상호저축은행, 상호저축은행중앙회, 새마을금고, 새마을금고중앙회, 수산업협동조합, 수산업협동조합중앙회, 수협은행, 신용보증기금, 신용협동조합, 신용협동조합중앙회, 여신전문금융회사(「여신전문금융업법」 제3조제3항 제1호에 따라 허가를 받거나 등록을 한 자를 포함), 예금보험공사 및 정리금융회사, 은행(은행법 제59조에 따라 은행으로 보는 자를 포함), 금융투자업자 · 증권금융회사 · 종합금융회사 · 자금중개회사 및 명의개서대행회사, 중소기업은행, 신용보증재단과 그 중앙회, 한국산업은행,

한국수출입은행, 한국주택금융공사, 외국에서 상기 기관 중 '예금보험공사 및 정리금융회사'를 제외한 나머지 금융기관과 유사한 금융업을 경영하는 금융기관, 외국 법령에 따라 설립되어 외국에서 신용정보업 또는 채권추심업을 수행하는 자

- 「금융실명거래 및 비밀보장에 관한 법률」에 따른 금융거래의 종류, 기간, 금액, 금리 등에 관한 정보
- 「보험업법」에 따른 보험상품의 종류, 기간, 보험료 등 보험계약에 관한 정보 및 보험금의 청구 및 지급에 관한 정보
- 「자본시장과 금융투자업에 관한 법률」에 따른 금융투자상품의 종류, 발행 · 매매 명세, 수수료 · 보수 등에 관한 정보
- 「상법」의 상행위에 따른 상거래의 종류, 기간, 내용, 조건 등에 관한 정보
- 유사한 정보로서 **신용정보법 시행령으로 정하는 정보**

가. 특별법에 따라 설립된 법인 또는 단체로서 다음의 어느 하나에 해당하는 자(이하 "공제조합등")와 구성원 상호 간에 체결한 공제계약의 종류 · 기간 · 공제료 등에 관한 정보 및 공제금의 청구 · 지급에 관한 정보

– 공제조합, 공제회, 그 밖에 공제조합 · 공제회의 법인 또는 단체와 유사한 법인 또는 단체로서 같은 직장 · 직종에 종사하거나 같은 지역에 거주하는 구성원의 상호부조, 복리증진 등을 목적으로 구성되어 공제사업을 하는 법인 또는 단체

나. 「우체국예금 · 보험에 관한 법률」에 따른 보험계약의 종류 · 기간 · 보험료 등에 관한 정보 및 보험금의 청구 · 지급에 관한 정보

다. 다음의 어느 하나에 해당하는 거래의 종류 · 기간 · 내용 등에 관한 정보

– 「신용보증기금법」에 따른 신용보증, 재보증 및 유동화회사보증

– 「기술보증기금법」에 따른 기술보증, 신용보증, 재보증 및 유동화회사보증

– 「지역신용보증재단법」에 따른 신용보증 및 재보증

– 「무역보험법」에 따른 무역보험, 공동보험 · 재보험, 수출신용보증 및 수출용 원자재 수입신용보증

– 「주택도시기금법」에 따른 보증

– 그 밖에 유사한 거래로서 **금융위원회가 정하여 고시하는 거래**

라. 신용정보법 제2조 제1호의3 가목 1)부터 4)까지의 규정에 따른 거래와 관련된 계약의 청약 및 승낙에 관한 정보

마. 신용정보법 제2조 제1호의3 가목 1)부터 4)까지의 규정에 따른 거래로 발생한 채권이 소멸한 사실 및 그 원인에 관한 정보

바. 신용정보법 제2조 제1호의3 각 목, 신용정보법 시행령 제2조 제6항 제1호부터 제7호까지의 규정 및 신용정보법 시행령 제2조 제7항 제3호 각 목에 따른 거래와 관련된 채무의 보증 및 담보에 관한 정보

사. 그 밖에 유사한 정보로서 **금융위원회가 정하여 고시하는 정보**

- 다음 각 목의 정보 외의 정보로서 대출, 보증, 담보제공, 당좌거래(가계당좌거래를 포함), 신용카드, 할부금융, 시설대여 등 금융거래 등 상거래에 관한 정보
  ㄱ) 신용정보법 제2조 제1호의3 가목부터 마목까지의 정보
  ㄴ) 신용정보법 시행령 제2조 제7항 제1호부터 제6호까지의 정보
- 신용정보법 제2조 제1호의3 가목부터 마목까지, 신용정보법 시행령 제2조 제7항 제1호부터 제6호까지 및 제1호의 정보의 거래에 관한 다음 각 목의 정보
  ㄱ) 소멸시효의 연장, 중단, 정지 및 중지
  ㄴ) 채권의 포기
  ㄷ) 채무의 면제 또는 승인

3-4 신용도 판단 정보

“신용정보주체의 신용도를 판단할 수 있는 정보”란 다음 각 목의 정보를 말한다.

- 금융거래 등 상거래와 관련하여 발생한 채무의 불이행, 대위변제, 그 밖에 약정한 사항을 이행하지 아니한 사실과 관련된 정보
- 금융거래 등 상거래와 관련하여 신용질서를 문란하게 하는 행위와 관련된 정보로서 다음 각각의 정보

가. 금융거래 등 상거래에서 다른 사람의 명의를 도용한 사실에 관한 정보

나. 보험사기, 전기통신금융사기를 비롯하여 사기 또는 부정한 방법으로 금융거래 등 상거래를 한 사실에 관한 정보

다. 금융거래 등 상거래의 상대방에게 위조 · 변조하거나 허위인 자료를 제출

한 사실에 관한 정보

라. 대출금 등을 다른 목적에 유용하거나 부정한 방법으로 대출 · 보험계약 등을 체결한 사실에 관한 정보

마. 유사한 정보로서 **신용정보법 시행령으로 정하는 정보**

- 거짓이나 그 밖의 부정한 방법으로 「채무자 회생 및 파산에 관한 법률」에 따른 회생 · 간이회생 · 개인회생 · 파산 · 면책 및 복권과 관련된 결정 또는 이와 유사한 판결을 받은 사실에 관한 정보
- 부정한 목적으로 금융거래 등 상거래를 하려는 타인에게 자신의 개인식별정보를 제공한 사실에 관한 정보
- 그 밖에 유사한 정보로서 **금융위원회가 정하여 고시하는 정보**

ㄱ) 「외국환거래법」을 위반하여 허위의 보고를 하거나 거짓으로 자료를 제출한 자

ㄴ) 「서민의 금융생활 지원에 관한 법률」에 따른 신용회복위원회에 허위의 자료를 제출하거나 허위의 진술을 하고 채무를 조정 받았거나 조정된 채무를 이행하는 과정에서 재산의 도피, 은닉 또는 고의의 책임재산 감소행위를 한 자

ㄷ) 「전자금융거래법」 제6조 제3항 각 호의 어느 하나에 해당하는 행위를 한 자. 다만, 다음 각 목의 어느 하나에 해당하는 경우는 제외

- 다른 법률에 특별한 규정이 있는 경우
- 「전자금융거래법」에 따른 선불전자지급수단이나 전자화폐의 양도 또는 담보제공을 위하여 필요한 경우(같은 법 제6조 제3항 제3호의 행위 및 이를 알선하는 행위는 제외)

ㄹ) 부정한 목적으로 다른 신용정보주체의 개인식별정보(신용정보법 시행령 제2조 제2항 각 호의 번호를 말함)를 이용하여 금융거래 등 상거래를 하거나 그 상거래를 하려는 타인에게 자신의 개인식별정보를 제공한 자

ㅁ) 부정한 목적으로 금융거래 등 상거래와 관련하여 거래상대방에게 위조 · 변조되거나 허위인 신용정보를 제공한 자

ㅂ) 대출사기, 보험사기, 거짓이나 그 밖의 부정한 방법으로 알아낸 타인의 신용카드 정보를 이용한 거래 또는 이와 유사한 금융거래 등 상거래를 한 자

ㅅ) 거짓이나 그 밖의 부정한 방법으로 법원의 회생절차개시결정·간이회생절차개시결정·개인회생절차개시결정·파산선고 또는 이와 유사한 결정이나 판결을 받은 자

- 앞에 설명한 2가지 신용도 판단 정보의 신용정보주체가 법인인 경우 실제 법인의 경영에 참여하여 법인을 사실상 지배하는 자로서 **신용정보법 시행령으로 정하는 자**에 관한 정보

가. 「국세기본법」에 따른 과점주주 중 최다출자자인 자로서 해당 법인의 경영에 참여하여 법인을 사실상 지배하는 자

나. 과점주주인 동시에 해당 법인의 이사 또는 감사로서 그 법인의 채무에 연대보증을 하고, 해당 법인의 경영에 참여하여 법인을 사실상 지배하는 자

다. 해당 법인의 의결권 있는 발행주식총수 또는 지분총액의 100분의 30 이상을 소유하고 있는 자로서 법인의 경영에 참여하여 법인을 사실상 지배하는 자

라. 해당 법인의 무한책임사원으로서 법인의 경영에 참여하여 법인을 사실상 지배하는 자

- 유사한 정보로서 **신용정보법 시행령으로 정하는 정보**

가. 어음 또는 수표를 지급하기로 한 약정을 이행하지 않은 사실에 관한 정보

나. 그 밖에 금융거래 등 상거래와 관련하여 신용정보주체의 신용도를 판단할 수 있는 사실에 관한 정보로서 금융위원회가 정하여 고시하는 정보

3-5 신용거래능력 판단 정보

"신용정보주체의 신용거래능력을 판단할 수 있는 정보"란 다음 각 목의 정보를 말한다.

- 개인의 직업·재산·채무·소득의 총액 및 납세실적
- 기업 및 법인의 연혁·목적·영업실태·주식 또는 지분보유 현황 등 기업 및 법인의 개황, 대표자 및 임원에 관한 사항, 판매명세·수주실적 또는 경영상의 주요 계약 등 사업의 내용, 재무제표(연결재무제표를 작성하는 기업의 경우에는 연결재무제표를 포함) 등 재무에 관한 사항과 감사인(「주식회사 등의 외부감사에 관한 법률」에 따른 감사인을 말함)의 감사의견 및 납세실적

- 유사한 정보로서 **신용정보법 시행령으로 정하는 정보**

  가. 기업(사업을 경영하는 개인 및 법인과 이들의 단체를 말함) 및 법인의 영업 관련 정보로서 정부조달 실적 또는 수출·수입액 등에 관한 정보

  나. 기업 및 법인의 등록 관련 정보로서 설립, 휴업·폐업, 양도·양수, 분할·합병, 주식 또는 지분 변동 등에 관한 정보

  다. 기업 및 법인 자산의 구매명세·매출처·매입처, 재고자산의 명세·입출내역 및 재고자산·매출채권의 연령에 관한 정보

3-6 기타 신용 판단할 때 필요한 정보

"상기 정보 외에 신용정보주체의 신용을 판단할 때 필요한 정보"란 다음 각 목의 정보를 말한다.

- 신용정보주체가 받은 법원의 재판, 행정처분 등과 관련된 정보로서 **신용정보법 시행령으로 정하는 정보**

  가. 「민법」에 따른 성년후견·한정후견·특정후견과 관련된 심판에 관한 정보

  나. 「민법」에 따른 실종선고와 관련된 심판에 관한 정보

  다. 「민사집행법」에 따른 채무불이행자명부의 등재·말소 결정에 관한 정보

  라. 「민사집행법」에 따른 경매개시결정·경락허가결정 등 경매와 관련된 결정에 관한 정보

  마. 「근로기준법」에 따른 체불사업주에 관한 정보

  바. 신용정보법 또는 다른 법령에 따라 국가 또는 지방자치단체로부터 받은 행정처분 중에서 금융거래 등 상거래와 관련된 처분에 관한 정보

  사. 그 밖에 유사한 정보로서 **금융위원회가 정하여 고시하는 정보**

  - 「민법」에 따른 부재자에 관한 정보
  - 「실종아동등의 보호 및 지원에 관한 법률」에 따라 공개한 실종아동등과 관련한 정보
  - 「국세징수법」에 따른 공매와 관련한 정보

- 신용정보주체의 조세, 국가채권 등과 관련된 정보로서 **신용정보법 시행령으로 정하는 정보**

  가. 국세·지방세·관세 또는 국가채권의 체납에 관한 정보

나. 벌금 · 과태료 · 과징금 또는 추징금 등의 체납에 관한 정보

- 신용정보주체의 채무조정에 관한 정보로서 **신용정보법 시행령으로 정하는 정보**

  가. 「채무자 회생 및 파산에 관한 법률」에 따른 회생 · 간이회생 · 개인회생과 관련된 결정에 관한 정보

  나. 「채무자 회생 및 파산에 관한 법률」에 따른 파산 · 면책 · 복권과 관련된 결정에 관한 정보

  다. 「서민의 금융생활 지원에 관한 법률」에 따른 채무조정에 관한 정보

  라. 「기업구조조정 촉진법」에 따른 채무조정에 관한 정보

  마. 「한국자산관리공사 설립 등에 관한 법률」에 따른 한국자산관리공사의 채무재조정 약정에 관한 정보

  바. 그 밖에 유사한 정보로서 금융위원회가 정하여 고시하는 정보

- 개인의 신용상태를 평가하기 위하여 정보를 처리함으로써 새로이 만들어지는 정보로서 기호, 숫자 등을 사용하여 점수나 등급 등으로 나타낸 정보(이하 "개인신용평점")

- 기업 및 법인의 신용을 판단하기 위하여 정보를 처리함으로써 새로이 만들어지는 정보로서 기호, 숫자 등을 사용하여 점수나 등급 등으로 표시한 정보(이하 "기업신용등급"). 다만, 「자본시장과 금융투자업에 관한 법률」에 따른 신용등급은 제외

- 기술(「기술의 이전 및 사업화 촉진에 관한 법률」에 따른 기술을 말함)에 관한 정보

- 기업 및 법인의 신용을 판단하기 위하여 정보(기업 및 법인의 기술과 관련된 기술성 · 시장성 · 사업성 등을 **신용정보법 시행령으로 정하는 바에 따라 평가**(기업 및 법인의 기술과 관련된 기술성 · 시장성 · 사업성 등의 평가는 업종, 규모 등 일정한 기준에 따라 기술을 분류하고 거래내용, 신용거래능력 등 기업 및 법인의 정보를 체계적으로 배열하여 평가하는 것)한 결과를 포함)를 처리함으로써 새로이 만들어지는 정보로서 **신용정보법 시행령으로 정하는 정보**(이하 "기술신용정보"라 함). 다만, 「자본시장과 금융투자업에 관한 법률」에 따른 신용등급은 제외

가. 기업 및 법인인 신용정보주체의 신용을 판단하기 위하여 기술평가(「기술보증기금법」 의 기술평가를 말함)를 하고 신용정보와 해당 기업 및 법인의 기술에 관한 정보를 활용함으로써 그 판단의 결과를 기호, 숫자 등을 사용하여 평점 또는 등급으로 표시한 정보, 그 기술의 가액 또는 평가의견 등(이하 "기술신용정보"라 함)

• 그 밖에 유사한 정보로서 **신용정보법 시행령으로 정하는 정보**

가. 「동산 · 채권 등의 담보에 관한 법률」 등에 따른 담보약정, 동산담보권, 채권담보권 및 지식재산권담보권에 관한 정보

나. 「부동산등기법」에 따른 등기부 및 그 부속서류에 기록되어 있는 사항에 관한 정보

다. 사회보험료 · 공공요금 또는 수수료 등에 관한 정보

라. 개인의 주민등록 관련 정보로서 출생 · 사망 · 이민 · 부재에 관한 정보 및 주민등록번호 · 성명의 변경 등에 관한 정보

마. 개인신용평가회사 및 개인사업자신용평가회사의 신용정보 제공기록 또는 신용정보주체의 신용회복 등에 관한 정보로서 **금융위원회가 정하여 고시하는 정보**

- 신용회복위원회의 신용회복지원협약에 따른 신용회복지원 확정정보
- 「상법」에 따라 설립된 주식회사 국민행복기금, 새출발기금 등 「한국자산관리공사 설립 등에 관한 법률」의 업무를 수행하기 위하여 같은 법에 따라 설립된 기관이 협약금융기관등으로부터 채권을 매입한 정보 및 채무조정 약정을 체결한 사실에 관한 정보

바. 신용정보주체의 신용도 판단에 이용되는 정보를 제3자에게 제공한 신용조회기록

사. 「공장 및 광업재단 저당법」에 따른 공장재단 및 광업재단에 관한 정보

아. 「상훈법」에 따라 서훈이 확정된 사람에 대한 정보로서 금융위원회가 정하여 고시하는 정보

자. 그 밖에 유사한 정보로서 금융위원회가 정하여 고시하는 정보

- 국세청의 모범납세자 정보
- 성별 변경에 관한 법원의 재판 정보
- 특허권, 실용신안권, 디자인권 및 상표권의 보유와 관련한 정보

- 국적의 취득, 상실 및 복수 국적에 관한 정보
- 자동차, 선박, 항공기 및 건설기계 등록원부에 관한 정보
- 「공간정보의 구축 및 관리 등에 관한 법률」에 따른 지적공부 및 부동산 종합공부에 관한 정보
- 금융거래 안심차단 신청에 관한 정보

3-7 개인신용정보

"개인신용정보"란 기업 및 법인에 관한 정보를 제외한 살아 있는 개인에 관한 신용정보로서 다음의 어느 하나에 해당하는 정보를 말한다.

- 해당 정보의 성명, 주민등록번호 및 영상 등을 통하여 특정 개인을 알아볼 수 있는 정보
- 해당 정보만으로는 특정 개인을 알아볼 수 없더라도 다른 정보와 쉽게 결합하여 특정 개인을 알아볼 수 있는 정보

4 신용정보의 유통 · 이용 및 관리

4-1 신용정보의 정확성 및 최신성의 유지

신용정보회사등은 신용정보의 정확성과 최신성이 유지될 수 있도록 금융위원회가 정하여 고시하는 기준과 절차에 따라 신용정보의 등록 · 변경 및 관리 등을 하여야 한다(신용정보제공 · 이용자는 신용정보를 신용정보집중기관 또는 개인신용평가회사, 개인사업자신용평가회사 또는 기업신용조회회사에 제공하려는 경우에는 그 정보의 정확성을 확인하여 사실과 다른 정보를 등록해서는 안됨. 신용정보집중기관과 개인신용평가회사, 개인사업자신용평가회사 또는 기업신용조회회사는 등록되는 신용정보의 정확성을 점검할 기준 및 절차를 마련하고 이에 따라 등록되는 신용정보의 정확성을 점검 · 관리하여야 함).

신용정보회사등은 신용정보주체에게 불이익을 줄 수 있는 신용정보를 그 불이익을 초래하게 된 사유가 해소된 날부터 최장 5년 이내에 등록 · 관리 대상에서 삭제

하여야 한다.

다만, 다음의 어느 하나에 해당하는 경우에는 그러하지 아니하다.

- 제25조의2 제1호의3에 따른 업무(신용정보주체에게 채권자변동정보를 교부하거나 열람하게 하는 업무)를 수행하기 위한 경우
- 그 밖에 신용정보주체의 보호 및 건전한 신용질서를 저해할 우려가 없는 경우로서 **대통령령으로 정하는 경우**[종합신용정보집중기관이 법 제25조의2 제2호에 따른 업무(공공 목적의 조사 및 분석 업무)를 수행하기 위한 경우 또는 신용정보제공 · 이용자가 종합신용정보집중기관에 소멸시효 완성, 채무 면제 등 거래 종료 사유를 등록하기 위한 경우]

신용정보회사등이 상기 기준에 따라 등록 · 관리 대상에서 삭제해야 하는 신용정보의 종류는 다음과 같다.

- 연체, 부도, 대위변제 및 대지급과 관련된 정보
- 신용질서 문란행위와 관련된 정보
- 법원의 파산선고 · 면책 · 복권 결정 및 회생 · 간이회생 · 개인회생의 결정과 관련된 정보
- 조세, 국가채권 등과 관련된 체납 관련 정보
- 사회보험료 · 공공요금 또는 수수료 등에 관한 체납 관련 정보
- 그 밖에 유사한 형태의 불이익정보로서 **금융위원회가 정하여 고시하는 신용정보**(채무조정에 관한 정보, 한국자산관리공사의 채무재조정 약정에 관한 정보, 신용회복지원 확정정보, 국민행복기금, 새출발기금 등 「한국자산관리공사 설립 등에 관한 법률」에 따라 설립된 기관이 협약금융기관등으로부터 채권을 매입한 정보 및 채무조정 약정을 체결한 사실에 관한 정보)

상기 신용정보의 활용기간 및 보존기간은 3년 이상 5년 이내의 범위에서 **금융위원회가 정하여 고시**한다. 다만, 금융위원회는 신용정보의 특성, 활용용도 및 활용빈도 등을 고려하여 그 활용기간 및 보존기간을 단축할 수 있다.

오래된 신용정보의 삭제방법은 신용정보주체에게 불이익을 초래하게 된 사유가 해소된 날(이하 '해제사유 발생일'이라 함) 또는 등록사유 발생일부터 다음 각 호에 따른 기간 내에 신용정보집중기관, 개인신용평가회사, 개인사업자신용평가회사 및 기업신용조회회사 등록 · 관리 대상에서 삭제하는 것을 말한다.

1) 연체, 부도, 대위변제 및 대지급과 관련된 정보, 조세, 국가채권 등과 관련

된 체납 관련 정보, 사회보험료 · 공공요금 또는 수수료 등에 관한 체납 관련 정보(아래 1)의2의 신용정보는 제외): 해제사유 발생일부터 변제 또는 납부하지 아니한 기간과 해제사유 발생일부터 1년 중 짧은 기간 이내. 다만, 다음 각 목의 어느 하나에 해당하는 경우에는 해제사유 발생일부터 5년 이내의 기간으로 한다.

- 신용정보집중기관, 개인신용평가회사, 개인사업자신용평가회사 및 기업신용조회회사가 분쟁의 입증자료 또는 정책자료로 활용하기 위하여 관리하는 경우
- 개인신용평가회사, 개인사업자신용평가회사 및 기업신용조회회사가 개인신용평점, 기업신용등급 또는 기술신용정보를 산정하거나 신용정보를 가공하여 제공하기 위하여 관리하는 경우

1)의2 개인, 기업 및 법인이 증권의 투자매매업 · 투자중개업에 관한 정보로서 증권시장에 상장된 증권의 매매와 관련하여 투자중개업자에게 매수대금 또는 매도증권을 결제일까지 납입하지 아니한 사실에 관한 정보: 그 사실이 발생한 날부터 1년과 증권시장의 건전한 거래질서를 유지하기 위하여 증권시장업무규정에서 정하는 기간 중 짧은 기간 이내. 다만, 1)의 어느 하나에 해당하는 경우에는 해당 사실이 발생한 날부터 5년 이내로 한다.

2) 신용질서 문란행위와 관련된 정보: 해제사유 발생일부터 5년 이내

3) 법원의 파산선고 · 면책 · 복권 결정 및 회생 · 간이회생 · 개인회생의 결정과 관련된 정보, 그 밖에 유사한 형태의 불이익정보로서 **금융위원회가 정하여 고시**하는 신용정보: 등록사유 발생일부터 5년 이내

신용정보집중기관, 개인신용평가회사, 개인사업자신용평가회사 또는 기업신용조회회사에 등록되는 어음부도거래정보를 제외한 상기 1)과 2)의 신용정보는 그 불이익을 초래하게 된 사유가 해소되지 않고 등록사유 발생일부터 7년이 경과한 경우에는 그 날을 당해 정보의 해제사유 발생일로 본다.

신용정보제공 · 이용자 및 개인신용평가회사, 개인사업자신용평가회사 또는 기업신용조회회사가 신용정보집중기관으로부터 입수하여 활용하는 신용정보의 관리기간은 당해 신용정보를 제공한 신용정보집중기관이 정하는 관리기간을 따른다. 다만 개인신용평가회사, 개인사업자신용평가회사 또는 기업신용조회회사가 상기 1)과 2)의 신용정보를 개인신용평점, 기업신용등급 또는 기술신용정보를 산정하거나 가공하여 제공하기 위해 관리하는 경우에는 관리기간을 해제사유 발생일부터 최장

5년 이내로 한다.

4-2 신용정보전산시스템의 안전보호

신용정보회사등은 신용정보전산시스템(신용정보공동전산망을 포함)에 대한 제3자의 불법적인 접근, 입력된 정보의 변경 · 훼손 및 파괴, 그 밖의 위험에 대하여 다음의 내용이 포함된 「기술적 · 물리적 · 관리적 보안대책」을 수립 · 시행하여야 한다.

- 신용정보에 제3자가 불법적으로 접근하는 것을 차단하기 위한 침입차단시스템 등 접근통제장치의 설치 · 운영에 관한 사항
- 신용정보전산시스템에 입력된 정보의 변경 · 훼손 및 파괴를 방지하기 위한 사항
- 신용정보 취급 · 조회 권한을 직급별 · 업무별로 차등 부여하는 데에 관한 사항 및 신용정보 조회기록의 주기적인 점검에 관한 사항
- 그 밖에 신용정보의 안정성 확보를 위하여 필요한 사항

신용정보제공 · 이용자가 다른 신용정보제공 · 이용자 또는 개인신용평가회사, 개인사업자신용평가회사, 기업신용조회회사와 「신용정보법」에 따라 신용정보를 제공하는 경우에는 금융위원회가 정하여 고시하는 바(신용정보업감독규정 [별표4] 참조)에 따라 신용정보 보안관리 대책을 포함한 계약을 체결하여야 한다.

5 신용정보 관리기준 준수 및 기록의 보존 등

5-1 신용정보 관리기준 준수

신용정보회사등은 신용정보의 수집 · 처리 · 이용 및 보호 등에 대하여 금융위원회가 정하는 신용정보 관리기준을 준수하여야 한다.

5-2 신용정보 관리기록의 보존

신용정보회사등은 다음의 구분에 따라 개인신용정보의 처리에 대한 기록을 3년간 보존하여야 한다.

- 개인신용정보를 수집 · 이용한 경우
  - 수집 · 이용한 날짜

- 수집 · 이용한 정보의 항목
- 수집 · 이용한 사유와 근거
- 개인신용정보를 제공하거나 제공받은 경우
  - 제공하거나 제공받은 날짜
  - 제공하거나 제공받은 정보의 항목
  - 제공하거나 제공받은 사유와 근거
- 개인신용정보를 폐기한 경우
  - 폐기한 날짜
  - 폐기한 정보의 항목
  - 폐기한 사유와 근거
- 그 밖에 신용정보법 시행령으로 정하는 사항

5-3 개인신용정보의 보유 기간 등

신용정보제공 · 이용자는 금융거래등 상거래관계(고용관계는 제외)가 종료된 날부터 금융위원회가 정하여 고시하는 기한까지 해당 신용정보주체의 개인신용정보가 안전하게 보호될 수 있도록 접근권한을 강화하는 등 다음의 방법으로 관리하여야 한다.

- 금융거래등 상거래관계의 설정 및 유지 등에 필수적인 개인신용정보의 경우
  - 상거래관계가 종료되지 아니한 다른 신용정보주체의 정보와 별도로 분리하는 방법
  - 금융위원회가 정하여 고시하는 절차에 따라 신용정보제공 · 이용자의 임직원 중에서 해당 개인신용정보에 접근할 수 있는 사람을 지정하는 방법
  - 그 밖에 해당 신용정보주체의 개인신용정보가 안전하게 보호될 수 있는 방법으로서 금융위원회가 정하여 고시하는 방법
- 그 외의 개인신용정보의 경우
  - 그 정보를 모두 삭제하는 방법

금융거래등 상거래관계가 종료된 날

- 신용정보제공·이용자와 신용정보주체 간의 상거래관계가 관계 법령, 약관 또는 합의 등에 따라 계약기간의 만료, 해지권·해제권·취소권의 행사, 소멸시효의 완성, 변제 등으로 인한 채권의 소멸, 그 밖의 사유로 종료된 날
- 개인신용정보를 수집하거나 또는 신용조회회사 또는 신용정보집중기관으로부터 정보를 제공받기 위하여 신용정보주체로부터 동의를 받을 때 금융거래등 상거래관계가 종료된 날을 신용정보주체에게 알려야 함

「개인정보 보호법」 제21조 제1항(개인정보의 지체 없이 파기)에도 불구하고 신용정보제공·이용자는 금융거래등 상거래관계가 종료된 날부터 최장 5년 이내(해당 기간 이전에 정보 수집·제공 등의 목적이 달성된 경우에는 그 목적이 달성된 날부터 3개월 이내)에 해당 신용정보주체의 개인신용정보를 관리대상에서 삭제하여야 한다(개인신용정보를 삭제하는 경우 그 삭제된 개인신용정보가 복구 또는 재생되지 아니하도록 조치하여야 함).

다만, 다음의 경우에는 삭제하지 아니 할 수 있다.

- 신용정보법 또는 다른 법률에 따른 의무를 이행하기 위하여 불가피한 경우
- 개인의 급박한 생명·신체·재산의 이익을 위하여 필요하다고 인정되는 경우
- 가명정보를 이용하는 경우로서 그 이용 목적, 가명처리의 기술적 특성, 정보의 속성 등을 고려하여 **대통령령으로 정하는 기간** 동안 보존하는 경우

  "대통령령으로 정하는 기간"이란 다음의 사항을 고려하여 가명처리한 자가 가명처리 시 정한 기간을 말한다.

  – 추가정보 및 가명정보에 대한 관리적·물리적·기술적 보호조치 수준
  – 가명정보의 재식별 시 정보주체에 미치는 영향
  – 가명정보의 재식별 가능성
  – 가명정보의 이용목적 및 그 목적 달성에 필요한 최소기간
- 그 밖에 다음의 어느 하나에 해당하는 경우로서 **대통령령으로 정하는 경우**

  가. 예금·보험금의 지급을 위한 경우
  나. 보험사기자의 재가입 방지를 위한 경우
  다. 개인신용정보를 처리하는 기술의 특성 등으로 개인신용정보를 보존할 필요가 있는 경우

라. 가목부터 다목까지와 유사한 경우로서 개인신용정보를 보존할 필요가 있는 경우

여기서 "대통령령으로 정하는 경우"란 다음의 어느 하나에 해당하는 경우를 말한다.

- 「서민의 금융생활 지원에 관한 법률」에 따른 휴면예금등의 지급을 위해 필요한 경우
- 대출사기, 보험사기, 거짓이나 부정한 방법으로 알아낸 타인의 신용카드 정보를 이용한 거래, 그 밖에 건전한 신용질서를 저해하는 행위를 방지하기 위하여 그 행위와 관련된 신용정보주체의 개인신용정보가 필요한 경우
- 위험관리체제의 구축과 신용정보주체에 대한 신용평가모형 및 위험관리모형의 개발을 위하여 필요한 경우. 이 경우 다른 법률에 따른 의무를 이행하기 위하여 불가피한 경우 등을 제외하고 개인인 신용정보주체를 식별할 수 없도록 조치해야 한다.
- 신용정보제공·이용자 또는 제3자의 정당한 이익을 달성하기 위하여 필요한 경우로서 명백하게 신용정보주체의 권리보다 우선하는 경우. 이 경우 신용정보제공·이용자 또는 제3자의 정당한 이익과 상당한 관련이 있고 합리적인 범위를 초과하지 아니하는 경우로 한정한다.
- 신용정보주체가 개인신용정보(제15조 제4항 각 호의 등록·관리 대상에서 삭제해야 하는 신용정보는 제외)의 삭제 전에 그 삭제를 원하지 아니한다는 의사를 명백히 표시한 경우
- 개인신용정보를 처리하는 기술의 특성 상 개인신용정보 삭제 시 신용정보전산시스템의 안전성, 보안성 등을 해치는 경우로서 금융위원회가 정하여 고시하는 보호 조치를 하는 경우

상기 예외 사유로 개인신용정보를 삭제하지 아니하고 보존하는 경우에는 현재 거래 중인 신용정보주체의 개인신용정보와 분리하는 등의 방법에 따라 관리하여야 한다. 구체적인 내용은 "금융거래등 상거래관계(고용관계는 제외)가 종료된 날부터 금융위원회가 정하여 고시하는 기한까지 해당 신용정보주체의 개인신용정보가 안전하게 보호될 수 있도록 접근권한을 강화하는 방법"에서 설명한 방법을 따라 관리하면 된다.

분리하여 보존하는 개인신용정보를 활용하는 경우 신용정보제공·이용자는 신용

정보주체에게 통지하여야 한다.

신용정보회사등(신용정보제공 · 이용자는 제외)이 폐업하려는 경우에는 금융위원회가 정하여 고시하는 바에 따라 보유정보를 처분하거나 폐기하여야 한다.

6 신용정보관리 · 보호인

6-1 신용정보관리 · 보호인의 지정 및 자격 요건

신용정보회사, 본인신용정보관리회사, 채권추심회사, 신용정보집중기관 및 대통령령으로 정하는 신용정보제공 · 이용자(보험회사, 은행, 증권금융회사 등)는 신용정보의 관리 및 보호를 위하여 다음 중 어느 하나에 해당하는 자를 신용정보관리 · 보호인으로 1명 이상 지정하여야 한다.

- 사내이사
- 집행임원(상법에 따라 집행임원을 둔 경우로 한정함)
- 이사가 아니면서 명예회장 · 회장 · 사장 · 부사장 · 전무 · 상무 · 이사 기타 회사의 업무를 집행할 권한이 있는 것으로 인정될 만한 명칭을 사용하여 회사의 업무를 집행한 자로서 신용정보의 제공 · 활용 · 보호 및 관리 등에 관한 업무집행 권한이 있는 사람
- 그 밖에 신용정보의 제공 · 활용 · 보호 및 관리 등을 총괄하는 위치에 있는 직원

그러나 총자산, 종업원 수 등을 감안한 다음의 경우는 신용정보관리 · 보호인을 임원[신용정보의 관리 · 보호 등을 총괄하는 지위에 있는 사람으로서 **대통령령으로 정하는 사람(집행임원**(「상법」 제408조의2에 따라 집행임원을 둔 경우로 한정), 「상법」제401조의2 제1항 제3호에 해당하는 자로서 신용정보의 제공 · 활용 · 보호 및 관리 등에 관한 업무집행 권한이 있는 사람)을 포함]으로 지정하여야 하며, 앞서 설명한 신용정보관리 · 보호인으로 지정될 수 있는 자 중 "그 밖에 신용정보의 제공 · 활용 · 보호 및 관리 등을 총괄하는 위치에 있는 직원"은 이 경우의 신용정보관리 · 보호인으로 지정될 수 없다.

- 종합신용정보집중기관
- 개인신용평가회사, 개인사업자신용평가회사, 기업신용조회회사 및 본인신용정보관리회사

- 신용조사회사, 채권추심회사 및 신용정보관리 · 보호인을 지정해야 하는 자로서 직전 사업연도 말 기준 총자산이 2조 원 이상 & 상시 종업원 수가 300명 이상인 자

※ 상시 종업원 수 : 「소득세법」에 따른 원천징수의무자가 근로소득세를 원천징수한 자의 수

상기 제한에도 불구하고 신용정보회사등은 다른 법령에 따라 준법감시인을 두는 경우에는 그 준법감시인을 신용정보관리 · 보호인으로 지정할 수 있다.

그러나 총자산, 종업원 수 등을 감안하여 신용정보관리 · 보호인을 임원으로 지정하여야 하는 경우에 해당한다면 신용정보관리 · 보호인으로 지정될 수 있는 준법감시인은 다음 중 어느 하나에 해당하는 사람이어야 한다.

- 사내이사
- 집행임원(상법에 따라 집행임원을 둔 경우로 한정함)
- 이사가 아니면서 명예회장 · 회장 · 사장 · 부사장 · 전무 · 상무 · 이사 기타 회사의 업무를 집행할 권한이 있는 것으로 인정될 만한 명칭을 사용하여 회사의 업무를 집행한 자로서 신용정보의 제공 · 활용 · 보호 및 관리 등에 관한 업무 집행 권한이 있는 사람

준법감시인을 신용정보관리 · 보호인으로 지정한 경우에는 아래에서 설명할 신용정보관리 · 보호인의 업무에 관한 사항을 준법감시인 선임의 근거가 된 법령에 따른 내부통제기준에 반영하여야 한다.

「금융지주회사법」에 따라 선임된 고객정보관리인이 상기 신용정보관리 · 보호인의 자격요건에 해당하면 「신용정보법」에 의하여 지정된 신용정보관리 · 보호인으로 본다.

6-2 신용정보관리 · 보호인의 업무

신용정보관리 · 보호인은 다음의 업무를 수행한다.

- 개인신용정보의 경우 다음의 업무
  - 「개인정보 보호법」 제31조 제2항 제1호부터 제5호까지의 업무(개인정보 보호 계획의 수립 및 시행, 개인정보 처리 실태 및 관행의 정기적인 조사 및 개선, 개인정보 처리와 관련한 불만의 처리 및 피해 구제, 개인정보 유출 및 오용 · 남용 방지를 위한 내부통제시스템의 구축, 개인정보 보호 교육 계획의 수립 및 시행)
  - 임직원 및 전속 모집인 등의 신용정보보호 관련 법령 및 규정 준수 여부

점검
- 그 밖에 신용정보의 관리 및 보호를 위하여 신용정보법 시행령으로 정하는 업무
- 기업신용정보의 경우 다음 각 목의 업무
  - 신용정보의 수집 · 보유 · 제공 · 삭제 등 관리 및 보호 계획의 수립 및 시행
  - 신용정보의 수집 · 보유 · 제공 · 삭제 등 관리 및 보호 실태와 관행에 대한 정기적인 조사 및 개선
  - 신용정보 열람 및 정정청구 등 신용정보주체의 권리행사 및 피해구제
  - 신용정보 유출 등을 방지하기 위한 내부통제시스템의 구축 및 운영
  - 임직원 및 전속 모집인 등에 대한 신용정보보호 교육계획의 수립 및 시행
  - 임직원 및 전속 모집인 등의 신용정보보호 관련 법령 및 규정 준수 여부 점검
  - 그 밖에 신용정보의 관리 및 보호를 위하여 대통령령으로 정하는 업무

신용정보관리 · 보호인의 업무수행에 관하여는 「개인정보 보호법」 제31조 제4항 및 제6항의 규정을 준용한다.(개인정보 보호책임자는 업무를 수행함에 있어서 필요한 경우 개인정보의 처리 현황, 처리 체계 등에 대하여 수시로 조사하거나 관계 당사자로부터 보고를 받을 수 있다. 개인정보처리자는 개인정보 보호책임자가 업무를 수행함에 있어서 정당한 이유 없이 불이익을 주거나 받게 하여서는 아니 된다.)

신용정보법 시행령으로 정하는 신용정보회사등의 신용정보관리 · 보호인은 처리하는 개인신용정보의 관리 및 보호 실태를 **대통령령으로 정하는 절차와 방법**에 따라 정기적으로 점검하고, 그 결과를 금융위원회에 제출하여야 한다.

신용정보법 시행령으로 정하는 신용정보회사등이란 다음의 기관을 말한다.

- 신용정보회사, 본인신용정보관리회사, 채권추심회사 및 신용정보집중기관
- 신용정보법 제2조 제6항 제7호 가목, 다목부터 카목까지, 하목부터 버목까지, 어목부터 처목까지 및 터목부터 허목까지의 자
- 신용정보법 시행령 제21조 제2항 제4호, 제5호, 제8호, 제16호, 제18호 및 제19호(직전 사업연도 말 기준으로 총 자산이 100억원을 초과하는 기관에 한정한다)의 기관
- 그 밖에 금융위원회가 정하여 고시하는 기관

신용정보관리 · 보호인은 상기 업무에 대하여 연 1회 이상 점검을 실시한 후, 그

결과를 대표자 및 이사회에 보고하고 금융위원회가 정하여 고시하는 기준과 서식에 따라 금융위원회에 제출하여야 한다. (신용정보관리 · 보호인은 직전 연도 중 업무를 수행한 실적과 동 실적을 기재한 보고서를 대표이사 또는 대표자 및 이사회에 보고한 실적을 당해 연도 1분기 말일까지 "금융보안원"에 제출하여야 한다.)

종합신용정보집중기관의 신용정보관리 · 보호인은 상기 점검 보고서를 대표자 및 이사회에 보고하기 전에 신용정보집중관리위원회에 보고하여야 한다.

7 신용정보활용체제의 공시

7-1 공시 내용

개인신용평가회사, 개인사업자신용평가회사, 기업신용조회회사, 신용정보집중기관 및 **대통령령으로 정하는 신용정보제공 · 이용자**는 다음의 사항을 **대통령령으로 정하는 바**에 따라 공시하여야 한다.

- 개인신용정보 보호 및 관리에 관한 기본계획(총자산, 종업원 수 등을 고려하여 **대통령령으로 정하는 자**로 한정)
  ⇒ 다음 요건을 모두 갖춘 자를 말함
  - 개인신용평가회사, 개인사업자신용평가회사, 기업신용조회회사 및 신용정보집중기관 중 어느 하나에 해당하는 기관일 것
  - 직전 사업연도 말 기준으로 총자산이 2조원 이상이고 상시 종업원 수가 300명 이상일 것. 이 경우 상시 종업원 수의 산정방식은 금융위원회가 정하여 고시함
- 관리하는 신용정보의 종류 및 이용 목적
- 신용정보를 제공받는 자
- 신용정보주체의 권리의 종류 및 행사 방법
- 신용평가에 반영되는 신용정보의 종류, 반영비중 및 반영기간(개인신용평가회사, 개인사업자신용평가회사 및 기업신용등급제공업무 · 기술신용평가업무를 하는 기업신용조회회사로 한정)
- 「개인정보 보호법」 제30조 제1항 제6호 및 제7호의 사항(개인정보 보호책임자의 성명 또는 개인정보 보호업무 및 관련 고충사항을 처리하는 부서의 명칭

과 전화번호 등 연락처, 인터넷 접속정보파일 등 개인정보를 자동으로 수집하는 장치의 설치·운영 및 그 거부에 관한 사항(수집장치는 해당하는 경우에만 정함)

- 그 밖에 신용정보의 처리에 관한 사항으로서 대통령령으로 정하는 사항

상기 공시 사항을 변경하는 경우에는 「개인정보 보호법」 제30조 제2항에 따른 방법을 준용한다.(정보주체가 쉽게 확인할 수 있도록 개인정보처리자의 인터넷 홈페이지에 지속적으로 게재하는 등 개인정보보호법 시행령으로 정하는 방법에 따라 공개)

7-2 공시 방법

신용정보활용체제를 공시하는 경우 다음 중 어느 하나에 해당하는 방법으로 하여야 한다.

- 점포·사무소 안의 보기 쉬운 장소에 갖춰 두고 열람하게 하는 방법
- 해당 기관의 인터넷 홈페이지를 통하여 해당 신용정보주체가 열람할 수 있게 하는 방법

8 신용정보의 수집·조사 및 처리

8-1 원칙

신용정보회사, 본인신용정보관리회사, 채권추심회사, 신용정보집중기관 및 신용정보제공·이용자(이하 "신용정보회사등"이라 함)는 신용정보를 수집하고 이를 처리할 수 있다. 이 경우 신용정보법 또는 정관으로 정한 업무 범위에서 수집 및 처리의 목적을 명확히 하여야 하며, 신용정보법 및 「개인정보 보호법」 제3조 제1항 및 제2항에 따라 그 목적 달성에 필요한 최소한의 범위에서 합리적이고 공정한 수단을 사용하여 신용정보를 수집 및 처리하여야 한다.

8-2 개인신용정보 수집의 원칙과 제한

개인신용정보를 수집하는 때에는 원칙적으로 해당 신용정보주체의 동의를 받아

야 한다.

그러나 다음의 경우에는 동의 없이 개인신용정보를 수집할 수 있다.

- 「개인정보 보호법」 제15조제1항 제2호부터 제7호까지의 어느 하나에 해당하는 경우
- 다음 각 목의 어느 하나에 해당하는 정보를 수집하는 경우
  - 법령에 따라 공시되거나 공개된 정보
  - 출판물이나 방송매체 또는 「공공기관의 정보공개에 관한 법률」에 따른 공공기관의 인터넷 홈페이지 등의 매체를 통하여 공시 또는 공개된 정보
  - 신용정보주체가 스스로 사회관계망서비스 등에 직접 또는 제3자를 통하여 공개한 정보. 이 경우 **신용정보법 시행령으로 정하는 바**에 따라 해당 신용정보주체의 동의가 있었다고 객관적으로 인정되는 범위 내로 한정한다.

    ⇒ 다음 각 호의 사항을 고려하여 신용정보주체의 동의가 있었다고 객관적으로 인정되는 범위의 정보는 후단에 따른 동의가 있는 정보로 본다.

    ① 공개된 개인정보의 성격, 공개의 형태, 대상 범위

    ② ①로부터 추단되는 신용정보주체의 공개 의도 및 목적

    ③ 신용정보회사등의 개인정보 처리의 형태

    ④ 수집 목적이 신용정보주체의 원래의 공개 목적과 상당한 관련성이 있는지 여부

    ⑤ 정보 제공으로 인하여 공개의 대상 범위가 원래의 것과 달라졌는지 여부

    ⑥ 개인정보의 성질 및 가치와 이를 활용해야 할 사회 · 경제적 필요성
- 상기 내용에 준하는 경우로서 신용정보법 시행령으로 정하는 경우

8-3 처리의 위탁

신용정보회사등은 제3자에게 신용정보의 처리 업무를 위탁할 수 있다. 이 경우 개인신용정보의 처리 위탁에 대해서는 「개인정보 보호법」 제26조 제1항부터 제3항까지의 규정을 준용한다.(제2장 개인정보보호법의 개인정보처리에 대한 업무 위탁 부분 참고)

신용정보회사등은 신용정보의 처리를 위탁할 수 있으며 이에 따라 위탁을 받은 자(이하 "수탁자"라 함)의 위탁받은 업무의 처리에 관하여는 제19조(신용정보전산

시스템의 안전보호), 제20조(신용정보 관리책임의 명확화 및 업무처리기록의 보존), 제20조의2(개인신용정보의 보유기간 등), 제21조(폐업 시 보유정보의 처리), 제22조의4(폐업 시 보유정보의 처리), 제22조의5(개인사업자신용평가회사의 행위규칙), 제22조의6(기업신용조회회사의 행위규칙), 제22조의7(신용조사회사의 행위규칙), 제22조의9(본인신용정보관리회사의 행위규칙), 제40조(신용정보회사등의 금지사항), 제43조(손해배상의 책임), 제43조의2(법정손해배상의 청구), 제45조(감독 · 검사 등), 제45조의2(금융위원회의 조치명령권) 및 제45조의3(보호위원회의 자료제출 요구 · 조사 등)(해당 조문에 대한 벌칙 및 과태료 규정을 포함)을 준용한다.

신용정보의 처리를 위탁하려는 신용정보회사등으로서 **신용정보법 시행령으로 정하는 자**[신용정보회사, 본인신용정보관리회사, 채권추심회사, 신용정보집중기관 및 제2조 제6항 제7호 각 목에 따른 금융기관 중 **금융위원회가 정하여 고시하는 자**{신용정보법 시행령 제2조 제6항 제7호의 금융기관 중 「외국에서 '예금보험공사 및 정리금융회사'를 제외한 나머지 금융기관과 유사한 금융업을 경영하는 금융기관, 외국 법령에 따라 설립되어 외국에서 신용정보업 또는 채권추심업을 수행하는 자」를 제외하고 나열되어 있는 나머지 금융기관을 말함. 신용정보법 제22조의9 제5항에 따른 중계기관 또는 거점중계기관(개인신용정보를 전송하는 행위 및 개인신용정보를 전송받는 행위를 중계하는 자를 말함)에 법 제33조의2에 따른 개인신용정보의 처리(전송요구)를 위탁하는 경우를 제외)}는 제공하는 신용정보의 범위 등을 **신용정보법 시행령으로 정하는 바**에 따라 금융위원회에 알려야 한다.

이 경우 신용정보의 처리를 위탁하려는 자는 위탁계약 체결 예정일부터 7영업일 이전에 금융위원회가 정하여 고시하는 서식에 따라 제공하는 신용정보의 범위, 제공 목적 및 기간과 고객정보 관리체계 등을 금융위원회에 알려야 한다. 다만, 미리 알려야 할 필요성이 크지 아니한 경우로서 **금융위원회가 정하여 고시하는 경우**(기업 및 법인에 관한 신용정보(이하 "기업신용정보")의 처리를 위탁하는 경우)에는 위탁계약을 체결한 날부터 **금융위원회가 정하여 고시하는 기간**(위탁계약을 체결한 날부터 1개월) 이내에 알려야 한다.

신용정보회사등은 신용정보의 처리를 위탁하기 위하여 수탁자에게 개인신용정보를 제공하는 경우 특정 신용정보주체를 식별할 수 있는 정보는 **신용정보법 시행령으로 정하는 바**에 따라 다음과 같은 암호화 등의 보호 조치를 하여야 한다.

- 정보통신망 또는 보조저장매체를 통하여 제공하는 경우: **금융위원회가 정하**

여 고시하는 절차와 방법(신용정보업감독규정 별표 3. 기술적·물리적·관리적 보안대책 마련 기준 Ⅱ.3. 개인신용정보의 암호화를 말함)에 따른 보안서버의 구축 또는 암호화, 그 밖에 금융위원회가 정하여 고시하는 보호조치

- 그 외의 방법으로 제공하는 경우: 봉함, 그 밖에 금융위원회가 정하여 고시하는 보호조치

신용정보회사등은 수탁자에게 신용정보를 제공한 경우 신용정보를 분실·도난·유출·위조·변조 또는 훼손당하지 아니하도록 **신용정보법 시행령으로 정하는 바**에 따라 다음과 같이 수탁자를 교육하여야 하고 수탁자의 안전한 신용정보 처리에 관한 사항을 위탁계약에 반영하여야 한다.

- 위탁계약을 체결하거나 갱신하는 경우에는 연 1회 이상(위탁계약기간이 1년 미만인 경우에는 그 기간 동안 1회 이상을 말함) 신용정보의 분실·도난·유출·변조·훼손의 방지 및 안전한 신용정보의 처리에 관하여 수탁자의 소속 임직원에 대한 교육을 실시한다는 내용을 위탁계약에 반영하여야 하며, 그 위탁계약에 따라 교육을 실시하여야 함
- 수탁자가 연 1회 이상 그 소속 임직원에 대한 교육을 실시한다는 내용이 위탁계약에 반영되어 있고, 신용정보회사등이 수탁자가 그 위탁계약에 따라 해당 교육을 실시한 사실을 확인한 경우에는 신용정보회사등이 수탁자의 소속 임직원에게 교육을 실시한 것으로 봄

수탁자가 개인신용정보를 이용하거나 제3자에게 제공하는 경우에는 「개인정보 보호법」 제26조 제5항에 따른다(수탁자는 개인정보처리자로부터 위탁받은 해당 업무 범위를 초과하여 개인정보를 이용하거나 제3자에게 제공하여서는 아니 된다).

수탁자는 위탁받은 업무를 제3자에게 재위탁하여서는 아니 된다. 다만, 신용정보의 보호 및 안전한 처리를 저해하지 아니하는 범위에서 **금융위원회가 인정하는 경우(다음 각 호의 어느 하나에 해당하지 않는 경우를 말함)**에는 그러하지 아니하다.

- 관련 법령에서 해당 업무의 위탁을 금지하고 있는 경우
- 재위탁자 또는 재수탁자가 최근 3년 이내에 신용정보주체의 정보관리, 감독 관련 자료 제출 등 감독기관의 검사와 관련한 사항으로 기관경고 이상의 제재 또는 형사처벌을 2회 이상 받은 사실이 있는 경우
- 그 밖에 재위탁으로 인하여 재위탁자의 건전성 또는 신인도를 크게 저해하거나, 금융질서의 문란 또는 신용정보주체의 피해 발생이 심히 우려되는 경우

8-4 정보집합물의 결합 등

신용정보회사등[대통령령으로 정하는 자인 신용정보법 제45조에 따라 금융위원회의 감독을 받지 아니하는 신용정보제공 · 이용자(이하 "상거래기업 및 법인"이라 함)는 제외]은 자기가 보유한 정보집합물을 제3자가 보유한 정보집합물과 결합하려는 경우에는 신용정보법 제26조의4에 따라 지정된 데이터전문기관을 통하여 결합하여야 한다.

지정된 데이터전문기관이 결합된 정보집합물을 해당 신용정보회사등 또는 그 제3자에게 전달하는 경우에는 가명처리 또는 익명처리가 된 상태로 전달하여야 한다.

9 개인신용정보의 제공 및 활용에 대한 동의

신용정보제공 · 이용자(보험회사, 은행, 증권금융회사 등)가 ① 개인신용정보를 타인에게 제공하려는 경우 또는 ② 개인신용평가회사, 개인사업자신용평가회사, 기업신용조회회사 또는 신용정보집중기관으로부터 개인신용정보를 제공받으려는 경우의 동의를 받는 대상이 되는 정보의 종류, 방법 및 동의절차가 면제되는 사항 등은 다음과 같다.

〈표25〉 개인신용정보 제공 등에 대한 동의 관련 정리

대상 정보	개인신용정보
대상 행위	• 개인신용정보를 타인에게 제공하려는 경우 • 개인신용평가회사, 개인사업자신용평가회사, 기업신용조회회사 또는 신용정보집중기관으로부터 개인신용정보를 제공받으려는 경우
개인신용평가회사, 개인사업자신용평가회사, 기업신용조회회사 또는 신용정보집중기관으로부터 개인신용정보를 제공받으려는 경우의 유의 사항	• 개인신용정보를 제공받으려는 자는 개인신용정보의 조회 시 개인신용평점이 하락할 수 있는 때에는 해당 신용정보주체에게 이를 고지하여야 함 • 개인신용평가회사, 개인사업자신용평가회사, 기업신용조회회사 또는 신용정보집중기관으로부터 개인신용정보를 제공받으려는 자가 해당 신용정보주체로부터 동의를 받았는지를 서면, 전자적 기록 등으로 확인하고, 확인한 사항의 진위 여부를 주기적으로 점검하여야 함

대상 정보	개인신용정보
동의받는 시기	• 해당 신용정보주체로부터 개인신용정보를 '제공할 때마다' '미리' '개별적'으로 동의를 받아야 함 • 해당 신용정보주체로부터 '제공받을 때마다' '개별적'으로 동의를 받아야 함 ※ 다만, 기존에 동의한 목적 또는 이용 범위에서 개인신용정보의 정확성 · 최신성을 유지하기 위한 경우는 제외함
동의 방법	다음의 어느 하나에 해당하는 방법 • 서면 • 「전자서명법」에 따른 전자서명(서명자의 실지명의를 확인할 수 있는 것을 말함)이 있는 전자문서(「전자문서 및 전자거래 기본법」에 따른 전자문서를 말함) • 개인신용정보의 제공 내용 및 목적 등을 고려하여 정보 제공 동의의 안정성과 신뢰성이 확보될 수 있는 유무선 통신으로 개인비밀번호를 입력하는 방식 • 유무선 통신으로 동의 내용을 해당 개인에게 알리고 동의를 받는 방법 – 본인 여부 및 동의 내용, 그에 대한 해당 개인의 답변을 음성녹음하는 등 증거자료를 확보 · 유지하고 – 1개월 이내에 서면, 전자 우편, 휴대전화 문자메시지, 그 밖에 금융위원회가 정하여 고시하는 방법으로 「신용정보법」에 의하여 동의를 받을 때 알려야 하는 사항을 고지하여야 함 • 그 밖에 대통령령으로 정하는 방식 – 정보 제공 동의의 안전성과 신뢰성이 확보될 수 있는 수단을 활용함으로써 해당 신용정보주체에게 동의 내용을 알리고 동의의 의사표시를 확인하여 동의를 받는 방식
동의받을 때 알려야 할 사항	• 개인신용정보를 타인에게 제공하려는 경우 – 제공받는 자 – 제공받는 자의 이용 목적 – 제공하는 개인신용정보의 내용 – 제공받는 자(개인신용평가회사, 개인사업자신용평가회사, 기업신용조회회사 및 신용정보집중기관은 제외)의 정보 보유 기간 및 이용 기간 – 동의를 거부할 권리가 있다는 사실 및 동의 거부에 따른 불이익이 있는 경우에는 그 불이익의 내용 • 개인신용평가회사, 개인사업자신용평가회사, 기업신용조회회사 또는 신용정보집중기관으로부터 개인신용정보를 제공받으려는 경우 – 제공하는 자 – 제공받는 자의 이용 목적 – 제공받는 개인신용정보의 항목 – 제공받는 것에 대한 동의의 효력 기간 – 동의를 거부할 권리가 있다는 사실 및 동의 거부에 따른 불이익이 있는 경우에는 그 불이익의 내용 ※ 다만, 제공하거나 제공받는 것에 대한 동의 방식의 특성상 동의 내용을 전부 표시하거나 알리기 어려운 경우에는 해당 기관의 인터넷 홈페이지 주소나 사업장 전화번호 등 동의 내용을 확인할 수 있는 방법을 안내하고 동의를 받을 수 있음

대상 정보	개인신용정보
개인신용정보의 제공 및 활용에 대한 동의 받을 때의 유의 사항	• 서비스 제공을 위하여 필수적 동의 사항과 선택적 동의 사항을 구분하여 설명한 후 각각 동의를 받아야 함 – 필수적 동의 사항은 서비스 제공과의 관련성을 설명하여야 함 – 선택적 동의 사항은 정보 제공에 동의하지 아니할 수 있다는 사실을 고지하여야 함 • 필수적 동의 사항과 선택적 동의 사항 구분 시 고려할 사항 – 신용정보주체가 그 동의 사항에 대하여 동의하지 아니하면 그 신용정보주체와의 금융거래등 상거래관계를 설정 · 유지할 수 없는지 여부 – 신용정보주체가 그 동의사항에 대하여 동의함으로써 제공 · 활용되는 개인신용정보가 신용정보제공 · 이용자와의 상거래관계에 따라 신용정보주체에게 제공되는 재화 또는 서비스(신용정보주체가 그 신용정보제공 · 이용자에게 신청한 상거래관계에서 제공하기로 한 재화 또는 서비스를 그 신용정보제공 · 이용자와 별도의 계약 또는 약정 등을 체결한 제3자가 신용정보주체에게 제공하는 경우를 포함)와 직접적으로 관련되어 있는지 여부 – 신용정보주체가 그 동의사항에 대하여 동의하지 아니하면 법 또는 다른 법령에 따른 의무를 이행할 수 없는지 여부 • 필수적 동의 사항과 선택적 동의 사항을 구분하여 동의를 받는 경우 동의서 양식을 구분하는 등의 방법으로 신용정보주체가 각 동의 사항을 쉽게 이해할 수 있도록 하여야 함 • 신용정보주체가 선택적 동의 사항에 동의하지 아니한다는 이유로 신용정보주체에게 서비스의 제공을 거부하여서는 아니 됨
상기 동의 관련 절차 등이 적용되지 않는 경우(신용정보법 제32조 제6항 각 호)	• 신용정보회사등(정보집합물의 결합 목적으로 데이터전문기관에 개인신용정보를 제공하는 경우에는 데이터전문기관을 포함)이 개인신용정보를 제공하는 경우로서 다음의 어느 하나에 해당하는 경우에는 상기의 내용을 적용하지 아니함 – 신용정보회사 및 채권추심회사가 다른 신용정보회사 및 채권추심회사 또는 신용정보집중기관과 서로 집중관리 · 활용하기 위하여 제공하는 경우 – 신용정보의 처리를 위탁하기 위하여 제공하는 경우 – 영업양도 · 분할 · 합병 등의 이유로 권리 · 의무의 전부 또는 일부를 이전하면서 그와 관련된 개인신용정보를 제공하는 경우 – 채권추심(추심채권을 추심하는 경우만 해당), 인가 · 허가의 목적, 기업의 신용도 판단, 유가증권의 양수 등 대통령령으로 정하는 목적으로 사용하는 자에게 제공하는 경우 – 법원의 제출명령 또는 법관이 발부한 영장에 따라 제공하는 경우 – 범죄 때문에 피해자의 생명이나 신체에 심각한 위험 발생이 예상되는 등 긴급한 상황에서 법관의 영장을 발부받을 시간적 여유가 없는 경우로서 검사 또는 사법경찰관의 요구에 따라 제공하는 경우(이 경우 개인신용정보를 제공받은 검사는 지체 없이 법관에게 영장을 청구하여야 하고, 사법경찰관은 검사에게 신청하여 검사의 청구로 영장을 청구하여야 하며, 개인신용정보를 제공받은 때부터 36시간 이내에 영장을 발부받지 못하면 지체 없이 제공받은 개인신용정보를 폐기하여야 함) – 조세에 관한 법률에 따른 질문 · 검사 또는 조사를 위하여 관할 관서의 장이 서면으로 요구하거나 조세에 관한 법률에 따라 제출의무가 있는 과세자료의 제공을 요구함에 따라 제공하는 경우

대상 정보	개인신용정보
상기 동의 관련 절차 등이 적용되지 않는 경우(신용정보법 제32조 제6항 각 호)	– 국제협약 등에 따라 외국의 금융감독기구에 금융회사가 가지고 있는 개인신용정보를 제공하는 경우 – 금융거래 등 상거래와 관련하여 신용질서를 문란하게 하는 행위 및 그러한 행위에 관한 신용정보주체가 법인인 경우 실제 법인의 경영에 참여하여 법인을 사실상 지배하는 자로서 대통령령으로 정하는 자에 관한 정보를 개인신용평가회사, 개인사업자신용평가회사, 기업신용등급제공업무 · 기술신용평가업무를 하는 기업신용조회회사 및 신용정보집중기관에 제공하거나 그로부터 제공받는 경우 – 통계작성, 연구, 공익적 기록보존 등을 위하여 가명정보를 제공하는 경우. 이 경우 통계작성에는 시장조사 등 상업적 목적의 통계작성을 포함하며, 연구에는 산업적 연구를 포함 – 정보집합물의 결합 목적으로 데이터전문기관에 개인신용정보를 제공하는 경우 – 다음의 요소를 고려하여 당초 수집한 목적과 상충되지 아니하는 목적으로 개인신용정보를 제공하는 경우 가. 양 목적 간의 관련성 나. 신용정보회사등이 신용정보주체로부터 개인신용정보를 수집한 경위 다. 해당 개인신용정보의 제공이 신용정보주체에게 미치는 영향 라. 해당 개인신용정보에 대하여 가명처리를 하는 등 신용정보의 보안대책을 적절히 시행하였는지 여부 – 신용정보법 및 다른 법률에 따라 제공하는 경우 – 상기 규정에 준하는 경우로서 대통령령으로 정하는 경우 가. 장외파생상품 거래의 매매에 따른 위험 관리 및 투자자보호를 위해 장외파생상품 거래와 관련된 정보를 금융위원회, 금융감독원 및 한국은행에 제공하는 경우 나. 「상법」 책임보험계약의 제3자에 대한 정보를 보험사기 조사 · 방지를 위해 신용정보집중기관에 제공하거나 그로부터 제공받는 경우 다. 「상법」 자동차보험계약의 제3자의 정보를 보험사기 조사 · 방지를 위해 신용정보집중기관에 제공하거나 그로부터 제공받는 경우 • 동의 등의 절차가 면제되는 경우 개인신용정보를 타인에게 제공하려는 자 또는 제공받은 자는 대통령령으로 정하는 바에 따라 개인신용정보의 제공 사실 및 이유 등을 사전에 해당 신용정보주체에게 알려야 함 ※ 다만, 대통령령으로 정하는 불가피한 사유가 있는 경우에는 인터넷 홈페이지 게재 또는 그 밖에 유사한 방법을 통하여 사후에 알리거나 공시할 수 있음 • 영업양도 · 분할 · 합병 등의 이유로 권리 · 의무의 전부 또는 일부를 이전하면서 그와 관련된 개인신용정보를 제공하는 신용정보제공 · 이용자로서 대통령령으로 정하는 자는 제공하는 개인신용정보의 범위, 제공받는 자의 신용정보 관리 · 보호 체계에 관하여 금융위원회의 승인을 받아야 함 – 이 경우 승인을 받아 개인신용정보를 제공받은 자는 해당 개인신용정보를 금융위원회가 정하는 다음의 방법에 따라 현재 거래 중인 신용정보주체의 개인신용정보와 분리하여 관리하여야 함 · 제공받은 개인신용정보는 영업양도 · 분할 · 합병 등을 이유로 제공받은 개인신용정보라는 사실을 표시하여 관리 · 개인신용정보를 제공받았을 때 이미 거래가 종료되어 분리보관 중인 개인신용정보의 경우 영업양도 · 분할 · 합병 등을 이유로 제공받은 개인신용정보라는 사실을 표시하고 현재 거래 중인 신용정보주체의 개인신용정보와 분리하여 관리

대상 정보	개인신용정보
제공하는 자의 의무적 확인 사항	금융위원회가 정하여 고시하는 바에 따라 개인신용정보를 제공받는 자의 신원과 이용 목적을 확인하여야 함
개별적 제공 동의에 대한 입증 책임	개인신용정보 제공에 대하여 미리 개별적 동의를 받았는지 여부 등에 대한 다툼이 있는 경우 개인신용정보를 제공한 자가 이를 증명하여야 함

10 개인신용정보의 이용

개인신용정보는 다음 어느 하나에 해당하는 경우에만 이용하여야 한다.

1) 해당 신용정보주체가 신청한 금융거래 등 상거래관계의 설정 및 유지 여부 등을 판단하기 위한 목적으로 이용하는 경우
2) 1) 외의 다른 목적으로 이용하는 것에 대하여 신용정보주체로부터 동의를 받은 경우
3) 개인이 직접 제공한 개인신용정보(그 개인과의 상거래에서 생긴 신용정보를 포함)를 제공받은 목적으로 이용하는 경우(상품과 서비스를 소개하거나 그 구매를 권유할 목적으로 이용하는 경우는 제외)
4) 신용정보법 제32조 제6항 각 호의 경우(개인신용정보의 제공·활용에 대한 동의등이 적용 제외되는 경우)
5) 그 밖에 상기 규정에 준하는 경우로서 대통령령으로 정하는 경우

신용정보회사등이 개인의 질병, 상해 또는 그 밖에 이와 유사한 정보를 수집·조사하거나 제3자에게 제공하려면 미리 제32조 제1항 각 호의 방식으로 해당 개인의 동의를 받아야 하며, 대통령령으로 정하는 다음 목적으로만 그 정보를 이용하여야 한다.

여기서 "대통령령으로 정하는 목적"이란 다음 각 호의 어느 하나에 해당하는 업무를 수행하기 위해 필요한 경우 해당 각 호의 자가 개인의 질병, 상해 또는 그 밖에 이와 유사한 정보를 그 업무와 관련하여 이용하기 위한 목적을 말한다.

- 보험회사가 수행하는 보험업 또는 부수업무로서 개인의 건강 유지·증진 또는 질병의 사전예방 및 악화 방지 등의 목적으로 수행하는 업무
- 신용카드업자가 수행하는 부수업무로서 신용카드회원으로부터 수수료를 받고

신용카드회원에게 사망 또는 질병 등 특정 사고 발생 시 신용카드회원의 채무(같은 법 제2조 제2호 나목과 관련된 채무에 한정)를 면제하거나 그 채무의 상환을 유예하는 업무

- 체신관서가 수행하는 보험업무
- 공제조합등이 수행하는 공제사업
- 본인신용정보관리회사가 수행하는 본인신용정보관리업으로서 개인인 신용정보주체에게 본인의 질병에 관한 정보를 통합하여 제공하기 위한 업무
- 종합신용정보집중기관이 수행하는 업무
- 상기 규정한 업무 외에 금융기관이 금융소비자에게 경제적 혜택을 제공하거나 금융소비자의 피해를 방지하기 위해 수행하는 업무로서 총리령으로 정하는 업무

11 개인신용정보의 전송요구

개인인 신용정보주체는 신용정보제공 · 이용자등에 대하여 그가 보유하고 있는 본인에 관한 개인신용정보를 다음의 어느 하나에 해당하는 자에게 전송하여 줄 것을 요구할 수 있다.

- 해당 신용정보주체 본인
- 본인신용정보관리회사
- 대통령령으로 정하는 신용정보제공 · 이용자
- 개인신용평가회사
- 그 밖에 유사한 자로서 대통령령으로 정하는 자

개인인 신용정보주체가 전송을 요구할 수 있는 본인에 관한 개인신용정보의 범위는 다음의 요소를 모두 고려하여 대통령령으로 정한다.

- 해당 신용정보주체(법령 등에 따라 그 신용정보주체의 신용정보를 처리하는 자를 포함)와 신용정보제공 · 이용자등 사이에서 처리된 신용정보로서 다음의 어느 하나에 해당하는 정보일 것
  - 신용정보제공 · 이용자등이 신용정보주체로부터 수집한 정보
  - 신용정보주체가 신용정보제공 · 이용자등에게 제공한 정보

– 신용정보주체와 신용정보제공 · 이용자등 간의 권리 · 의무 관계에서 생성된 정보

- 컴퓨터 등 정보처리장치로 처리된 신용정보일 것
- 신용정보제공 · 이용자등이 개인신용정보를 기초로 별도로 생성하거나 가공한 신용정보가 아닐 것

본인으로부터 개인신용정보의 전송요구를 받은 신용정보제공 · 이용자등은 신용정보법 제32조 및 다른 법률의 관련 규정(「금융실명거래 및 비밀보장에 관한 법률」 제4조, 「국세기본법」 제81조의13, 「지방세기본법」 제86조, 「개인정보 보호법」 제18조, 그 밖에 유사한 규정으로서 대통령령으로 정하는 법률의 관련 규정)에도 불구하고 지체 없이 본인에 관한 개인신용정보를 컴퓨터 등 정보처리장치로 처리가 가능한 형태로 전송하여야 한다.

신용정보주체 본인이 개인신용정보의 전송을 요구하는 경우 신용정보제공 · 이용자등에 대하여 해당 개인신용정보의 정확성 및 최신성이 유지될 수 있도록 정기적으로 같은 내역의 개인신용정보를 전송하여 줄 것을 요구할 수 있다.

개인인 신용정보주체가 상기 전송요구를 할 때에는 다음의 사항을 모두 특정하여 전자문서나 그 밖에 안전성과 신뢰성이 확보된 방법으로 하여야 한다.

- 신용정보제공 · 이용자등으로서 전송요구를 받는 자
- 전송을 요구하는 개인신용정보
- 전송요구에 따라 개인신용정보를 제공받는 자
- 정기적인 전송을 요구하는지 여부 및 요구하는 경우 그 주기
- 그 밖에 유사한 사항으로서 대통령령으로 정하는 사항

개인신용정보를 제공한 신용정보제공 · 이용자등은 신용정보법 제32조 제7항 및 다른 법률의 관련 규정(「금융실명거래 및 비밀보장에 관한 법률」 제4조의2, 그 밖에 개인신용정보의 처리에 관한 규정으로서 대통령령으로 정하는 법률의 관련 규정)에도 불구하고 개인신용정보의 전송 사실을 해당 신용정보주체 본인에게 통보하지 아니할 수 있다.

개인인 신용정보주체는 상기 전송요구를 철회할 수 있다.

본인으로부터 개인신용정보의 전송요구를 받은 신용정보제공 · 이용자등은 신용정보주체의 본인 여부가 확인되지 아니하는 경우 등 대통령령으로 정하는 경우에

는 전송요구를 거절하거나 전송을 정지 · 중단할 수 있다.

⑫ 개인신용정보 등의 활용에 관한 동의의 원칙

신용정보회사등은 신용정보주체로부터 정보활용 동의를 받는 경우 「개인정보 보호법」 제15조 제2항, 제17조 제2항 및 제18조 제3항에 따라 신용정보주체에게 해당 각 조항에서 규정한 고지사항을 알리고 정보활용 동의를 받아야 한다. 다만, 동의 방식이나 개인신용정보의 특성 등을 고려하여 대통령령으로 정하는 경우에 대해서는 그러하지 아니하다.

대통령령으로 정하는 신용정보제공 · 이용자는 다음의 사항을 고려하여 개인인 신용정보주체로부터 정보활용 동의를 받아야 한다.

- 보다 쉬운 용어나 단순하고 시청각적인 전달 수단 등을 사용하여 신용정보주체가 정보활용 동의 사항을 이해할 수 있도록 할 것
- 정보활용 동의 사항과 금융거래 등 상거래관계의 설정 및 유지 등에 관한 사항이 명확하게 구분되도록 할 것
- 정보를 활용하는 신용정보회사등이나 정보활용의 목적별로 정보활용 동의 사항을 구분하여 신용정보주체가 개별적으로 해당 동의를 할 수 있도록 할 것 (제32조 제4항의 선택적 동의사항으로 한정)

대통령령으로 정하는 신용정보제공 · 이용자는 상기 제한에도 불구하고 고지사항 중 그 일부를 생략하거나 중요한 사항만을 발췌하여 그 신용정보주체에게 알리고 정보활용 동의를 받을 수 있다. 다만, 개인인 신용정보주체가 고지사항 전부를 알려줄 것을 요청한 경우에는 그러하지 아니하다.

고지사항 중 그 일부를 생략하거나 중요한 사항만을 발췌하여 정보활용 동의를 받는 경우에는 신용정보주체에게 고지사항 전부를 별도로 요청할 수 있음을 알려야 한다.

⑬ 정보활용 동의등급

대통령령으로 정하는 신용정보제공·이용자는 정보활용 동의 사항에 대하여 금융위원회가 평가한 정보활용 동의등급을 신용정보주체에게 알리고 정보활용 동의를 받아야 한다. 정보활용 동의 사항 중 대통령령으로 정하는 중요사항을 변경한 경우에도 또한 같다.

금융위원회는 정보활용 동의등급 평가를 할 때 다음의 사항을 고려하여 정보활용 동의등급을 부여하여야 한다.

- 정보활용에 따른 사생활의 비밀과 자유를 침해할 위험에 관한 사항(활용되는 개인신용정보가 「개인정보 보호법」 제23조에 따른 민감정보인지 여부를 포함)
- 정보활용에 따라 신용정보주체가 받게 되는 이익이나 혜택
- 신용정보보호법 제34조의2(개인신용정보 등의 활용에 관한 동의의 원칙) 제2항 제1호 및 제2호의 사항
- 그 밖에 유사한 사항으로서 대통령령으로 정하는 사항

금융위원회는 신용정보제공·이용자가 거짓이나 그 밖의 부정한 방법으로 정보활용 동의등급을 부여받은 경우, 그 밖에 대통령령으로 정하는 경우에는 부여한 정보활용 동의등급을 취소하거나 변경할 수 있다.

⑭ 개인신용평점 하락 가능성 등에 대한 설명의무

대통령령으로 정하는 신용정보제공·이용자는 개인인 신용정보주체와 신용위험이 따르는 금융거래로서 대통령령으로 정하는 금융거래를 하는 경우 다음의 사항을 해당 신용정보주체에게 설명하여야 한다.

- 해당 금융거래로 인하여 개인신용평가회사가 개인신용평점을 만들어 낼 때 해당 신용정보주체에게 불이익이 발생할 수 있다는 사실
- 그 밖에 해당 금융거래로 인하여 해당 신용정보주체에게 영향을 미칠 수 있는 사항으로서 대통령령으로 정하는 사항

⑮ 신용정보제공·이용자의 사전통지

대통령령으로 정하는 신용정보제공 · 이용자가 신용정보주체의 신용도를 판단할 수 있는 정보 중 개인신용정보를 개인신용평가회사, 개인사업자신용평가회사, 기업신용조회회사 및 신용정보집중기관에 제공하여 그 업무에 이용하게 하는 경우에는 다음의 사항을 신용정보주체 본인에게 통지하여야 한다.

- 채권자
- 약정한 기일까지 채무를 이행하지 아니한 사실에 관한 정보로서 다음 각 목의 정보
  - 금액 및 기산일
  - 해당 정보 등록이 예상되는 날짜
- 정보 등록 시 개인신용평점 또는 기업신용등급이 하락하고 금리가 상승하는 등 불이익을 받을 수 있다는 사실(신용정보집중기관에 등록하는 경우에는 신용정보집중기관이 제3자에게 정보를 제공함으로써 신용정보주체가 불이익을 받을 수 있다는 사실)
- 유사한 사항으로서 대통령령으로 정하는 사항

⑯ 가명처리·익명처리에 관한 행위규칙

신용정보회사등은 가명처리에 사용한 추가정보를 대통령령으로 정하는 방법으로 분리하여 보관하거나 삭제하여야 한다. 신용정보회사등은 가명처리한 개인신용정보에 대하여 제3자의 불법적인 접근, 입력된 정보의 변경 · 훼손 및 파괴, 그 밖의 위험으로부터 가명정보를 보호하기 위하여 내부관리계획을 수립하고 접속기록을 보관하는 등 대통령령으로 정하는 바에 따라 기술적 · 물리적 · 관리적 보안대책을 수립 · 시행하여야 한다.

신용정보회사등은 개인신용정보에 대한 익명처리가 적정하게 이루어졌는지 여부에 대하여 금융위원회에 그 심사를 요청할 수 있다. 금융위원회가 동 심사 요청에 따라 심사하여 적정하게 익명처리가 이루어졌다고 인정한 경우 더 이상 해당 개인인 신용정보주체를 알아볼 수 없는 정보로 추정한다. 금융위원회는 심사 및 인정

업무에 대해서는 대통령령으로 정하는 바에 따라 제26조의4에 따른 데이터전문기관에 위탁할 수 있다.

신용정보회사등은 영리 또는 부정한 목적으로 특정 개인을 알아볼 수 있게 가명정보를 처리하여서는 아니 된다.

신용정보회사등은 가명정보를 이용하는 과정에서 특정 개인을 알아볼 수 있게 된 경우 즉시 그 가명정보를 회수하여 처리를 중지하고, 특정 개인을 알아볼 수 있게 된 정보는 즉시 삭제하여야 한다.

신용정보회사등은 개인신용정보를 가명처리나 익명처리를 한 경우 다음의 구분에 따라 조치 기록을 3년간 보존하여야 한다.

- 개인신용정보를 가명처리한 경우
  - 가명처리한 날짜
  - 가명처리한 정보의 항목
  - 가명처리한 사유와 근거
- 개인신용정보를 익명처리한 경우
  - 익명처리한 날짜
  - 익명처리한 정보의 항목
  - 익명처리한 사유와 근거

17 개인식별정보의 이용

개인식별정보를 제공·이용하는 경우에는 앞서 설명한 9. 개인신용정보의 제공 및 활용에 대한 동의와 10. 개인신용정보의 이용에 대한 내용을 준용한다.

18 신용정보 이용 및 제공사실의 조회

18-1 신용정보 이용 및 제공사실의 조회 방법 구축 의무

신용정보회사등은 개인신용정보를 이용하거나 제공한 경우 다음의 기준에 따라 신용정보주체가 다음의 조회 항목을 조회할 수 있도록 하여야 한다.

다만, 내부 경영관리의 목적으로 이용하거나 반복적인 업무 위탁을 위하여 제공하는 경우 등 다음의 어느 하나에 해당하는 목적으로 이용하거나 제공하는 경우에는 그러하지 아니하다(상품 및 서비스를 소개하거나 구매를 권유할 목적으로 이용하거나 제공하는 경우는 예외가 적용되지 않음).

- 신용위험관리 등 위험관리와 내부통제
- 고객분석과 상품 및 서비스의 개발
- 성과관리
- 위탁 업무의 수행
- 업무와 재산상태에 대한 검사
- 신용정보제공 · 이용자등의 개인신용정보 전송
- 그 밖에 다른 법령에서 정하는 바에 따른 국가 또는 지방자치단체에 대한 자료 제공

1) 조회 방법

- 신용정보회사등으로서 신용정보집중기관, 개인신용평가회사, 개인사업자신용평가회사, 기업신용조회회사, 본인신용정보관리회사, 신용정보법 제2조 제6항 제7호 가목부터 허목까지의 기관(개인신용정보를 관리하는 전산시스템이 없는 기관으로서 1만명 미만의 신용정보주체에 관한 개인신용정보를 보유한 기관은 제외), 신용정보법 제21조 제2항 제1호부터 제23호까지의 규정에 따른 기관(개인신용정보를 관리하는 전산시스템이 없는 기관으로서 1만명 미만의 신용정보주체에 관한 개인신용정보를 보유한 기관은 제외)의 경우
  - 신용정보주체가 조회 사항을 편리하게 확인할 수 있도록 하기 위한 개인신용정보조회시스템을 구축하고, 인터넷 홈페이지 등에 그 개인신용정보조회시스템을 이용하는 방법 및 절차 등을 게시하는 방법
- 신용정보회사등으로서 상기 외의 자의 경우
  - 개인신용정보조회시스템 구축 및 이용 방법 · 절차 등 게시의 방법 또는 사무소 · 점포 등에서 신용정보주체가 조회 사항을 열람하게 하는 방법

2) 조회 시기

개인신용정보를 이용하거나 제공한 날부터 7일 이내(다만, 신용정보법, 시행령 및 그 밖에 다른 법령에서 달리 정하는 경우에는 그 법령에서 정하는 바에 따름)

다만, 「신용정보법」 제32조 제7항 단서에 따른 불가피한 사유가 있는 경우에는 신용정보법 시행령 [별표2의2]에 따라 알리거나 공시하는 시기에 조회할 수 있도록 하여야 함

3) 조회 항목

- 신용정보주체에게 조회할 수 있도록 하여야 하는 조회 사항은 그 조회가 의뢰된 날을 기준으로 최근 3년간의 조회 사항을 말함
- 개인신용정보를 이용한 경우
  - 이용 주체, 이용 목적, 이용 날짜, 이용한 신용정보의 내용, 해당 개인신용정보의 보유 기간 및 이용 기간
- 개인신용정보를 제공한 경우
  - 제공 주체, 제공받은 자, 제공 목적, 제공한 날짜, 제공한 신용정보의 내용, 해당 개인신용정보를 제공받은 자의 보유 기간 및 이용 기간

4) 조회 요구자에 대한 본인 신원확인

신용정보회사등은 상기 조회를 요구하는 사람이 그 조회사항에 관한 신용정보주체 본인인지 여부를 확인하여야 한다. 이 경우 신용정보회사등은 금융거래등 상거래관계의 유형·특성·위험도 등을 고려하여 본인 확인의 안전성과 신뢰성이 확보될 수 있는 수단을 채택하여 활용할 수 있다.

18-2 신용정보주체의 조회 사항 통지요구권

신용정보 이용 및 제공에 대한 조회를 한 신용정보주체의 요청이 있는 경우 신용정보회사등은 개인신용정보를 이용하거나 제공하는 때에 상기 조회 사항을 금융위원회가 정하여 고시하는 서식 및 방법에 따라 그 요청을 받은 때부터 정기적으로 해당 신용정보주체에게 통지하여야 한다. 그리고 신용정보주체에게 상기 통지를 요청할 수 있음을 알려주어야 한다.

18-3 조회 또는 통지 관련 비용의 부담

신용정보회사등은 상기 조회나 통지에 직접 드는 비용을 그 신용정보주체에게 부담하게 할 수 있다. 다만, 개인신용정보조회시스템을 통하여 조회 사항을 조회할 수 있도록 한 경우에는 신용정보주체가 1년에 1회 이상 무료로 조회할 수 있도록

하여야 한다.

18-4 조회 또는 통지한 내용의 보존

신용정보회사등은 신용정보주체가 조회한 내용과 신용정보주체에게 통지한 내용을 3년간 보존하여야 한다.

19 상거래 거절 근거 신용정보의 고지 등

신용정보제공 · 이용자가 개인신용평가회사, 개인사업자신용평가회사, 기업신용조회회사(기업정보조회업무만 하는 기업신용조회회사는 제외) 및 신용정보집중기관으로부터 제공받은 개인신용정보로서 대통령령으로 정하는 정보에 근거하여 상대방과의 상거래관계 설정을 거절하거나 중지한 경우에는 해당 신용정보주체의 요구가 있으면 그 거절 또는 중지의 근거가 된 정보 등 대통령령으로 정하는 사항을 본인에게 고지하여야 한다.

신용정보주체는 상거래 거절근거로 고지받은 본인정보의 내용에 이의가 있으면 고지를 받은 날부터 60일 이내에 해당 신용정보를 수집 · 제공한 개인신용평가회사, 개인사업자신용평가회사, 기업신용조회회사(기업정보조회업무만 하는 기업신용조회회사는 제외) 및 신용정보집중기관에게 그 신용정보의 정확성을 확인하도록 요청할 수 있다.

20 개인신용정보 제공 · 이용에 대한 동의 철회권 등

20-1 개인신용정보 제공 · 이용에 대한 동의 철회권

개인인 신용정보주체는 정보 제공 · 이용 동의를 받은 신용정보제공 · 이용자(보험회사 · 은행 · 증권금융회사 등)에게 "개인신용평가회사, 개인사업자 신용평가회사 또는 신용정보집중기관에 제공하여 개인의 신용도 등을 평가하기 위한 목적 외의 목적"으로 행한 개인신용정보제공 동의를 동의 철회의 대상 및 내용 등을 특정하여 해당 기관의 인터넷 홈페이지, 유무선 통신, 서면, 신용정보제공 · 이용자의 사무실 · 점포 등을 방문하여 동의 철회서를 제출하는 방법으로 철회할 수 있다. 이 경우 신용정보제공 · 이용자는 청구를 받은 날부터 1개월 이내에 그에 따른 조치를 완료하여야 한다.

다만, 동의를 받은 신용정보제공 · 이용자 외의 신용정보제공 · 이용자에게 해당 개인신용정보를 제공하지 아니하면 해당 신용정보주체와 약정한 용역의 제공을 하지 못하게 되는 등 계약 이행이 어려워지거나 해당 신용정보주체가 신청한 금융거래등 상거래관계의 설정 및 유지 여부 등을 판단하기 위한 목적을 달성할 수 없는 경우에는 그 해당 신용정보주체가 동의를 철회하려면 그 용역의 제공을 받지 아니할 의사를 명확하게 밝혀야 한다.

20-2 연락중지청구권(Do not call 제도)

개인인 신용정보주체는 상품이나 용역을 소개하거나 구매를 권유할 목적으로 연락하는 신용정보제공 · 이용자에 대하여 연락중지청구의 대상 및 내용을 특정하여 해당 기관의 인터넷 홈페이지, 유무선 통신, 서면, 신용정보제공 · 이용자의 사무실 · 점포 등을 방문하여 연락 중지청구서를 제출하는 방법으로 상품이나 용역을 소개하거나 구매를 권유할 목적으로 본인에게 연락하는 것을 중지하도록 청구할 수 있다. 이 경우 신용정보제공 · 이용자는 청구를 받은 날부터 1개월 이내에 그에 따른 조치를 완료하여야 한다.

20-3 동의철회권 및 연락중지청구권에 대한 고지

신용정보제공 · 이용자는 서면, 전자문서 또는 구두에 의한 방법으로 동의철회권 및 연락중지청구권의 내용, 행사 방법 등을 거래 상대방인 개인에게 고지하고, 거래 상대방이 철회 및 중지청구를 요구하면 즉시 이에 따라야 한다. 이 때 구두에 의한 방법으로 이를 고지한 경우 고지한 날부터 1개월 이내에 고지 내용을 서면, 전자 우편, 휴대전화 문자메시지, 인터넷 홈페이지 및 그 밖에 금융위원회가 정하는 방법으로 추가적인 사후 고지절차를 거쳐야 한다.

20-4 동의철회권 등에 대한 고지 및 조치 이행 절차 수립 등

신용정보제공 · 이용자는 동의철회권 및 연락중지청구권에 대한 고지 및 조치 이행을 위한 절차를 갖추어야 하며, 연락중지청구에 따라 발생하는 전화요금 등 금전적 비용을 개인인 신용정보주체가 부담하지 아니하도록 수신자 부담 전화, 수취인 부담 우편 등의 조치를 마련하여야 한다.

21 신용정보의 열람 및 정정청구 등

신용정보주체는 신용정보회사등에 본인의 신분을 나타내는 증표를 내보이거나 전화, 인터넷 홈페이지의 이용 등 다음의 방법으로 본인임을 확인받아 신용정보회사등이 가지고 있는 신용정보주체 본인에 관한 신용정보로서 대통령령으로 정하는 신용정보의 교부 또는 열람을 청구할 수 있으며, 본인정보가 사실과 다른 경우에는 정정대상정보와 정정청구사유를 기재하여 서면 또는 신용정보회사등의 인터넷 홈페이지를 통해 신청하여 그 정정을 청구할 수 있다.

- 본인의 신분을 나타내는 증표를 내보이는 방법
- 전화, 인터넷 홈페이지를 이용하는 방법
- 본인 확인의 안전성과 신뢰성이 확보될 수 있는 수단을 활용하여 본인정보의 제공 · 열람을 청구하는 자가 신용정보주체 본인임을 확인하는 방법(이 경우 금융거래등 상거래관계의 유형 · 특성 · 위험도 등을 고려하여 본인 확인의 안전성과 신뢰성이 확보될 수 있는 수단을 채택하여 활용할 수 있음)

정정청구를 받은 신용정보회사등은 정정청구에 정당한 사유가 있다고 인정하면 지체 없이 해당 신용정보의 제공 · 이용을 중단한 후 사실인지를 조사하여 사실과 다르거나 확인할 수 없는 신용정보는 삭제하거나 정정하여야 한다.

신용정보를 삭제하거나 정정한 신용정보회사등은 해당 신용정보를 최근 6개월 이내에 제공받은 자와 해당 신용정보주체가 요구하는 자에게 해당 신용정보에서 삭제하거나 정정한 내용을 알려야 한다.

신용정보회사등은 삭제 · 정정 및 통지 처리결과를 7일 이내에 해당 신용정보주체에게 알려야 하며, 해당 신용정보주체는 처리결과에 이의가 있으면 처리결과의 통지를 받은 날(통지가 없는 경우에는 법 제38조 제2항에 따른 정정청구를 하고 7영업일이 지난 날을 말한다)부터 15일 이내에 금융위원회가 정하여 고시하는 시정요청서에 다음 각 호의 서류를 첨부하여 보호위원회에 제출하여 그 시정을 요청할 수 있다. 다만, 개인신용정보에 대한 제45조의3 제1항에 따른 상거래기업 및 법인의 처리에 대하여 이의가 있으면 대통령령으로 정하는 바에 따라 「개인정보 보호법」에 따른 개인정보 보호위원회에 그 시정을 요청할 수 있다.

- 정정청구를 한 내용을 적은 서면
- 신용정보회사등으로부터 처리결과를 통지받은 경우에는 그 통지 내용
- 시정 요청의 대상이 된 신용정보의 사실 여부를 확인할 수 있는 근거자료

22 개인신용정보의 삭제 요구

신용정보주체는 금융거래등 상거래관계가 종료되고 다음의 기간이 경과한 경우 신용정보제공·이용자에게 본인의 개인신용정보의 삭제를 요구할 수 있으며, 신용정보제공·이용자는 그러한 요구를 받았을 때에는 지체 없이 해당 개인신용정보를 삭제하고 그 결과를 신용정보주체에게 통지하여야 한다. 신용정보주체의 삭제요구에 따라 신용정보제공·이용자가 개인신용정보를 삭제함으로써 해당 신용정보주체에게 불이익이 발생하는 경우에는 신용정보제공·이용자는 그 정보를 삭제하기 전에 그러한 불이익이 발생할 수 있다는 것을 해당 신용정보주체에게 알려야 한다.

- 금융거래등 상거래관계의 설정 및 유지 등에 필수적인 개인신용정보의 경우 : 5년
- 그 외의 개인신용정보의 경우 : 3개월

다만, 다음의 어느 하나에 해당하는 경우에는 삭제를 요구할 수 없으며, 신용정보제공·이용자는 앞서 설명한 금융거래등 상거래관계(고용관계는 제외)가 종료된 신용정보주체의 금융거래등 상거래관계의 설정 및 유지 등에 필수적인 개인신용정보와 분리하는 방법 등의 방법으로 관리하여야 하며, 그 결과를 신용정보주체에게 통지하여야 한다.

- 신용정보법 또는 다른 법률에 따른 의무를 이행하기 위하여 불가피한 경우
- 개인의 급박한 생명·신체·재산의 이익을 위하여 필요하다고 인정되는 경우
- 가명정보를 이용하는 경우로서 그 이용 목적, 가명처리의 기술적 특성, 정보의 속성 등을 고려하여 대통령령으로 정하는 기간 동안 보존하는 경우
- 그 밖에 예금·보험금의 지급, 보험사기자의 재가입 방지를 위한 경우 등 개인

신용정보를 보존할 필요가 있는 경우로서 대통령령으로 정하는 경우

개인신용정보의 삭제 또는 분리 관리 등에 대한 통지는 서면, 전화, 전자 우편, 휴대전화 문자메시지 또는 상기 방법과 비슷한 방법 중 어느 하나의 방법으로 통지하여야 한다.

23 신용정보 누설통지 등

23-1 신용정보 누설 사실 통지 및 피해 최소화 대책 마련 등

신용정보회사등은 개인신용정보가 업무 목적 외로 누설되었음을 알게 된 때에는 지체 없이 해당 신용정보주체에게 통지하여야 한다. 이 경우 통지하여야 할 사항은 「개인정보 보호법」 제34조 제1항 각 호의 사항을 준용한다.

신용정보회사등은 신용정보가 누설된 경우 그 피해를 최소화하기 위한 대책을 마련하고 필요한 조치를 하여야 한다.

23-2 금융위원회 등에 대한 신고 및 금융위원회의 시정요구권

신용정보회사등은 '1만 명 이상'의 신용정보주체에 관한 개인신용정보가 누설된 경우

- 누설사실 통지 및 피해 최소화 대책 마련 · 조치결과를 지체 없이 금융위원회 또는 금융감독원에 신고하여야 하고, 금융위원회 또는 금융감독원은 동 신고를 받은 때에는 이를 개인정보 보호위원회에 알려야 한다(이 경우 금융위원회 또는 금융감독원은 피해 확산 방지, 피해 복구 등을 위한 기술을 지원할 수 있음).
- 해당 신용정보주체에 대한 통지 외에 다음의 어느 하나에 해당하는 방법 및 기간 동안 신용정보가 누설되었다는 사실을 널리 알려야 한다.
  - 인터넷 홈페이지에 그 사실을 게시하는 방법 : 15일
  - 사무실이나 점포 등에서 해당 신용정보주체로 하여금 그 사실을 열람하게 하는 방법 : 15일
  - 주된 사무소가 있는 특별시 · 광역시 · 특별자치시 · 도 또는 특별자치도 이상

의 지역을 보급지역으로 하는 일반일간신문, 일반주간신문 또는 인터넷신문에 그 사실을 게재하는 방법 : 7일

금융위원회, 금융감독원 또는 개인정보 보호위원회는 신용정보회사등이 행한 조치에 대하여 조사할 수 있으며, 그 조치가 미흡하다고 판단되는 경우 금융위원회는 시정을 요구할 수 있다.

24 신용정보회사등의 금지사항

신용정보회사등은 다음의 행위를 하여서는 아니 된다.

- 특정인의 소재 및 연락처(이하 "소재등"이라 함)를 알아내는 행위. 다만, 채권추심회사가 그 업무를 하기 위하여 특정인의 소재등을 알아내는 경우 또는 다른 법령에 따라 특정인의 소재등을 알아내는 것이 허용되는 경우에는 그러하지 아니하다.
- 정보원, 탐정, 그 밖에 이와 비슷한 명칭을 사용하는 일

신용정보회사등이 개인신용정보 또는 개인을 식별하기 위하여 필요한 정보를 이용하여 영리목적의 광고성 정보를 전송하는 경우에 대하여는 「정보통신망 이용촉진 및 정보보호 등에 관한 법률」 제50조를 준용한다.

25 모집업무수탁자의 모집경로 확인 등

25-1 모집경로 확인 내용 및 주기

신용정보제공 · 이용자는 본인의 영업을 영위할 목적으로 모집업무(그 명칭과 상관없이 본인의 영업과 관련한 계약체결을 대리하거나 중개하는 업무를 말함)를 제3자에게 위탁하는 경우

- 다음의 모집업무수탁자에 대하여
  - 「여신전문금융업법」에 따라 신용카드회원을 모집할 수 있는 자
  - 「여신전문금융업법」에 따른 가맹점모집인

- 「보험업법」에 따른 보험설계사, 보험대리점
- 투자권유대행인, 대출모집인

• 다음의 사항을 매 분기마다 1회 이상 확인하여야 한다.
  - 거짓이나 그 밖의 부정한 수단이나 방법으로 취득하거나 제공받은 불법취득 신용정보를 모집업무에 이용하였는지 여부
  - 모집업무에 이용한 개인신용정보 등을 취득한 경로
  - 모집업무에 이용한 개인신용정보를 안전하게 보관하고 있지 아니한지 여부 및 그 이용 목적을 달성하였거나 이용기간이 종료되었음에도 불구하고 아직 그 정보를 파기하지 아니하였는지 여부
  - 모집업무에 이용한 개인신용정보를 모집업무 목적 외에 이용하였거나 제3자에게 제공하였는지 여부

25-2 모집경로 확인 후 금융위원회 등에 대한 통지

신용정보제공·이용자는 모집업무수탁자가 불법취득신용정보를 모집업무에 이용한 사실을 확인한 경우 해당 모집업무수탁자와의 위탁계약을 해지하여야 하고, 위탁계약을 해지한 사실을 금융위원회 또는 위탁받은 모집업무와 관련된 법령 등에 따라 등록·등재한 기관에 다음의 구분에 따른 기한까지 알려야 한다. 등록기관은 신용정보제공·이용자가 알린 사항을 매 분기의 말일을 기준으로 해당 분기의 말일부터 2개월 이내에 금융위원회에 보고하여야 한다.

• 불법취득신용정보를 모집업무에 이용한 사실을 확인한 경우 : 그 확인한 날부터 7일 이내
• 외의 사항을 확인한 경우 : 매 분기의 말일을 기준으로 해당 분기의 말일부터 1개월 이내

신용정보제공·이용자는 모집업무수탁자가 불법취득신용정보를 모집업무에 이용한 사실을 확인한 경우에는 그 확인 사실을 금융위원회에도 알려야 한다.

26 업무 목적 외 누설금지 등

신용정보회사등과 신용정보업관련자(신용정보의 처리를 위탁받은 자의 임직원이거나 임직원이었던 자)는 업무상 알게 된 타인의 신용정보 및 사생활 등 개인적 비밀 등의 개인비밀을 업무 목적 외에 누설하거나 이용하여서는 아니 된다. 다만, 신용정보법에 따라 신용정보회사등에 신용정보를 제공하는 행위는 업무 목적 외의 누설이나 이용으로 보지 아니한다.

업무 목적 외 누설금지 의무에 위반하여 누설된 개인비밀을 취득한 자(그로부터 누설된 개인비밀을 다시 취득한 자를 포함)는 그 개인비밀이 업무 목적 외 누설금지 의무에 위반하여 누설된 것임을 알게 된 경우 그 개인비밀을 타인에게 제공하거나 이용하여서는 아니 된다.

신용정보회사등과 신용정보업관련자로부터 개인신용정보를 제공받은 자는 그 개인신용정보를 타인에게 제공하여서는 아니 된다. 다만, 「신용정보법」 또는 다른 법률에 따라 제공이 허용되는 경우에는 그러하지 아니하다.

27 「신용정보법」 위반에 대한 제재

27-1 과징금 부과

1) 과징금 부과 대상 행위 및 금액 등

금융위원회(제45조의3제1항에 따른 상거래기업 및 법인이 다음 각 호의 어느 하나에 해당하는 행위를 한 경우에는 보호위원회를 말한다)는 다음의 어느 하나에 해당하는 행위가 있는 경우에는 해당 신용정보회사등에게 위반행위와 관련된 개인신용정보를 이용한 사업부문의 직전 3개 사업연도의 연평균 매출액의 3% 이하에 해당하는 금액을 과징금으로 부과할 수 있다. 다만, 해당 사업연도 첫날을 기준으로 사업을 개시한지 3년이 되지 아니한 경우에는 그 사업개시 후 직전 사업연도 말일까지의 매출액을 연평균 매출액으로 환산한 금액을 연평균 매출액으로 하고, 해당 사업연도에 사업을 개시한 경우에는 사업개시일부터 위반행위일까지의 매출액을 연평균 매출액으로 환산한 금액을 연평균 매출액으로 한다.

그리고, 신용정보회사등이 매출액 산정자료의 제출을 거부하거나 거짓의 자료를 제출한 때에는 해당 신용정보회사등과 비슷한 규모의 신용정보회사등의 재무제표나 그 밖의 회계자료 등의 자료에 근거하여 매출액을 추정할 수 있다.

- 신용정보전산시스템의 안전보호를 위한 기술적 · 물리적 · 관리적 보안대책의 수립 · 시행 의무를 위반하여 개인신용정보를 분실 · 도난 · 누출 · 변조 또는 훼손당한 경우(이 경우에는 50억원 이하의 과징금을 부과할 수 있음)
- 제32조 제6항 제9호의2(통계작성, 연구, 공익적 기록보존 등을 위하여 가명정보를 제공하는 경우)에 해당하지 아니함에도 제32조 제1항 또는 제2항을 위반하여 신용정보주체의 동의를 받지 아니하고 개인신용정보를 제3자에게 제공한 경우 및 그 사정을 알면서도 영리 또는 부정한 목적으로 개인신용정보를 제공받은 경우
- 제32조 제6항 제9호의2 및 제33조 제1항 제4호(개인신용정보의 제공 · 활용에 대한 동의 예외)에 해당하지 아니함에도 제33조 제1항을 위반하여 개인신용정보를 이용한 경우
- 제40조의2 제6항을 위반하여 영리 또는 부정한 목적으로 특정 개인을 알아볼 수 있게 가명정보를 처리한 경우
- 개인비밀을 업무 목적 외에 누설하거나 이용한 경우
- 불법 누설된 개인비밀임을 알고 있음에도 그 개인비밀을 타인에게 제공하거나 이용한 경우

다만, 매출액이 없거나 매출액의 산정이 곤란한 다음의 경우 200억원 이하의 과징금을 부과할 수 있다.

- 영업을 개시하지 아니하거나 영업을 중단하는 등의 사유로 영업실적이 없는 경우
- 재해 등으로 인하여 매출액 산정자료가 소멸되거나 훼손되는 등 객관적인 매출액의 산정이 곤란한 경우

이 경우에는 과징금 부과의 최고한도 금액은 다음 금액 중 가장 적은 금액으로 한다.

- 해당 신용정보회사등과 비슷한 규모의 신용정보회사등의 연평균 매출액의 100분의 3
- 해당 신용정보회사등과 같은 종류의 신용정보회사등의 연평균 매출액의 100분의 3
- 200억원

과징금을 부과할 경우 금융위원회 또는 개인정보 보호위원회가 고려하여야 하는 사항은 다음과 같다.

- 위반행위의 내용 및 정도
- 위반행위의 기간 및 횟수
- 위반행위로 인하여 취득한 이익의 규모

금융위원회 또는 개인정보 보호위원회는 과징금을 내야 할 자가 납부기한까지 이를 내지 아니하면 납부기한의 다음 날부터 내지 아니한 과징금의 연 100분의 6에 해당하는 가산금을 징수하고, 기간을 정하여 과징금 납부를 독촉하여 그 지정된 기간에 과징금과 가산금을 내지 아니하면 국세 체납처분의 예에 따라 징수한다. 이 경우 가산금을 징수하는 기간은 60개월을 초과하지 못한다.

2) 모집업무수탁자의 위반행위와 과징금

신용정보제공·이용자가 위탁계약을 맺고 거래하는 모집업무수탁자가 본건에 과징금 부과 대상 행위를 하는 경우에는 그 위반행위의 범위에서 해당 신용정보제공·이용자의 직원으로 본다. 다만, 그 신용정보제공·이용자가 그 모집업무수탁자 등의 위반행위를 방지하기 위하여 상당한 주의와 감독을 다한 경우에는 그러하지 아니하다.

3) 과징금 부과 시 의견제출 기회 제공 등

금융위원회는 과징금을 부과하기 전에 당사자 또는 이해관계인등에게 의견을 제출할 기회를 주어야 하며, 당사자 또는 이해관계인등은 금융위원회의 회의에 출석하여 의견을 진술하거나 필요한 자료를 제출할 수 있다. 이 경우 당사자 또는 이해관계인등은 변호인의 도움을 받거나 그를 대리인으로 지정할 수 있다.

4) 과징금의 부과 및 납부절차, 연장, 분할 납부 등

금융위원회는 과징금을 부과하려는 경우에는 위반사실, 부과금액, 이의제기 방법 및 이의제기 기간 등을 구체적으로 밝혀 과징금을 낼 것을 서면으로 통지하여야 한다.

과징금 부과 통지를 받은 자는 통지받은 날부터 60일 이내에 금융위원회가 정하는 수납기관에 과징금을 내야 한다.

금융위원회가 「행정기본법」 제29조 단서에 따라 과징금의 납부기한을 연기하거나 분할 납부하게 하는 경우 납부기한의 연기는 그 납부기한의 다음 날부터 1년을 초과할 수 없고, 각 분할된 납부기한 간의 간격은 6개월 이내로 하며, 분할 납부의 횟수는 3회 이내로 한다.

27-2 손해배상의 책임

1) 일반적인 손해배상 책임

신용정보회사등과 그로부터 신용정보를 제공받은 자가 신용정보법을 위반하여 신용정보주체에게 손해를 가한 경우에는 해당 신용정보주체에 대하여 그 손해를 배상할 책임이 있다. 다만, 신용정보회사등과 그로부터 신용정보를 제공받은 자가 고의 또는 과실이 없음을 증명한 경우에는 그러하지 아니하다.

2) 징벌적 손해배상 제도

신용정보회사등이나 그 밖의 신용정보 이용자(수탁자를 포함)가

- 고의 또는 「**중대한 과실**」로 「신용정보법」을 위반하여
- 개인신용정보가 누설되거나 분실 · 도난 · 누출 · 변조 또는 훼손되어 신용정보주체에게 **피해를 입힌 경우**
- 해당 신용정보주체에 대하여 그 **손해의 5배를 넘지 아니하는 범위**에서 배상할 책임이 있다.

※ 다만, 신용정보회사등이나 그 밖의 신용정보 이용자가 고의 또는 「중대한 과실」이 없음을 증명한 경우에는 그러하지 아니하다.

법원이 징벌적 손해배상액을 정할 때 고려하여야 하는 사항은 다음과 같다.

- 고의 또는 손해 발생의 우려를 인식한 정도
- 위반행위로 인하여 입은 피해 규모
- 위반행위로 인하여 신용정보회사등이나 그 밖의 신용정보 이용자가 취득한 경제적 이익
- 위반행위에 따른 벌금 및 과징금
- 위반행위의 기간 · 횟수 등
- 신용정보회사등이나 그 밖의 신용정보 이용자의 재산상태
- 신용정보회사등이나 그 밖의 신용정보 이용자의 개인신용정보 분실 · 도난 · 누출 후 해당 개인신용정보 회수 노력의 정도
- 신용정보회사등이나 그 밖의 신용정보 이용자의 피해구제 노력의 정도

3) 신용정보처리 위탁자의 연대 손해배상 책임

신용정보의 처리를 위탁받은 자가 「신용정보법」을 위반하여 신용정보주체에게 손

해를 가한 경우에는 위탁자는 수탁자와 연대하여 그 손해를 배상할 책임이 있다.

27-3 법정손해배상

1) 법정손해배상 청구 요건 및 금액

신용정보주체는 신용정보회사등이나 그로부터 신용정보를 제공받은 자가 신용정보법의 규정을 위반한 경우에는 일정한 청구기간 내에 신용정보회사등이나 그로부터 신용정보를 제공받은 자에게 「신용정보법」상의 일반적 손해배상 또는 징벌적 손해배상을 청구하는 대신 **'300만원 이하의 범위에서 상당한 금액'을 손해액으로** 하여 배상을 청구할 수 있고, 법원은 변론 전체의 취지와 증거조사의 결과를 고려하여 300만원 이하의 범위에서 상당한 손해액을 인정할 수 있다. 이 경우 해당 신용정보회사등이나 그로부터 신용정보를 제공받은 자가 고의 또는 「**과실**」이 없음을 입증하지 아니하면 책임을 면할 수 없다.

손해배상 청구의 변경 및 법원의 손해액 인정에 관하여는 「개인정보 보호법」 제39조의2 제2항 및 제3항을 준용한다.(법원은 법정손해배상의 청구가 있는 경우에 변론 전체의 취지와 증거조사의 결과를 고려하여 상기 금액의 범위에서 상당한 손해액을 인정할 수 있다. 일반적/징벌적 손해배상을 청구한 정보주체는 사실심의 변론이 종결되기 전까지 그 청구를 법정손해배상의 청구로 변경할 수 있다.)

※ 일반적인 손해배상 청구의 경우에는 '「신용정보법」을 위반하여 신용정보주체에게 피해를 입힌 경우', 징벌적 손해배상 청구의 경우에는 '「신용정보법」을 위반하여 개인신용정보가 누설되거나 분실 · 도난 · 누출 · 변조 또는 훼손되어 신용정보주체에게 피해를 입힌 경우'와 같이 '피해 발생'이라는 요건이 필요하지만, 법정손해배상 청구의 경우 '피해 발생'이라는 요건이 필요 없고 '「신용정보법」의 규정을 위반하여 개인신용정보가 분실 · 도난 · 누출 · 변조 또는 훼손된 경우'라고 규정되어 있다는 차이가 있다.

27-4 손해배상의 보장(보험 또는 공제 가입 의무)

개인신용정보를 수집 · 이용 · 처리하는 다음의 신용정보회사등은 일반적 손해배상 또는 징벌적 손해배상 책임의 이행을 위하여 다음의 최소 가입금액으로 보험 또는 공제에 가입하거나 준비금을 적립하는 등 필요한 조치를 하여야 한다(보험 또는 공제 가입과 준비금 적립을 병행하는 경우 보험 또는 공제의 최소 가입금액은 다음의 금액에서 적립한 준비금을 뺀 금액으로 함).

- 신용정보집중기관, 개인신용평가회사(전문개인신용평가회사는 제외), 개인사업자신용평가회사, 금융지주회사, 농협은행, 수협은행, 은행(지방은행 및 인가를 받은 외국은행의 국내지점은 제외), 중소기업은행, 한국산업은행, 한국수출입은행, 한국주택금융공사: 20억원
- 전문개인신용평가회사, 기업신용조회회사, 본인신용정보관리회사, 기술보증기금, 한국무역보험공사, 보험회사, 신용보증기금, 여신전문금융회사(「여신전문금융업법」 제3조 제3항 제1호에 따라 허가를 받거나 등록을 한 자를 포함), 예금보험공사, 지방은행, 외국은행의 국내지점, 금융투자업자 · 증권금융회사 · 종합금융회사 · 자금중개회사 및 체신관서: 10억원
- 영 제35조의9 각 호의 어느 하나에 해당하는 자 중 제1호 및 제2호 이외의 자(영 제21조 제2항 제8호(정리금융회사) 및 제27호(기업신용조회회사)에 해당하는 자는 제외), 신용조사회사, 채권추심회사: 5억원. 다만, 영 제2조 제6항 제7호 다목, 라목, 아목부터 거목, 러목, 머목 및 커목에 해당하는 자가 소속 중앙회 또는 연합회를 통하여 신용정보처리 관련 기술부문의 주요부분을 공동으로 이용하는 경우, 중앙회 또는 연합회가 공동 이용 금융회사 전체의 사고를 보장하는 내용으로 제1호의 금액 이상의 보험 또는 공제에 가입하면 공동 이용 금융회사는 본호의 보험 또는 공제에 가입한 것으로 본다.

상기 손해배상책임의 이행을 위한 보험 등 가입 기준 등은 500명 이상의 신용정보주체에 관한 개인신용정보를 수집 · 이용 · 처리하지 않는 자에 대하여는 적용하지 아니한다.

상기 손해배상 책임의 이행을 위한 보험 등 가입의무가 있는 신용정보회사등(신용정보법 제43조의3에서 대통령령으로 정하는 신용정보회사등)이란 다음 각 호의 자 중에서 금융위원회가 정하여 고시하는 자를 말한다.

- 신용정보집중기관
- 신용정보회사
- 본인신용정보관리회사
- 채권추심회사
- 신용정보법 시행령 제2조 제6항 제7호 가목부터 허목까지의 자
- 신용정보법 시행령 제21조 제2항 각 호의 어느 하나에 해당하는 자

27-5 벌칙

1) 위반행위별 벌칙

「신용정보법」 위반행위에 대한 벌칙은 다음과 같다.

- 10년 이하의 징역 또는 1억원 이하의 벌금
  - 신용정보회사등과 신용정보업관련자(신용정보의 처리를 위탁받은 자의 임직원이거나 임직원이었던 자)로서 업무상 알게 된 타인의 개인비밀을 업무 목적 외에 누설하거나 이용한 자
  - 업무 목적 외에 누설된 개인비밀을 취득한 자(그로부터 누설된 개인비밀을 다시 취득한 자를 포함)로서 그 개인비밀이 업무 목적 외 누설금지 의무에 위반하여 누설된 것임을 알고도 그 개인비밀을 타인에게 제공하거나 이용한 자
- 5년 이하의 징역 또는 5천만원 이하의 벌금
  - 수탁자로서 위탁받은 업무 범위를 초과하여 제공받은 신용정보를 이용하거나 제3자에게 제공한 자
  - 정보집합물의 결합 관련 규정을 위반하여 정보집합물을 결합한 자
  - 권한 없이 신용정보전산시스템의 정보를 변경·삭제하거나 그 밖의 방법으로 이용할 수 없게 하거나 권한 없이 신용정보를 검색·복제하거나 그 밖의 방법으로 이용한 자
  - 개인신용정보를 제공하거나 제공받으려는 경우의 동의 취득 등의 기준을 위반한 자
  - 제40조의2 제6항을 위반하여 영리 또는 부정한 목적으로 특정 개인을 알아볼 수 있게 가명정보를 처리한 자
  - 신용정보회사등과 신용정보업관련자로부터 개인신용정보를 제공받은 자로서 그 개인신용정보를 타인에게 제공한 자(신용정보법 또는 다른 법률에 따라 제공이 허용되는 경우는 제외)

  등의 자
- 3년 이하의 징역 또는 3천만원 이하의 벌금
  - 모집업무수탁자가 불법취득신용정보를 모집업무에 이용하였는지 등을 미확인한 자

  등의 자
- 1년 이하의 징역 또는 1천만원 이하의 벌금

- 신용정보주체에게 불이익을 줄 수 있는 일정한 신용정보를 그 불이익을 초래하게 된 사유가 해소된 날부터 최장 5년 이내에 삭제하지 아니할 법적 사유가 없음에도 등록 · 관리 대상에서 미삭제한 자
- 신용정보 관리 기록의 보존 의무를 위반한 자

등의 자

2) 양벌규정

법인의 대표자나 법인 또는 개인의 대리인, 사용인, 그 밖의 종업원이 그 법인 또는 개인의 업무에 관하여 「신용정보법」의 벌칙 관련 위반행위를 하면

- 그 행위자를 벌하는 외에
- 그 법인 또는 개인에게도 해당 조문의 벌금형을 과한다.

  다만, 법인 또는 개인이 그 위반행위를 방지하기 위하여 해당 업무에 관하여 상당한 주의와 감독을 게을리하지 아니한 경우에는 그러하지 아니하다.

3) 위반 행위별 과태료

「신용정보법」 위반행위에 대한 과태료는 다음과 같으며, 금융위원회가 부과 · 징수한다. 다만, 상거래기업 및 법인의 상거래정보보호규정 위반과 관련된 과태료 부과는 대통령령으로 정하는 바에 따라 개인정보 보호위원회가 부과 · 징수한다.

- 5천만원 이하의 과태료
  - 허가받은 신용정보회사, 본인신용정보관리회사, 채권추심회사 또는 신용정보집중기관이 아님에도 불구하고 상호 또는 명칭 중에 신용정보 · 신용조사 · 개인신용평가 · 신용관리 · 마이데이터(MyData) · 채권추심 또는 이와 비슷한 명칭을 사용한 자
  - 개인신용정보 수집 시 해당 신용정보주체의 동의를 받아야 하는 경우를 위반한 자
  - 결합된 정보집합물을 전달할 때 가명처리 또는 익명처리가 되지 아니한 상태로 전달한 자(데이터전문기관)
  - 신용정보 관리책임의 명확화 및 업무처리기록의 보존 의무를 위반한 자
  - 신용정보전산시스템의 안전보호를 위한 「기술적 · 물리적 · 관리적 보안대책」 미수립 · 미시행 또는 다른 신용정보제공 · 이용자 또는 신용조회회사와 신용정보를 제공하는 경우에 신용정보 보안관리 대책을 포함한 계약을 미체결한 자

- 신용정보회사, 본인신용정보관리회사, 채권추심회사, 신용정보집중기관 및 데이터전문기관으로서 금융감독원장에게 제출해야 하는 매 분기 업무보고서를 제출하지 아니하거나 사실과 다른 내용의 보고서를 제출한 자
- 채권추심회사 소속 위임직채권추심인이 「채권의 공정한 추심에 관한 법률」 제8조의3(관계인에 대한 연락 금지) 제1항, 제9조(폭행 · 협박 등의 금지), 제10조(개인정보의 누설 금지 등) 제1항, 제11조(거짓 표시의 금지 등) 제1호 또는 제2호를 위반하는 행위를 한 경우 해당 채권추심회사(다만, 채권추심회사가 그 위반행위를 방지하기 위하여 해당 업무에 관한 관리에 상당한 주의를 게을리하지 아니한 경우는 제외)
- 개인신용정보의 제공 및 활용 동의를 받을 때 필수적 동의와 선택적 동의를 구분하여 각각 받아야 하는 등의 제한 위반 또는 선택적 동의 사항 미동의를 이유로 서비스의 제공을 거부한 자
- 모집업무수탁자가 불법취득신용정보를 모집업무에 이용한 사실을 확인하고도 해당 모집업무수탁자와의 위탁계약을 미해지한 자
- 금융위원회 또는 금융감독원장의 명령에 따르지 아니하거나 검사 및 요구를 거부 · 방해 또는 기피한 자

• 3천만원 이하의 과태료
  - 신용정보처리 위탁을 위하여 수탁자에게 개인신용정보를 제공하는 경우 특정 신용정보주체를 식별할 수 있는 정보에 대한 암호화 등의 보호 조치를 미시행한 자
  - 신용정보의 수집 · 처리 · 이용 및 보호 등에 대한 금융위원회의 신용정보 관리기준을 미준수하거나 신용정보관리 · 보호인 지정 의무를 위반한 자
  - 삭제 예외의 경우가 아님에도 상거래관계가 종료된 날부터 최장 5년 이내(해당 기간 이전에 정보 수집 · 제공 등의 목적이 달성된 경우에는 그 목적이 달성된 날부터 3개월 이내)에 해당 개인신용정보를 관리대상에서 미삭제한 자
  - 폐업 시 보유정보의 처리에 대한 금융위원회의 기준을 위반하여 보유정보의 처분 · 폐기를 하지 아니한 자
  - 채권추심회사 소속 위임직채권추심인이 「채권의 공정한 추심에 관한 법률」 제8조의3(관계인에 대한 연락 금지) 제2항, 제11조(거짓 표시의 금지 등) 제3호부터 제5호까지, 제12조(불공정한 행위의 금지),제13조(부당한 비용 청

구 금지) 또는 제13조의2(비용명세서의 교부) 제2항을 위반하는행위를 한 경우 해당 채권추심회사(다만, 채권추심회사가 그 위반행위를 방지하기 위하여 해당 업무에 관한 관리에 상당한 주의를 게을리하지 아니한 경우는 제외)

- 영업양도 · 분할 · 합병 등의 이유로 권리 · 의무의 전부 또는 일부를 이전하면서 그와 관련된 개인신용정보를 제공하는 경우의 금융위원회의 승인, 현재 거래 중인 신용정보주체의 개인신용정보와 분리 · 관리 의무를 위반한 자
- 제33조의2 제3항 또는 제4항을 위반하여 개인신용정보를 전송하지 아니한 자
- 제34조의2 제1항을 위반하여 신용정보주체에게 알려야 할 사항을 알리지 아니한 자
- 제34조의2 제3항 단서를 위반하여 신용정보주체가 요청하였음에도 불구하고 이에 따르지 아니한 자
- 제34조의2 제4항을 위반하여 고지사항 전부를 별도로 요청할 수 있음을 알리지 아니한 자
- 제35조의3(신용정보 제공 · 이용자의 사전통지) 제1항을 위반하여 통지하지 아니한 자
- 상거래 거절 근거 신용정보의 고지 등을 위반한 자
- 동의철회권 및 연락중지청구권의 내용, 행사 방법 등의 고지 및 이행 의무 위반 또는 구두에 의한 고지의 경우 추가 사후 고지절차를 위반한 자
- 신용정보의 열람 및 정정청구 등에 관한 절차 및 의무를 위반한 자
- 개인신용정보의 삭제 요구에 따른 절차 및 의무를 위반한 자
- 신용정보 누설과 관련하여 신용정보주체에게 통지할 사항을 미통지한 자
- '1만 명 이상'의 개인신용정보가 누설된 경우 누설사실 통지 및 피해 최소화 대책 마련 · 조치결과를 지체 없이 금융위원회 또는 금융감독원에 신고 의무를 위반한 자
- 신용정보회사등의 금지사항 중 개인신용정보 또는 개인식별정보를 전자적 매체나 방식을 이용하여 영리목적의 광고성 정보를 전송한 자(앞서 설명한 바와 같이 신용정보주체로부터 별도의 동의를 받은 경우 등 일정한 예외 존재)
- 제40조의2 제1항을 위반하여 가명처리에 사용한 추가정보를 분리하여 보관하거나 삭제하지 아니한 자
- 제40조의2 제2항을 위반하여 가명처리한 개인신용정보에 대하여 기술적 · 물리적 · 관리적 보안대책을 수립 · 시행하지 아니한 자

- 제40조의2 제7항을 위반하여 처리를 중지하거나 정보를 즉시 삭제하지 아니한 자

등의 행위

- 2천만원 이하의 과태료
  - 신용정보의 보호 및 안전한 처리를 저해하지 아니하는 범위에서 금융위원회가 인정하는 경우가 아님에도 신용정보회사등으로부터 위탁받은 업무를 제3자에게 재위탁한 수탁자

  등의 자

- 1천만원 이하의 과태료
  - 신용정보의 분실 · 도난 · 유출 · 변조 또는 훼손 방지를 위한 수탁자 교육을 미이행하거나 수탁자의 안전한 신용정보처리에 관한 사항을 위탁계약에 미반영한 자
  - 신용정보의 정확성과 최신성 유지를 위한 신용정보의 등록 · 변경 및 관리 등의 의무를 위반한 자
  - 금융거래등 상거래관계(고용관계는 제외)가 종료된 날부터 3개월까지 해당 개인신용정보가 안전하게 보호될 수 있도록 접근권한을 강화하는 등의 조치 미이행, 금융거래등 상거래관계가 종료되었음에도 「신용정보법」에 의하여 삭제하지 아니하고 보존하는 경우 현재 거래 중인 신용정보주체의 개인신용정보와 미분리, 또는 분리하여 보존하는 개인신용정보를 활용하는 경우에 신용정보주체에게 미통지한 자
  - 신용정보활용체제를 미공시한 자
  - 동의 등의 절차가 면제되는 경우 불가피한 사유가 있어 사후 통지나 공시할 수 있는 경우가 아님에도 개인신용정보를 타인에게 제공하려는 자 또는 제공받은 자가 제공 사실 및 이유 등을 사전에 해당 신용정보주체에게 미통지 또는 개인신용정보를 제공받는 자의 신원과 이용 목적 미확인한 자
  - 신용정보 이용 및 제공사실의 조회 관련 절차 및 의무를 위반한 자
  - 제35조의2를 위반하여 해당 신용정보주체에게 개인신용평점 하락 가능성 등에 대한 설명을 하지 아니한 자
  - 제40조의2 제8항(가명처리 · 익명처리에 관한 행위규칙)을 위반하여 개인신용정보를 가명처리하거나 익명처리한 기록을 보존하지 아니한 자

- 불법취득신용정보를 모집업무에 이용한 사실을 확인하고 해당 모집업무수탁자와의 위탁계약을 해지한 사실을 금융위원회 또는 위탁받은 모집업무에 관한 법령 등에 따라 등록·등재한 기관에 미통지한 자

등의 자

- 채권추심회사 관련 형사처벌과 신용정보법상의 과태료
  - 상기 5천만원 이하의 과태료부과 대상에 해당하는 채권추심회사가 「채권의 공정한 추심에 관한 법률」에 따라 형사처벌을 받은 경우에는 과태료를 부과하지 아니하며, 과태료를 부과한 후 형사처벌을 받은 경우에는 그 과태료 부과를 취소한다.

연습문제 제6편

고객정보보호와 관련된 컴플라이언스

1 다음 중 「신용정보의 이용 및 보호에 관한 법률」에 따른 식별정보의 범위에 포함되지 않는 것은?

① 개인의 국적 ② 개인의 주소 ③ 개인의 직업 ④ 개인의 성명

2 다른 법령에 따라 준법감시인을 두는 신용정보회사등이 「신용정보의 이용 및 보호에 관한 법률」에 따라 총자산, 종업원 수 등을 감안하여 신용정보관리 · 보호인을 '임원'으로 지정하여야 하는 신용정보회사등에 해당할 경우, 다음 중 신용정보관리 · 보호인으로 지정될 수 있는 준법감시인에 해당하지 않는 사람은?

① 사내이사
② 집행임원(상법에 따라 집행임원을 둔 경우로 한정함)
③ 이사가 아니면서 명예회장 · 회장 · 사장 · 부사장 · 전무 · 상무 · 이사 기타 회사의 업무를 집행할 권한이 있는 것으로 인정될 만한 명칭을 사용하여 회사의 업무를 집행한 자로서 신용정보의 제공 · 활용 · 보호 및 관리 등에 관한 업무집행 권한이 있는 사람
④ 그 밖에 신용정보의 제공 · 활용 · 보호 및 관리 등을 총괄하는 위치에 있는 직원

3 「신용정보의 이용 및 보호에 관한 법률」 상의 징벌적 손해배상책임에 대한 다음 설명 중 괄호 안에 들어갈 숫자로 가장 옳은 것은 ?

> 신용정보회사등이나 그 밖의 신용정보 이용자(수탁자를 포함)가 고의 또는 중대한 과실로 이 법을 위반하여 개인신용정보가 누설되거나 분실 · 도난 · 누출 · 변조 또는 훼손되어 신용정보주체에게 피해를 입힌 경우에는 해당 신용정보주체에 대하여 그 손해의 ( ) 배를 넘지 아니하는 범위에서 배상할 책임이 있다. 다만, 신용정보회사등이나 그 밖의 신용정보 이용자가 고의 또는 중대한 과실이 없음을 증명한 경우에는 그러하지 아니하다.

① 2 ② 3 ③ 5 ④ 10

정답 1.③ 2.④ 3.③

COMPLIANCE OFFICER

제 7 편

공시와 관련된 컴플라이언스

제1장 경영공시

1 경영공시의 개관

보험회사는 보험계약자를 보호하기 위하여 필요한 사항으로서 보험업법 시행령으로 정하는 다음 사항을 금융위원회가 정하는 방식에 따라 즉시 공시하여야 한다(보험업법 제124조, 보험업감독규정 제7-44조 등).

- 재무 및 손익에 관한 사항
- 자금의 조달 및 운용에 관한 사항
- 보험업법 상의 재무건전성 기준 위반, 금융위원회의 명령권, 보험회사에 대한 제재 및 「금융산업의 구조개선에 관한 법률」 상의 적기시정조치, 행정처분 등에 따른 조치를 받은 경우 그 내용
- 보험약관 및 사업방법서, 보험료 및 해약환급금, 공시이율 등 보험료 비교에 필요한 자료
- 그 밖에 보험계약자의 보호를 위하여 공시가 필요하다고 인정되는 사항으로서 금융위원회가 정하여 고시하는 사항

2 정기 경영공시(보험업감독규정 제7-44조 제1항)

2-1 정기 경영공시의 대상

보험회사는 매년 결산 또는 분기별 임시 결산결과에 따른 다음 사항을 공시해야 한다.

- 재무 및 손익에 관한 사항

• 자금의 조달 및 운용에 관한 사항
• 조직 및 인력에 관한 사항
• 안정성, 수익성, 생산성 등 경영지표에 관한 사항
• 「금융회사의 지배구조에 관한 법률」(이하 "금융사지배구조법"이라 함)에 따른 위험관리 기준의 세부기준의 설정 및 운영현황 등 위험관리에 관한 사항
• 경영 · 자산 등에 관하여 중대한 영향을 미칠 회계처리기준 등을 변경하기로 한 결정
• 주주총회 결의사항 등 보험회사의 이해관계자에 중대한 영향을 미칠 수 있는 사항

2-2 정기 경영공시의 기한

정기 경영공시는 결산일부터 3월 이내에, 분기별 임시 결산결과에 대한 공시자료는 임시 결산일부터 2월 이내에 공시하여야 한다.

3 수시 경영공시(보험업감독규정 제7-44조 제3항)

보험회사는 다음의 사항들의 발생 즉시 그 내용을 공시하여야 한다. 보험회사는 공시사항 발생 즉시 보험협회의 인터넷 홈페이지와 당해 보험회사의 인터넷 홈페이지 등 전자매체를 통하여 공시하여야 한다. 그리고 보험회사는 수시공시를 하는 경우 금융감독원장에게 그 내용을 지체 없이 보고하여야 한다.(보험업감독규정 제7-44조 제3항 및 제4항, 보험업감독업무시행세칙 제5-10조의2)

• 「보험업법」의 재무건전성 기준 위반, 금융위원회의 명령권, 보험회사에 대한 제재 및 「금융산업의 구조개선에 관한 법률」의 적기시정조치, 행정처분 등에 따른 조치를 받은 경우 그 내용
• 보험약관 및 사업방법서, 보험료 및 해약환급금, 공시이율 등 보험상품에 관한 사항을 변경하는 경우(다만, 보험회사 홈페이지에 해당 변경 내용을 즉시 공시하는 경우는 제외)
• 「독점규제 및 공정거래에 관한 법률」에 따른 규정에 의한 기업집단(기업집단 소속회사가 아닌 경우 회사별)에 대하여 보험회사의 직전 분기 말 현재 지급여력금액의 5%에 상당하는 금액을 초과하는 부실채권이 발생한 경우(다만, 그

금액이 20억원 이하인 경우 제외)

- 「금융기관 검사 및 제재에 관한 규정」에서 정하는 금융사고가 발생하여 사고금액(피해예상금액 기준)이 3억원 이상인 손실이 발생하였거나 발생이 예상되는 경우
- 보험회사가 소송의 당사자가 되어 당해 보험회사의 직전 분기 말 현재 지급여력금액의 1%에 상당하는 금액을 초과하는 손실이 발생한 경우(다만, 그 금액이 10억원 이하인 경우 제외)
- 파생상품거래로 인하여 계약 건당 보험회사의 직전 분기 말 현재 지급여력금액의 1%에 상당하는 금액을 초과하는 손실(평가손실을 포함하며 위험회피 대상 거래에서 발생한 이익을 제외한다)이 발생한 경우(다만, 그 금액이 10억원 이하인 경우 제외)
- 「자본시장법」에 따른 주권사장법인이 아닌 보험회사에 다음 각목의 1에 해당하는 사항이 발생하는 경우

가. 재무구조에 중대한 변경을 초래하는 사항

(1) 증자, 주식의 소각 또는 자사주 매입의 결정

(2) 신종자본증권, 후순위채무, 조건부 자본증권의 발행에 관한 결정(외국에서 이와 유사한 증권 또는 증서가 발행되는 경우를 포함)

(3) 주권 등의 액면분할 또는 병합에 관한 결정

(4) 자기자본의 50%(단, 자기자본의 50%에 해당하는 금액이 50억원 미만인 경우에는 50억원) 이상의 단기차입에 관한 결정

(5) 사모방식을 통한 자기자본의 10%(단, 자기자본의 10%에 해당하는 금액이 10억원 미만인 경우에는 10억원) 이상의 단기사채 발행에 관한 결정

나. 보험회사 경영환경에 중대한 변경을 초래하는 사항

(1) 자기자본의 10%(단, 자기자본의 10%에 해당하는 금액이 10억원 미만인 경우에는 10억원)이상의 벌금, 과태료 또는 추징금 등 부과

(2) 다음의 소송이 제기되거나 그 소송의 확정

- 소송물가액이 자기자본의 10%(단, 자기자본의 10%에 해당하는 금액이 10억원 미만인 경우에는 10억원) 이상인 손해배상의 청구(다만, 앞서 기술한 수시공시 사항으로 이미 공시한 경우에는 제외)
- 임원의 직무집행정지가처분 신청 및 임원의 선임·해임을 위한 소수주주의 주주총회 소집허가의 신청 등 법인의 경영사항과 관련된

분쟁

(3) 최대주주 또는 주요주주의 변경 및 자회사의 추가 및 제외에 관한 결정

(4) 사업목적의 변경에 관한 결정

다. 재산 등에 대규모 변동을 초래하는 사항

천재 · 지변 · 전시 · 사변 · 화재 및 기타의 재해로 인하여 최근사업연도 자산 총액의 5% 이상의 손해 발생

라. 채권 · 채무 관계에 중대한 변동을 초래하는 사항

자기자본의 10%(단, 자기자본의 10%에 해당하는 금액이 10억원 미만인 경우에는 10억원) 이상을 출자하고 있는 비상장법인에 해산사유 등 발생

마. 투자 및 출자 관계에 관한 사항

(1) 최근 사업연도 말 자산총액의 10% 이상의 유형자산의 취득 또는 처분에 관한 결정

(2) 자기자본의 10%(단, 자기자본의 10%에 해당하는 금액이 10억원 미만인 경우에는 10억원) 이상의 타법인 출자 또는 출자지분의 처분에 관한 결정

바. 손익구조 변경에 관한 사항

(1) 최근사업연도 당기순이익 등이 직전사업연도대비 30% 이상 증가 또는 감소

(2) 자기자본의 10%(단, 자기자본의 10%에 해당하는 금액이 10억원 미만인 경우에는 10억원) 이상의 특별손실 또는 특별이익 발생

사. 기타 보험회사 경영에 중대한 영향을 미칠 수 있는 사항

(1) 현금배당(중간배당 포함)에 관한 결정

(2) 사외이사 및 감사(감사위원회 위원을 포함한다)가 임기만료외의 사유로 퇴임

(3) 주식매수선택권을 부여하거나 부여를 취소하기로 결정

(4) 금융지주회사법 및 상법규정에 의한 주식교환 또는 주식이전의 결정

(5) 영업양도 · 양수 · 임대, 합병, 분할 등의 사실에 관한 결정

(6) 감사보고서 감리결과 위법행위가 외부감사 및 회계 등에 관한 규정 제38조 제1항에 해당하는 때

(7) 금융지주회사인 경우 금융위원회로부터 경영개선을 위하여 필요한 조치를 받은 때

(8) 보험업감독규정 제7-16조에 따라 경영개선계획, 약정서 또는 경영개선협약을 체결한 때

- 보험업감독규정 제7-43조의 규정[28)]에 의한 긴급조치가 취해진 경우 그 내용

4 경영공시의 항목과 방법

정기경영공시의 보다 구체적인 공시항목과 방법은 보험협회의 장이 정하는 '보험경영통일공시기준'에 따른다.

그러나 수시경영공시와 관련된 공시대상, 내용, 방법 및 시기 등은 금융감독원장이 정한다.

5 금융감독원장의 경영공시 정정공시 또는 재공시 요구권

금융감독원장은 보험회사가 정기경영공시 또는 수시경영공시 사항을 허위로 공시하거나 중요한 사항을 누락하는 등 불성실하게 공시하는 경우 당해 보험회사에 대해 정정공시 또는 재공시를 요구할 수 있다.

28) 보험업감독규정 제7-43조(긴급조치)
① 금융위는 보험회사가 다음 각 호의 1에 해당되어 보험계약자의 이익을 저해할 우려가 있다고 인정하는 경우에는 감독원장으로 하여금 그 위험을 제거하기 위한 긴급조치를 취하게 할 수 있다. 다만, 금융위를 소집할 수 없는 긴급한 경우에는 감독원장은 우선 필요한 조치를 취할 수 있으며, 이를 지체 없이 금융위에 보고하여야 한다.
1. 보험계약 해약의 쇄도 등으로 인해 유동성이 일시적으로 급격히 악화되어 보험금 지급준비자산의 부족, 대외차입금의 상환불능 등의 사태에 이른 경우
2. 휴업 · 영업의 중지 · 보험해약인출 쇄도 또는 노사분규 등 돌발사태가 발생하여 정상적인 영업이 불가능하거나 어려운 경우
② 제1항에서 "필요한 조치"라 함은 다음 각 호의 1에 해당하는 조치를 말한다.
1. 보험료의 수입 · 대출의 제한 2. 보험금의 전부 또는 일부의 지급정지
3. 채무변제행위의 금지 4. 자산의 처분 5. 사업의 정지
6. 업무와 자산의 관리위탁 7. 계약의 이전 8. 그 밖에 금융위가 인정하는 사항

제 2 장 상품공시

1 인터넷 공시(보험업감독규정 제7-45조)

보험회사는 다음의 사항을 당해 보험회사의 인터넷 홈페이지에서 보험계약자 등이 쉽게 확인할 수 있도록 공시하여야 한다.

- 판매상품별 상품요약서, 설명서, 사업방법서, 보험약관(변경 전 보험약관 및 판매중지 후 2년이 경과되지 아니한 보험약관을 포함) [다만 보증보험의 경우에는 설명서를, 단체보험 · 퇴직연금(퇴직보험 포함)의 경우에는 상품요약서 및 설명서를, 일반손해보험(자동차보험은 제외) 중 기업성 보험과 전문보험계약자를 대상으로 하는 보험의 경우에는 상품요약서 · 설명서 · 사업방법서 · 보험약관(변경 전 보험약관 및 판매중지 후 2년이 경과되지 아니한 보험약관을 포함)을 공시하지 않을 수 있음]
- 금리연동형보험[29]의 적용이율(최저보증이율 포함) 및 산출방법(공시이율 적용상품은 공시기준이율 산출방법, 공시기준이율, 조정률 포함) 등
- 생명보험회사가 판매하는 변액보험계약 및 보험회사가 판매하는 퇴직연금실적배당보험 계약의 경우 다음의 사항
  - 매월 말 현재 특별계정별 자산 · 부채 및 자산구성내역
  - 매일 특별계정별 자산의 기준가격 및 수익률
  - 특별계정 운용에 대한 보수 및 수수료(귀속주체별로 구분)
  - 변액보험(퇴직연금실적배당보험 포함) 운용설명서

29) 공시 대상이 되는 금리연동형보험에 자산연계형보험계약(보험업감독규정 제7-65조 제3항에 의한 공시이율을 적용하는 보험계약은 제외)은 포함되지만, 「근로자퇴직급여 보장법」 제29조 제2항에 따른 보험계약(퇴직연금실적배당보험계약 제외) 및 법률 제10967호 근로자퇴직급여 보장법 전부개정법률 부칙 제2조 제1항 본문에 따른 퇴직보험계약은 포함되지 않는다.

- 매월 말 현재 특별계정별 자산과 관련하여 최대주주의 특수관계인에 해당하는 자산운용회사에 위탁한 금액 및 비율
- 변액보험계약의 경우 최대주주의 특수관계인에 해당하는 자산운용사와 기타 자산운용회사별로 위탁비중, 수익률, 특별계정운용 위탁과 관련하여 자산운용사에 지급하는 투자일임보수

• 「소득세법」 제20조의3 제1항 제2호 각 목 외의 부분에 따른 연금저축계좌를 설정하는 계약 및 자산연계형보험계약(보험업감독규정 제7-65조 제3항에 의한 공시이율을 적용하는 보험계약은 제외)의 경우 다음의 사항
  - 매월 말 현재 특별계정별 자산 · 부채 및 자산구성내역
  - 금리연동형보험의 직전 3년간 공시이율(최저보증이율 포함) 및 직전 3년간 이자율차 배당률

• 계약자배당금 산출기준, 계약자배당률, 계약자배당준비금 부리이율

• 그 밖에 감독원장이 보험계약자 등의 보호를 위하여 필요하다고 인정하는 사항

2 본점 비치사항

보험계약자는 보험회사의 본점에서 다음의 서류 등에 대한 열람을 신청할 수 있으며, 보험회사는 특별한 사유가 없는 한 이에 응하여야 한다(보험업감독규정 제7-45조 제3항).

• 기초서류(보험료 및 책임준비금산출방법서 중 보험료의 계산에 관한 사항은 제외)

• 변액보험(퇴직연금실적배당보험 포함) 계약자의 경우 변액보험(퇴직연금실적배당보험 포함) 특별계정에 관한 장부 · 서류로서 다음의 사항
  - 자산명세서
  - 기준가격대장
  - 재무제표 및 그 부속명세서
  - 유가증권 등의 매매거래내역서

③ 상품공시와 관련한 각 보험협회의 역할

금융감독원장은 상품요약서, 설명서, 통합청약서, 보험계약관리내용, 변액보험(퇴직연금실적배당보험 포함) 운용설명서 등의 기재 사항 및 작성방법 등에 대하여 세부적인 사항을 정할 수 있다. 그리고 각 보험협회의 장은 보험업감독업무시행세칙의 규정에 의하여 보험안내자료 등의 작성기준 및 방법 등에 관한 세부적인 기준을 정할 수 있다.

제3장 비교공시

1 비교공시의 주체 및 공시 대상(보험업법 제124조 제2항 및 보험업감독규정 제7-46조)

보험협회는 아래의 사항을 인터넷 홈페이지를 통하여 각 유형별로 해당 사항을 금융위원회가 정하는 바에 따라 보험소비자가 쉽게 알 수 있도록 비교 · 공시하여야 한다. 다만, 단체보험, 일반손해보험(자동차보험은 제외) 및 특정가입단체와 제휴하여 판매되는 보험상품은 제외한다.

〈표24〉 비교 · 공시 대상 산출 유형과 내용

구분 유형	비교 · 공시 사항
보험회사별 · 보험종류별	① 보장내용 및 보험료, 저축성보험의 해약환급금(납입보험료 대비 계약자적립금 및 적립률 포함), 공시이율(최저보증이율 포함), 그 밖의 특이사항 등 ② 위험률의 조정 등으로 인하여 실손의료보험의 보험요율이 변경되는 경우 변경 전 · 후 보험료 ③ 생명보험회사가 판매하는 변액보험계약 및 보험회사가 판매하는 퇴직연금실적배당보험계약의 경우 – 매월말 현재의 특별계정별 자산 · 부채 및 자산구성내역 – 매일의 특별계정별 자산의 기준가격 및 수익률 – 특별계정 운용에 대한 보수 및 수수료(귀속주체별로 구분) – 변액보험(퇴직연금실적배당보험 포함) 운용설명서 ④ 계약자배당금 산출기준, 계약자배당율, 계약자배당준비금 부리이율 ⑤ 저축성보험의 경우 – 보험계약 체결에 사용할 목적으로 부가된 금액의 총액 – 보험계약 관리에 사용할 목적으로 부가된 금액의 총액 – 위험보장을 위해 부가된 금액의 총액 – 특별계정운용에 대한 보수 및 수수료의 총액 – 중도인출수수료의 총액 – 기타서비스 제공에 사용할 목적으로 부가된 금액의 총액

구분 유형	비교 · 공시 사항
보험회사별 · 보험종류별	– 해약공제액 – 납입보험료 대비 수익률(금리확정형 보험은 제외) ⑥ 보장성보험(자동차보험은 제외)의 경우 – 보험가격지수, 보장범위지수, 계약체결비용지수 및 부가보험료지수[30]
보험회사별 · 판매채널별 및 보험상품별	감독원장이 정하는 바에 따른 ① 보험계약의 유지율, 불완전판매비율 및 청약철회비율 ② 보험금 부지급률 및 청구 이후 해지비율 ③ 보험금 지급기간
보험회사별	감독원장이 정하는 바에 따른 ① 보험금 부지급사유 등 ② 보험금 청구지급 관련 소송 제기 건수, 보험금 청구건 대비 소송 제기 비율 및 소송관리위위원회 소송심의 현황 등 ③ 보험료 신용카드 납입제도 운영현황

보험협회는 다음의 보험상품에 대하여 비교 · 공시 항목 중 보험료 및 환급금 등을 인터넷 홈페이지를 통하여 별도로 안내할 수 있으며 이와 관련한 세부적인 기준과 절차 등을 정할 수 있다.

– 사이버몰을 이용하여 모집하는 보험
– 단독실손의료보험
– 자동차보험
– 그 밖에 협회가 별도 안내를 통한 비교 · 공시 필요성을 인정하는 보험

2 불완전판매비율 등의 비교공시 세부 내용

보험상품의 비교 · 공시 등과 관련하여, ① 유지율, 불완전판매비율, 청약철회비율 등, ② 보험금 부지급률 및 보험금 불만족도 등, ③ 보험금 지급기간 및 보험금

30) 보장성보험(일반손해보험은 제외)에서 ① 보험가격지수는 보험료총액을 참조순보험료 총액과 보험회사 평균사업비총액을 합한 금액으로 나눈 비율, ②보장범위지수는 보험상품공시위원회에서 정하는 표준보장범위의 순보험료와 해당 보험상품의 순보험료를 나눈 비율(보장하지 않는 사유 및 기간 등을 설정한 제3보험 상품 중 보험상품공시위원회에서 정하는 보험상품에 한함)을 말한다. 기준연령 요건 등에서 보험료에 부가된 보험계약체결에 사용할 비용(이하 "계약체결비용")이 표준해약공제액보다 더 큰 보장성보험(자동차보험은 제외)에서 ③ 계약체결비용지수는 영업보험료에서 계약체결비용이 차지하는 비율, ④ 부가보험료지수는 영업보험료에서 순보험료를 제외한 금액이 차지하는 비율을 말한다. 다만, 보험기간이 종신이고 사망을 보장하는 보장성보험(자동차보험은 제외)은 계약체결비용이 표준해약공제액 대비 1.4배 이내(사망보장과 사망이외 보장이 동시 존재하는 경우에는 사망보장부분에 한하여 1.4배를 적용)인 경우에는 상품요약서에 계약체결비용지수와 부가보험료지수를 기재하지 아니할 수 있다.

부지급 사유 등, ④ 보험금 청구지급 관련 소송제기 건수, 보험금 청구건 대비 소송 제기 비율 및 소송관리위원회 소송심의 현황 등, ⑤ 보험사기 유죄확정판결에 따른 보험회사 소송제기 건수 및 사유, ⑥ 보험료 신용카드 납입제도 운영현황에 대한 산출기준 및 공시 기준은 다음 표와 같다.

〈표25〉 보험영업 및 보험금 지급 관련 비교 · 공시항목별 산출기준 (보험업감독업무 시행세칙 별표1의1)

1. 유지율, 불완전판매비율, 청약철회비율 등 산출기준

항목	산출기준
① 신계약 건수	공시대상기간(상반기의 경우 직전 회계연도 하반기부터 당해연도 상반기까지를 말하며, 하반기의 경우 해당 회계연도 전체를 말한다. 이하 같다.) 중 초회보험료 미입금으로 인하여 계약이 성립되지 않은 건 또는 청약심사 후 거절된 건을 제외한 신계약이 성립된 건. 다만, 단체보험, 보험회사가 계약자에게 무료로 제공하는 보험, 퇴직보험 · 퇴직연금, 일반손해보험, 재보험계약은 제외한다.
② 품질보증해지 건수	신계약 건수 중 계약청약일로부터 3월 이내에 생명보험 표준약관 제18조(약관교부 및 설명의무 등), 실손의료보험 표준약관 제18조(약관 교부 및 설명의무 등) 및 이에 준하는 사유로 공시대상기간 중에 해지된 건
③ 민원해지 건수	신계약 건수 중 계약청약일로부터 3월 이후 보험모집과정 등에 대해 고객이 불만을 제기하여 이미 납입한 보험료 전액 또는 일부를 반환하고 공시대상기간 중에 해지된 건
④ 무효 건수	신계약 건수 중 생명보험 표준약관 제19조(계약의 무효), 실손의료보험 표준약관 제19조(계약의 무효) 및 이에 준하는 사유, 관련 법규 등에 의거 무효사유로 인해 공시대상기간 중에 무효처리 된 건. 다만, 아래와 같이 모집종사자의 책임으로 보기 어려운 경우는 제외 (1) 태아를 피보험자로 하여 가입 가능한 보험상품 중 약관을 통해 유산 또는 사산 등으로 출산하지 못할시 무효가 되는 경우 (2) 암, 치매, 당뇨 등을 보장하는 보험상품 중 약관을 통해 보장 개시일 이전에 암, 치매, 당뇨 등 진단확정시 무효가 되는 경우
⑤ 청약철회 건수	신계약 건수 중 보험증권을 받은 날로부터 15일(거래 당사자 사이에 15일보다 긴 기간으로 약정한 경우에는 그 기간) 이내에 금융소비자 보호에 관한 법률 제46조에 따라 공시대상기간 중에 철회된 건
⑥ 불완전판매 건수	품질보증해지건수와 민원해지건수와 무효건수의 합계
⑦ 불완전판매비율	품질보증해지건수와 민원해지건수와 무효건수의 합계를 신계약건수로 나눈 비율
⑧ 청약철회비율	청약철회건수를 신계약건수로 나눈 비율
⑨ 대상신계약액	산출월 기준 각 회차별 이전연도 동월 신계약 원수보험료의 합계. 다만, 단체보험, 퇴직보험 · 퇴직연금, 일반손해보험, 재보험계약, 산출월 현재 보험사고발생, 만기도래로 소멸되거나 보장시작 전 무효된 계약은 제외한다.
⑩ 유지계약액	대상 신계약에서 공시대상기간(상반기의 경우 직전 회계연도 하반기부터 당해 연도 상반기까지를 말하며, 하반기의 경우 해당 회계연도 전체를 말한다. 이하 같다.) 중 계약이 정상 유지 중인 건의 원수보험료 합계

⑪ 유지율	유지계약액을 대상신계약액으로 나눈 비율

2. 보험금 부지급률 및 보험금 불만족도 등 산출기준	
① 보험금 청구 건수	보험금 청구권자가 약관상 보험금 지급사유로 인지하고 보험금을 청구한 건수
② 보험금 지급 건수 및 금액	보험금 청구건 중 보험금이 지급된 건수 및 금액
③ 보험금 부지급 건수	보험금 청구건 중 보험금이 부지급된 건수
④ 보험금 청구 계약건수	보험금이 청구된 보험계약 건수
⑤ 보험금청구후 해지 건수	보험금 청구 계약건 중 보험금 청구 후 품질보증해지 · 민원해지건수 및 보험금 부지급 후 고지의무위반해지 · 임의해지건수의 합계
⑥ 보험금 부지급률	보험금 부지급 건수를 보험금 청구건수로 나눈 비율
⑦ 청구이후 해지비율	보험금청구후 해지건수를 보험금 청구 계약건수로 나눈 비율
⑧ 의료자문 실시 현황	의료자문 실시 건수 및 실시율, 의료자문을 통해 보험금을 부지급 또는 일부 지급한 건수 및 비율 등

3. 보험금 지급기간 및 보험금 부지급 사유 등 산출기준	
① 보험금 추가소요 지급 건수	보험금 청구건 중 약관에서 정한 보험금 지급기한을 초과하여 보험금을 지급한 건수
② 보험금 추가소요 지급 일수	약관에서 정한 보험금 지급기한을 초과한 날로부터 보험금을 지급한 날까지의 기간(일)의 합계(초일산입)
③ 보험금 추가소요 지급비율	보험금 추가소요 지급건수를 보험금 지급 건수로 나눈 비율
④ 보험금 추가소요 평균 기간	보험금 추가소요 지급 일수를 보험금 추가소요 지급 건수로 나눈 비율
⑤ 보험금 신속지급 건수	보험금 청구 건수 중 약관에서 정한 보험금 신속지급 기한(3영업일, 7일) 이내에 지급된 건수
⑥ 보험금 신속지급 일수	보험금 신속지급 건수에 대하여 보험금 청구서류를 접수한 날로부터 보험금을 지급한 날까지의 기간(일)의 합계(초일불산입)
⑦ 보험금 신속지급비율	보험금 신속지급 건수를 보험금 지급 건수로 나눈 비율
⑧ 보험금 신속지급 평균기간	보험금 신속지급 일수를 보험금 신속지급 건수로 나눈 비율
⑨ 보험금 부지급사유	부지급유형별(면 · 부책, 고지의무위반, 계약상 무효, 소송 및 분쟁조정, 보험사기, 실효 및 보험기간만료, 보험금 지급심사 중, 기타) 보험금 부지급 건수
⑩ 보험금 지급 추가소요 사유	지급 추가소요 유형별(지급사유조사, 소송 및 분쟁조정, 수사기관 수사, 기타) 보험금 지급 추가소요 건수 및 금액

4. 보험금 청구지급 관련 소송제기 건수, 보험금 청구건 대비 소송 제기 비율 및 소송관리위원회 소송심의 현황 등 산출기준	
① 보험금 청구 · 지급 관련 소송제기 건수	금융소비자와 관련된 보험금 청구 · 지급 관련 본안소송 및 민사조정 건수(단, 보험사기 유죄확정판결에 따른 보험 회사 소송제기 건수는 제외)
② 보험금 청구건 대비 소송제기비율	보험금 청구 · 지급 관련 소송제기 건수를 보험금 청구건수로 나눈 비율
③ 보험금 청구 · 지급관련 소송제기사유	보험금 청구 · 지급관련 소송제기사유별(채무부존재확인, 부당이득반환청구, 보험계약 무효확인 및 부당이득반환청구, 보험금청구, 손해배상청구, 기타) 본안소송 및 민사조정 건수
④ 소송관리위원회 소송심의현황	소송관리위원회 개최실적, 소송유형별 심의건수, 심의결과(소제기 승인 · 불승인 건수, 불승인 비율 등)

4의2. 보험사기 유죄확정판결에 따른 보험회사 소송제기 건수 및 사유	
① 보험사기 유죄 확정판결에 따른 보험회사 소송제기 건수	보험사기 유죄확정판결에 따라 보험회사가 제기한 본안소송 건수
② 보험사기 유죄 확정판결에 따른 소송제기 사유	보험사기 유죄확정판결에 따른 소송제기사유별(보험사기 유죄확정 판결에 따른 채무부존재 확인, 보험사기 유죄확정판결에 따른 부당이득반환청구) 본안 소송건수

5. 보험료 신용카드 납입제도 운영현황 공시기준	
① 보험료 신용카드 납입제도 운영현황	보험료 신용카드 납입제도 운영여부, 납입가능 신용카드사 현황, 납입가능 보험상품의 종류 등
② 신용카드 납입에 대한 제한사항	신용카드사와의 가맹점 계약 등을 통해 신용카드 납입 가능 보험 상품 및 납입절차 등에 대한 제한사항이 있는 경우 그 내용

3 비교공시와 관련한 보험회사의 역할

보험회사는 보험료 · 보험금 등 보험계약에 관한 사항의 비교 · 공시에 필요한 정보를 보험협회에 제공하여야 한다.

보험회사는 보험계약자에게 실손의료보험의 변경된 보험료를 안내하는 경우에는 실손의료보험의 보험요율 변경 전후 보험료가 적정하게 비교 · 공시될 수 있도록 미리 협회에 그 보험료를 통지하여야 한다. 보험회사는 비교 · 공시된 내용을 변경한 경우에는 지체 없이 보험협회에 그 변경한 내용을 통지하여야 하며, 협회는 보험회사로부터 통지

받은 내용을 지체 없이 비교·공시사항에 반영하여야 한다(보험업감독규정 제 7-46조 제2항).

4 보험상품공시위원회의 역할 및 구성

4-1 보험상품공시위원회의 역할

「보험업법」에 따라 보험협회가 구성하는 위원회로서 보험협회가 실시하는 보험상품의 비교·공시에 관한 중요 사항을 심의·의결하며 비교공시에 관한 세부적인 기준과 절차를 정할 수 있다.

4-2 위원회의 구성

- 위원장 1명을 포함하여 9명의 위원으로 구성
- 위원장은 위원 중에서 호선
- 위원은 금융감독원 상품담당 부서장, 보험협회의 상품담당 임원, 보험요율 산출기관의 상품담당 임원 및 보험협회의 장이 위촉하는 다음의 사람으로 구성
  - 보험회사 상품담당 임원 또는 선임계리사 2명
  - 판사, 검사 또는 변호사의 자격이 있는 사람 1명
  - 소비자단체에서 추천하는 사람 2명
  - 보험에 관한 학식과 경험이 풍부한 사람 1명
- 위원의 임기 : 2년(다만, 금융감독원 상품담당 부서장과 보험협회의 상품담당 임원 및 보험요율 산출기관의 상품담당 임원인 위원의 임기는 해당 직에 재직하는 기간으로 함)

4-3 위원회 회의의 개의 및 의결

보험상품공시위원회의 회의는 재적위원 과반수의 출석으로 개의하고 출석위원 과반수의 찬성으로 의결한다.

5 보험협회 이외의 자의 비교공시

보험협회 이외의 자가 보험계약에 관한 사항을 비교 · 공시하는 경우에는 금융위원회가 정하는 바에 따라 객관적이고 공정하게 비교 · 공시하여야 한다.

5-1 보험회사 또는 보험모집종사자의 비교 · 공시

보험협회외의 자로서 보험회사 또는 보험의 모집에 종사하는 자가 비교공시하는 경우에는 보험업감독규정에 따른 기준 및 방법 등을 준용하여 보험회사의 공시자료 등 객관적인 자료를 근거로 공정하게 실시하여야 하고 자료의 출처 등을 구체적으로 기재하여야 하며, 보험협회의 비교 · 공시 내용과 다르거나 일부만을 비교 · 공시하고자 하는 경우에는 보험상품공시위원회와 협의하여야 한다.

5-2 보험협회, 보험회사 또는 보험의 모집에 종사하는 자 외의 자의 비교 · 공시

보험협회, 보험회사 또는 보험의 모집에 종사하는 자 외의 자로서 보험계약에 관한 사항을 비교 · 공시하려는 자(이하 "보험상품 비교 · 공시기관"이라 한다)가 보험계약에 관한 사항을 비교 · 공시하는 경우에는 다음 각 호의 사항을 준수하여야 한다.

- 보험협회를 통해 제공받은 정보만을 비교 · 공시할 것
- 보험상품의 비교 · 공시와 관련하여 금융감독원장이 정하는 사항을 반드시 포함할 것[보장내용 및 보험료,저축성보험의 해약환급금 및 공시이율(최저보증이율 포함)]
- 전문용어 또는 법률용어에 대한 설명을 연계하여 제공할 것
- 보험상품 비교 · 공시기관의 기본적인 검색기능과 연계하고 포괄적인 상품검색 및 재검색 기능을 제공할 것
- 비교 · 공시 사항은 광고 등 상업적 용도로 제공하는 정보와 명확히 분리하여 제공하되, 상업적 정보보다 우선하여 제공되도록 할 것
- 그 밖에 객관적이고 공정하게 비교 · 공시 업무를 수행하기 위하여 금융감독원장이 정하는 사항[협회를 통해 제공받은 모든 상품에 대해 보장내용 및 보험

료, 저축성보험의 해약환급금 및 공시이율(최저보증이율 포함)을 비교 · 공시하는 것]

5-3 보험협회의 정보 제공

보험협회는 보험상품 비교 · 공시기관이 적정하게 비교 · 공시업무를 수행할 수 있도록 보험상품 비교 · 공시기관과 협의하여 보험회사로부터 제공받은 정보, 변경 내용을 통지 받은 내용 및 사이버몰을 이용하여 모집하는 보험 등 일정한 보험에 대하여 인터넷 홈페이지를 통하여 보험협회가 별도 안내하는 보험료 및 환급금 등의 정보를 제공할 수 있다.

제 4 장 기타 공시

1 금융기관보험대리점 모집수수료율의 공시

1-1 금융기관보험대리점 모집수수료율 관련 보험회사 등의 공시 의무 (보험업법 시행령 제40조 제8항, 보험업감독규정 제4-16조 제2항)

금융기관보험대리점의 모집수수료율의 공시를 위하여 관련 기관은 아래와 같이 비교·공시하여야 한다(모집수수료율이 변경되었을 경우에도 동일하며, 농업협동조합법에 따라 설립된 조합은 농업협동조합중앙회를 통해 조합의 모집수수료율을 공시할 수 있음).

- 금융기관보험대리점등 : 해당 금융기관에 적용되는 모집수수료율을 모집을 하는 점포의 창구 및 인터넷 홈페이지에 공시
- 보험회사 : 모집을 위탁한 금융기관보험대리점등의 모집수수료율을 인터넷 홈페이지에 비교·공시
- 보험협회 : 전체 금융기관보험대리점등의 모집수수료율을 인터넷 홈페이지에 비교·공시

1-2 금융기관보험대리점등의 모집수수료율의 공시 내용 (보험업감독규정 제4-16조 제3항)

금융기관보험대리점등의 모집수수료율을 공시할 때에는 다음의 내용이 포함되어야 한다.

• 모집을 위탁한 보험회사의 명칭
• 모집을 위탁받은 금융기관 보험대리점 등의 명칭
• 보험상품군의 명칭 및 당해 상품군의 모집수수료율

1-3 보험회사의 관련 자료 제공 의무 (보험업감독규정 제4-16조 제1항)

보험회사는 모집을 위탁한 금융기관보험대리점등에 적용되는 모집수수료율을 다음의 기준에 따라 산출하여 당해 금융기관보험대리점등 및 협회에 제공하여야 한다. 「농업협동조합법」에 따라 설립된 조합에 적용되는 모집수수료율은 농업협동조합중앙회에도 제공하여야 한다.

• 보험료 : 보험업감독규정 [별표6]의 “보험상품군별 보험료 산정기준”의해 산출된 보험상품별 보험료
• 모집수수료 : 보험계약 1건당 예정된 모집수수료
• 모집수수료율 : (모집수수료÷보험료) × 100

연습문제 제7편

공시와 관련된 컴플라이언스

1 다음 빈칸에 적당한 숫자를 기입하라.

> 정기 경영공시는 결산일부터 (   )월 이내에, 분기별 임시 결산결과에 대한 공시자료는 임시 결산일부터 2월 이내에 공시하여야 한다.

2 다음 중 정기 경영공시 사항이 아닌 것은?

① 보험회사의 재무 및 손익에 관한 사항
② 보험회사의 금융사고로 인한 손실 사항
③ 보험회사의 경영지표에 관한 사항
④ 보험회사의 조직 및 인력에 관한 사항

3 비교공시 사항 중 불완전판매비율 공시에 포함되는 사항이 아닌 것은?

① 품질보증 해지 건수　② 무효 건수
③ 민원 해지 건수　④ 유지계약 건수

4 다음 빈칸에 적당한 단어를 순서대로 기재하라.

> 보험협회의 비교공시 사항 중 보험금 부지급률은 보험금 부지급 건수를 (   )로 나눈 비율을 말하고, 청구이후 해지비율은 보험금 청구 후 해지 건수를 (   )로 나눈 비율을 말한다.

정답 1. 3　2. ②　3. ④　4. 보험금 청구건수, 보험금 청구 계약 건수

COMPLIANCE OFFICER

제 8 편

자산운용 및 건전성 유지와 관련된 컴플라이언스

제 1 장 자산운용의 일반 원칙

1 자산운용의 기본

보험회사는 계약자의 자산으로 운영되므로 그 자산을 운용할 때 안정성·유동성·수익성 및 공익성이 확보되도록 하여야 한다. 또한 보험회사는 선량한 관리자의 주의로써 그 자산을 운용하여야 한다.

2 자산운용의 비율 준수

보험회사는 자산을 운용할 때 다음의 비율을 초과해서는 아니 된다. 다만, 특별계정의 자산으로서 자산운용의 손실이 일반계정에 영향을 미치는 자산 중 대통령령으로 정하는 자산[31)]의 경우에는 일반계정에 포함하여 자산운용비율을 적용한다(표 참조).

〈표26〉 운용 항목과 운용 비율

운용 항목	계정 구분	비 율
동일한 개인 또는 법인에 대한 신용공여	일반계정	총자산의 3%
	특별계정	각 특별계정 자산의 5%
동일한 법인이 발행한 채권 및 주식 소유의 합계액	일반계정	총자산의 7%
	특별계정	각 특별계정 자산의 10%

31) "대통령령으로 정하는 자산"이란 「근로자퇴직급여 보장법」 제29조 제2항에 따른 보험계약(납입보험료 운용손익이 전부 보험계약자에게 귀속되는 보험계약은 제외) 및 법률 제10967호 근로자퇴직급여 보장법 전부개정법률 부칙 제2조 제1항 본문에 따른 퇴직보험계약에 대하여 설정된 특별계정의 자산을 말한다.(보험업법 시행령 제50조 제1항)

운용 항목	계정 구분	비 율
동일차주에 대한 신용공여 또는 그 동일차주가 발행한 채권 및 주식 소유의 합계액	일반계정	총자산의 12%
	특별계정	각 특별계정 자산의 15%
동일한 개인 · 법인, 동일차주 또는 대주주(그의 특수관계인을 포함, 이하 동일)에 총자산의 1%를 초과하는 거액 신용공여의 합계액	일반계정	총자산의 20%
	특별계정	각 특별계정 자산의 20%
대주주 및 대통령령으로 정하는 자회사에 대한 신용공여	일반계정	자기자본의 40%(자기자본의 40%에 해당하는 금액이 총자산의 2%에 해당하는 금액보다 큰 경우에는 총자산의 2%)
	특별계정	각 특별계정 자산의 2%
대주주 및 대통령령으로 정하는 자회사가 발행한 채권 및 주식 소유의 합계액	일반계정	자기자본의 60%(자기자본의 60%에 해당하는 금액이 총자산의 3%에 해당하는 금액보다 큰 경우에는 총자산의 3%)
	특별계정	각 특별계정 자산의 3%
동일한 자회사에 대한 신용공여	일반계정	자기자본의 10%
	특별계정	각 특별계정 자산의 4%
부동산의 소유	일반계정	총자산의 25%
	특별계정	각 특별계정 자산의 15%
「외국환거래법」에 따른 외국환이나 외국부동산의 소유(외화표시보험에 대하여 지급보험금과 같은 외화로 보유하는 자산의 경우에는 금융위원회가 정하는 바에 따라 책임준비금을 한도로 자산운용비율의 산정 대상에 불포함)	일반계정	총자산의 50%
	특별계정	각 특별계정 자산의 50%

※ 상기 도표에서 일반계정이란 연금저축계약 및 금융위원회가 필요하다고 인정하는 보험계약의 특별계정을 포함하는 개념이며, 특별계정이란 「근로자퇴직급여 보장법」 제29조 제2항에 따른 보험계약 및 법률 제10967호 근로자퇴직급여 보장법 전부개정법률 부칙 제2조 제1항 본문에 따른 퇴직보험계약을 말함

※ 매 분기 말 기준으로 300억 원 이하의 특별계정에 대하여는 일반계정에 포함하여 자산운용비율을 적용함

※ 상기 자산운용비율은 자산운용의 건전성 향상 또는 보험계약자 보호에 필요한 경우에는 대통령령으로 정하는 바에 따라 그 비율의 100분의 50의 범위에서 인하하거나, 발행주체 및 투자수단 등을 구분하여 별도로 정할 수 있는데, 보험업법 시행령은 부동산 소유에 대한 일반계정의 자산운용비율을 총자산의 100분의 15로 인하하고 있음

※ 상기 도표에서 '대통령령으로 정하는 자회사'란 보험업법 제115조에 의하여 보험회사가 소유할 수 있는 자회사로서 다음의 어느 하나에 해당하지 아니하는 자회사를 말한다.

① 보험업법시행령 제59조 제3항 제1호부터 제14호까지에 해당하는 업무 [보험회사의 사옥관리업무/보험수리업무/손해사정업무/보험대리업무/보험사고 및 보험계약 조사업무/보험에 관한 교육 · 연수 · 도서출판 · 금융리서치 · 경영컨설팅 업무/보험업과 관련된 전산시스템 · 소프트웨어 등의 대여 · 판매 및 컨설팅 업무/보험계약 및 대출 등과 관련된 상담업무/보험에 관한 인터넷 정보서비스의 제공업무/자동차와 관련된 긴급출동 · 차량관리 · 운행정보 등 부가서비스 업무/보

험계약자 등에 대한 위험관리 업무/건강 · 장묘 · 장기간병 · 신체장애 등의 사회복지사업 및 이와 관련된 조사 · 분석 · 조언 업무/노인복지시설의 설치 · 운영에 관한 업무 및 이와 관련된 조사 · 분석 · 조언 업무/건강 유지 · 증진 또는 질병의 사전 예방 등을 위해 수행하는 업무]를 수행하는 회사로서 보험회사가 해당 회사의 의결권 있는 발행주식(출자지분을 포함)의 전부를 소유하는 회사, ② 벤처투자회사 및 벤처투자조합, ③ 집합투자기구, ④ 부동산투자회사, ⑤ 선박투자회사, ⑥ 신기술사업투자조합, ⑦-1 외국에서 보험업법 제59조 제3항 제1호부터 제14호까지의 규정에 따른 업무를 수행하는 회사, ⑦-2 외국에서 보험업, 보험중개업무, 투자자문업, 투자일임업, 집합투자업 및 부동산업을 수행하는 회사, ⑦-3 외국에서 「외국환거래법」에 따른 증권, 파생상품 및 채권에 투자하는 업무로서 금융위원회가 정하여 고시하는 업무를 수행하는 회사, ⑧ 사회기반시설사업 및 사회기반시설사업에 대한 투융자사업을 수행하는 회사, ⑨ 외국에서 하는 사업[⑦-1, ⑦-2, ⑦-3에 해당하는 사업은 제외]을 수행하는 회사

원칙적으로는 상기 도표의 비율에 따르지만, 다음 3가지 경우에는 위 비율을 적용하지 아니한다.

① 보험회사의 자산가격의 변동 등 보험회사의 의사와 관계없는 사유로 자산상태가 변동된 경우

② 보험회사에 적용되는 회계처리기준(「주식회사 등의 외부감사에 관한 법률」 제5조 제1항 제1호에 따른 회계처리기준을 말함)의 변경으로 보험회사의 자산 또는 자기자본 상태가 변동된 경우

③ 다음의 어느 하나에 해당하는 경우로서 금융위원회의 승인을 받은 경우

- 보험회사가 보험업법 제123조에 따라 재무건전성 기준을 지키기 위하여 필요한 경우
- 「기업구조조정 촉진법」에 따른 출자전환 또는 채무재조정 등 기업의 구조조정을 지원하기 위하여 필요한 경우
- 그 밖에 보험계약자의 이익을 보호하기 위하여 필수적인 경우

다만, 상기 ①과 ②의 사유로 자산운용비율을 초과하게 된 경우에는 해당 보험회사는 그 비율을 초과하게 된 날부터 다음 구분에 따른 기간 이내에 위 도표의 비율에 적합하도록 하여야 한다. 이 경우에도 보험업법 시행령으로 정하는 사유에 해당하는 경우에는 금융위원회가 정하는 바에 따라 그 기간을 연장할 수 있다.

- 상기 ①의 사유로 자산운용비율을 초과하게 된 경우: 1년
- 상기 ②의 사유로 자산운용비율을 초과하게 된 경우: 3년

여기서 "보험업법 시행령으로 정하는 사유"란 보험회사가 자산운용비율의 한도를 초과하게 된 날부터 상기 기간 이내에 한도를 초과하는 자산을 처분하는 것이 일반적인 경우에 비추어 해당 보험회사에 현저한 재산상의 손실이나 재무건전성의 악화를 초래할 것이 명백하다고 금융위원회가 인정하는 경우를 말한다.

3 특별계정 자산운용의 원칙

3-1 특별계정의 설정 및 운용 대상

보험회사는 다음 중 어느 하나에 해당하는 계약에 대하여는 보험업법 시행령에 의거하여 그 준비금에 상당하는 자산의 전부 또는 일부를 다른 자산과 구별하여 이용하기 위한 특별계정을 각각 설정하여 운용할 수 있다.

- 「소득세법」 제20조의3 제1항 제2호 각 목 외의 부분에 따른 연금저축계좌를 설정하는 계약
- 「근로자퇴직급여 보장법」 제29조 제2항에 따른 보험계약 및 법률 제10967호 근로자퇴직급여 보장법 전부개정법률 부칙 제2조 제1항 본문에 따른 퇴직보험계약
- 변액보험계약(보험금이 자산운용의 성과에 따라 변동하는 보험계약을 말함)
- 그 밖에 금융위원회가 필요하다고 인정하는 보험계약
  - 「소득세법」 제20조의3 제1항 제2호 각 목 외의 부분에 따른 연금저축계좌를 설정하는 계약
  - 「근로자퇴직급여 보장법」 제29조 제2항에 따른 보험계약(퇴직연금실적배당보험계약 제외) 및 법률 제10967호 근로자퇴직급여 보장법 전부개정법률 부칙 제2조 제1항 본문에 따른 퇴직보험계약
  - 생명보험회사가 판매하는 변액보험계약 및 「근로자퇴직급여 보장법」 제29조 제2항의 규정에 따라 보험회사가 판매하는 퇴직연금실적배당보험계약
  - 손해보험회사가 판매하는 장기손해보험계약
  - 자산연계형보험계약(보험업감독규정 제7-65조 제3항에 의한 공시이율을 적용하는 보험계약은 제외)
  - 외화보험계약(다만, 변액보험계약, 자산연계형보험계약은 제외)

3-2 특별계정 구분회계처리의 원칙

보험회사는 특별계정에 속하는 자산은 다른 특별계정에 속하는 자산 및 그 밖의 자산과 구분하여 회계처리하여야 한다.

보험회사는 특별계정에 속하는 이익을 그 계정상의 보험계약자에게 분배할 수

있다. 특별계정에 속하는 자산의 운용방법 및 평가, 이익의 분배, 자산운용 실적의 비교 · 공시, 운용 전문인력의 확보, 의결권 행사의 제한 등 보험계약자 보호에 필요한 사항은 대통령령으로 정한다.

3-3 의결권 행사의 제한

보험회사는 특별계정(변액보험계약에 따라 설정된 특별계정은 제외)의 자산으로 취득한 주식에 대하여 의결권을 행사할 수 없다. 다만, 주식을 발행한 회사의 합병, 영업의 양도 · 양수, 임원의 선임, 그 밖에 이에 준하는 사항으로서 특별계정의 자산에 손실을 초래할 것이 명백하게 예상되는 사항에 관하여는 그러하지 아니하다.

3-4 퇴직보험계약 등의 특별계정의 차입 관련 제한

보험회사는 「근로자퇴직급여 보장법」 제29조 제2항에 따른 보험계약 및 법률 제10967호 근로자퇴직급여 보장법 전부개정법률 부칙 제2조 제1항 본문에 따른 퇴직보험계약에 대하여 설정된 특별계정의 부담(담보 설정 등)으로 차입할 수 없다. 다만, 각 특별계정별로 자산의 10% 범위에서 다음 어느 하나에 해당하는 방법으로 차입하는 경우에는 그러하지 아니하다.

- 은행으로부터의 당좌차월
- 금융기관으로부터의 만기 1개월 이내의 단기자금 차입
- 일반계정(특별계정에 속하는 보험계약을 제외한 보험계약이 속하는 계정을 말함)으로부터의 만기 1개월 이내의 단기자금 차입(이 경우 금리는 금융위원회가 정하여 고시하는 기준에 따름)
- 이상에 준하는 방법으로서 기타 금융위원회가 정하여 고시하는 방법

3-5 특별계정 관련 금지사항

보험회사는 특별계정의 운용과 관련하여 아래의 행위를 하여서는 아니 된다(보험업법 시행령 제53조 제3항).

- 보험계약자의 지시에 따라 자산을 운용하는 행위
- 변액보험계약에 대하여 사전수익률을 보장하는 행위
- 특별계정에 속하는 자산을 일반계정 또는 다른 특별계정에 편입하거나 일반계

정의 자산을 특별계정에 편입하는 행위. 다만, 다음의 행위를 제외한다.

- 특별계정의 원활한 운영을 위하여 금융위원회가 정하여 고시하는 바에 따라 초기 투자자금을 일반계정에서 편입받는 행위
- 특별계정이 일반계정으로부터 만기 1개월 이내의 단기자금을 금융위원회가 정하여 고시하는 금리 기준에 따라 차입받는 행위
- 법률 제10967호 근로자퇴직급여 보장법 전부개정법률 부칙 제2조 제1항 본문에 따른 퇴직보험등을 「근로자퇴직급여 보장법」 제29조 제2항에 따른 보험계약으로 전환함에 따라 자산을 이전하는 행위
- 변액보험계약에 따라 설정된 특별계정을 「자본시장과 금융투자업에 관한 법률」에 따른 모자형집합투자기구로 전환하면서 모집합투자기구로 자집합투자기구의 자산을 이전하는 행위
- 그 밖에 상기 행위에 준하는 행위로서 금융위원회가 정하여 고시하는 행위

• 보험료를 어음으로 수납하는 행위
• 특정한 특별계정 자산으로 제3자의 이익을 꾀하는 행위

3-6 특별계정 자산의 평가 및 손익배분

특별계정(변액보험 관련 특별계정은 제외)에 속하는 자산은 금융위원회가 정하는 방법으로 평가한다.

보험회사는 변액보험 특별계정의 운용수익에서 해당 특별계정의 운용에 대한 보수 및 그 밖의 수수료를 뺀 수익을 해당 특별계정 보험계약자의 몫으로 처리하여야 한다.

3-7 특별계정 운용실적의 공시

보험회사는 특별계정(변액보험 관련 특별계정은 제외)의 자산운용에 관한 다음 사항을 공시하여야 한다.

• 매월 말 현재 특별계정별 자산 · 부채 및 자산구성 내용
• 자산운용에 대한 보수 및 수수료
• 그 밖에 보험계약자의 보호를 위하여 공시가 필요하다고 인정되는 사항으로서 금융위원회가 정하여 고시하는 사항

보험협회는 보험회사별로 보험회사가 설정하고 있는 특별계정별 자산의 기준가격 및 수익률 등 자산운용실적을 비교 · 공시할 수 있다.

보험회사는 특별계정(변액보험 관련 특별계정 제외)으로 설정 · 운용되는 보험계약의 관리 내용을 매년 1회 이상 보험계약자에게 제공하여야 한다.

기타 자세한 공시방법과 절차 등은 제7편 '공시와 관련된 컴플라이언스' 부분을 참고한다.

3-8 특별계정 관리 및 운용 전문인력 확보

특별계정(변액보험 관련 특별계정은 제외)을 설정 · 운용하는 보험회사는 특별계정의 공정한 관리를 위하여 특별계정의 관리 및 운용을 전담하는 조직과 인력을 갖추어야 한다.

다만, 특별계정을 통해 다음 업무를 하는 경우에는 내부통제기준의 준수 여부에 대한 준법감시인의 확인을 거쳐 일반계정의 운용인력 및 조직을 이용할 수 있다.

- 대출업무
- 만기 1개월 이내의 단기상품 매매업무
- 그 밖에 전담하는 조직과 인력이 없더라도 특별계정의 공정한 관리가 가능하다고 인정되는 업무로서 금융위원회가 정하여 고시하는 업무(보험업감독규정에서는 "외화증권 환헤지 목적의 파생상품 매매 업무"로 정하고 있음)

보험업법 제83조 제1항 각호에 의하여 보험모집을 할 수 있는 자가 변액보험계약을 모집하는 경우에는 금융위원회가 정하여 고시하는 바에 따라 변액보험계약의 모집에 관한 연수과정을 이수하여야 한다.

제 2 장

자산운용 관련 금지 및 제한사항

1 일반적인 금지 및 제한사항

보험회사의 자산운용과 관련한 금지 및 제한사항은 다음과 같다.

- 보험업법 시행령으로 정하는 업무용 부동산[32]이 아닌 부동산(저당권 등 담보권의 실행으로 취득하는 부동산은 제외한다)의 소유
- 「근로자퇴직급여 보장법」 제29조 제2항에 따른 보험계약 및 법률 제10967호 근로자퇴직급여 보장법 전부개정법률 부칙 제2조 제1항 본문에 따른 퇴직보험계약에 따라 설정된 특별계정을 통한 부동산의 소유
- 상품이나 유가증권에 대한 투기를 목적으로 하는 자금의 대출
- 직 · 간접을 불문하고 해당 보험회사의 주식을 사도록 하기 위한 대출
- 직 · 간접을 불문하고 정치자금의 대출
- 해당 보험회사의 임직원에 대한 대출(보험약관에 따른 대출 및 금융위원회가 정하는 소액대출[33]은 제외)
- 자산운용의 안정성을 크게 해칠 우려가 있는 행위로서 대통령령으로 정하는 행위

32) 허용 가능한 업무용 부동산이란 「법인세법 시행령」 제49조 제1항 제1호에 해당하지 아니하는 부동산으로서 ① 업무시설용 부동산 : 영업장(연면적의 10% 이상을 보험회사가 직접 사용하고 있는 것만 해당), 연수시설, 임원 또는 직원의 복리후생시설 및 이에 준하는 용도로 사용하고 있거나 사용할 토지 · 건물과 그 부대시설(영업장은 원칙적으로 단일 소유권의 객체가 되는 부동산이어야 하며, 단일 건물에 구분소유되어 있는 경우 별도 요건의 충족이 필요함)과 ② 투자사업용 부동산(주택사업, 부동산임대사업, 장묘사업 등 사회복지사업, 도시재개발사업, 사회기반시설사업 등 공공성 사업과 해외부동산업을 위한 토지 · 건물 및 그 부대시설)을 말함.

33) "금융위원회가 정하는 소액대출"이란 아래의 대출을 말한다. 다만, 보험업법시행령 제63조 제1항에 따라 계상된 책임준비금을 재원으로 대출하는 경우 대출조건은 일반고객과 동일하여야 한다.
1. 일반자금대출 : 20백만원이내
2. 주택자금대출(일반자금대출 포함) : 50백만원이내
3. 사고금정리대출(일반자금 및 주택자금대출 포함) : 60백만원이내

- 금융위원회가 정하는 기준을 충족하지 아니하는 외국환(외국환 중 대외지급수단, 외화증권, 외화채권만 해당) 및 파생금융거래(파생상품에 관한 거래로서 채무불이행, 신용등급 하락 등 계약 당사자 간의 약정된 조건에 의한 신용사건 발생 시 신용위험을 거래 당사자 한쪽에게 전가하는 거래 또는 이와 유사한 거래를 포함)
- 그 밖에 자산운용의 안정성을 크게 해칠 우려가 있는 행위로서 금융위원회가 정하여 고시하는 행위

2 다른 회사에 대한 출자 제한

보험회사는 다른 회사의 의결권 있는 발행주식(출자지분을 포함) 총수의 15%를 초과하는 주식을 소유할 수 없다. 다만, 금융위원회의 승인(보험업법 제115조에 따른 승인의제, 신고, 보고의 경우를 포함)을 받은 자회사의 주식은 제외한다.

3 자금지원 관련 금지행위

보험회사는 다른 금융기관(여기에서의 금융기관이란 「금융산업의 구조개선에 관한 법률」 제2조 제1호의 금융기관을 말함) 또는 회사와 다음의 행위를 하여서는 아니 된다.

- 「보험업법」에 따른 자산운용한도의 제한을 피하기 위하여 다른 금융기관 또는 회사의 의결권 있는 주식을 서로 교차하여 보유하거나 신용공여를 하는 행위
- 「상법」 및 「자본시장과 금융투자업에 관한 법률」에 따른 자기주식 취득의 제한을 피하기 위한 목적으로 서로 교차하여 주식을 취득하는 행위
- 그 밖에 보험계약자의 이익을 크게 해칠 우려가 있는 행위로서 대통령령으로 정하는 행위

보험회사는 상기 기준을 위반하여 취득한 주식에 대하여는 의결권을 행사할 수 없다. 그리고 금융위원회는 상기 기준을 위반하여 주식을 취득하거나 신용공여를 한 보험회사에 대하여 그 주식의 처분 또는 공여한 신용의 회수를 명하는 등 필요

한 조치를 할 수 있다.

4 대주주와의 거래 제한

4-1 대주주와의 거래 금지사항

보험회사는 직접 또는 간접으로 그 보험회사의 대주주(그의 특수관계인인 보험회사의 자회사는 제외)와 다음의 행위를 하여서는 아니 된다.

- 대주주가 다른 회사에 출자하는 것을 지원하기 위한 신용공여
- 자산을 다음에 해당하는 바에 따라 무상으로 양도하거나 일반적인 거래 조건에 비추어 해당 보험회사에 뚜렷하게 불리한 조건으로 자산에 대하여 매매·교환·신용공여 또는 재보험계약을 하는 행위
  - 증권, 부동산, 무체재산권 등 경제적 가치가 있는 유형·무형의 자산을 무상으로 제공하는 행위
  - 위 자산을 정상가격(일반적인 거래에서 적용되거나 적용될 것으로 판단되는 가격)에 비하여 뚜렷하게 낮거나 높은 가격으로 매매하는 행위
  - 위 자산을 정상가격에 비하여 뚜렷하게 낮은 가격의 자산과 교환하는 행위
  - 정상가격에 비하여 뚜렷하게 낮은 가격의 자산을 대가로 신용공여를 하는 행위
  - 정상가격에 비하여 뚜렷하게 낮거나 높은 보험료를 지급받거나 지급하고 재보험계약을 체결하는 행위

대주주와 자산의 무상 양도나 일반적인 거래 조건에 비추어 해당 보험회사에 뚜렷하게 불리한 조건으로 매매하는 등의 행위를 금지하는 규정을 적용할 때, 거래 상대방인 대주주에는 금융사지배구조법 시행령에 따른 그 특수관계인 중 「상속세 및 증여세법」에 따른 공익법인 등에 해당하는 비영리법인 또는 단체(이하 "공익법인등"이라 한다)가 포함되지 아니하도록 하고 있다.

※ 보험업법 의 적용에 있어서 "대주주"의 개념(보험업법 제2조 제17호 및 금융사지배구조법 제2조 제6호)

- "대주주"란 「금융회사의 지배구조에 관한 법률」 제2조 제6호에 따른 주주를 말한다.
- "대주주"란 다음의 어느 하나에 해당하는 주주를 말한다.
  - 최대주주 : 금융회사의 의결권 있는 발행주식(출자지분을 포함) 총수를 기준으로 본인 및 그의 특수관계인이 누구의 명의로 하든지 자기의 계산으로 소유하는 주식(그 주식과 관련된 증권예탁증권을 포함)을 합하여 그 수가 가장 많은 경우의 그 본인
  - 주요주주 : 다음의 어느 하나에 해당하는 자
    - 누구의 명의로 하든지 자기의 계산으로 금융회사의 의결권 있는 발행주식 총수의 100분의 10 이상의 주식(그 주식과 관련된 증권예탁증권을 포함)을 소유한 자
    - 임원(업무집행책임자는 제외)의 임면 등의 방법으로 금융회사의 중요한 경영사항에 대하여 사실상의 영향력을 행사하는 주주로서 대통령령으로 정하는 자

4-2 이사회 의결

보험회사는 그 보험회사의 대주주에 대하여 일정 금액 이상의 신용공여를 하거나 그 보험회사의 대주주가 발행한 채권 또는 주식을 일정 금액 이상으로 취득하려는 경우에는 미리 이사회의 의결을 거쳐야 한다. 이 경우 이사회는 재적이사 '전원'의 찬성으로 의결하여야 한다.

일정 금액의 의미

단일 거래금액(대주주가 발행한 주식을 취득하는 경우에는 「자본시장과 금융투자업에 관한 법률」에 따라 증권시장·다자간매매체결회사 또는 이와 유사한 시장으로서외국에 있는 시장에서 취득하는 금액은 제외한다)이 자기자본의 0.1%에 해당하는 금액 또는 10억 원 중 적은 금액을 말한다. 이 경우 단일 거래금액의 구체적인 산정기준은 금융위원회가 정하여 고시한다.

4-3 대주주와의 거래 공시 의무

보험회사는 그 보험회사의 대주주와 다음에 해당하는 행위를 하였을 때에는 7일

이내에 그 사실을 금융위원회에 보고하고 인터넷 홈페이지 등을 이용하여 공시하여야 한다.

- 일정금액 이상의 신용공여(일정금액은 4-2 금액과 동일)
- 해당 보험회사의 대주주가 발행한 채권 또는 주식을 일정금액(위와 동일) 이상으로 취득하는 행위
- 해당 보험회사의 대주주가 발행한 주식에 대한 의결권을 행사하는 행위

4-4 대주주가 발행한 채권 또는 주식 취득 등의 보고와 공시

보험회사는 해당 보험회사의 대주주에 대한 신용공여 규모, 분기 중 신용공여의 증감액, 신용공여의 거래조건, 해당 보험회사의 대주주가 발행한 채권 또는 주식의 취득 규모, 그 밖에 금융위원회가 정하여 고시하는 사항을 분기별(매 분기 말이 지난 후 1개월 이내)로 금융위원회에 보고하고, 인터넷 홈페이지 등을 이용하여 공시하여야 한다.

4-5 대주주의 금지사항

보험회사의 대주주는 해당 보험회사의 이익에 반하고 대주주 개인의 이익을 위하여 다음에 해당하는 행위를 하여서는 아니 된다.

- 부당한 영향력을 행사하기 위하여 해당 보험회사에 대하여 외부에 공개되지 아니한 자료 또는 정보의 제공을 요구하는 행위(다만 주주가 금융사지배구조법의 소수주주권으로서 상법의 주주 대표소송 등을 제기하여 승소한 경우는 제외)
- 경제적 이익 등 반대급부를 제공하는 조건으로 다른 주주 또는 출자자와 담합하여 해당 보험회사의 인사 또는 경영에 부당한 영향력을 행사하는 행위
- 「보험업법」에서 정한 비율을 초과하여 보험회사로부터 신용공여를 받는 행위
- 「보험업법」에서 정한 비율을 초과하여 보험회사에게 대주주의 채권 및 주식을 소유하게 하는 행위
- 보험회사의 이익이 반하여 대주주 개인의 이익을 위한 행위로서 다음의 행위
  - 대주주의 경쟁사업자에 대하여 신용공여를 할 때 정당한 이유 없이 금리, 담보 등 계약조건을 불리하게 하도록 요구하는 행위

– 보험회사로 하여금 보험업법 시행령 제57조 제2항에 따른 공익법인등에게 자산을 무상으로 양도하게 하거나 일반적인 거래 조건에 비추어 해당 보험회사에 뚜렷하게 불리한 조건으로 매매 · 교환 · 신용공여 또는 재보험계약을 하게 하는 행위

4-6 대주주에 대한 조치

금융위원회는 보험회사의 대주주(회사만 해당한다)의 부채가 자산을 초과하는 등 재무구조가 부실하여 보험회사의 경영건전성을 해칠 우려가 뚜렷한 경우[대주주(회사만 해당하며 회사인 특수관계인을 포함)의 부채가 자산을 초과하는 경우 또는 대주주가 신용평가회사 중 둘 이상의 신용평가회사에 의하여 투자부적격 등급으로 평가받은 경우]에는 그 보험회사에 대하여 다음의 조치를 할 수 있다.

- 대주주에 대한 신규 신용공여 금지
- 대주주가 발행한 유가증권의 신규 취득 금지
- 그 밖에 대주주에 대한 자금지원 성격의 거래 제한 등 대통령령으로 정하는 조치

금융위원회는 보험회사 또는 그 대주주가 「보험업법」의 자산운용의 방법 및 비율 제한과 대주주와의 거래제한 등의 규정을 위반한 혐의가 있다고 인정되는 경우에는 보험회사 또는 그 대주주에 대하여 필요한 자료의 제출을 요구할 수 있다.

5 자회사 관련 금지행위

보험회사는 자회사와 다음의 행위를 하여서는 아니 된다.

- 자산을 무상으로 양도하거나 일반적인 거래 조건에 비추어 해당 보험회사에 뚜렷하게 불리한 조건으로 매매 · 교환 · 신용공여 또는 재보험계약을 하는 행위
  다만, 보험회사가 외국에서 보험을 경영하는 자회사(자회사로 편입된 지 5년이 경과하지 아니한 경우만 해당)에 대하여 무형의 자산을 무상으로 제공하는 행위는 가능하다.
- 자회사가 소유하는 주식을 담보로 하는 신용공여 및 자회사가 다른 회사에 출자하는 것을 지원하기 위한 신용공여

- 자회사 임직원에 대한 대출(보험약관에 따른 대출과 금융위원회가 정하는 소액대출은 제외)

6 타인을 위한 채무보증의 금지

보험회사는 타인을 위하여 그 소유자산을 담보로 제공하거나 채무보증을 할 수 없다. 다만, 보험업법 및 보험업법 시행령으로 정하는 바에 따라 채무보증을 할 수 있는 다음의 경우에는 그러하지 아니하다.

- 신용위험을 이전하려는 자가 신용위험을 인수한 자에게 금전 등의 대가를 지급하고, 신용사건이 발생하면 신용위험을 인수한 자가 신용위험을 이전한 자에게 손실을 보전해 주기로 하는 계약에 기초한 증권 또는 예금을 매수하거나 가입할 수 있다
- 보험회사는 다음의 요건을 모두 갖춘 경우 보험업법상의 자회사로서 외국에서 보험업을 경영하는 자회사를 위한 채무보증을 할 수 있다.
  - 채무보증 한도액이 보험회사 총자산의 100분의 3 이내일 것
  - 보험회사의 직전 분기 말 지급여력비율이 100분의 200 이상일 것
  - 보험금 지급 채무에 대한 채무보증일 것
  - 보험회사가 채무보증을 하려는 자회사의 의결권 있는 발행주식(출자지분을 포함) 총수의 100분의 50을 초과하여 소유할 것(외국 정부에서 최대 소유한도를 정하는 경우 그 한도까지 소유하는 것을 말함)

7 보험회사의 사채 발행 등

최근 보험회사의 사채 발행 관련 사항이 뉴스 등에서 이슈가 되는 경우가 많으며, 2023.7.1. 시행된 개정 보험업법은 보험회사의 사채 등의 발행 절차에 대한 내용을 규정하고 있다.

7-1. 사채의 발행 등

보험회사는 보험업법의 재무건전성 기준을 충족시키기 위한 경우 또는 적정한 유동성을 유지하기 위한 경우에는 다음의 어느 하나에 해당하는 방법으로 사채를 발행하거나 자금을 차입할 수 있다.

- 「자본시장과 금융투자업에 관한 법률」(이하 "자본시장법") 제165조의11 제1항에 따른 사채 중 해당 사채의 발행 당시 객관적이고 합리적인 기준에 따라 미리 정하는 사유(이하 "예정사유")가 발생하는 경우 그 사채의 상환과 이자지급 의무가 감면된다는 조건이 붙은 사채(이하 "상각형 조건부자본증권")의 발행
- 자본시장법 제165조의11 제1항에 따른 사채 중 해당 사채의 발행 당시 예정사유가 발생하는 경우 보험회사의 주식으로 전환된다는 조건이 붙은 사채(이하 "보험회사주식 전환형 조건부자본증권")의 발행
- 「상법」 제469조 제2항, 제513조 및 제516조의2에 따른 사채와 다른 종류의 사채로서 해당 사채의 발행 당시 예정사유가 발생하는 경우 주권비상장보험회사의 주식으로 전환됨과 동시에 그 전환된 주식이 상장금융지주회사(해당 사채의 발행 당시 주권비상장보험회사의 발행주식 총수를 보유한 자본시장법상 주권상장법인인 금융지주회사를 말함)의 주식과 교환된다는 조건이 붙은 사채(이하 "금융지주회사주식 전환형 조건부자본증권")의 발행
  - 금융지주회사주식 전환형 조건부자본증권은 자본시장법 상 주권비상장법인인 보험회사(이하 "주권비상장보험회사")만이 할 수 있다.
  - "주권비상장법인"이란 "증권시장에 상장된 주권을 발행한 법인"과 "주권과 관련된 증권예탁증권이 증권시장에 상장된 경우에는 그 주권을 발행한 법인" 2가지 유형의 법인을 제외한 법인을 말한다.
- 「상법」에 따른 사채의 발행
- 그 밖에 상기 방법에 준하는 것으로서 대통령령으로 정하는 사채의 발행 및 자금의 차입
  - 여기서 "대통령령으로 정하는 사채의 발행 및 자금의 차입"이란 다음 어느 하나에 해당하는 방법으로 사채를 발행하거나 자금을 차입하는 것을 말한다.

    ① 은행으로부터의 당좌차월, ② 어음의 발행, ③ 환매조건부채권의 매도, ④ 후순위차입, ⑤ 신종자본증권(만기의 영구성, 배당지급의 임의성, 채무변

제의 후순위성 등의 특성을 갖는 자본증권을 말함)의 발행, ⑥ 그 밖에 보험회사의 경영건전성을 해칠 우려가 없는 사채의 발행 또는 자금 차입 방법으로서 금융위원회가 정하여 고시하는 방법

7-2. 사채 발행과 의결권의 제한

2023.7.1. 시행된 개정 보험업법은 사채 중 "보험회사주식 전환형 조건부자본증권" 또는 "금융지주회사주식 전환형 조건부자본증권"의 조건 실행으로 보험회사 또는 상장금융지주회사 주식으로 전환되어 「금융회사의 지배구조에 관한 법률」(이하 "금융사지배구조법") 제2조 제6호에 따른 대주주가 되는 자는 같은 법 제31조 제2항에 따른 금융위원회의 승인을 받을 때까지는 같은 조 제4항에 따라 그 의결권을 행사하지 못하도록 하고 있다.

상기 경우 대주주가 되는 자는 주식 전환일로부터 1개월 이내에 금융사지배구조법 제31조 제2항에 따라 금융위원회에 승인을 신청하여야 한다.

금융위원회는 상기 승인을 받지 못하거나, 승인 신청하지 아니한 주식에 대하여 금융사지배구조법 제31조에 따라 6개월 이내의 기간을 정하여 처분을 명할 수 있다.

연습문제 제8편

자산운용 및 건전성 유지와 관련된 컴플라이언스

1 **다음 중 보험회사가 그 자산을 운용할 때 「보험업법」에 따른 일정한 비율을 준수해야 하는 항목이 아닌 것은?**

① 동일한 개인에 대한 신용공여
② 동일차주에 대한 신용공여
③ 대주주에 대한 신용공여
④ 계약자에 대한 약관대출(보험계약대출)

2 **특별계정을 통한 업무 수행중 내부통제기준의 준수 여부에 대한 준법감시인의 확인을 거쳐 일반계정의 운용인력 및 조직을 이용할 수 있는 경우에 가장 해당하지 않는 것은?**

① 대출업무
② 만기 1개월 이내의 단기상품 매매업무
③ 만기 5년 이내의 장기상품 매매업무
④ 외화증권 환헤지 목적의 파생상품 매매 업무

3 **다음 중 「보험업법」에서 금지하고 있는 보험회사의 자산운용 사항이 아닌 것은?**

① 비업무용 부동산의 취득
② 공무원에 대한 대출
③ 해당 보험회사의 주식을 사도록 하기 위한 대출
④ 정치자금의 대출

정답 1.④ 2.③ 3.②

COMPLIANCE OFFICER

제 9 편

기타 업무와 관련된 컴플라이언스

제 1 장 공정거래 관련 주의사항

1 「공정거래법」 개요

「독점규제 및 공정거래에 관한 법률」(이하 "공정거래법"이라 한다)은 공정거래와 관련된 대표적인 법률로서 사업자의 시장 지배적 지위의 남용과 과도한 경제력의 집중을 방지하고, 부당한 공동행위 및 불공정거래행위를 규제하여 공정하고 자유로운 경쟁을 촉진하기 위해 제정되었다.

2 「공정거래법」 주요 내용

2-1 시장 지배적 지위의 남용 금지

시장 지배적 사업자[34]는 자신의 지위를 이용하여 다음과 같은 행위를 하여서는 아니 된다.

- 상품의 가격이나 용역의 대가를 부당하게 결정 · 유지 또는 변경하는 행위
- 상품의 판매 또는 용역의 제공을 부당하게 조절하는 행위
- 다른 사업자의 사업 활동을 부당하게 방해하는 행위
- 새로운 경쟁사업자의 참가를 부당하게 방해하는 행위
- 부당하게 경쟁사업자를 배제하기 위하여 거래하거나 소비자의 이익을 현저히

34) 일정한 거래분야의 공급자나 수요자로서 단독으로 또는 다른 사업자와 함께 상품이나 용역의 가격 · 수량 · 품질, 그 밖의 거래조건을 결정 · 유지 또는 변경할 수 있는 시장지위를 가진 사업자를 말한다. 이 경우 시장지배적사업자를 판단할 때에는 시장점유율, 진입장벽의 존재 및 정도, 경쟁사업자의 상대적 규모 등을 종합적으로 고려한다.

해칠 우려가 있는 행위

2-2 기업결합의 제한 및 경제력 집중의 억제

「공정거래법」은 자유롭고 공정한 경쟁을 촉진하기 위하여 일정한 거래 분야에서 경쟁을 실질적으로 제한하는 기업결합(다른 회사의 주식 취득, 소속 임직원이 다른 회사의 임원 겸임[35], 다른 회사와의 합병, 영업양수, 새로운 회사 설립 과정에 참가[36] 등)을 금지 또는 제한하고 있으며 내부거래의 제한, 계열회사에 대한 부당지원이나 채무보증 금지 등을 통하여 왜곡된 자원배분이 일어나지 않도록 하고 있다.

2-3 상호출자제한기업집단 소속 보험회사의 계열회사 주식에 대한 의결권 행사 제한

공정거래위원회에 의하여 상호출자제한기업집단으로 지정된 집단에 속하는 금융업 또는 보험업을 영위하는 회사는 취득 또는 소유하고 있는 국내 계열회사 주식에 대하여 의결권을 행사할 수 없다.

다만, 다음의 경우에는 의결권을 행사할 수 있다.

- 금융업 또는 보험업을 영위하기 위하여 주식을 취득 또는 소유하는 경우
- 보험자산의 효율적인 운용 · 관리를 위하여 「보험업법」 등에 따른 승인 등을 받아 주식을 취득 또는 소유하는 경우
- 해당 국내 계열회사(상장법인으로 한정함)의 주주총회에서 다음 각 목의 어느 하나에 해당하는 사항을 결의하는 경우[이 경우 그 계열회사의 주식 중 의결권을 행사할 수 있는 주식의 수는 그 계열회사에 대하여 특수관계인 중 대통령령이 정하는 자[37]를 제외한 자가 행사할 수 있는 주식수를 합하여 그 계열회사 발행주식총수(상법 제344조의3 제1항 및 제369조 제2항 · 제3항의 의결권 없는 주식의 수는 제외한다)의 100분의 15를 초과할 수 없음]

35) 대규모회사[자산총액 또는 매출액의 규모가 2조원 이상인 회사. 이때 금융업 또는 보험업을 영위하는 회사의 "자산총액"은 직전 사업연도 종료일 현재의 대차대조표에 표시된 자본총액(대차대조표에 표시된 자산총액에서 부채액을 뺀 금액을 말한다)과 자본금 중 큰 금액으로 한다. 그리고 금융업 또는 보험업을 영위하는 회사의 "매출액"은 직전 사업연도의 손익계산서에 표시된 영업수익으로 한다.] 외의 자가 회사의 임원겸임 행위를 하는 경우에는 기업결합 제한 대상이 아님

36) 다만, 다음의 어느 하나에 해당하는 경우는 제외한다.
① 특수관계인(경영을 지배하려는 공동의 목적을 가지고 기업결합에 참여하는 자는 제외) 외의 자는 참여하지 아니하는 경우
② 「상법」 제530조의2 제1항에 따른 분할에 따른 회사설립에 참여하는 경우

37) "대통령령이 정하는 자"는 경영을 지배하려는 공동의 목적을 가지고 기업결합에 참여하는 특수관계인을 말한다.

- 임원의 선임 또는 해임
- 정관 변경
- 그 계열회사의 다른 회사로의 합병, 영업의 전부 또는 주요 부분의 다른 회사로의 양도(다만, 그 다른 회사가 계열회사인 경우는 제외)

2-4 부당한 공동행위의 금지

가. 부당한 공동행위란?

"카르텔" 또는 "담합"이라고 호칭되기도 하는 부당한 공동행위는 2 이상의 사업자가 공동으로 가격 · 수량 · 거래처 · 설비 등에 관해 사업활동을 제한하는 등 자유경쟁을 실질적으로 제한하는 행위를 말한다. 부당한 공동행위의 유형은 다음과 같다.

- 가격을 결정 · 유지 또는 변경하는 행위
- 상품 또는 용역의 거래조건이나, 그 대금 또는 대가의 지급조건을 정하는 행위
- 상품의 생산 · 출고 · 수송 또는 거래의 제한이나 용역의 거래를 제한하는 행위
- 거래 지역 또는 거래 상대방을 제한하는 행위
- 생산 또는 용역의 거래를 위한 설비의 신설 또는 증설이나 장비의 도입을 방해하거나 제한하는 행위
- 상품 또는 용역의 생산 · 거래 시에 그 상품 또는 용역의 종류 · 규격을 제한하는 행위
- 영업의 주요 부문을 공동으로 수행 · 관리하거나 수행 · 관리하기 위한 회사 등을 설립하는 행위
- 입찰 또는 경매에 있어 낙찰자, 경락자, 투찰가격, 낙찰가격 또는 경락가격, 낙찰 또는 경락의 비율, 설계 또는 시공의 방법, 그 밖에 입찰 또는 경매의 경쟁요소가 되는 사항을 결정하는 행위
- 그 밖의 행위로서 다른 사업자(그 행위를 한 사업자를 포함)의 사업활동 또는 사업내용을 방해 · 제한하거나 가격, 생산량, 그 밖에 대통령령으로 정하는 정보를 주고받음으로써 일정한 거래분야에서 경쟁을 실질적으로 제한하는 행위
  - 개정 공정거래법은 가격, 생산량, 원가, 출고량, 재고량 또는 판매량, 거래조건 또는 대금 · 대가의 지급조건을 주고받는 행위도 부당한 공동행위의 한 유형으로 포함시키고 있음을 유의할 필요가 있다.

개정된 공정거래법은 부당한 공동행위의 유형뿐만 아니라 부당한 공동행위의 추정 범위 또한 확대하였다. 따라서 실무자들은 동업 타사와의 업계회의 등에 있어서 기존보다 신중을 더 기하여야 한다.

상기 부당한 공동행위를 하는 둘 이상의 사업자가 다음 각 호의 어느 하나에 해당하는 경우에는 그 사업자들 사이에 부당한 공동행위를 할 것을 합의한 것으로 추정한다.

① 해당 거래분야, 상품 · 용역의 특성, 해당 행위의 경제적 이유 및 파급효과, 사업자 간 접촉의 횟수 · 양태 등 제반 사정에 비추어 그 행위를 그 사업자들이 공동으로 한 것으로 볼 수 있는 상당한 개연성이 있을 때

② 상기 부당한 공동행위(9번째 행위 중 정보를 주고받음으로써 일정한 거래분야에서 경쟁을 실질적으로 제한하는 행위를 제외)에 필요한 정보를 주고받은 때

나. 부당한 공동행위를 할 것을 약정하는 계약 등의 효력

부당한 공동행위를 할 것을 약정하는 계약 등은 해당 사업자 간에는 그 효력을 무효로 한다.

다. 리니언시(Leniency) 제도

「공정거래법」은 부당한 공동행위의 사실을 자진신고하거나 증거제공 등의 방법으로 공정거래위원회의 조사 및 심의 · 의결에 협조한 자에 대하여는 시정조치 또는 과징금을 감경 또는 면제할 수 있고, 「공정거래법」에 의한 공정거래위원회의 고발을 면제할 수 있도록 하고 있다.

공정거래위원회 및 그 소속 공무원은 다음의 경우를 제외하고는 자진신고자 또는 공정거래위원회의 조사 및 심의 · 의결에 협조한 자의 신원 · 제보 내용 등 자진신고나 제보와 관련된 정보 및 자료를 사건 처리와 관계없는 자에게 제공하거나 누설해서는 아니 된다.

- 사건처리를 위해 필요한 경우
- 자진신고자등이 정보 및 자료의 제공에 동의한 경우
- 해당 사건과 관련된 소의 제기 또는 그 수행에 필요한 경우

〈표27〉 리니언시의 대상과 추가 요건

감경 · 면제 대상	추가 요건(모두 해당하여야 함)	감경 · 면제 항목
① 공정거래위원회가 조사를 시작하기 전에 자진신고한 자	1. 부당한 공동행위임을 입증하는 증거를 단독으로 제공한 (그 부당한 공동행위에 참여한 둘 이상의 사업자가 공동으로 증거를 제공하는 경우에도 이들이 실질적 지배관계에 있는 계열회사이거나 회사의 분할 또는 영업양도의 당사회사로서 공정거래위원회가 정하여 고시하는 요건에 해당하면 단독으로 제공한 것으로 봄) 최초의 자일 것 2. 공정거래위원회가 부당한 공동행위에 대한 정보를 입수하지 못했거나 부당한 공동행위임을 입증하는 증거를 충분히 확보하지 못한 상태에서 자진신고했을 것 3. 부당한 공동행위와 관련된 사실을 모두 진술하고, 관련 자료를 제출하는 등 조사 및 심의 · 의결(이하 "조사등")이 끝날 때까지 성실하게 협조했을 것 4. 그 부당한 공동행위를 중단했을 것	과징금 및 시정조치를 모두 면제
② 공정거래위원회가 조사를 시작한 후에 조사등에 협조한 자	1. 공정거래위원회가 부당한 공동행위에 대한 정보를 입수하지 못했거나 부당한 공동행위임을 입증하는 증거를 충분히 확보하지 못한 상태에서 조사등에 협조했을 것 2. ①의 추가 요건 중 1., 3., 4.의 요건에 모두 해당할 것	과징금을 면제하고, 시정조치를 감경하거나 면제함
③ 공정거래위원회가 조사를 시작하기 전에 자진신고하거나 공정거래위원회가 조사를 시작한 후에 조사등에 협조한 자(이하 "자진신고자등")	1. 부당한 공동행위임을 입증하는 증거를 단독으로 제공한 두 번째의 자(부당한 공동행위에 참여한 사업자가 2개이고, 그 중 한 사업자인 경우는 제외)일 것 2. ①의 3., 4.의 요건에 모두 해당할 것 3. ① 또는 ②에 해당하는 자진신고자등이 자진신고하거나 조사등에 협조한 날부터 2년 이내에 자진신고하거나 조사등에 협조했을 것	과징금의 50%를 감경하고, 시정조치를 감경할 수 있음
④ 부당한 공동행위로 과징금 부과 또는 시정조치의 대상이 된 자	그 부당한 공동행위 외에 그 자가 관련되어 있는 다른 부당한 공동행위에 대해 ① 또는 ②의 요건을 모두 충족하는 경우	그 부당한 공동행위에 대해 다시 과징금을 감경하거나 면제하고, 시정조치를 감경할 수 있음

리니언시 감면 및 감경의 제외, 취소

- 상기 리니언시에 해당하는 자가 다음의 어느 하나에 해당하는 경우에는 시정조치 및 과징금을 감경하거나 면제하지 아니함
  - 다른 사업자에게 그 의사에 반하여 해당 부당한 공동행위에 참여하도록 강요하거나 이를 중단하지 못하도록 강요한 사실이 있는 경우
  - 일정 기간 동안 반복적으로 부당한 공동행위를 한 경우
  - 상기 리니언시에 해당하여 시정조치 또는 과징금을 감경 또는 면제받은 자가 그 감경 또는 면제받은 날부터 5년 이내에 새롭게 부당한 공동행위를 한 경우
- 상기 리니언시에 해당하여 시정조치나 과징금을 감경 또는 면제받은 자가 다음의 어느 하나에 해당하는 경우 시정조치나 과징금의 감경 또는 면제를 취소할 수 있음
  - 공정거래위원회의 조사등의 과정에서 한 진술이나 제출했던 자료의 중요한 내용을 재판에서 전부 또는 일부 부정하는 경우
  - 공정거래위원회의 조사등의 과정에서 진술한 내용이나 제출했던 자료가 재판에서 거짓인 것으로 밝혀진 경우
  - 정당한 이유 없이 재판에서 공동행위 사실에 대한 진술을 하지 않는 경우
  - 정당한 이유 없이 재판에 출석하지 않는 경우
  - 자진신고한 부당한 공동행위 사실을 부인하는 취지의 소를 제기하는 경우

2-5 불공정거래행위의 금지

가. 불공정거래행위란?

사업자는 다음의 어느 하나에 해당하는 행위로서 공정한 거래를 저해할 우려가 있는 행위(이하 "불공정거래행위"라 한다)를 하거나 계열회사 또는 다른 사업자로 하여금 이를 하도록 하여서는 아니 된다.

- 부당하게 거래를 거절하는 행위
- 부당하게 거래의 상대방을 차별하여 취급하는 행위
- 부당하게 경쟁자를 배제하는 행위
- 부당하게 경쟁자의 고객을 자기와 거래하도록 유인하는 행위
- 부당하게 경쟁자의 고객을 자기와 거래하도록 강제하는 행위

- 자기의 거래상의 지위를 부당하게 이용하여 상대방과 거래하는 행위
- 거래의 상대방의 사업활동을 부당하게 구속하는 조건으로 거래하는 행위
- 부당하게 다른 사업자의 사업활동을 방해하는 행위
- 부당하게 다음의 어느 하나에 해당하는 행위를 통하여 특수관계인 또는 다른 회사를 지원하는 행위
  - 특수관계인 또는 다른 회사에 가지급금 · 대여금 · 인력 · 부동산 · 유가증권 · 상품 · 용역 · 무체재산권 등을 제공하거나 상당히 유리한 조건으로 거래하는 행위
  - 다른 사업자와 직접 상품 · 용역을 거래하면 상당히 유리함에도 불구하고 거래상 실질적인 역할이 없는 특수관계인이나 다른 회사를 매개로 거래하는 행위

  ※ 특수관계인 또는 회사는 다른 사업자로부터 상기 행위에 해당할 우려가 있음에도 불구하고 해당 지원을 받는 행위를 하여서는 아니 된다.
- 그 밖의 행위로서 공정한 거래를 해칠 우려가 있는 행위

나. 불공정거래행위의 유형과 기준

〈표28〉 불공정거래행위의 유형 또는 기준

대분류	소분류	세부 기준
거래거절	공동의 거래거절	정당한 이유 없이 자기와 경쟁관계에 있는 다른 사업자와 공동으로 특정사업자에게 거래의 개시를 거절하거나 계속적인 거래관계에 있는 특정사업자에게 거래를 중단하거나 거래하는 상품 또는 용역의 수량이나 내용을 현저히 제한하는 행위
	그 밖의 거래거절	부당하게 특정사업자에게 거래의 개시를 거절하거나 계속적인 거래관계에 있는 특정사업자에게 거래를 중단하거나 거래하는 상품 또는 용역의 수량이나 내용을 현저히 제한하는 행위
차별적 취급	가격 차별	부당하게 거래지역 또는 거래상대방에 따라 현저하게 유리하거나 불리한 가격으로 거래하는 행위
	거래조건 차별	부당하게 특정사업자에게 수량 · 품질 등의 거래조건이나 거래내용을 현저하게 유리하거나 불리하게 취급하는 행위
	계열회사를 위한 차별	정당한 이유 없이 자기의 계열회사를 유리하게 하기 위해 가격 · 수량 · 품질 등의 거래조건이나 거래내용을 현저하게 유리하거나 불리하게 하는 행위
	집단적 차별	집단으로 특정사업자를 부당하게 차별적으로 취급하여 그 사업자의 사업활동을 현저하게 유리하거나 불리하게 하는 행위

대분류	소분류	세부 기준
경쟁사업자 배제	부당염매	자기의 상품 또는 용역을 공급하는 경우에 정당한 이유 없이 그 공급에 소요되는 비용보다 현저히 낮은 가격으로 계속 공급하거나 그 밖에 부당하게 상품 또는 용역을 낮은 가격으로 공급하여 자기 또는 계열회사의 경쟁사업자를 배제시킬 우려가 있는 행위
	부당 고가매입	부당하게 상품 또는 용역을 통상거래가격에 비해 높은 가격으로 구입하여 자기 또는 계열회사의 경쟁사업자를 배제시킬 우려가 있는 행위
부당한 고객유인	부당한 이익에 의한 고객유인	정상적인 거래관행에 비추어 부당하거나 과대한 이익을 제공하거나 제공할 제의를 하여 경쟁사업자의 고객을 자기와 거래하도록 유인하는 행위
	위계에 의한 고객유인	「표시 · 광고의 공정화에 관한 법률」 제3조에 따른 부당한 표시 · 광고 외의 방법으로 자기가 공급하는 상품 또는 용역의 내용이나 거래조건 및 그 밖의 거래에 관한 사항을 실제보다 또는 경쟁사업자의 것보다 현저히 우량 또는 유리한 것으로 고객이 잘못 알게 하거나 경쟁사업자의 것이 실제보다 또는 자기의 것보다 현저히 불량 또는 불리한 것으로 고객을 잘못 알게 하여 경쟁사업자의 고객을 자기와 거래하도록 유인하는 행위
	그 밖의 부당한 고객유인	경쟁사업자와 그 고객의 거래를 계약성립의 저지, 계약불이행의 유인 등의 방법으로 거래를 부당하게 방해하여 경쟁사업자의 고객을 자기와 거래하도록 유인하는 행위
거래강제	끼워팔기	거래상대방에게 자기의 상품 또는 용역을 공급하면서 정상적인 거래관행에 비추어 부당하게 다른 상품 또는 용역을 자기 또는 자기가 지정하는 사업자로부터 구입하도록 하는 행위
	사원판매	부당하게 자기 또는 계열회사의 임직원에게 자기 또는 계열회사의 상품이나 용역을 구입 또는 판매하도록 강제하는 행위
	그 밖의 거래강제	정상적인 거래관행에 비추어 부당한 조건 등 불이익을 거래상대방에게 제시하여 자기 또는 자기가 지정하는 사업자와 거래하도록 강제하는 행위
거래상 지위의 남용	구입강제	거래상대방이 구입할 의사가 없는 상품 또는 용역을 구입하도록 강제하는 행위
	이익제공 강요	거래상대방에게 자기를 위해 금전 · 물품 · 용역 및 그 밖의 경제상 이익을 제공하도록 강요하는 행위
	판매목표 강제	자기가 공급하는 상품 또는 용역과 관련하여 거래상대방의 거래에 관한 목표를 제시하고 이를 달성하도록 강제하는 행위
	불이익제공	기타 방법으로 거래상대방에게 불이익이 되도록 거래조건을 설정 또는 변경하거나 그 이행과정에서 불이익을 주는 행위
	경영간섭	거래상대방의 임직원을 선임 · 해임하는 경우에 자기의 지시 또는 승인을 얻게 하거나 거래상대방의 생산품목 · 시설규모 · 생산량 · 거래내용을 제한하여 경영활동을 간섭하는 행위

대분류	소분류	세부 기준
구속조건부 거래	배타조건부 거래	부당하게 거래상대방이 자기 또는 계열회사의 경쟁사업자와 거래하지 않는 조건으로 그 거래상대방과 거래하는 행위
	거래지역 또는 거래상대방의 제한	상품 또는 용역을 거래하는 경우에 그 거래상대방의 거래지역 또는 거래상대방을 부당하게 구속하는 조건으로 거래하는 행위
사업활동 방해	기술의 부당이용	다른 사업자의 기술을 부당하게 이용하여 다른 사업자의 사업활동을 상당히 곤란하게 할 정도로 방해하는 행위
	인력의 부당 유인 · 채용	다른 사업자의 인력을 부당하게 유인 · 채용하여 다른 사업자의 사업활동을 상당히 곤란하게 할 정도로 방해하는 행위
	거래처 이전 방해	다른 사업자의 거래처 이전을 부당하게 방해하여 다른 사업자의 사업활동을 심히 곤란하게 할 정도로 방해하는 행위
	그 밖의 사업활동방해	기타 부당한 방법으로 다른 사업자의 사업활동을 심히 곤란하게 할 정도로 방해하는 행위
부당한 지원행위	부당한 자금지원	특수관계인 또는 다른 회사에 가지급금 · 대여금 등 자금을 상당히 낮거나 높은 대가로 제공 또는 거래하거나 상당한 규모로 제공 또는 거래하는 행위
	부당한 자산 · 상품 등 지원	특수관계인 또는 다른 회사에 부동산 · 유가증권 · 무체재산권 등 자산 또는 상품 · 용역을 상당히 낮거나 높은 대가로 제공 또는 거래하거나 상당한 규모로 제공 또는 거래하는 행위
	부당한 인력지원	특수관계인 또는 다른 회사에 인력을 상당히 낮거나 높은 대가로 제공 또는 거래하거나 상당한 규모로 제공 또는 거래하는 행위
	부당한 거래단계 추가 등	· 다른 사업자와 직접 상품 · 용역을 거래하면 상당히 유리함에도 불구하고 거래상 역할이 없거나 미미한 특수관계인이나 다른 회사를 거래단계에 추가하거나 거쳐서 거래하는 행위 · 다른 사업자와 직접 상품 · 용역을 거래하면 상당히 유리함에도 불구하고 특수관계인이나 다른 회사를 거래단계에 추가하거나 거쳐서 거래하면서 그 특수관계인이나 다른 회사에 거래상 역할에 비해 과도한 대가를 지급하는 행위

비고: 공정거래위원회는 효율적인 법집행을 위해 필요하다고 인정하는 경우에는 위 표에 따른 불공정거래행위의 세부 유형 또는 기준을 정하여 고시할 수 있다. 이 경우 불공정거래행위가 발생할 우려가 높은 분야로서 공정거래위원회가 정하여 고시하는 분야에서의 불공정거래행위의 세부 유형 또는 기준에 대해서는 미리 관계행정기관의 장의 의견을 들어야 한다.

다. 불공정거래행위 사례

사례 불공정거래행위

공정거래위원회가 대차료(피해차량 수리 중 렌터카 비용)나 휴차료(영업용 차량의 영업중단 손해액) 및 시세하락손해보험금 등 간접손해 보험금을 미지급한 손해보험사 8곳에 물린 과징금은 정당하다는 대법원 판단이 나옴(2010년 1월).

- 손해보험사 8곳은 2003~2006년 사고 피해 차량 소유주에게 대차료와 휴차료 등 간접손해 보험금 총 231억 원을 지급하지 않았고, 공정위가 이를 '거래상 지위의 부당한 남용'이라고 보고 2008년 1월 총 22억 원의 과징금을 물리자 소송을 제기.

- 항소심은 "공정위는 보험사들이 거래상의 우월적 지위를 부당하게 이용해 자동차 사고 피해자들에게 대차료 등을 지급하지 않은 것은 부당하다고 주장하지만 보험사들과 피해자들은 법률적으로 계약을 맺거나 하는 등 직접적인 거래관계가 있다고 볼 수 없다"며 "시정명령 및 과징금 부과 처분을 취소하라"고 판결.
- 그러나 대법원은 "보험사들과 피해차주들 사이에 거래관계가 존재하지 않는다고 판단해 과징금 부과 처분을 취소해야 한다고 본 원심 판결은 거래의 개념에 관한 법리를 오해한 잘못이 있으며 불공정거래행위에서 '거래'란 통상의 매매와 같은 개별적인 계약 자체를 가리키는 것이 아니라 그보다 넓은 의미로 사업활동을 위한 수단 일반이나 거래질서를 뜻하는 것으로 봐야 한다"고 판시함.

제 2 장

업무 위수탁

1 정의 및 적용범위

"금융위원회가 고시한 금융기관의 업무위탁 등에 관한 규정(이하 '업무위탁 규정')에 따르면" 업무 위탁이란 금융회사가 인가 등을 받은 금융업을 영위하기 위하여 제3자의 용역 또는 시설 등을 계속적으로 활용하는 행위를 말하며, 후선업무와 관련한 단순 집행업무 등 금융업 영위와 직접적으로 관계되지 아니하는 위탁계약은 제외한다. 후선업무와 관련한 업무위탁규정 적용배제의 구체적인 범위는 아래 표31과 같다.

업무 수탁이란 금융회사가 제3자가 영위하는 업무를 위탁받아 계속적으로 처리하는 행위를 말한다.

〈표29〉 후선업무와 관련한 업무위탁규정 적용배제의 범위

1. 인사관리

세부 업무(예시)	업무위탁규정 적용여부
• 확정된 채용정책에 따른 직원 채용절차(공고, 이력서분류, 서류접수, 시험관리, 인성검사, 평판조회 등)의 대행	배제
• 확정된 보수정책에 따른 급여 · 퇴직금 계산 및 지급	
• 직원 연수 프로그램 운영, 교육 강의	
• 확정된 인사정책에 따른 계약직 및 노무 관리	
• 인사관련 파일 또는 DB의 축적 · 관리 · 분석 등	
• 채용 · 승진 · 이동관련 기준 설정 및 대상자 선정 등	적용
• 급여 · 성과급 등의 지급기준 및 산정방법 결정	

2. 경영지원 · 총무

세부 업무(예시)	업무위탁규정 적용여부
• 문서, 우편물, 물품 등 수발 및 관리 • 사무용품, 집기, 비품, 인쇄물 등 구입 및 관리 • 사무기기 및 고정자산 유지 · 보수 • 건물 임대차 관리 • 인쇄물 및 컨텐츠 발주 • 각종 행사 주최 및 진행 • 보안 관제 서비스(경비업무 포함) • 우편물, 인쇄물 등 각종 서식 · 디자인 제작 • 안내자료 등 제작/인쇄/안내(전달) 대행 • 고객만족도 조사	배제
콜센터 통화원 통화품질 평가 업무 고객정보 변경 확인	적용

3. 법률 · 회계 · 세무업무

세부 업무(예시)	업무위탁규정 적용여부
• 회사 자체적인 법무 · 회계담당 부서에서 의사결정을 하되, 업무처리 과정에서 외부 법률자문 · 소송대리 또는 회계용역 등을 이용	배제
• 세무처리와 관련한 업무 일체를 외부에 위탁	
• 법무 · 회계와 관련한 업무처리 권한 일체를 외부에 위탁	적용

4. 정보처리업무위탁규정 사항을 제외한 IT업무

세부 업무(예시)	업무위탁규정 적용여부
• help-desk • PC구입 등 전산시스템 구입 • 유선전화 및 인터넷 회선 유지보수 등 • 정비보수서비스 제공업무	배제
• 후선업무지원 관련 전산시스템 개발 • 전산시스템 운영	적용

5. 기타

세부 업무(예시)	업무위탁규정 적용여부
• 보험상품 관련 부가서비스의 공급 업무	배제
• 조사/리서치 관련 전담부서를 두고, 집행업무(미스터리 쇼핑, 설문조사)만을 외부위탁	
• 외국금융회사 국내지점의 후선업무 전반을 본사 또는 후선업무처리센터 등에서 일괄 수탁받아 집중 처리 • 계열 금융회사의 후선업무 전반을 동일계열 회사에서 일괄 수탁받아 집중처리	적용
• 시설대여업 관련 대여장비 유지보수업무	

※ 아래 기준에서 언급하고 있지 않은 후선업무에 대해서는 금융기관의 업무위탁 등에 관한 규정 에서 정하고 있는 사항을 준용하여 업무위탁규정 적용 여부를 판단한다.

2 적용 대상 금융기관의 범위

업무위탁 규정을 적용받는 금융기관은 은행법에 의해 설립된 금융기관, 농업협동조합법에 의한 농협은행, 농협손해보험, 농협생명보험, 수산업협동조합법에 의한 수협은행, 중소기업은행법에 의한 중소기업은행, 상호저축은행법에 의한 상호저축은행 및 그 중앙회, 여신전문금융업법에 의한 여신전문금융회사, 보험업법에 의한 보험회사, 신용협동조합법에 의한 신용협동조합 및 그 중앙회, 각 조합 및 중앙회의 상호금융부문, 한국산업은행법에 의한 한국산업은행, 기타 금융업 또는 금융관련업무를 영위하는 자로서 금융감독원장이 정하는 자이다. 한편, 외국 금융기관 국내지점의 국내외 본지점간의 용역 또는 시설 등의 공급계약은 이 규정에 의한 업무위탁 또는 수탁으로 간주한다. 또한 금융기관의 업무를 위탁받은 자는 위탁자의 동의를 얻어 위탁받은 업무를 제3자에게 재위탁할 수 있다. 재위탁의 경우 업무위수탁 감독기관 보고의 주체는 원위탁금융회사로 한다.

3 위수탁 대상 업무 구분

위수탁 대상 업무는 다음과 같이 3가지로 구분한다.

- 업무 위수탁규정 적용 배제(금감원 보고 불필요)
- 업무 위수탁 불가
- 업무 위수탁 가능(금감원 보고 필요)

3-1 업무 위수탁규정 적용 배제

정의 및 적용범위에서 기술한 바와 같이 후선업무와 관련한 단순 집행업무 등 금융업 영위와 직접적으로 관계되지 아니하는 위탁계약은 업무위탁 규정 적용을 배제한다.

3-2 업무 위수탁 불가

아래에 해당하는 경우 금융기관은 제3자에게 업무를 위수탁 할 수 없다.

(1) 인가 등을 받은 금융업 또는 다른 금융업의 본질적 요소를 포함하는 업무를 위탁하는 경우. 다만, 아래의 어느 하나에 해당하는 경우에는 위탁할 수 있다.

- 위탁하고자 하는 업무가 해당 금융업의 본질적 요소가 아니라 다른 금융업의 본질적 요소인 경우로서 법령에서 해당 업무수행을 허용하고 있는 자에 대하여 위탁하는 경우
- 인가 등을 받은 업무를 효율적으로 수행하는 데 필요한 경우로서 해당 업무를 위탁하더라도 금융기관의 건전성 또는 신인도를 저해하거나 금융질서의 문란 또는 금융이용자 피해를 발생시킬 우려가 낮은 것으로 금융위원회가 인정하는 경우

(2) 관련 법령에서 금융기관이 수행하도록 의무를 부여하고 있는 경우

(3) 업무의 위탁 또는 수탁으로 인하여 당해 금융기관의 건전성 또는 신인도를 크게 저해하거나 금융질서의 문란 또는 금융이용자의 피해 발생이 심히 우려되는 경우

〈표30〉 인가등을 받은 금융업의 본질적 요소

구 분	본질적 요소
1. 「은행법」에 따른 은행의 업무 **주) 위탁자가 은행업감독규정 제102조에 따른 인터넷전문은행인 경우, 금융위원회가 업무의 성격상 불가피한 것으로 인정하는 경우 이외에는 가목 또는 나목의 각 단서 업무를 전자금융거래법 제2조제1호에 따른 전자금융거래의 방법으로만 위탁가능**	가. 예금 · 적금의 수입 또는 유가증권, 그 밖의 채무증서의 발행과 그에 따른 계좌의 개설 · 해지 및 입금 · 지급 업무. 다만, 다음의 업무는 제외한다. (1) 예금잔액 증명서의 발급, 잔액 조회 등 해당 입금 · 지급 업무에 따라 금융이용자에게 부가적으로 제공되는 업무 (2) 현금자동지급기(ATM)를 통한 입금 · 지급, 계좌이체 등에 관한 업무 (3) 원거리 고객 편의 등을 위해 「은행법」에 따른 은행(지방은행은 제외한다) 및 「우체국 예금 · 보험에 관한 법률」에 따른 체신관서에 위탁하는 입금 · 지급 업무. 다만, 이 경우 위탁자는 업무위수탁 계약서에 일일 입출금 한도 등 업무건전성 유지를 위한 보완장치를 명시하여야 한다. (4) 그 밖에 (1), (2), (3)과 유사한 업무로서 금융위원회가 정하는 업무
	나. 자금의 대출 또는 어음의 할인 업무. 다만, 대출잔액증명발급, 금융기관에 의한 원리금 수납 업무는 제외한다. (1) 대출 및 어음의 할인의 심사 및 승인 (2) 대출 및 어음의 할인계약의 체결 및 해지 (3) 대출 및 어음의 할인의 실행
	다. 내국환 · 외국환 (1) 환거래 관련 심사 및 승인 (2) 환거래계약의 체결 및 해지

구 분	본질적 요소
	라. 채무의 보증 또는 어음의 인수 (1) 채무보증 또는 어음인수의 심사 및 승인 (2) 채무보증 및 어음인수를 위한 계약의 체결 및 해지
2. 「보험업법」에 따른 보험회사의 업무	가. 보험의 인수 여부에 대한 심사 및 결정. 다만, 보험업법 시행령 제10조제2항에 따른 보험계약 심사를 위한 조사업무는 제외한다.
	나. 보험계약의 체결. 다만, 보험업법 제83조제1항제1호부터 제3호까지에 해당하는 자에 의한 보험계약의 모집은 제외한다.
	다. 보험계약의 변경, 해지 및 부활처리, 다만, 다음의 각 행위는 제외한다. (1) 해지 및 부활처리를 위한 신청집수, 전산 입력 등 질차적 행위 (2) 보험업법 제115조제1항제3호에 따라 보험계약의 유지 · 해지 · 변경 또는 부활 등을 관리하는 자회사에 해당업무를 위탁하는 행위 (3) 별도의 심사를 요하지 않는 부활처리 행위
	라. 보험금 지급 여부에 대한 심사 및 결정. 다만, 다음의 각 행위는 제외한다. (1) 보험업법 시행령 제10조제2항에 따른 보험사고 조사 및 손해사정 업무 (2) 보험업법 제185조에 따라 손해사정업무를 위탁받은 손해사정사 또는 손해사정업자에 대하여 보험금 산정 · 지급관련 구체적 기준 및 적정성 점검방안을 수립하여 위탁하는 보험금 지급여부 심사 · 결정 업무. 다만, 이 경우 보험회사는 업무위수탁 보고시 보험금 산정기준 적정성 점검방안을 포함한 관리계획을 함께 제출하여야 한다.
	마. 재보험(재공제 포함) 출 · 수재 (1) 재보험 계약 체결 (2) 재보험 정산업무 중 입 · 송금 업무
	바. 대출의 심사 및 승인, 대출계약의 체결 및 해지, 대출의 실행 업무. 다만, 대출잔액증명 발급, 금융기관에 의한 원리금 수납 업무는 제외한다.
	사. 채무보증 업무 – 채무보증의 심사 및 승인 – 채무보증 계약의 체결 및 해지
3. 「여신전문금융업법」에 따른 여신전문금융업자의 업무	가. 공통 (1) 대출 또는 어음의 할인 업무. 다만, 대출잔액증명 발급, 금융기관에 의한 원리금 수납 업무는 제외한다. – 대출 및 어음 할인의 심사 및 승인 – 대출 및 어음 할인계약의 체결 및 해지 – 대출 및 어음 할인의 실행 (2) 지급보증업무 – 지급보증의 심사 및 승인 – 지급보증 계약의 체결 및 해지

구 분	본질적 요소
	나. 신용카드업 (1) 회원자격심사 및 발급승인. 단, 신용위험을 수반하지 않는 단순업무(모집, 기재사항 확인 등)는 제외한다. (2) 이용한도 부여 및 변경 (3) 신용카드 이용 관련 대금결제 (4) 거래의 승인. 단, 전산장애, 해외거래 승인 등 기술적으로 불가피한 경우는 제외한다.
	다. 시설대여업 (1) 시설대여 및 연불판매의 심사 및 승인 (2) 시설대여 및 연불판매 계약(변경계약 포함) 체결 및 해지
	라. 할부금융업 (1) 할부금융 심사 및 승인 (2) 할부금융이용자 및 매도인과의 할부금융 계약의 체결 및 해지
	마. 신기술사업금융업 (1) 투자 및 융자대상에 대한 심사 및 승인 (2) 투자 및 융자 계약의 체결 및 해지 (3) 이익환수(주식상장 및 지분매각) (4) 신기술사업투자조합의 설립 및 자금의 관리
4. 「상호저축은행법」에 따른 상호저축은행의 업무	가. 예금 · 적금(신용계 · 신용부금을 포함한다)의 수입 및 그에 따른 계좌의 개설 · 해지와 입금 · 지급 업무. 다만, 다음의 업무는 제외한다. (1) 예금잔액 증명서의 발급, 잔액조회 등 해당 입금 · 지급 업무에 따라 금융이용자에게 부가적으로 제공되는 업무 (2) 현금자동지급기(ATM)를 통한 입금 · 지급, 계좌이체 등에 관한 업무 (3) 원거리 고객 편의 등을 위해 「은행법」에 따른 은행(지방은행은 제외한다) 및 「우체국 예금 · 보험에 관한 법률」에 따른 체신관서에 위탁하는 입금 · 지급 업무. 다만, 이 경우 위탁자는 업무위수탁 계약서에 일일 입출금 한도 등 업무건전성 유지를 위한 보완장치를 명시하여야 한다. (4) 그 밖에 (1), (2), (3)과 유사한 업무로서 금융위원회가 정하는 업무
	나. 자금의 대출 또는 어음의 할인. 다만, 대출잔액증명 발급, 금융기관에 의한 원리금 수납 업무는 제외한다. (1) 대출 및 어음할인의 심사 및 승인 (2) 대출 및 어음할인 계약의 체결 및 해지 (3) 대출 및 어음할인의 실행
	다. 내국환 · 외국환 (1) 환거래 관련 심사 및 승인 (2) 환거래계약의 체결 및 해지

<table>
<tr><th>구 분</th><th>본질적 요소</th></tr>
<tr><td rowspan="4">5. 「신용협동조합법」에 따른 신용협동조합의 업무</td><td>가. 예탁금 · 적금의 수납 및 그에 따른 계좌의 개설 · 해지와 입금 · 지급 업무. 다만, 다음의 업무는 제외한다.
(1) 예금잔액 증명서의 발급, 잔액 조회 등 해당 입금 · 지급 업무에 따라 금융이용자에게 부가적으로 제공되는 업무
(2) 현금자동지급기(ATM)를 통한 입금 · 지급, 계좌이체 등에 관한 업무
(3) 원거리 고객 편의 등을 위해 「은행법」에 따른 은행(지방은행은 제외한다) 및 「우체국 예금 · 보험에 관한 법률」에 따른 체신관서에 위탁하는 입금 · 지급 업무. 다만, 이 경우 위탁자는 업무위수탁 계약서에 일일 입출금 한도 등 업무건전성 유지를 위한 보완장치를 명시하여야 한다.
(4) 그 밖에 (1), (2), (3)과 유사한 업무로서 금융위원회가 정하는 업무</td></tr>
<tr><td>나. 자금의 대출 및 어음의 할인. 다만, 대출잔액증명 발급, 금융기관에 의한 원리금 수납 업무는 제외한다.
(1) 대출 및 어음할인의 심사 및 승인
(2) 대출 및 어음할인 계약의 체결 및 해지
(3) 대출 및 어음할인의 실행</td></tr>
<tr><td>다. 내국환
(1) 환거래 관련 심사 및 승인
(2) 환거래계약의 체결 및 해지</td></tr>
<tr><td>라. 공제 및 재공제. 다만, 신용협동조합법 제97조제1항에 따라 금융위원회의 인가를 받은 공제규정에서 위탁을 허용하고 있는 업무는 제외한다.
(1) 공제의 인수 여부에 대한 심사 및 결정
(2) 공제계약의 체결
(3) 공제계약의 해지 및 부활처리. 다만, 다음의 각 행위는 제외한다.
- 해지 및 부활처리를 위한 신청접수, 전산 입력 등 절차적 행위
- 별도의 심사를 요하지 않는 부활처리 행위
(4) 공제금 지급 여부에 대한 심사 및 결정. 다만, 신용협동조합법 제97조제1항에 따라 금융위원회의 인가를 받은 공제규정에 따라 손해사정업무를 위탁받은 손해사정사 또는 손해사정업자에 대하여 공제금 산정 · 지급 관련 구체적 기준 및 적정성 점검방안을 수립하여 위탁하는 공제금 지급여부 심사 · 결정 업무는 제외한다. 이 경우 신협중앙회는 업무위탁 보고시 공제금 산정기준 적정성 점검방안을 포함한 관리계획을 함께 제출하여야 한다.
(5) 재공제
- 재공제 계약 체결
- 재공제 정산업무 중 입 · 송금 업무</td></tr>
</table>

구 분	본질적 요소
	마. 가목 내지 라목에도 불구하고, 농업협동조합법 제57조제1항제7호, 제106조제7호, 제111조제6호, 제161조의11제2항제4호, 수산업협동조합법 제60조제1항제8호, 제107조제1항6호, 제112조제1항6호, 제141조의9제1항4호 산림조합법 제46조제1항제9호, 신협법 제39조제1항제1호라목 · 제5호에 따라 각 조합 간, 조합-은행간, 조합-중앙회 간에 이루어지는 업무위수탁의 경우에는 다음의 업무만을 본질적 요소로 한다. (1) 가목 중 예탁금 · 적금 계좌의 개설 (2) 나목 중 대출 및 어음할인 계약의 체결 및 실행 (3) 다목 중 환거래계약의 체결 (4) 라목의 업무

준법감시업무(준법감시조직 포함), 리스크 관리위원회 등 관련 법령에서 금융회사가 직접 수행하도록 의무를 부여하고 있는 업무는 위수탁이 불가하다.

금융회사의 건전성 또는 신인도를 저해하거나 금융질서의 문란 또는 금융이용자의 피해 발생이 심히 우려되는 경우 또한 업무 위수탁이 불가하다.

3-3 업무 위수탁 가능

불가한 경우를 제외하고는 원칙적으로 업무 위수탁이 가능하며 다음 사항을 고려해야 한다.

- 업무 위수탁에 따른 비용편익분석
- 금융이용자 피해발생 및 금융질서 문란 여부
- 제3자가 관련 법규에 따라 업무 위수탁이 가능한지 여부
- 제3자가 수탁 업무를 적절히 수행할 수 있는지 여부
- 「금융실명법」 등 관련 법령 저촉 여부

3-4 혁신적 금융서비스에 관한 특례

금융기관은 혁신적 금융서비스의 도입을 위하여 금융위원회가 지정하는 제3자(이하 "지정대리인"이라 한다)에 대해서는 업무위탁 규정 제3조제1항제1호 (금융업의 본질적 요소를 포함하는 업무의 위탁 금지에 관한 규정)에도 불구하고 혁신적 금융서비스의 시범 운영을 위해 필요한 범위 내에서 위탁의 범위를 별도로 정하여 위탁할 수 있다. 이 경우 업무를 위탁할 수 있는 기간은 2년 이내로 한다.

금융위원회는 지정대리인을 지정할 때 다음 각 호의 요소를 고려하여야 한다.

1. 지정대리인이 되고자 하는 자가 국내 금융시장 내에서 주된 활동을 하는 것을 목표로 하고 있는지 여부
2. 공급하려는 새로운 금융서비스가 기존에 공급되고 있는 금융서비스와 비교할 때 충분한 혁신성을 지니는지 여부
3. 공급하려는 새로운 금융서비스가 국내 금융소비자에게 직간접적인 혜택을 제공하는지 여부
4. 공급하려는 새로운 금융서비스를 업무위탁 이외의 방법으로 수행하는 것이 가능한지 여부
5. 지정대리인이 되고자 하는 자가 업무위탁을 받아 혁신적 금융서비스를 시범운영할 수 있는 준비가 되어 있는지 여부

4 업무 위수탁 보고

금융회사가 제3자와 업무 위수탁계약을 체결하고자 하는 경우에는 금융감독원장(이하 “감독원장”이라 한다)에게 보고하여야 한다.

이때 금융회사 간 업무 위수탁을 하는 경우 중복보고를 막기 위해 업무를 위탁하는 금융회사만 업무 위탁을 보고한다(수탁 금융회사는 보고 제외).

4-1 사전보고

금융기관이 업무위탁 규정 제3조제1항의 규정에 따라 제3자와 업무위탁 계약을 체결하거나 제3자(금융기관 및「자본시장과 금융투자업에 관한 법률」에 따른 금융투자업자, 종합금융회사는 제외한다)와 업무수탁계약을 체결하고자 하는 경우에는 그 사실을 업무를 위탁받은 자가 그 위탁받은 업무를 실제로 수행하려는 날의 7영업일 이전에 동 규정 〈별지 제1호 서식〉에 따라 다음 각호의 서류를 첨부하여 감독원장에게 보고하여야 한다. 〈개정 2017.11.14〉

1. 위탁 또는 수탁 관련 계약서(안) 사본
2. 업무위수탁계약이 제3조제3항 각 호의 고려사항에 저촉되지 아니하고 제3조의2에 따른 자체 업무위수탁 운영기준에 위배되지 아니하다는 준법감시인(준법

감시인이 없는 경우에는 감사 등 이에 준하는 자를 말한다)의 검토의견 및 관련 자료 사본

3. 위탁 또는 수탁의 필요성 및 기대효과
4. 위탁 또는 수탁에 따른 업무처리절차의 주요변경내용

4-2 사후(약식)보고

금융기관은 다음 각호의 1에 해당하는 경우에는 사전보고를 생략하고, 업무위탁규정 〈별지 제2호 서식〉에 따라 업무위수탁현황을 그 금융기관의 설립근거가 되는 법률 등에 따른 업무보고서에 포함하여 감독원장에게 반기별로 사후보고할 수 있다. 〈개정 2017.11.14〉

1. 당해 금융기관 또는 동일한 금융업을 영위하는 다른 금융기관이 감독원장에게 보고한 내용과 동일한 경우
2. 금융기관이 약관 등을 보고하면서 당해 약관 등의 내용과 관련된 위탁 또는 수탁예정업무를 보고한 경우(제1항에 의한 첨부서류를 제출한 경우에 한한다)
3. 해당 금융기관이 이미 보고한 내용을 일부 변경하는 경우로서 변경되는 내용이 경미한 경우
4. 동일한 수탁자에게 반복, 지속적으로 업무위탁이 이루어지는 경우로서 최초 업무위탁시에 사전보고가 이루어진 경우. 단, 이 경우 금융회사는 사전보고시에 향후 발생 가능한 추가적인 업무위탁의 대략적인 내용을 작성하여 금감원장에게 제출하여야 한다.
5. 금융기관이 제3자로부터 업무를 수탁하는 경우

5 업무 위수탁 기준 등

금융기관은 업무위탁 등에 따른 리스크의 체계적 관리를 위하여 〈표 33〉에서 정하는 업무위수탁기준에 따라 금융권역 및 위탁대상자의 특성 등을 감안하여 자체 업무위수탁 운영기준을 마련하고 이를 준수하여야 한다.

〈표31〉 업무 위수탁 기준

금융회사가 업무 위수탁을 추진하는 경우 다음 각호의 사항을 참고로 하여 업무위수탁운영기준을 제정 · 운영하여야 한다.

1. 위수탁계약에 따른 리스크 평가 및 관리대책
2. 위수탁계약의 결정 · 해지 절차 및 재위탁에 관한 사항
3. 위탁업무의 모니터링에 관한 사항
   - 위탁업무 수행관련 주요사항(수탁자의 재무상태 및 리스크, 비상계획 및 그 테스트 결과 등)에 대한 모니터링 절차, 모니터링 담당직원의 지정, 경영진에 대한 보고체계 등에 관한 사항
4. 고객정보의 보호에 관한 사항
   - 위탁금융회사 고객자료의 별도 관리, 인가된 자에게만 접근권 부여 및 비밀보호 위반시 위탁금융회사의 조치권 등 안전장치 확보
5. 비상계획에 관한 사항
   - 수탁자의 부도 또는 통신문제 등 우발상황 발생시 대책에 관한 사항
6. 위탁업무관련 자료에 대한 접근권 확보에 관한 사항
   - 감독당국 또는 내외부 감사인의 자료접근권 보장
7. 위수탁 계약서 주요 기재사항
   - 위수탁업무의 범위(공급주기, 내용, 형태 등)
   - 업무수행의 수단
   - 정보제공 책임(수탁자 내부의 영업상 중요정보 포함)
   - 수탁자에 대한 감사 권한
   - 업무위수탁에 대한 수수료 및 보상금
   - 위탁업무에서 발생하는 자료에 대한 위탁금융회사의 소유권과 당해 금융회사의 물적설비 및 지적재산권 등의 이용조건
   - 고객정보의 보호 및 비밀유지에 관한 사항
   - 업무의 연속성을 확보하기 위한 백업시스템 확보 등 비상계획
   - 면책조항, 보험가입, 분쟁해결(중재, 조정 등) 방법
   - 수탁자의 책임한계
   - 계약의 파기 또는 종료(위탁금융회사의 계약해지권, 자료의 복구방법 등)에 관한 규정
   - 감독당국의 검사 수용의무
   - 재위탁시 발생한 손해에 대해 원위탁자의 연대배상책임에 대한 내용
   - 수탁자가 업무 재위탁시 원계약 준수 명시
   - 준거법 및 관할법원(업무위수탁 상대방이 외국에 소재하는 경우)
   - 기타 업무위수탁에 따른 리스크관리 등을 위하여 필요한 사항 등
8. 기타 고려사항
   - 금융회사는 금융권역 및 위탁대상자의 특성 등을 감안하여 상기 각호의 사항을 가감하여 반영할 수 있다.

6 금융회사의 정보처리 업무 위탁에 관한 규정

가. 적용대상 및 범위

금융회사가 정보처리 업무를 제3자로 하여금 계속적으로 처리하도록 하는 경우에는 일반 업무 위수탁 규정과 별개로 '금융회사의 정보처리 업무 위탁에 관한 규정(금융위원회고시 2015.7.22. 일부 개정)'을 적용 받는다. '정보처리'라 함은 금융회사가 전산설비를 활용하여 정보의 수집, 생성, 기록, 저장, 보유, 가공, 편집, 검색, 출력, 정정, 복구, 이용, 제공, 공개, 파기 및 기타 이와 유사한 행위를 하는 것을 말한다.

나. 정보처리 위탁 요건

금융회사는 인가를 받은 업무를 영위함에 있어 정보처리가 요구되는 경우 이를 제3자에 위탁하는 것이 원칙적으로 허용되나 아래와 같은 경우는 정보처리 위탁이 불가하다.

- 관련 법령에서 해당 업무의 위탁을 금지하고 있는 경우
- 최근 3년 이내에 금융이용자의 정보관리, 감독 관련 자료 제출 등 감독기관의 검사와 관련한 사항으로 기관경고 이상의 제재 또는 형사처벌을 2회 이상 받은 경우
- 기타 업무의 위탁으로 인하여 당해 금융회사의 건전성 또는 신인도를 크게 저해하거나, 금융질서의 문란 또는 금융이용자의 피해 발생이 심히 우려되는 경우

또한 금융회사는 정보처리 위탁계약을 체결할 경우 데이터에 대한 접근통제, 전산사고 등에 따른 이용자 피해에 대한 위·수탁회사 간의 책임관계, 수탁회사에 대한 감독당국의 감독·검사 수용의무, 수탁회사의 분쟁해결 과정에서의 재판관할 등을 계약내용에 반드시 포함하여 위탁에 따라 발생할 수 있는 책임관계를 명확히 하여야 한다. 한편 정보처리를 위탁받은 자는 위탁받은 업무를 제3자에게 재위탁할 수 있다.

다. 정보보호

정보처리를 위탁하는 경우 금융회사는 각 관련 법령상의 안전성 확보조치를 충실히 이행하여야 한다. 이 때 개인고객의 고유식별정보는 암호화 등의 보호 조치를 하여야 하며, 특히 국외로 이전되지 않도록 하여야 한다.

금융회사는 위탁 처리되는 정보의 보호를 위한 안전성 확보 조치의 구체적 내용을 홈페이지 등을 통해 공시하여야 한다. 또한 민감정보의 처리를 위탁할 경우에는 정보주체에게 금융감독원장이 정하는 방법에 따라 개별 고지하여야 한다.

라. 사전 및 사후 보고

금융회사가 개인고객의 금융거래정보(식별성이 없어서 해당 금융거래의 내용이 누구의 것인지를 알 수 없는 경우를 제외한다) 처리업무를 위탁하고자 하는 경우로서 업무를 수탁받는 자가 국외에 소재하는 경우에는 그 사실을 동 위탁계약의 체결예정일로부터 30영업일 이전에 다음 각 호의 서류를 첨부하여 금융감독원장에게 보고하여야 하며, 업무를 수탁받는 자가 국내에 소재하는 경우에는 7영업일 이전에 보고하여야 한다. 식별성이 없는 개인의 금융거래정보의 처리를 위탁하는 경우 동 위탁계약의 체결일로부터 10영업일 이내에 보고하여야 한다.

- 위탁계약서(안) 사본
- 「금융기관의 업무위탁 등에 관한 규정」 제3조의2에 따라 금융기관이 마련하고 준수하여야 할 ‘업무위탁 운영기준’
- 업무위탁 계약이 이 규정 등 관련 법령에 위배되지 아니한다는 준법감시인(준법감시인이 없는 경우, 감사 등 이에 준하는 자)의 검토의견 및 관련 자료 사본
- 위탁의 필요성 및 기대효과
- 위탁에 따른 업무처리절차의 주요 변경내용
- 정보처리업무 운영에 대한 감독기관의 실질적 감독가능성을 확인할 수 있는 서류
- 위탁계약 상대방(재위탁 예정 시 재위탁계약 상대방 포함)에 관한 사항(상호, 자본금 규모, 소재지, 주된 업종, 개인의 경우 대표자 인적사항 등)
- 전산사고 및 정보유출 등 발생 시 피해자 구제절차

연습문제 제9편

기타 업무와 관련된 컴플라이언스

1 **다음 중 「공정거래법」상 부당한 공동행위의 유형에 포함되는 사항이 아닌 것은?**

① 다른 사업자의 사업을 부당하게 방해하는 행위
② 다른 사업자와 공동으로 가격을 결정 · 유지 또는 변경하는 행위
③ 다른 사업자와 공동으로 거래 지역 또는 거래 상대방을 제한하는 행위
④ 다른 사업자와 공동으로 영업의 주요부문을 공동으로 수행 · 관리하는 행위

2 **다음 빈칸에 들어갈 적당한 용어를 기재하라.**

( ) 제도는 「공정거래법」상 부당한 공동행위의 사실을 자진 신고하거나 증거제공 등의 방법으로 공정거래위원회의 조사 및 심의 · 의결에 협조한 자에 대하여는 시정조치 또는 과징금을 감경 또는 면제할 수 있도록 하는 것을 말한다.

3 **다음 문제를 읽고 괄호 안에 O, X를 표시하시오.**

부당한 공동행위의 사실을 자진신고하거나 증거제공 등의 방법으로 공정거래위원회의 조사 및 심의 · 의결에 협조한 자에 대해서는 「공정거래법」상의 고발을 면제할 수 있다. ( )

4 **다음 문제를 읽고 괄호 안에 O, X를 표시하시오.**

부당한 공동행위를 할 것을 약정하는 계약은 해당 사업자 간뿐만 아니라 제3자와의 관계에서도 그 효력을 무효로 한다. ( )

정답 **1.**① **2.**리니언시(Leniency) **3.** ○ **4.** ×

COMPLIANCE OFFICER

제 10 편

자금세탁방지업무

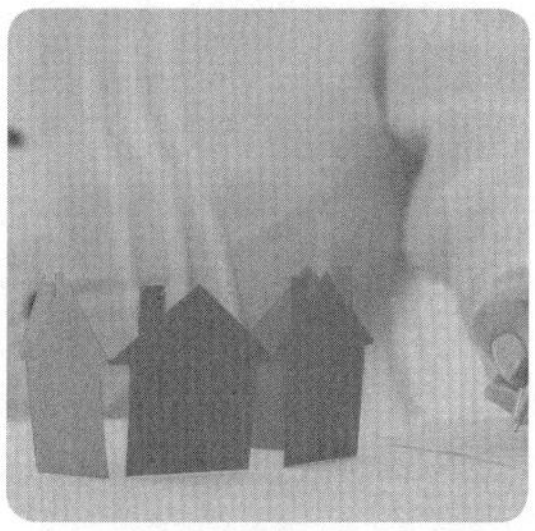

제1장 자금세탁방지제도의 일반

제1절 자금세탁방지의 개요

1 자금세탁의 의의

(1) 일반적 개념

자금세탁이란 일반적으로 "범죄행위로부터 얻은 불법자산을 합법적인 자산인 것처럼 위장하는 과정"을 의미하나, 각국의 정치 · 사회적인 환경, 학자들의 연구목적, 법령 등에 따라 달리 정의하고 있다.

국제자금세탁방지기구인 FATF(Financial Action Task Force on Money Laundering)의 40개 권고사항 서문에서는 자금세탁행위를 "범죄수익의 불법원천을 가장하기 위한 과정(the process of criminal proceeds in order to disguise illegal origin)" 이라고 하고 있다.

(2) 법률상 개념

① 자금세탁행위

우리나라는 「특정금융거래정보의 보고 및 이용 등에 관한 법률」(이하 '특정금융정보법')과 「범죄수익은닉의 규제 및 처벌 등에 관한 법률」(이하 '범죄수익은닉규제법')

및 「마약류불법거래방지에 관한 특례법」(이하 '마약류방지법')에서 자금세탁행위를 규정하고 있다.

법률적으로 "자금세탁행위"라 함은 ①범죄수익 등의 취득, 처분 또는 발생원인에 관한 사실을 가장하는 행위(범죄수익은닉규제법제3조제1항제1,2호), ②특정범죄를 조장하거나 적법하게 취득한 재산으로 가장할 목적으로 범죄수익 등을 은닉하는 행위(범죄수익은닉규제법제3조제1항제3호), ③마약류 범죄의 발견 또는 불법수익 등의 출처에 관한 수사를 방해하거나 불법수익 등의 몰수를 회피할 목적으로 불법수익 등의 성질•소재•출처 또는 귀속관계를 은닉 또는 가장하는 행위(마약류방지법제7조제1항), ④조세범죄(조세포탈, 관세포탈 등)를 목적으로 또는 세법에 따라 납부하여야 하는 조세를 탈루할 목적으로 재산의 취득•처분 또는 발생 원인에 관한 사실을 가장하거나 그 재산을 은닉하는 행위(특정금융정보법제2조제5호다목)로 규정하고 있다.

② 공중협박자금조달행위

"공중협박자금조달행위"라 함은 누구든지 테러자금금지법 제2조제1호 각목의 행위(테러행위)*를 하거나 하려고 하는 개인, 법인 또는 단체라는 점을 알면서 그를 이롭게 할 목적으로 자금 또는 재산을 모집 · 제공하거나 이를 운반 · 보관한 자와 이를 강요하거나 권유하는 것을 의미한다.

* 테러행위: 국가•지방자치단체•외국정부 또는 공중을 협박할 목적으로 하는 살인•인질행위, 항공기테러, 선박테러, 폭발물테러, 방사성물질테러

(3) 주요국가의 자금세탁 개념

대부분의 FATF 회원국들은 자금세탁의 내용에 대해서는 2개의 **국제협약**[1]을 기초로 구체적인 내용을 제시하고 있다.

- 불법자산의 원천을 은닉 또는 가장할 목적으로 자산을 이동 또는 전환하는 행위와 동 행위를 돕거나 결과를 회피하는 행위
- 자금이 범죄행위에 의해 발생하였다는 것을 알면서도 자금의 본질, 발생지역,

1) 「마약 및 향정신성물질의 불법거래방지에 관한 UN협약」(비엔나 협약)과 「유럽이사회협약」「비엔나 협약」(1988)에서는 자금세탁을 "① 자산의 불법출처를 은닉하거나 가장할 목적으로 또는 범죄의 실행에 관여한 자들의 법적 책임을 면하도록 지원하기 위하여 행하는 자산의 이전 또는 양도, ② 자산이 범죄행위로부터 발생하였다는 것을 알면서도 자산의 성질, 출처, 소재, 처분, 이전, 소유 등의 사실을 숨기는 행위, ③ 자산을 수취할 때 그 재산이 범죄행위에 의한 발생자산이라는 것을 알면서도 이러한 자산을 취득, 소지 또는 사용하는 행위"로 규정하고 있다.

이동경로 및 소유 등의 사실을 숨기는 행위

• 거래발생 시 범죄행위에 의해 발생한 자산이라는 것을 알면서도 이러한 자산을 획득, 소유 및 사용하는 행위

〈각국의 자금세탁방지제도〉

국가	자금세탁 개념
미국	• 자금세탁의 개념을 가장 먼저 정의하였으며, UN 및 OECD를 비롯한 주요 국가가 자금세탁 용어의 정의를 내리는데 기초 역할을 함 • 특정 불법행위(specified unlawful activity)의 수익(proceeds)을 조정(control)하거나, 이에 대한 소유권, 출처, 소재, 본질을 숨기거나 위장하는 거래행위 – 주법이나 연방법에 의한 보고의무사항을 회피하는 행위로 규정 – 이외에도 금융거래 행위 중에서 자금세탁행위로 규정하고 이를 금지하는 것으로는 탈세행위의 의도를 가진 금융거래등이 포함되어 있음
영국	• 법률에 규정된 범죄행위로부터 발생한 수익을 위장하기 위해 합법적인 자금으로 전환시키는 행위를 의미 • 범죄수익을 취득 · 보유 · 소유 또는 사용하거나, 은닉 및 재판 관할구역을 이탈하는 행위, 그리고 명의변경 등을 통하여 합법자금으로 전환하는 행위 등을 포함
일본	• 더러운 돈의 위법한 출처를 숨겨 적법한 것처럼 위장하는 과정을 의미 – 범죄자(특히 조직적인 범죄자)들이 불법행위로 취득한 금전, 유가증권, 귀금속 등과 같은 재산가치를 은행 등의 금융기관을 통하여 환전, 송금, 예금, 보관, 위탁하는 등의 수법으로 범죄행위에서 유래하는 재산가치의 출처 내지는 원천을 희석시키거나 자금의 형태를 전환 또는 실소유자를 위장함으로써 자금의 더러운 성질을 씻어내어 깨끗한 돈으로 만드는 과정
호주	• 일반적으로 "불법적인 원천의 자금이 경제에 도입되어 합법적인 목적으로 사용되는 과정(the process)"으로 정의 • 자금세탁의 유형 – 호주 국내에서 취득한 범죄수익을 호주에서 세탁하는 경우 (internal money laundering) – 외국에서 취득한 범죄수익의 세탁을 위해 호주로 반입하는 경우 (incoming money laundering) – 호주 국내에서 취득한 범죄수익의 세탁을 위해 국외로 반출하는 경우 (outgoing money laundering) 등으로 분류

따라서 자금세탁은 **"불법재산을 금융거래를 통해 합법화하는 과정"**으로 불법재산, 금융거래, 합법화 3가지 개념이 핵심요소가 된다고 할 수 있다.

2 자금세탁의 유래

"자금세탁"이란 용어는 1920년대 미국의 '알 카포네' 라는 마피아 조직범죄자들이 세탁소에 현금거래가 많다는 점을 이용하여 도박이나 불법주류 판매를 통해 수취한 자금을 자신들의 영향력 아래에 있는 세탁소(Laundry)를 이용하여 합법적 수입으로 변환(가장)하는 것에서 유래하였다.

"자금세탁"이란 용어가 공식적으로 사용된 것은 1970년에 제정된 미국의 「**은행비밀보호법**(Bank Secrecy Act)」[2)]이다.

3 자금세탁의 단계

자금세탁은 단일한 행위가 아니라 일련의 단계로 이루어지는 과정이며, 보통 배치, 반복, 통합의 3단계를 거친다(미국 관세청 3단계 모델 이론).

자금세탁은 일반적으로 자금의 신속한 이동 및 대량거래의 특성을 갖고 있는 금융회사를 통해 이루어진다.

(1) 배치(placement)단계 – 예치

자금세탁행위자가 범죄행위로부터 취득한 불법재산을 수사기관에 적발되지 않도록 금융체제 안으로 이전하거나 비밀리에 물리적으로 국외로 이전하는 단계이다.

배치단계는 자금세탁을 위해 금융회사등을 통해 입출금함으로써 자금세탁 행위자 혹은 조력자가 이행하고 조사가 진행되는 경우에 관련인으로 구분되므로 자금세탁 혐의가 발각될 가능성이 3개 단계 중 상대적으로 높아 자금세탁과정에서 성공하기 가장 어려운 단계이다.

금융회사를 이용하는 경우 금융회사에 예치하거나 현금을 수표, 우편환, 여행자수표 등의 지급수단으로 전환하는 방법을 이용하고, 금융회사를 이용하지 않는 경우 송장위조, 현금밀수 등의 방법을 이용한다.

---

2) 실제 법률명칭은 「통화 및 국제거래 보고에 관한 법률(The Currency and Foreign Transaction Reporting Act)」이다.

(2) 반복(layering)단계 – 은폐

자금세탁행위자가 불법자금의 출처와 소유자를 감추기 위하여 여러 가지 복잡한 금융거래를 거쳐 거래빈도, 거래량 등에서 정상적인 금융거래와 유사하게 만들어 자금추적을 불가능하게 만드는 단계이다.

자금의 출처 또는 소유자에 대한 허위서류 작성, 입출금의 반복, 유가증권 매입 · 매각의 반복, 전자자금이체(electronic funds transfer) 등의 방법을 이용한다.

반복단계에서 전자자금이체를 이용하는 경우 금융비밀이 엄격히 보장되는 버뮤다, 케이먼제도, 바하마제도 등 역외금융피난처(offshore banking haven)를 주로 이용하며 국내 금융기관에서도 발생한다.

(3) 통합(integration)단계 – 합법화

충분한 반복단계를 거쳐 출처추적이 불가능하게 된 불법자금을 정상적인 경제활동에 재투입하는 단계이다.

불법자금을 합법적 사업체의 예금계좌에 입금하거나 위장회사를 통하여 부동산, 사치품 등의 구입 및 매각 등의 방법을 이용하여 불법자금을 합법 자금화한다.

※ 자금세탁방지제도는 주로 배치단계, 반복단계에서 불법거래로 인식하여 대처하는 것이다.

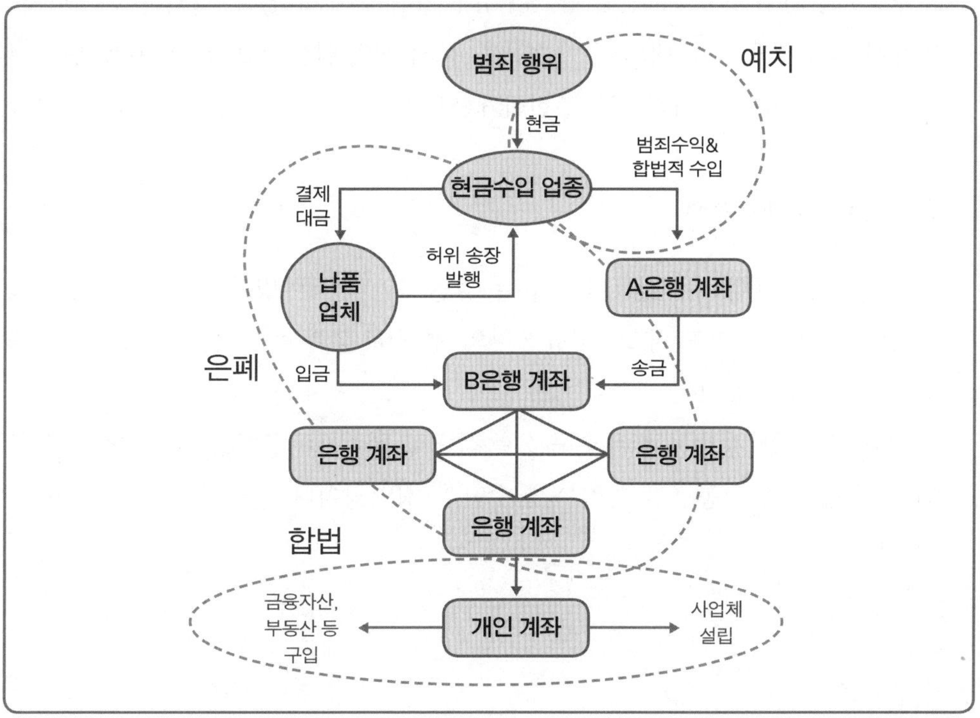

4 자금세탁방지의 필요성

(1) 도입 배경

자금세탁방지(Anti-Money Laundering)제도를 도입하게 된 것은 금융회사등을 이용한 범죄자금의 자금세탁행위를 차단함으로써 건전하고 투명한 금융거래질서를 확립하는 동시에 자금세탁행위를 처벌하고 범죄수익을 몰수·추징함으로써 중대범죄의 경제적 동기를 근원적으로 제거하여 범죄의 확산을 막기 위한 것이었다.

또한, UN 등 국제사회와 FATF(Financial Action Task Force on Money Laundering) 등 국제기구가 각국에 자금세탁방지체계를 강화할 것을 촉구하는 상황에서 관련 제도를 정비하여 국제적인 자금세탁방지 노력에 적극 동참할 필요성이 있었다.

그리고 금융회사가 자금세탁과 연루될 경우 해당 금융회사뿐 아니라, 소속 국가 전체의 대외신인도에 심각한 영향을 미치므로 테러자금 봉쇄 등을 포함한 국제적인 자금세탁방지제도의 강화추세에 동참하여 대내외 신인도를 향상시킴으로써 자금세탁과 관련한 금융회사 및 국가의 평판 리스크의 발생을 방지할 수 있다.

2001년 1월부터 시행된 제2단계 외환자유화 조치에 대한 보완대책으로 금융정보분석원(KoFIU; Korea Financial Intelligence Unit)을 설치하여 외환자유화를 악용한 불법자금의 국내외 유·출입을 감시하기 위한 제도적 장치를 만들고자 한 것도 제도 도입을 본격적으로 추진하게 된 중요한 배경 중의 하나이다.

(2) 도입의 필요성

자금세탁방지제도가 필요한 이유는 효율적인 범죄예방과 경제의 투명성 및 금융회사의 대내외 신인도 제고, 금융회사의 경쟁력 강화 등을 들 수 있는데 이를 요약해 보면 다음과 같다.

첫째, 막대한 경제적 이윤추구를 목적으로 하는 조직범죄, 마약범죄, 화이트칼라범죄 등에 대해 전통적인 범죄통제 수단인 징역형이나 벌금형만으로는 이를 억제하기 어렵다.

둘째, 불법수익에 대한 몰수 · 추징 등 범죄수익(proceeds of crime)에 대한 규제는 범죄의 경제적 동기를 제거하고, 범죄조직이 범죄수익을 운용하여 계속적인 범죄활동을 수행하는 것을 불가능하게 함으로써 현대적 의미의 중대범죄를 예방하는 가장 효과적인 대처수단이 될 수 있으며, 범죄수익이 합법적인 사업 활동에 투자되어 정상적인 사회 · 경제활동에 악영향을 미치는 것을 방지함으로써 경제의 투명성을 제고할 수 있다.

셋째, 금융회사의 입장에서도 해외 금융회사와의 코레스뱅킹 계약 및 선진 금융회사의 Fund 판매 등 국제적인 금융상품을 취급하기 위해서는 글로벌 패러다임에서 요구하는 수준의 자금세탁방지에 대한 대내외 신인도를 향상시켜야 할 필요성이 있다.

마지막으로 자금세탁방지제도를 통하여 금융사기 및 부실대출 등을 예방하고 나아가 금융회사의 경쟁력을 강화시키게 되므로 금융회사 임직원들은 동 제도의 구축이 "비용이 아닌 투자"라는 관점에서 바라볼 필요가 있다.

자금세탁방지제도(Anti-Money Laundering)

자금세탁방지제도 도입 배경

- 건전하고 투명한 금융거래질서 확립
- 금융범죄 예방을 위한 효율적인 대응체제 구축
- 국제사회와의 공조 강화

⬇

자금세탁방지제도 도입의 필요성

대내 요인		대외 요인
• 외환거래 자유화 조치 보완 • 자금거래투명화 요구	① 범죄행위의 효율적 규제 ② 국제적 자금세탁방지 노력에 동참 ③ 금융회사의 경쟁력 제고 및 대내외 신인도 향상 ④ 선진 금융기법의 도입	• 자금세탁방지 강화 추세 • 국제기구의 요구

⬇

관련 법령 제정 및 시행

제2절 자금세탁방지제도의 내부통제 구축

1 자금세탁방지제도의 체계

자금세탁방지제도는 금융제도, 사법제도 및 국제협력체계를 상호 연계하여 자금세탁행위 및 공중협박자금조달행위를 효율적으로 차단하는 종합적인 관리 체계이다.

금융제도	사법제도	국제협력
• 의심되는거래보고(STR)제도 • 고액현금거래보고(CTR)제도 • 고객확인(CDD)제도	• 자금세탁 및 공중협박자금조달 행위를 범죄로 규정 • 범죄수익 몰수 · 추징 • 범죄사실 수사기관 신고	• 범죄의 인도, 사법공조의 국가 차원 협력 • 일반정보 및 의심되는거래 정보 교환 등 FIU 간 협력
특정금융거래정보법	**범죄수익규제법 공중협박자금조달금지법**	**MOU체결, 정보교환**

(1) 금융제도

금융회사가 자금세탁, 테러자금조달, 확산금융조달 등의 행위로 의심되는거래, 고액현금거래 등을 인지하여 금융정보분석원(KoFIU)에 정보를 제공하는 내부통제 체계를 의미한다.

자금세탁방지제도 운영체계[3]

금융정보분석원	의심거래보고(STR)	고액현금거래보고(CTR)
금융정보분석원 ↕ 금융회사	■ 보고대상 • 금융거래자가 자금세탁행위를 하고 있다고 의심되는 합당한 근거가 있는 경우 ■ 특징 • 금융회사의 주관적 · 전문적 판단에 기초한 보고 • 모든 금융거래에 적용 ■ 기준금액 • 없음	■ 보고대상 • 동일 금융회사에서 동일인이 1거래일 동안 기준금액 이상의 현금거래를 한 경우 ■ 특징 • 객관적 · 획일적 기준에 따른 보고 • 현금거래(지급 · 영수 등)에만 적용 ■ 기준금액 • 1천만원

↑ ↑

금융회사	고객확인제도 (CDD : Customer Due Diligence)	
금융회사 ↕ 고객	❶ 기본적인 고객확인 ■ 확인대상 • 계좌의 신규개설 • 원화 1천만원(외화 1만달러) 이상의 일회성 금융거래 ■ 확인사항 • 이름 · 주민등록번호 · 주소 · 연락처 등 신원에 관한 사항 • 고객의 실제 소유자에 관한 사항	❷ 강화된 고객확인(자금세탁우려시) ■ 확인대상 • 고객이 자금세탁행위나 테러자금 조달행위를 할 우려가 있는 경우 ■ 확인사항 • 기본적 고객확인시 확인사항 • 금융거래의 목적 • 거래자금의 원천 등

(2) 사법제도

자금세탁등의 행위를 범죄로 규정하여 처벌하고 범죄로부터 얻은 수익 및 재산을 몰수 · 추징, 금융회사가 범죄수익 사실을 수사기관에 신고한다.

(3) 국제협력

국가간 자금세탁등 관련 정보교환, 수사공조 등 상호협력체계를 구축한다.

3) 금융정보분석원, 자금세탁방지2021연차보고서, 20쪽

금융제도 및 사법제도의 연계

자금세탁등의 행위는 금융회사의 예금이나 송금절차 등을 이용하는 경우가 많고 은밀히 이루어지므로 법집행기관이 독자적으로 자금세탁등의 정보를 수집하는 것은 여러 가지 어려움이 있으며, 금융회사등이 자금세탁방지 등의 업무 이행과정을 통해 확인한 금융거래 정보 등을 특정금융정보법에 따라 보고하면, 이를 법집행기관이 범죄수익은닉규제법에 따라 자금세탁등의 범죄 및 그 전제범죄의 수사 등에 사용할 필요성이 높다.

특정금융정보법은 사전적 규율에 의하여 자금세탁등의 행위를 예방하고, 범죄수익은닉규제법은 사후적으로 자금세탁등의 행위를 처벌함으로써 금융제도 및 사법제도의 상호 연계를 통한 자금세탁방지제도의 실효성을 상승시키는 효과가 있다.

자금세탁방지 및 공중협박자금조달금지 업무 체계[4)]

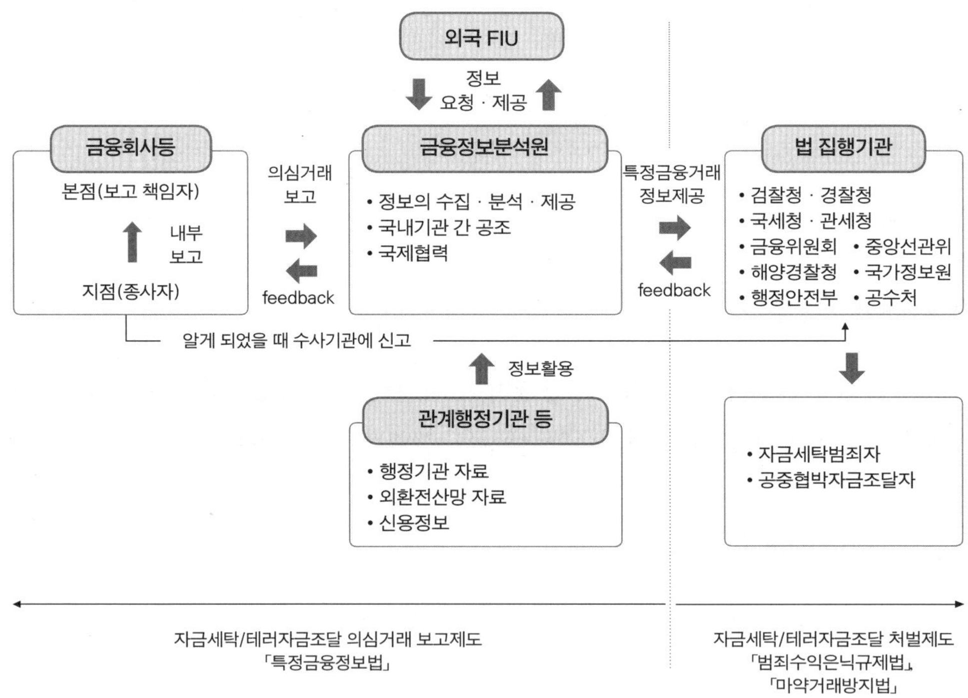

4) 금융정보분석원, 2022 연차보고서, 25면

2 금융회사의 자금세탁방지체계 구축

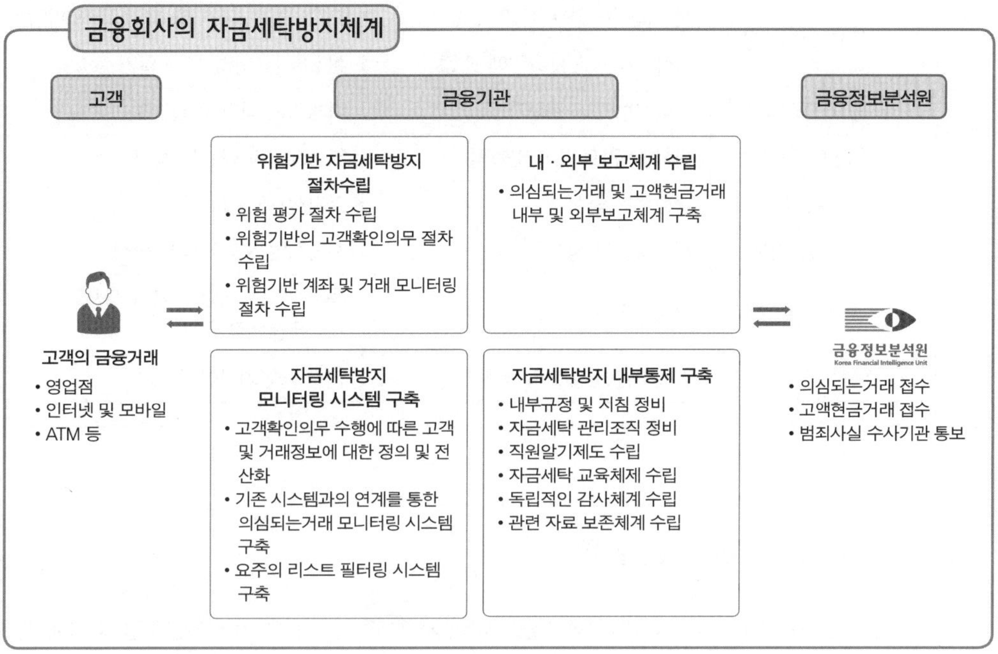

(1) 위험기반 접근방식(RBA) 자금세탁방지 절차 수립

금융회사는 경영환경과 사업 특성 등을 고려하여 자금세탁등의 위험을 식별하고 평가할 수 있는 절차를 마련하고, 자금세탁등의 위험 수준에 따른 고객확인 및 모니터링 절차를 수립하여야 한다.

규정중심 접근방식과 위험기반 접근방식의 비교[5]

규정중심 접근방식(Rule Based Approach)은 금융감독자의 입장에서 제재중심으로 운영되어 금융기관의 자발적 참여가 결여되고, 고객의 특성을 고려하지 않고 일률적으로 운영됨으로써 상이한 위험도의 업무에 대하여 자금세탁방지를 위한 동일한 확인절차가 이행되어 자금세탁방지의 효과가 크지 않은 측면이 있다.

위험기반 접근방식(Risk Based Approach)은 고객의 직업(또는 업종)과 금융상품 및 지역 등에 따라 위험도를 분류하고, 위험도가 큰 고객이나 금융상품 및 특정 지역의 거래 등에 대해서는 특별한 보다 강화된 주의의무를 기울임으로써 한정된 인력을 고위험 자금세탁방지 업무에 집중시킬 수 있어 자금세탁이나 불법거래를 효과적으로 방지하는 데 보다 효율적으로 기여할 수 있다.

규정중심 접근방식과 위험기반 접근방식 비교

구분	규정중심 접근방식	위험기반 접근방식
주요 확인내용	첫 거래 시 신분확인에 중점	고객거래의 성격 및 패턴/목적 파악
	계좌소유주 신분확인에 중점	실소유주, 기업/신탁 확인
중요 관리내용	고객정보의 자료화가 중요	거래패턴 파악/파일관리
위험도 연관성	위험도 구분 없이 일률적	위험도에 따라 차등접근
주안점	규정준수 중심	결과/성과 중심
지속성 여부	1회 확인에 중점	지속적인 모니터링에 중점
고객수용정책	고객수용정책이 없음	독자적이며 개별 금융사 자체적으로 고객수용정책을 운용
주도적 역할 기관	감독기관이 주도적 역할	민간 금융기관이 주도

참고 • 신 FATF 국제기준 발표

FATF는 2012년 2월 16일 새로운 FATF권고사항(「자금세탁 및 테러 · 확산자금조달 방지에 관한 국제기준」)을 발표하였다. 새 권고사항은 종전의 자금세탁방지에 관한 40개 권고사항과 테러자금조달금지에 관한 9개 특별 권고사항(합계 49개)을 40개의 권고사항으로 통합하였다.
새로운 FATF권고사항의 가장 큰 특징은 위험기반 접근법의 전면적 도입인데 종전의 FATF 국제기준의 위험중심 접근이 Rule기반 아래 STR/CTR 보고의 적정성 제고를 목적으로 한 고객확인제도, 내부통제시스템, 당국의 규제와 감독 등에 부분적으로 적용하고 있는 반면, 새로운 FATF 국제기준은 위험기반의 AML 제도 이행수준의 전반적인 향상을 목적으로 그 적용 범위를 전체로 확대하였다. 한편, 「확산금융 관련 정밀금융제재」 부문을 추가하고 부패방지를 위한 대응책을 강화하며, 조세범죄를 자금세탁의 필수 전제범죄로 추가하였다. 그리고 강화된 고객확인 실시 대상인 고위공직자 범위를 외국의 고위공직자뿐만 아니라 국내 및 국제기구에 종사하는 고위공직자에게로 확장하였다.

5) 금융정보분석원, 자금세탁방지제도의 선진화(2007.12), P120~121 참조

(2) 보고체계 형태

금융회사는 각 회사의 실정에 맞는 내부보고체계[6]를 수립하여야 하며, 내부보고체계 수립 시 의심되는거래보고서 작성자는 보고제외대상 심사업무와 금융정보분석원장에 대한 보고업무를 담당하는 보고책임자가 될 수 없다. 단, 소규모 금융회사의 경우에는 예외적으로 "형태 3"으로 할 수 있다.

참고 • 내부 보고체계 형태

① 형태 1: 2단계로 운용

영업점 직원이 상위책임자(지점장 포함)와 협의를 거쳐 의심스러운거래보고서를 작성하여 보고책임자에게 보고하고 보고책임자가 이를 조사 · 검토하여 금융정보분석원장에게 보고한다. 상위책임자와의 협의는 선택사항으로 보고사안에 따라 생략 가능하다. 이러한 유형은 중, 소규모 금융회사에 적합하다.

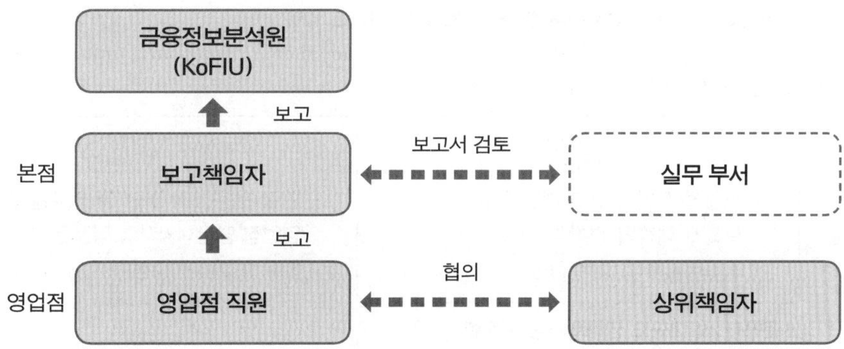

***실선(—)은 필요업무이며 점선(---)은 선택 가능한 업무**

• 2단계 운영 시의 장 · 단점

장 점	단 점
• 보고체계의 간소화로 인력운용 간편 • 최초 인지자에 의한 신속한 보고로 의심스러운거래보고제도 시행 취지에 적합	• 영업점 직원의 업무부담 • 영업점 직원의 전문지식 부족 등으로 인한 보고책임자의 업무부담 가중

6) 원칙적으로 보고책임자와 STR거래보고서 작성담당자는 가급적 분리 운영하는 것이 바람직하다.

② **형태 2: 3단계로 운용**

영업점에 "담당책임자"를 지정하고 영업점 직원이 의심스러운거래보고서를 작성하여 담당책임자에게 보고하고 담당책임자는 이를 점검하여 보고책임자에게 보고한다. 보고책임자는 관련 내용을 종합적으로 검토하여 금융정보분석원장에게 보고한다. 이러한 유형은 대형 금융회사에 적합하다.

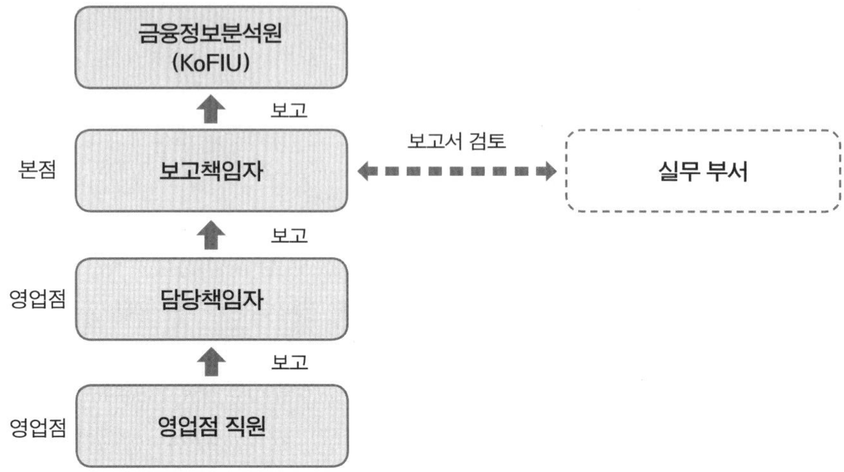

＊실선(—)은 필요업무이며 점선(---)은 선택 가능한 업무

• 3단계 운영 시의 장 · 단점

장 점	단 점
• 영업점 직원의 보고 부담 경감 • 보고서 내용의 정확성 제고 • 보고책임자의 업무 경감	• 인력 운용상의 부담 및 업무량 증가 • 영업점 담당책임자의 점검 등으로 인하여 STR 보고의 신속성이 저해 될 가능성

＊운용대상: 대규모 금융회사등에 적합

③ **형태 3: 1단계로 운용**

영업점 직원이 의심스러운 거래 발생 사실을 보고책임자에게 통지(예: 전화통지)하고 보고책임자가 의심스러운 거래내용을 검토한 후 보고서를 작성하여 금융정보분석원장에게 보고한다. 이러한 유형은 소규모 금융회사등에서 운용 가능하며, 가급적 2단계로 운용하는 것이 바람직하다.

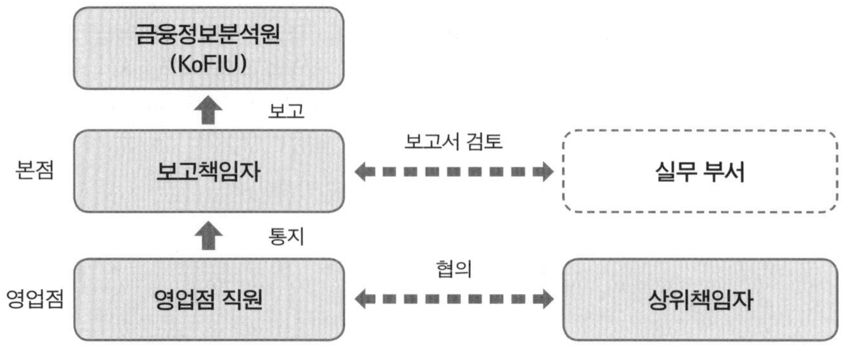

＊실선(—)은 필요업무이며 점선(---)은 선택 가능한 업무

• 1단계 운영 시의 장 · 단점

장 점	단 점
• 보고체계의 최소화로 인력운용 간편 • 신속한 내부보고 가능	• 보고책임자의 업무부담 가중 • 영업점에서의 검토 등 여과 장치가 없어 보고서 내용의 정확성 저하 가능성

(3) 자금세탁방지 모니터링 시스템 구축

금융회사는 비정상적인 거래행위 또는 거래패턴에 대한 모니터링 등을 효과적으로 수행하기 위해 의심되는거래의 판단 외에 룰, 스코어링 등 다양한 분석기법을 활용하여 자금세탁방지 모니터링 시스템을 구축하여야 한다.

룰(rule), 스코어링(scoring)의 개념

– 룰이란 비정상적이거나 의심스러운금융거래의 정형화된 유형을 의미하며,

– 스코어링은 고객 및 금융거래 패턴별 자금세탁 위험에 대한 가중치를 특정 요소(국가, 고객, 상품 및 서비스 등)에 대하여 부여한 후 이를 합산하고 점수화하여 혐의성이 높은 금융거래를 선별하는 분석방식을 말한다. 이러한 기법은 의심되는거래를 추출하는 모니터링의 대표적인 방법이며, 금융회사는 상기 방식 이외에도 다양한 방법을 이용하여 자금세탁위험을 모니터링할 수 있다.

(4) 자금세탁방지 내부통제체계 구축

① 개요

"자금세탁방지를 위한 내부통제체계"란 금융회사 내부통제기준의 일부분으로서 자금세탁등의 행위를 예방하거나 최소화시키기 위해 금융회사 임직원에 의해 지속적으로 행해지는 일련의 과정으로 경영구조, 제공되는 상품, 고객 특성 등 위험수준을 고려하여 구축하여야 한다.

자금세탁방지를 위한 내부통제정책 및 절차를 수립 · 운영시 포함될 내용은 다음과 같다.

– 구성원별 역할 및 책임

- 임직원에 대한 교육 및 연수의 주기, 내용, 방법 등
- 직원알기제도(Know Your Employee)
- 독립적 감사체계 구축 및 운영
- 신상품 및 서비스에 대한 자금세탁방지 절차 수립
- 고객확인의무(고위험군에 대한 강화된 고객확인의무 포함)
- 위험기반 모니터링
- 보고체계의 수립
- 자료보존
- 위험기반 자금세탁방지절차 수립
  - ✔ 고객에 대한 위험평가절차 수립
  - ✔ 위험기반의 고객확인의무 정책 수립
  - ✔ 위험기반 계좌 및 거래 모니터링 절차
- 위험 평가 체계 수립
- 위험 평가 분석/대응 절차 수립
  - ✔ 내 · 외부 보고체계의 수립
  - ✔ 관련자료 보존체계 수립
  - ✔ 비밀보장 및 면책규정

② 구성원별 역할 및 책임

자금세탁방지 체계는 이사회, 경영진 및 보고책임자와 금융회사 일반 직원(법규 및 회사 사규 준수)의 상호 유기적인 역할 분담하에 운영된다.

가. 이사회[7)]

자금세탁방지 활동과 관련하여 이사회가 수행하여야 할 역할 및 책임은 다음과 같다.

- 자금세탁업무와 공중협박자금조달행위의 방지를 위하여 따라야 할 절차 및 업무 지침의 작성 · 운용을 위한 절차 및 업무지침의 제정 · 개정 및 폐지
- 독립적 감사 결과 및 사후조치에 대한 검토와 승인
- 대표이사 · 준법감시인 · 보고책임자 등에게 자금세탁 내부통제체계 구축 · 운영 실태 보고요구, 취약점에 대한 개선지시, 취약점 개선조치 검토 및 승인

7) 2025. 5. 13. 시행 예정

나. 금융회사의 대표이사[8)]

자금세탁방지 활동과 관련하여 금융회사의 대표이사가 수행하여야 할 역할 및 책임은 다음과 같다.

- 자금세탁방지를 위한 내부통제체계의 총괄적 구축 · 운영
- 업무지침 제 · 개정 · 폐지 안건의 이사회 상정 및 세부 업무지침 승인
- 보고책임자 임명을 포함한 전문인력 배치 등 지원조직 구성 · 유지
- 보고책임자 등에게 보고받은 내부통제체계 취약점에 대한 개선 및 개선조치의 이사회 보고
- 자금세탁 등의 위험을 관리하고 경감하기 위하여 경영진의 승인을 거친 정책 · 통제 · 절차의 구비
- 보고책임자가 수행하는 자금세탁업무에 대하여 상당한 주의를 다하여 감독(준법감시인등을 둘 법령상 의무가 있는 금융회사등의 경우 준법감시인등을 보조하는 범위에 한정)

다. 준법감시인[9)]

- 자금세탁행위와 공중협박자금조달행위의 방지를 위하여 해당 금융회사등의 임직원이 직무를 수행할 때 따라야 할 절차 및 업무 지침의 준수 여부 감독
- 보고책임자가 수행하는 자금세탁방지등 업무를 상당한 주의를 다하여 감독할 책임(준법감시인이 보고책임자를 겸직하지 않는 경우에 한정)

라. 보고책임자

자금세탁방지 업무에 요구되는 전문성과 독립성을 확보하기 위하여 법령에 따라 준법감시인을 두어야 하는 금융회사는 보고책임자 임명 시 관련 경력이 2년 이상인 자를 임명[10)]하여야 하며 최소 직위 요건을 신설하였다. 은행권의 경우 보고책임자의 최소 직위는 사내이사 또는 업무집행 책임자이다.

보고책임자의 역할 및 책임은 다음과 같다.

- 금융정보분석원과의 업무협조 및 정보교환 등

8) 2025. 5. 13. 시행 예정

9) 2025. 5. 13. 시행 예정

10) 보고책임자 자격요건은 2027. 5. 13. 시행 예정

- 특정금융거래정보의 분석을 위해 금융정보분석원장이 문서에 의해 외국환거래 등을 이용한 금융거래 관련 정보 또는 자료의 제공을 요청하는 경우 제공
- 의심되는거래보고 및 고액현금거래보고와 관련한 내부보고체계 운용상황의 점검 · 개선사항에 대하여 금융정보분석원과의 정보교환 등
- 의심되는거래 및 고액현금거래의 금융정보분석원장 앞 보고
- 금융거래 시 고객확인 이행관련 업무 총괄
- 내부보고체제의 수립 및 운영
- 다음의 자금세탁행위방지를 위한 내부통제의 설계 · 운영 및 점검
  - 자금세탁방지업무 취급규정 및 세부 업무지침의 작성 · 운용
  - 직무기술서 또는 관련 규정 등에 임직원별 자금세탁방지 등의 업무와 관련한 역할과 책임 및 보고체계 등 명시
  - 전자금융기술의 발전, 금융 신상품의 개발 등에 따른 자금세탁 및 공중협박 자금조달 유형과 기법에 대한 대응방안 마련
  - 직원알기제도의 수립 및 운영
  - 임직원 교육 및 연수
  - 자금세탁방지업무 등 관련 자료의 보존
  - 자금세탁방지업무 등 운영상황 모니터링 및 개선 · 보완
  - 자금세탁방지업무등 관련 내부통제체계 구축 · 운영실태의 정기적 점검 및 그 결과 발견된 취약점에 대하여 대표이사에게 보고
  - 금융거래 규모 등 자체 여건을 감안한 전담직원 배치
  - 해외영업점 또는 자회사(현지법인 포함)의 자금세탁방지 등 업무실태 점검
  - 기타 자금세탁방지 등과 관련하여 필요한 사항 등

보고책임자는 업무수행과 관련하여 필요한 경우 임직원에게 자료 및 정보의 제출을 요구할 수 있으며 이 경우 해당 임직원은 충실히 이에 응하여야 한다.

보고책임자이거나 보고책임자이었던 직원은 당해 직무수행과 관련한 사유로 금융회사로부터 부당한 조치를 받아서는 아니 된다.

마. 감사(감사위원회)

자금세탁방지 활동과 관련하여 감사(또는 감사위원회)가 수행하여야 할 역할 및 책임은 다음과 같다.

- 감사(또는 감사위원회)는 경영진과 독립적인 입장에서 연 1회 이상 자금세탁 방지업무 운영 실태를 조사 · 점검 · 평가하여 이사회에 보고하여야 한다.

- 감사(또는 감사위원회)는 자금세탁방지업무의 운영에 관하여 시정의견이 있는 경우, 이를 포함하여 이사회에 보고하고 문제점을 시정하게 하는 등 다음 업무를 수행한다.
  - 자금세탁방지업무의 개선을 위한 권고사항
  - 자금세탁방지업무의 취약점 및 개선방안에 대한 이행 여부 확인

바. 전담부서 등

자금세탁방지업무의 전담부서는 금융회사 자율적으로 정하며, 동 업무를 효율적이고 독립적으로 수행할 수 있도록 적정 규모의 인원을 두어야 한다.

사. 실무전담직원

실무전담직원의 자격 요건은 다음에 해당하여야 한다.

- 실무경험이 2년 이상인자로서 자금세탁방지 등 업무에 필요한 지식과 경험이 있는 자
- 보고책임자가 자금세탁방지 등 업무에 적합하다고 인정하는 자

실무전담직원의 업무는 다음과 같다.

- 본부 및 영업점에서 수행한 고객확인 이행결과에 대한 주기적 검토
- 본부 및 영업점으로부터 보고받거나 거래모니터링을 통해 인지한 의심되는 거래 검토
- 고액현금거래에 대한 검토
- 고유위험 및 거래위험 평가와 관리
- 요주의리스트 관리
- 자금세탁방지제도에 대한 위험평가업무
- 자금세탁방지제도에 대한 위험 분석/대응 업무
- 기타 보고책임자 지시에 따른 자금세탁방지 등 관련 업무

아. 전산담당직원

전산담당직원의 업무는 다음과 같다.

- 고액현금거래보고 대상거래의 추출, 보고서 작성 및 보고
- 고액현금거래보고 관련 전산시스템 운영 및 관리
- 의심되는거래보고 관련 전산시스템 운영 및 관리
- 고객확인 관련 전산시스템 운영 및 관리
- 기타 자금세탁방지 모니터링 시스템 운영 및 관리

자. 담당책임자

담당책임자의 임무는 다음과 같다.

- 자금세탁방지 등 업무 관련 소속직원에 대한 교육, 상담 및 지도
- 의심되는거래보고 대상 여부 판단
- 보고서 작성 및 보고
- 신고대상거래의 관할 수사기관 앞 신고
- 기타 자금세탁방지 등 업무와 관련하여 필요한 사항 등

참고 ● **자금세탁방지업무 대상기관**

1. **대상기관**: 모든 은행과 명시된 비은행
   - **은행**: 한국산업은행, 한국수출입은행, 중소기업은행 및 「은행법」에 의한 은행
   - **비은행**: 자본시장법에 따른 투자매매업자 · 투자중개업자 · 집합투자업자 · 신탁업자 · 증권금융회사 · 종합금융회사 및 명의개서대행회사, 상호저축은행과 그 중앙회, 농 · 수 · 신협 조합과 그 중앙회, 새마을금고 · 연합회, 보험회사, 체신관서, 카지노사업자, 신용보증기금, 기술신용보증기금, 투자일임업자, 여신전문금융회사, 신기술사업투자조합, 산림조합 · 중앙회, 금융지주회사, 중소기업창업투자회사 · 조합, 기업구조조정전문회사 · 조합, 환전영업자, 가상자산 관련 매수 · 매도, 가상자산 간 교환, 이전, 중개를 영업하는 자

2. **대상점포**: 지점, 영업소, 출장소 등 모든 점포(해외지점 및 현지법인 포함)
   - 국내점포: 금융회사설립법에 의해 허가 · 신고 · 등록 등을 한 점포
   - 해외점포: 외국환거래법에 의한 등록 · 신고 등을 한 해외지점
     - 현지법에 따라 국내로 보고할 수 없는 점포에 대해서는 보고책임자가 그 사실을 금융정보분석원에 통보

※ 「특정 금융거래정보 보고 및 감독규정」 제2조 제1항 및 제3항

(5) 교육 및 연수

금융회사의 자금세탁방지업무 보고책임자는 자금세탁방지제도에 대한 임직원의 이해와 관심도 제고를 위한 교육 및 연수프로그램을 수립하고 연 1회 이상 교육을 실시하여야 한다.

교육 및 연수는 직위 또는 담당업무 등 교육대상에 따라 적절하게 구분하여 실시하되, 집합, 전달, 화상 등 다양한 방법으로 실시할 수 있다.

교육 및 연수를 실시한 후에는 그 일자, 대상, 내용 등 교육 관련사항을 기록 및

보존하여야 한다.

교육 및 연수에는 다음의 내용이 포함되어야 한다.

- 자금세탁방지 등에 관한 법규 및 제도의 주요내용
- 자금세탁방지 등과 관련된 내부정책 및 절차
- 의심되는거래의 유형 및 최근 동향
- 고객확인의 이행과 관련한 고객 유형별 업무처리절차
- 의심되는거래 및 고액현금거래보고업무 처리절차
- 자금세탁방지 등과 관련된 임직원의 역할 등

(6) 직원알기제도

직원알기제도란 금융회사가 자금세탁등에 자신의 임직원이 이용되지 않도록 하기 위해 임직원을 채용(재직 중 포함)하는 때에 그 신원사항 등을 확인하는 것을 말한다. 이를 금융회사등의 '직원알기제도(KYE; Know Your Employee)'라고 한다

금융지식과 회사 내부사정을 잘 아는 금융회사 내부직원이 직접 자금세탁행위를 하거나 자금세탁행위에 연계되는 경우, 외부 일반인의 자금세탁행위에 비하여 보다 정교하게 은닉되어 적발하기가 매우 어렵고, 그 규모 또한 대규모일 가능성이 높다. 그리고 해당 금융회사의 제재와 신용도 하락 등으로 인하여 최악의 경우 파산하는 등의 피해를 입는 등 외부 일반인에 의한 자금세탁행위의 경우보다 매우 심각할 수 있다.

보고책임자는 직원알기제도의 이행과 관련된 절차와 방법을 수립하고 수립된 절차 등이 원활하게 운용될 수 있도록 적절한 조치를 취하여야 한다.

(7) 독립적 감사

① 정의 등

독립적 감사체계란 금융회사가 자금세탁방지 등의 업무를 수행하는 부서와는 독립된 부서에서 그 업무수행의 적절성, 효과성을 검토 · 평가하고 이에 따른 문제점 등을 개선하기 위해 취하는 절차 및 방법 등을 말하며, 금융회사는 규모, 업무 범위, 내부통제 수준 등에 따른 위험을 고려하여 독립적인 감사체계를 구축 · 운영하여야 한다.

② 주체

독립적 감사체계에 따른 감사는 감사 또는 감사위원회가 실시하여야 하며, 독립적 감사를 실시하는 자로 하여금 자금세탁방지 등의 업무평가를 위해 관련 전문성을 갖출 수 있도록 적절한 조치를 취하여 한다.

내부감사를 감사 또는 감사위원회가 독립적 감사를 수행하기 어려운 경우에는 감사부서 외의 내부부서(자금세탁방지 등의 업무를 담당하는 부서 제외) 또는 외부 전문가로 하여금 독립적 감사를 실시하게 할 수 있다.

③ 주기, 감사방법 및 범위

금융회사는 연 1회 이상 독립적 감사를 실시하여야 하며, 영업점(현지법인(자회사) 포함)에 대한 감사는 감사주기를 따로 정할 수 있다.

독립적 감사는 실지감사의 방법으로 실시하여야 하며, 영업점에 대해서는 실지감사 · 서면 · 모니터링 등의 방법을 활용하여 실시할 수 있다.

독립적 감사는 자금세탁방지 등의 업무수행의 적절성과 효과성 등을 검토 · 평가하고 그에 따른 의견을 제시할 수 있도록 다음 사항이 포함되어야 한다.

- 자금세탁방지 등 관련정책, 절차 및 통제활동 등의 설계 · 운영의 적정성
- 자금세탁방지 등 모니터링 시스템의 적정성
- 자금세탁방지제도의 위험평가, 분석 · 대응 업무에 대한 적정성
- 관련업무의 효율적 수행을 위한 인원의 적정성 등

감사부서 외의 내부부서(자금세탁방지 등의 업무를 담당하는 부서 제외) 또는 외부전문가에 의해 독립적 감사를 실시한 경우 검사수행 관련 내용 및 조치사항 등을 자금세탁방지업무 담당부서에 통지하여야 한다.

감사 또는 감사위원회는 독립적 감사를 실시한 후 그 결과를 이사회에 보고하고 감사범위 · 내용 · 위반사항 및 사후조치 등을 기록 · 관리하여야 한다.

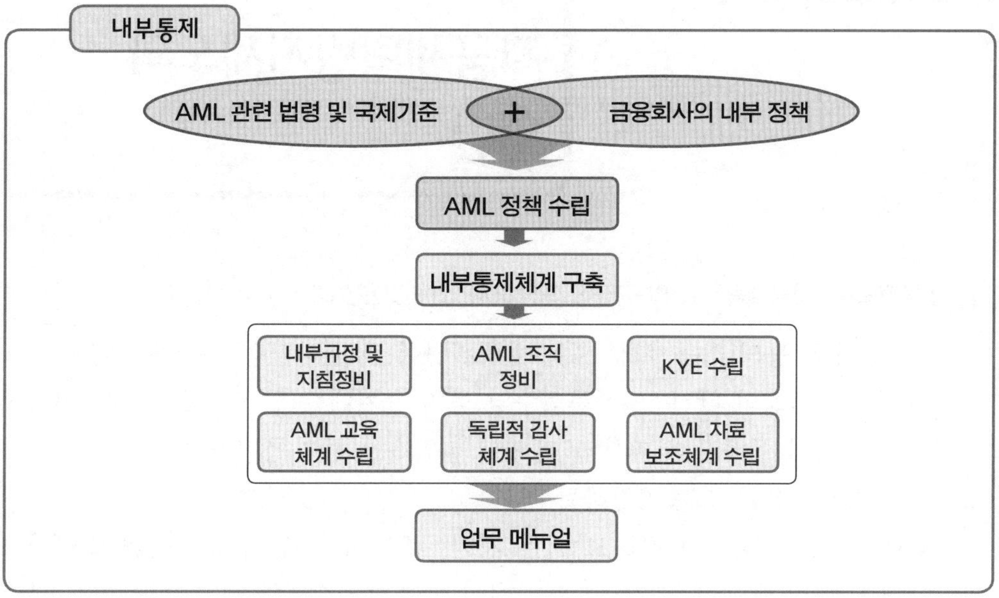
내부통제
AML 관련 법령 및 국제기준
+
금융회사의 내부 정책
AML 정책 수립
내부통제체계 구축
내부규정 및 지침정비
AML 조직 정비
KYE 수립
AML 교육 체계 수립
독립적 감사 체계 수립
AML 자료 보조체계 수립
업무 메뉴얼

연습문제 제1장

자금세탁방지제도의 일반

1 법률적으로 "자금세탁행위"의 규정에 해당하지 않는 것은? (　　)

① 범죄수익 등의 취득, 처분 또는 발생원인에 관한 사실을 가장하는 행위
② 마약류 범죄의 발견 또는 불법수익 등의 출처에 관한 수사를 방해하거나 불법수익 등의 몰수를 회피할 목적으로 불법수익 등의 성질 • 소재 • 출처 또는 귀속관계를 은닉 또는 가장하는 행위
③ 테러행위를 하거나 하려고 하는 개인, 법인 또는 단체라는 점을 알면서 그를 이롭게 할 목적으로 자금 또는 재산을 모집 • 제공하거나 이를 운반 • 보관한 자와 이를 강요하거나 권유하는 것
④ 조세범죄(조세포탈, 관세포탈 등)를 목적으로 또는 세법에 따라 납부하여야 하는 조세를 탈루할 목적으로 재산의 취득 • 처분 또는 발생 원인에 관한 사실을 가장하거나 그 재산을 은닉하는 행위

2 자금세탁의 단계에 대하여 옳은 것은? (　　)

① 배치단계는 불법자금을 합법적 사업체의 예금계좌에 입금하거나 위장회사를 통하여 부동산, 사치품 등의 구입 및 매각 등의 방법을 이용하여 불법자금을 합법 자금화한다.
② 반복단계에서 전자자금이체를 이용하는 경우 금융비밀이 엄격히 보장되는 버뮤다, 케이먼제도, 바하마제도 등 역외금융피난처(offshore banking haven)를 주로 이용하며 국내 금융기관에서도 발생한다.
③ 통합단계는 자금세탁행위자가 범죄행위로부터 취득한 불법재산을 수사기관에 적발되지 않도록 금융체제 안으로 이전하거나 비밀리에 물리적으로 국외로 이전하는 단계이다.
④ 자금세탁방지제도는 주로 반복, 통합단계에서 불법거래로 인식하여 대처하는 것으로 반복, 통합 단계는 자금세탁으로 발각될 가능성이 가장 높아 자금세탁과정에서 성공하기 가장 어려운 단계이다.

3 **자금세탁방지제도의 체계에 대한 설명으로 틀린 것은? (　　)**

① 자금세탁방지제도는 금융제도, 사법제도, 국제협력체계를 상호 연계하여 자금세탁행위 및 공중협박자금조달행위를 효율적으로 차단하는 종합적인 관리체계이다.

② 금융제도는 의심되는거래보고(STR), 고액현금거래보고(CTR), 고객확인제도(CDD)가 있다.

③ 금융정보분석원은 법 집행기관으로서 자금세탁 등의 행위를 조사하고 범죄로부터 얻은 수익 및 재산을 몰수 · 추징 하는 등 처벌한다.

④ 금융회사는 자금세탁의 위험을 식별하고 평가할 수 있는 절차를 마련하고 자금세탁 등의 위험수준에 따른 고객 확인 및 모니터링 절차를 수립하여야 한다.

4 **자금세탁방지체계 상의 구성원 별 역할 및 책임 중 틀린 것은? (　　)**

① 이사회는 독립적 감사 결과 및 사후조치에 대한 검토와 승인을 한다.

② 경영진은 업무지침의 제 · 개정 · 폐지 안건을 이사회 상정한다.

③ 감사(감사위원회)는 보고책임자가 수행하는 자금세탁방지등 업무를 상당한 주의를 다하여 감독할 책임이 있다.

④ 보고책임자는 자금세탁방지업무등 관련 내부통제체계 구축 · 운영실태의 정기적 점검 및 그 결과 발견된 취약점에 대하여 대표이사에게 보고한다.

연습문제 제1장

자금세탁방지제도의 일반

⊙ 다음 문제를 읽고 옳으면 O, 틀리면 X를 하시오.

5 금융회사는 자금세탁방지 등의 업무 수행의 적절성과 효과성 등을 검토 및 평가하는 등의 독립적 감사를 연 1회 이상 실시하여야 한다. ( )

6 자금세탁방지업무 대상기관에는 은행법에 의한 은행, 카지노사업자, 환전영업자 및 가상자산거래소 등이 포함된다. ( )

7 자금세탁은 "불법재산을 금융거래를 통해 합법화하는 과정"으로 불법재산, 금융거래, 합법화 3가지 개념이 핵심요소가 된다. ( )

정답 1.③ 2.② 3.③ 4.③ 5.(○) 6.(○) 7.(○)

제2장 자금세탁방지 기구 및 관련 법령

제1절 자금세탁방지기구

1 금융정보분석기구

(1) 금융정보분석기구의 정의

에그몽그룹(Egmont Group, 1997)에 따르면 금융정보분석기구(FIU)는 "금융회사로부터 자금세탁 관련 의심되는거래보고 등 금융정보를 수집, 분석하여 이를 법집행기관에 제공하는 단일의 중앙국가기관"으로 정의되고 있다.

세계 각국은 금융정보분석기구를 설치하고 자금세탁방지시스템을 마련하여 국가간 공조체제를 구축하고 있으며, 2021년 8월 현재 에그몽그룹에는 우리나라를 포함한 167개 국가의 FIU가 가입되어 있다.

(2) 금융정보분석기구의 필요성

① 국제적 기준 부합의 전제

FIU제도는 1990년대 초반 미국(FinCEN)에서 시작된 이후 영국(NCIS), 프랑스(TRACFIN), 캐나다(FINTRAC), 이탈리아(UIC), 일본(JAFIO) 등 대부분의 선진국으로 확대되어 자금세탁방지대책에 있어서 주도적 역할을 해오고 있고, UN, FATF

등 각종 국제기구에서도 그 설립을 강력히 권고하고 있어 국제적 기준에 부합하는 자금세탁방지제도로 공인받기 위해서는 도입이 반드시 필요한 제도이다.

② 자금세탁방지제도에서의 FIU제도의 역할

가. 선량한 고객의 금융거래 비밀보장원칙과의 조화

의심되는거래보고를 분석, 여과(filtering)하여 자금세탁 또는 공중협박자금조달(이하 '자금세탁등') 행위로 의심되는 정보만을 수사기관에 제공함과 동시에 선량한 고객의 금융정보는 보호함으로써 금융거래 비밀보장원칙이 존중되는 가운데 자금세탁방지제도를 시행한다.

나. 자금세탁등 정보의 체계적이고 효율적인 처리

FIU 전문가집단이 분석업무를 수행함으로써 자금세탁등의 정보를 일원적으로 관리하고, 집중적으로 분석하여 그 결과를 수사기관에 제공하기 때문에 자금세탁등 정보처리의 효과가 극대화될 수 있다.

다. 국제적 자금세탁등 범죄 관련 정보교환의 창구

각국은 FIU로 하여금 비밀 준수 및 상호주의 원칙하에 자금세탁등의 정보를 교환하도록 하고 있고, 특히 각국 FIU로 구성된 에그몽그룹은 회원국 간 인터넷전용망을 구축하여 정보교환을 실시하고 있으므로 이들 국가와 정보교환을 위해서 FIU 설립이 필요한 것이다.

2 금융정보분석원

(1) 금융정보분석원의 설립

① 설립 경과

2001년 11월 특정금융정보법 및 범죄수익은닉규제법의 시행에 따라 재정경제부 소속기관으로 금융정보분석원 출범하여 2008년 정부조직개편으로 금융위원회 소속기관으로 변경되었다.

② 설립 목적

• 자금세탁등 관련 범죄행위의 효율적 규제를 통한 건전한 금융거래질서의 확립

- 외환거래 자유화에 따른 불법자금의 국내외 유·출입에 효과적으로 대처
- 국제적 자금세탁방지 노력에 적극적으로 대처

(2) 금융정보분석원(KoFIU; Korea Financial Intelligence Unit)의 역할

2001년 11월 자금세탁방지제도의 시행을 위한 정부기관으로 금융정보분석원이 출범하였다. 금융정보분석원은 금융회사등으로부터 자금세탁등 관련 금융거래정보를 보고 받고(법 제4조·제4조의2), 외국환거래자료 등을 통보받으며(법 제9조), 관련 정보분석을 위하여 관계 행정기관 등에 자료의 제공을 요청할 수 있고(법 제13조), 관련 법집행기관에 해당 정보를 제공(법 제10조)함과 아울러 외국 금융정보분석기구와의 정보교환(법 제11조)을 할 수 있으며, 업무수행의 독립성·중립성이 법률로써 보장되어 있다.

금융정보분석원은 자금세탁등과 연계된 금융정보에 대하여 금융회사와 법집행기관을 연결하는 역할을 수행한다. 금융회사가 수사기관에 직접 의심되는거래를 신고하도록 할 경우 금융거래 비밀보호 등을 둘러싸고 상호간 이해관계 충돌 등의 우려가 있기 때문이다.

금융정보분석원은 이러한 완충역할 및 금융회사로부터 제공받은 정보를 분석하여 자금세탁등의 혐의가 인정되는 정보만 법집행기관에 제공하는 여과장치 역할을 수행하며, 선량한 고객의 금융거래 비밀보장 원칙이 존중되는 가운데 자금세탁방지제도의 목적을 달성할 수 있게 된다.

또한, 금융정보분석원은 고액현금거래보고 및 고객확인제도 등 국제적 기준에 맞는 자금세탁방지제도를 도입하는 역할도 수행해 왔다.

(3) 금융정보분석원의 조직과 기능

① 조직 및 운영

1원장 및 2개실(제도운영기획관, 심사분석심의회) 5개과(기획행정실, 제도운영과, 가상자산검사과, 심사분석실, 심사분석1-3과)의 체제로 조직된 금융위원회 소속기관으로서 금융위원회, 법무부, 국세청, 관세청, 경찰청, 금융감독원 등 관계기관의 전문인력으로 구성되어 있고, 업무수행의 독립성·중립성이 법률로써 보장되어 있다.

② 주요 기능

금융정보분석원의 주요 기능은 다음과 같다.

첫째, 의심되는거래보고 등 관련 자료를 심사, 분석하여 불법재산, 자금세탁 등의 행위라고 판단되는 때에 관련 자료를 검찰청, 경찰청, 국세청, 관세청, 금융위원회, 선거관리위원회 등의 법집행기관에 제공한다.

둘째, 금융회사의 자금세탁방지업무에 대한 감독·검사 및 교육·홍보를 실시하고 자금세탁등의 행위 방지 등에 필요한 지침을 작성·운용하며, 금융회사의 자금세탁방지를 위한 교육·훈련을 지원하고 자금세탁등 행위의 가능성이 높은 의심되는거래 참고유형을 금융회사등에 제공하기도 한다.

셋째, 특정 금융거래 정보의 효율적인 관리 및 활용을 위한 전산시스템을 구축·운영하는 한편, 외국 금융정보분석기구와의 업무협조 및 정보교환 업무도 수행하고 있다.

〈금융정보분석원의 기능과 역할〉

완충역할	금융회사와 법집행기관의 완충, 신뢰관계 형성
분석여과	의심되는거래분석 · 여과, 선량한 거래자의 금융정보 보호
정보관리	자금세탁등 정보의 집중에 따라 관리 · 분석 효율화
국제창구	국제적 자금세탁등 범죄에 대한 정보교환 창구역할

금융정보분석원 조직과 업무분장[1)]

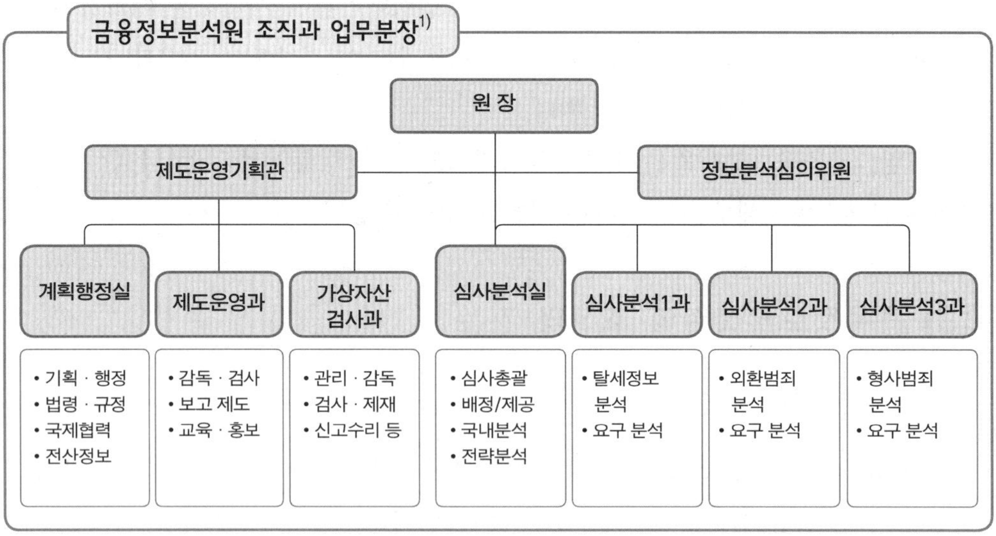

1) 금융정보분석원, 2022자금세탁방지연차보고서, 23면

3 자금세탁관련 국제기구

(1) 국제기구의 탄생과 국제규범의 발전

1990년대 초반에 들어서면서 마약자금 세탁에 국제적으로 공동대응하기 위한 움직임이 나타났다. G7은 금융기관을 이용한 자금세탁등에 대처하기 위해 1989년 자금세탁방지기구(FATF; Financial Action Task Force Money Laundering)를 구성하고, 40개 권고사항을 담은 보고서를 발간하였다.

* G7(미국, 영국, 프랑스, 독일, 이태리, 일본, 캐나다)

1996년 6월 FATF는 40개 권고사항을 개정하여 자금세탁등 행위의 전제범죄를 중대범죄로 확대하였고, Egmont Group은 1997년 제5차 연차총회에서 "FIU의 정의"를 확정하는 한편, 국가간 공조체제구축을 위하여 자금세탁 정보의 체계적이고 효율적인 처리를 담당하는 단일의 행정기관으로서의 금융정보분석기구(Financial Intelligence Unit: FIU) 설립을 지원하는 역할을 강화하였다.

2001년 10월 테러자금조달에 관한 특별권고사항을 채택하였으며, 2003년 6월에는 자금세탁 전제범죄 기준의 확대, 고객주의의무 강화, 변호사 등 6개 전문직에의 의심되는거래보고의무 부여 등을 주요내용으로 하는 40개 권고사항 개정안을 확정, 시행하였다.

FATF는 각국의 자금세탁방지제도 도입 및 상호협력 강화를 권고하며, 49개 권고기준(자금세탁 관련 40개, 테러 관련 특별권고 9개)을 제정, 비협조국가(Non-Cooperative Countries & Territories, NCCT) 명단발표 및 국제금융거래를 제재하였다.

2012년 2월 FATF는 금융시스템의 투명성과 글로벌 안전망을 강화하고 동시에 부패와 조세범죄 같은 시급한 분야에 대한 대응도 강화하기 위하여 테러자금 조달과 관련한 9개 특별 권고사항을 40개로 조정하면서 RBA기반 접근법으로 변경하였다.

- FATF 비협조국가: 이란, 북한

(2) FATF 설립 및 회원국

FATF는 1989년 G7 정상회의에서 금융기관을 이용한 자금세탁등에 대처하기 위하여 Task Force를 설립키로 합의함에 따라 출범하여 본부는 OECD내에 위치하고 있다.

FATF에는 현재 30개 OECD 회원국 중 27개국, OECD 비회원 10개국(홍콩, 싱가포르, 중국, 인도, 아르헨티나, 브라질, 러시아, 사우디아라비아, 남아프리카공화국, 말레이시아) 등 총 37개국과 유럽위원회(European Commission), 걸프협력위원회(Gulf Cooperation Council) 등 2개 국제기구가 기관회원으로 가입해 있다.

최근 들어 FATF는 회원국 수 증대 및 각 지역별 FATF 스타일 지역기구와의 연계강화를 통한 범세계적인 자금세탁방지 네트워크를 확립하기 위해 그 동안 폐쇄적인 입장을 견지해 왔던 회원국 확대문제를 전향적으로 바꿔 러시아와 중국, 한국, 인도 등을 새로운 회원국으로 받아들였으며, 향후 다른 나라로 확대할 움직임을 보이고 있다.

〈FATF 회원국 현황〉[2]

지역	OECD 국가	非OECD 국가	국제기구
유럽, 중동(22)	영국, 아일랜드, 아이슬란드, 독일, 프랑스, 네덜란드, 벨기에, 룩셈부르크, 오스트리아, 스위스, 이태리, 스페인, 포르투갈, 그리스, 스웨덴, 노르웨이, 핀란드, 덴마크, 이스라엘	러시아, 사우디아라비아	European Commission
미주 · 기타(7)	미국, 캐나다, 멕시코	브라질, 남아공, 아르헨티나	Gulf Cooperation Council
아시아 · 태평양(10)	호주, 뉴질랜드, 일본, 터키, 한국	홍콩, 싱가포르, 중국, 인도, 말레이시아	
계(39)	27	10	2

① FATF의 주요 활동

- 자금세탁방지 및 테러자금조달 차단을 위한 국제적 Network 구성
- 자금세탁 · 테러자금조달 수법에 대한 연구 및 대응 수단 개발
- 연례 자체평가와 상호평가를 통해 회원국의 자금세탁방지대책 이행 상황 감독
- 자금세탁등의 추세, 기법과 대응조치를 검토하고 40개 권고사항의 의미를 고찰
- 비회원국들이 FATF의 권고사항을 채택, 이행하도록 권고

2) https://www.kofiu.go.kr/kor/policy/iois01_1.do, https://www.fatf-gafi.org/en/countries/fatf.html

② FATF 국제기준 미이행국에 대한 제재

FATF는 각국의 FATF 국제기준 이행상황을 평가하고 그중 중대한 결함이 있어 조치를 요하는 고위험 국가(대응조치, 강화된 고객확인)와 제도의 결함을 치유 중인 강화된 관찰대상 국가 명단을 매 총회마다 공개하고 있다. 금융회사는 조치를 요하는 고위험 국가와 강화된 관찰대상 국가에 대하여 강화된 고객 확인 등 자금세탁방지 관련 법령상 규정된 사항을 이행할 수 있도록 적절한 조치를 하여야 한다.

〈국제기준 미이행 국가에 대한 조치 및 평가〉[3]

종류		내용	국가
❶ 조치를 요하는 고위험 국가	대응조치 (Counter-measure)	해당국가에 금융회사 설립 금지, 해당국가와의 금융거래 제한 등 적극적 대응조치 필요	이란 북한
	강화된 고객확인 (Enhanced due diligence)	자금세탁방지제도에 결함이 있어 해당 국가와의 거래 시 강화된 고객확인 등 특별한 주의 필요	미얀마
❷ 강화된 관찰 대상 국가		자금세탁방지제도의 결함을 치유 중인 국가	23개국*

* 불가리아, 부르키나파소, 카메룬, 크로아티아, 콩고민주공화국, 아이티, 케냐, 말리, 모나코, 모잠비크, 나미비아, 나이지리아, 필리핀, 남아프리카, 남수단, 시리아, 탄자니아, 베네수엘라, 베트남, 예멘 (신규추가), 알제리, 앙골라, 코트디부아르, 레바논

③ FATF의 40개 권고사안

FATF 권고사항은 자금세탁방지 분야의 국제적 기준으로 1990년 마약자금억제를 목적으로 처음 제정되었으나 이후 1996년 마약자금뿐만 아니라 중요범죄로 그 범위가 확대되었다. FATF 권고사항은 자금세탁, 테러자금조달 및 기타 불법 금융거래 방지에 관한 국제규범으로서 국가간 상호 평가를 통해 전세계 180개국에서 효과적으로 수용·이행되고 있다. 2012년 개정된 FATF 40개 권고사항의 주요내용은 다음과 같다.

가. 리스크 중심 접근법 도입

각국은 자국의 자금세탁 및 테러자금조달 위험을 이해하고 이러한 위험에 대응하기 위한 자금세탁방지 및 테러자금조달금지(AML/CFT; Anti-Money Laundering / Countering the Financing of Terrorism) 체제를 갖추어야 한다. 또한, 고위험에는 강화된 조치, 저위험에는 간소화된 조치로 대응하여야 하며 각국은 리스크중심 접근법을 통해 특정 행위·부문의 위험에 한정된

3) https://www.fsc.go.kr/no010101/83268

자원을 효과적으로 집중하여 낮은 비용으로 효율적인 AML/CFT 체제를 구축할 수 있다.

나. 투명성

법인 · 법률관계의 소유권 · 지배구조와 전신송금 참여자가 불투명한 경우, 범죄와 테러자금조달에 악용될 위험이 높다. 따라서 FATF는 기업, 신탁, 법인 · 법률관계의 실소유자 · 지배구조에 대한 신뢰할 수 있는 정보의 확보를 의무화하여 투명성 기준을 한층 강화하였으며 전신송금시 제공해야 하는 정보의 기준도 엄격히 하였다.

다. 국제협력

국제적으로 심화되는 자금세탁 · 테러자금조달 위협에 대응하여, 정부기관 · 금융회사 간 국제협력의 범위를 확대하였다. 권고사항 개정에 따라 수사, 감독 및 기소를 위한 국제적 정보교환이 보다 효과적으로 이루어질수 있으며, 이는 각국의 범죄자금 추적, 동결, 몰수 및 환수를 용이하게 할 수 있다.

라. 집행기준

법집행기관 및 금융정보분석기구의 역할과 기능을 명확히 하였다.

마. 새로운 위협과 우선순위

FATF는 새롭고 복잡한 위협과 G20 등 국제사회가 설정한 과제에 우선순위를 두고 대응한다.

㉮ 대량살상무기확산금융

FATF는 UN안전보장이사회의 요구에 따라 일관적이고 효과적인 「정밀화된 금융제재(Targeted Financial Sanction)」를 이행하기 위한 별도의 권고사항을 신설하였다.

㉯ 부패와 고위공직자

국내 고위공직자(PEP; Politically Exposed Person)가 고위험 거래를 하는 경우 금융기관의 고객확인의무가 강화되었다.

㉰ 조세범죄

자금세탁 전제범죄에 조세범죄를 추가하였으며, 이에 따라 조세범죄에 따른 범죄수익에도 자금세탁방지를 위한 예방조치 · 사법조치를 적용할 수 있게 되었다. 또한, 밀수범죄가 관세범죄와 관련된 전제범죄임을 명확히 하였다.

바. 테러자금조달

테러자금조달은 FATF 권고사항의 주요 과제로서, 테러자금조달과 관련한 9개 특별권고사항은 이번 개정을 통해 40개 권고사항에 흡수·통합되었다. 이는 테러자금조달이 일시적인 문제가 아니고, 테러자금조달 금지를 위한 조치가 자금세탁방지 조치와 밀접한 연관이 있다는 사실을 보여주고 있다.

사. 명확한 의무

금융부문의 최근 변화를 반영하여 금융회사의 의무를 명확히 하였으며, 고객확인 이행에서 현실적인 어려움을 겪었던 국가들을 위해 고객확인제도의 의무사항을 명확히 하는 등 각국이 지난 권고사항을 이행하면서 얻은 경험을 반영하였다.

〈FATF 40 권고사항〉

주제	내용
A. AML/CFT정책과 조정	01. 위험평가와 위험중심 접근법적용
	02. 국가적 협력과 조정
B. 자금세탁과 몰수 관련 법률제도	03. 자금세탁범죄
	04. 몰수와 잠정조치
C. 테러자금조달과 확산금융	05. 테러자금조달범죄
	06. 테러자금조달 관련 정밀금융제재
	07. 확산금융 관련 정밀금융제재
	08. 비영리조직
D. 예방조치	09. 금융기관의 비밀유지 법률
	10. 고객확인제도(CDD)
	11. 기록보관
	12. 고위공직자(정치적 주요인물)
	13. 환거래은행
	14. 자금 또는 가치의 이전 서비스
	15. 새로운 기법
	16. 전신송금
	17. 제3자 의존
	18. 내부통제, 해외지점과 자회사
	19. 고위험국가
	20. 의심거래보고

D. 예방조치	21. 정보누설과 비밀유지
	22. 특정 비금융사업자, 전문직: 고객확인
	23. 특정 비금융사업자, 전문직: 기타수단
E. 법인과 법률관계의 투명성과 실소유자	24. 법인의 투명성과 실소유자
	25. 법률관계의 투명성과 실소유자
F. 관계기관의 권한과 책임 및 기타 제도적 조치	26. 금융기관에 대한 규제와 감독
	27. 감독기관의 권한
	28. 특정 비금융사업자, 전문직에 대한 규제와 감독
	29. 금융정보분석원
F. 관계기관의 권한과 책임 및 기타 제도적 조치	30. 법집행기관과 조사당국의 책임
	31. 법집행기관과 조사당국의 권한
	32. 현금휴대반출입 관리
	33. 통계
	34. 지침과 피드백
	35. 제재
G. 국제협력	36. 국제협약의 이행
	37. 국제사법공조
	38. 국제사법공조: 동결과 몰수
	39. 범죄인 송환
	40. 기타 국제협력

(3) 에그몽그룹(Egmont Group of FIUs of the World)

① 설립 배경

1995년 6월 미국과 벨기에가 브뤼셀에서 전세계 금융정보분석기구(FIU) 회의를 개최하고 FIU 간의 협력증진을 위하여 Egmont Group을 출범하였다.

* Egmont Group의 명칭은 첫 번째 회의를 벨기에의 브뤼셀 에그몽-아랜버그 궁전(Egmont -Arenberg Palace)에서 개최한 데서 유래

Egmont Group은 각국 FIU 간의 국제협력 강화, FIU의 신규설립 지원, 자금세탁 방지를 위한 국제기구들과의 협력 강화를 목적으로 한다.

2021년 8월 말 현재 가입회원은 167개이며, 우리나라는 2002년 6월 가입하였다. Egmont Group의 가입요건은 ① 의심거래보고제도 도입, ② 국내의 법 또는

규정에 의한 금융정보 보고체제 확립, ③ 자금세탁 관련 FIU의 설치이다.

② 주요 활동

가. FIU 설립 장려

FIU 설립지원을 위하여 해당국의 연락관(contact point)을 지정하고 해당국의 관련 법률 및 규제 연구를 수행한다.

나. FIU 간 정보교류 촉진

각 회원국으로부터 FIU에 대한 정보를 수집하고 정보교류를 방해하는 법적 또는 제도적 요인의 해결 모색한다.

다. FIU의 훈련 지원 등

사례연구, workshop 등 훈련프로그램 개발, 인적교류 추진 등을 지원한다.

(4) APG(Asia/Pacific Group on Money Laundering)

① 설립 배경

1995년 4월 인도네시아 발리에서 개최된 APEC 재무장관회의에서 아 · 태지역의 자금세탁 문제의 중요성을 지적하고 자금세탁방지를 위한 아 · 태지역의 협력증진을 위하여 1997년 2월 APG를 설립하였다.

APG는 FATF의 40개 권고사항에서 제시한 국제적인 자금세탁방지기준의 채택 · 이행 촉진을 목적으로 하고 의심거래에 대한 보고 및 조사, FIU의 설립, 상호 법률 지원, 본국 송환, 범죄수익 등의 처리를 위해 법률 제정하였다.

2023년 현재 APG의 회원국은 총 42개국이며, 우리나라는 1998년 10월 정식 회원국으로 가입하였다.

② 주요 활동

가. 자금세탁방지 조치 및 권고안 채택과 이행

- 법률 · 금융 · 법집행 부문의 필요사항 검토를 위한 전문가 workshop 구성 및 자금세탁방지 전략 발표
- FATF 40개 권고사항의 효과적인 이행을 위한 실천방안(action plan) 채택

나. 자금세탁방지제도에 대한 자체평가 및 상호평가의 개발과 이행

다. 자금세탁 유형 및 방지대책에 관한 기술지원 방안 등 자금세탁방지기법 및

사례연구

라. 자금세탁관련 기관간의 정보교류 촉진

(5) IMF/WB

IMF/WB는 금융부문평가 프로그램(FSAP; Financial Sector Assessment Program)에 자금세탁방지 및 테러자금차단 분야(AML/CFT;Anti-Money Laundering & Combating Financing of Terrorism)를 새로 포함하여 각국의 자금세탁방지제도 평가실시 및 시정 권고하는 역할을 한다.

2002년 10월 FATF 총회에서 IMF와 FATF가 공동으로 개발한 통합평가 방법론을 승인한 FATF의 상호평가와 IMF 금융부문평가를 동시에 적용하였다.

① AML/CFT 평가영역 및 기준

가. 평가영역

건전성규제부문(은행, 증권, 보험), 건전성비규제부문(환전영업자, 신탁회사 등), 법집행부문으로 구분하여 규정, 기관역량, 규정이행의 효과성에 대한 평가

나. 평가기준

㉮ 사법상 조치 및 국제협력

자금세탁 및 테러자금조달을 범죄화, 범죄수익 및 테러자금조달에 사용된 재산의 몰수, FIU 및 정보의 국내외적인 수집 · 분석 · 제공, 법집행기관 및 기소당국의 권한과 의무, 국제협력

㉯ 금융회사에 대한 예방조치

고객확인(customer identification), 계좌와 거래에 대한 지속적인 모니터링, 기록보관, 의심거래보고, 내부통제, 법규준수 및 감사, 건전성 기준(integrity standards), 감독기관과 기타 관계당국 간 협력

(6) UN협약 및 안보리결의안

1998년 6월 UN은 「자금세탁방지를 위한 정치적 선언 및 이행계획」을 통하여 각국이 2003년까지 다음 사항을 이행할 것을 촉구하였다.

- 자금세탁의 범죄화 및 자금세탁범죄의 예방, 적발, 수사, 기소를 법적 제도 마련

- 범죄수익의 몰수, 보전제도 마련
- 금융시스템이 자금세탁에 이용되는 것을 방지하기 위한 규제강화

특히, 2001년 9월 UN 안보리는 테러활동의 방지와 억제를 위해 테러행위에 대한 자금지원금지, 테러조직의 금융자산 동결 등에 관한 결의안(안보리결의 제1373호)을 채택한 이후 지속적으로 결의안 채택하였다.

2006년 북한 미사일 발사 및 대량학살무기와 관련한 결의안(1695호)를 채택한 이후 2013년 6월까지 총 5번의 북한 관련 결의안을 채택하였으며 이 중 2번은 2013년 중 채택(제2087호 및 제2094호)하였다. 2016년 1월과 9월에 4차, 5차 핵실험이 단행되어 유엔안보리 결의(제2270, 제2321호)를 채택하였고 2017년 6차 핵실험이 단행되어 유엔안보리 결의 제2375호가 채택되었고 2017년12월 미사일 발사에 따른 제재로 유엔안보리 결의 제2297호가 채택되었다. 이에 따라 무기금수품목 증가, 대북 원유 공급은 연간 400만 배럴, 정유제품에 대한 공급은 연 200만 배럴 상한선 제한, 유류공급의 30% 가량 차단등의 제재조치가 시작되었다.

제2절 자금세탁방지 관련 법령

[자금세탁방지 관련 법령의 목적]

범죄행위예방, 건전하고 투명한 금융거래질서 확립

↑

자금세탁방지	테러자금조달금지
• 불법재산의 취득 · 처분을 은닉 · 가장하는 행위를 방지 • 관련범죄: 조세포탈, 사기 · 횡령 · 배임, 주가조작 등	• 테러자금조달의 범죄화 및 관련 단체와의 금융거래 금지

1 특정금융정보법

- 금융정보분석원(KoFIU) 설치
- 고액현금거래보고제도(CTR)
- 내부통제체제 구축
- 정보누설금지 등 금융비밀보장
- 의심되는거래보고제도(STR)
- 고객확인의무(CDD, EDD)
- 법집행기관에 자금세탁관련 정보제공

(1) 금융위원회 소속으로 금융정보분석원 설치(법 제3조)

금융정보분석원은 불법재산 또는 자금세탁행위와 공중협박자금조달행위를 규제하는데 필요한 금융거래 정보의 수집 · 분석업무 등을 효율적으로 수행하기 위하여 금융위원회 소속하에 있는 기관이다(법 제3조 1항).

금융정보분석원장은 ① 금융회사등으로부터 보고받은 건수, ② 특정금융거래정보를 수사기관 등에서 요구받은 건수 및 제공한 건수, ③ 수사기관 등의 요구에 따라 특정금융거래정보를 통보 및 통보유예한 현황, ④ 외국 금융정보분석기구와 정보를 교환환 건수, ⑤ 그 밖에 금융정보분석원 업무와 관련된 통계자료 등 금융거래 사항에 대하여 매년 정기국회에 보고해야 한다(법 제3조 4항).

(2) 금융회사의 특정금융거래정보의 보고

① 의심되는거래보고(STR; Suspicious Transaction Report)

- **보고의무: 다음 거래를 금융정보분석원에 의무적으로 보고해야 한다.**
  - 금융거래와 관련하여 수수한 재산이 불법재산이라고 의심되는 합당한 근거가 있거나, 금융거래상대방이 자금세탁등의 행위를 하고 있다고 의심되는 합당한 근거가 있는 경우
  - 범죄수익은닉규제법 및 테러자금금지법에 따라 금융회사등의 종사자가 관할 수사기관에 신고한 경우
- **자료보존**: 실지명의 확인자료, 금융거래자료, 의심되는 합당한 근거자료 등은 금융거래관계가 종료한 때부터 5년간 보존
- **면책**: 보고관련 손해배상책임 면제(고의 또는 중과실로 인한 허위보고 제외), 보고내용의 재판상 증거불인정 및 금융회사 직원의 증언거부 권한 부여(다만 특정금융정보법의 벌칙 규정과 관련된 재판의 경우 또는 중대한 공익상의 필요가 있는 경우에는 증언을 거부할 수 없음)

② 고액현금거래보고(CTR; Currency Transaction Report)

1천만원 이상의 현금(외국통화 제외)이나 현금과 유사한 기능의 지급수단을 금융거래의 상대방에게 지급하거나 그로부터 영수한 경우에는 그 사실을 30일 이내에 금융정보분석원장에게 보고하여야 한다(법 제4조2 제1항).

금융회사등은 금융거래의 상대방이 고액현금거래보고를 회피할 목적으로 금액을 분할하여 금융거래를 하고 있다고 의심되는 합당한 근거가 있는 경우에는 그 사실을 금융정보분석원장에게 보고하여야 한다(법 제4조).

(3) 금융회사등의 고객확인의무 (CDD; Customer Due Diligence)

임직원은 금융회사가 제공하는 금융거래 또는 서비스가 자금세탁등의 불법행위에 이용되지 않도록 고객의 신원확인 및 검증, 실제 당사자 여부와 금융거래 목적의 확인 등 고객에 대하여 합당한 주의를 기울여야 한다.

금융회사는 고객확인의무의 효율적인 이행을 위하여 자금세탁등과 관련된 위험을 식별하고 평가하는 절차와 고객별 자금세탁위험도를 감안한 차별화된 고객확인 절차를 수립 · 운영하여야 한다.

(4) 내부보고체계 구축 및 운용

금융회사등이 자금세탁방지를 위하여 내부통제체제를 구축하는 것은 자금세탁방지를 위한 필수적 요소이며, FATF 권고사항 및 미국, 영국 등 대부분의 국가의 법률에서도 명시하고 있다. 법 제5조에 의거 금융거래정보의 원활한 보고와 자금세탁등의 행위를 효율적으로 예방하기 위하여 ❶ 보고책임자 임명 ❷ 내부보고체계 수립 ❸ 업무지침 작성 · 운용 ❹ 임직원 교육 및 연수의무 등을 수행해야 한다.

(5) 법집행기관에 자금세탁관련 정보제공

금융회사가 보고한 자금세탁등 관련 금융거래정보 등을 정리 · 분석한 후, 조사 등이 필요한 경우 특정금융거래정보를 법집행기관에 제공하여야 한다.

특정금융 거래정보	❶ 금융회사의 STR 정보 ❷ 외국 FIU로부터 제공받은 정보 ❸ ❶ 및 ❷의 정보 또는 CTR 정보 및 외국환거래정보를 정리 · 분석한 정보
법집행기관	→ **검찰청, 경찰청, 국세청, 관세청, 금융위원회, 중앙선거관리위원회, 고위공직자범죄수사처, 국가정보원, 행정안전부** – 자금세탁등 관련 정보를 분석하기 위해 필요한 경우 관계행정기관, 신용정보집중기관, 금융회사등에게 자료제공 요청

금융회사등에게 외국환거래 등 관련 정보에 한하여 제공 요청한다.

- 외국 금융정보분석기구와의 협조 및 정보교환
- 테러자금금지법에 따른 업무
- 금융회사가 수행하는 자금세탁방지 등 업무에 대한 감독 및 검사

감독 및 검사업무는 금융정보분석원에서 직접 수행하거나 금융감독원 등 타 기관에 위탁하여 수행할 수 있다(특정금융정보법 제15조 제6항).

(6) 정보누설금지 등 금융비밀보장

금융정보분석원의 공무원, 중계기관에 종사하는 자 및 수사기관 등에 종사하는 자는 직무상 알게 된 특정금융거래정보를 누설하거나 목적 외의 다른 용도로 사용할 수 없고, 이를 위반한 자는 5년 이하의 징역 또는 5천만원 이하의 벌금에 처해진다.

또한 누구든지 자금세탁과 관련한 기관에 종사하는 자에게 동 정보 등을 제공할 것을 요구하거나 목적 이외의 용도로 사용할 것을 요구할 수 없다.

이외에도 금융회사 등이 금융정보분석원장에게 보고한 사항 중 금융정보분석원장이 수사기관 등 법집행기관등에 제공한 특정금융거래정보는 재판에서 증거로 사용할 수 없으며, 의심거래보고서에 관여한 금융회사등의 종사자는 당해 보고와 관련된 사항에 관하여 증언을 거부할 수 있다. 다만 특정금 융정보법의 벌칙규정과 관련된 재판의 경우 또는 중대한 공익상의 필요가 있는 경 우에는 증언을 거부할 수 없다.

참고 ● 특정금융정보법 개정 주요내용

시행일	개정 사항
법 2012.3.21.	• 국세청에 대한 특정금융거래정보 제공 확대
법 2013.3.22.	• 특정금융거래정보 비밀보장 범위 확대 • 금융회사등에 대한 제재조치 구체화 (금융회사 및 임직원에 대한 해임권고, 직무정지, 문책경고 등)
시행령 2013.8.6.	• 법상 위임한 영업정지사유 구체화(STR/CTR미보고, 거짓보고) • 자금세탁방지 관련 검사 및 제재체계 정비 (**重제재**: 금융정보분석원장, **輕제재**: 수탁기관에 위탁) • 심사분석을 위한 입수자료의 범위 확대(소관 행정기관에 요구)
법 2013.11.14.	• 자금세탁행위 범위에 조세탈루 목적으로 가장 · 은닉한 경우를 추가 • 자금세탁방지 국제기준 이행 ① 의심되는거래보고 기준금액 삭제[1천만원(외화 5천불)] ② 전신송금 시 송금정보 제공 근거 신설 • 특정금융거래정보 남용방지 ① 고액현금거래 통보제도(금융정보분석원이 수사기관 등에 제공한 내역을 10일 이내에 명의인에게 통보) ② 정보분석심의회 설치
법 2014.11.29	• 불법적 차명거래 등을 통한 자금세탁의 STR보고 • 벌금 상향 조정(STR/CTR 거짓보고 5백만원 → 1천만원)

법, 시행령 2016. 1. 1	• 기본 고객확인의무(CDD) 강화 (고객확인 불가능시 신규거래 거절, 기존거래 종료 가능) • 보존기간 경과에 따른 금융분석원장의 자료 폐기 • 신규계좌 개설 시 또는 2천만원 이상 일회성 금융거래 시 고객확인 내용에 실제 소유자 확인 추가
법, 시행령 2019. 7. 1	• 금융회사에 임직원 업무지침 준수 여부를 감독하도록 의무부과 • 과태료 부가사유 추가, 금액 상향 • CTR(2천만원 → 1천만원 강화) • 공공단체 금융거래 CTR강화 • 일회성 금융거래 형태 세분화, 기준금액 강화
법, 시행령 2021.1.5	• 고위공직자수사처가 정보를 받을수 있도록 개정
법, 시행령 2021.3.25.	• '금융회사등'에 가상자산사업자, 온라인투자연계금융업자를 추가. 가상자산 관련 사업자의 신고의무, 가상자산사업자와 거래하는 금융회사등의 의무
법, 시행령 2021.5.20.	• 지방세 포탈혐의의 확인, 지방세 범칙사건 조사, 지방세 체납자에 대한 징수 업무 활용을 위하여 행정안전부장관에게도 특정금융거래정보를 제공
시행령 2021.10.5.	• 금융회사 등이 법인 · 단체인 고객과 금융거래 등을 하는 경우 해당법인 · 단체인 고객을 최종적으로 지배하거나 통제하는 실제소유자에 대해서는 예외없이 그 생년월일을 확인하여야 함

2 범죄수익은닉규제법

- 자금세탁행위를 범죄로 규정
- 자금세탁 전제범죄 규정(40여 종)
- 범죄수익의 몰수 · 추징
- 금융회사등의 범죄사실확인시 수사기관 신고의무

(1) 자금세탁행위를 범죄로 규정(법 제3조, 제4조)

자금세탁범죄는 범죄수익 등의 은닉 · 가장행위(자금세탁행위), 범죄수익 등의 수수행위를 의미한다.

- 처벌: 5년 이하 징역 또는 3천만원 이하 벌금(범죄수익 등의 은닉 · 가장행위)
  3년 이하 징역 또는 2천만원 이하의 벌금(범죄수익 등의 수수행위)

(2) 자금세탁 전제범죄 규정(법 제2조)

형법(사기, 횡령, 배임 등), 폭력행위 등 처벌법, 특정범죄가중처벌법, 정치자금법, 테러자금금지법 등 33개 법률 86종 범죄를 규정한다.

참고 • **특정범죄: 「형법」 등 33개 법률 중 86종 범죄**

① **범죄조직이 직업적 · 반복적으로 행하는 범죄**
- 「형법」의 범죄단체조직, 도박장개장 등, 「윤락행위방지법」의 윤락행위 강요, 폭력행위처벌법의 범죄단체 구성 · 활동 등

② **밀수 등 거액의 경제범죄**
- 「관세법」의 밀수출입죄, 「특정범죄 가중처벌 등에 관한 법률」의 조세포탈죄, 5억 이상 사기죄 등, 「특정경제범죄 가중처벌 등에 관한 법률」의 사기 · 횡령 · 배임, 「자본시장과 금융투자업에 관한 법률」의 미공개정보이용 등

③ **공무원 뇌물 등 부패범죄**
- 「형법」의 공무원 뇌물수수, 「특정범죄 가중처벌 등에 관한 법률」의 뇌물죄 가중처벌, 「국제상거래에 있어서 외국공무원에 대한 뇌물방지법」의 뇌물공여죄, 「회계관계직원 등의 책임에 관한 법률」의 공무원의 횡령 · 배임 등

④ **해외재산도피범죄**
- 「대외무역법」의 수출입물품가격의 조작, 「특정경제범죄 가중처벌 등에 관한 법률」의 해외재산도피죄

⑤ **「정치자금에 관한 법률」위반죄**

(3) 범죄수익의 몰수 · 추징(법 제8조, 제10조)

범죄수익과 그로부터 유래한 재산 등은 몰수 · 추징 가능하다. 몰수대상 재산이 몰수대상 이외의 재산과 혼화된 경우에는 혼화재산 가운데 몰수대상 재산의 금액 또는 수량에 상당하는 부분을 몰수할 수 있다.

범죄수익은닉규제법은 몰수대상 재산에 있어서 형법 제48조를 확대하고 있다. 즉 형법 제48조에 의한 몰수는 물건에 대하여만 가능하나, 동법상 몰수는 이에 한정하지 않고 은행예금 · 대출채권 · 무체재산권 등 무형적 이익을 포함한 사회통념상 경제적 가치가 있는 이익을 포함하며, 특정범죄에 의하여 취득한 재산이 전환 또는

변형된 경우에도 특정되어 추적이 가능한 한 그 재산을 몰수할 수 있다.

몰수대상 재산 또는 혼화재산이 범인 이외의 자에게 귀속된 경우에는 몰수할 수 없지만, 그 범죄사실을 알면서 취득한 경우에는 몰수할 수 있다.

몰수할 재산을 몰수할 수 없거나, 그 재산에 관한 범인 이외의 자의 권리 등의 사정 때문에 몰수함이 적절하지 않다고 인정될 때에는 그에 해당하는 가액을 범인으로부터 추징할 수 있다. 몰수·추징 대상 재산이 범죄피해재산인 경우에는 해당 부분은 몰수·추징할 수 없다.

(4) 범죄사실 확인 시 수사기관 신고의무

금융회사 종사자가 범죄수익의 은닉·가장행위를 알게 된 경우에는 관할수사기관에 즉시 신고토록 하여 신속하게 범죄에 대처할 수 있도록 한다.

관할수사기관에 신고한 정보는 금융정보분석원에도 제공하며 신고한 사실을 신고에 관련된 금융거래 상대방과 그의 관계자에게 누설해서는 아니 된다(법 제5조 2항).

위반 시 2년 이하 징역 또는 1천만원 이하 벌금에 처하며 징역과 벌금을 병과할 수 있다.

(5) 범죄수익 환수 기여자에 대한 포상금 지급제도

몰수 대상 재산이 몰수·추징되어 국고에 귀속된 경우 수사기관에 신고한 자 또는 몰수·추징에 공로가 있는 자에게 법무부장관이 포상금을 지급할 수 있는 제도를 운영하고 있다.

참고 • 범죄수익 환수 기여자에 대한 포상금 지급제도

구분	내용
지급·감액 여부 결정권자	법무부장관
지급 요건	몰수 대상 재산이 몰수·추징되어 국고에 귀속된 경우
포상 대상자	수사기관에 신고한 자 또는 몰수·추징에 공로가 있는 자
포상의 의무화 여부	임의적 포상(반드시 포상하여야 하는 것은 아님)
포상금 감액 또는 미지급	공무원이 그 직무와 관련하여 신고하거나 금융회사등에 종사하는 사람이 범죄수익은닉규제법 제5조 제1항의 신고 의무에 따라 신고한 경우

구분	내용
대통령령에 위임된 사항	포상금 지급 대상이 되는 신고 또는 공로의 범위, 포상금 지급의 기준·방법 및 절차 등에 관하여 필요한 사항

3 테러자금금지법

- 공중협박자금조달행위를 범죄로 규정
- 금융거래등 제한대상자 지정고시 및 금융거래등 허가
- 금융거래종사자의 금융거래등 제한대상자의 거래 취급 금지
- 공중협박자금조달 의심되는거래보고의무

(1) 공중협박자금조달행위를 범죄로 규정(법 제2조, 제6조)

테러자금금지법 제2조 제1호 각목의 행위를 하거나 하려는 개인·법인 또는 단체라는 것을 알면서 그를 이롭게 할 목적으로 그 개인·법인 또는 단체에 직접 또는 제3자를 통하여 자금 또는 재산을 모집·제공·운반·보관하는 행위 또는 이를 강요·권유하는 행위에 대하여 10년 이하의 징역 또는 1억원 이하의 벌금에 처하도록 하고 있다.

(2) 금융거래등 제한대상자 지정고시 및 금융거래등 허가(법 제4조)

금융위원회가 우리나라가 체결한 조약 등을 성실히 준수하고 국제평화와 안전유지를 위한 국제적 노력에 특히 기여하기 위하여 공중협박자금조달의 규제가 필요하다고 인정되는 경우에는 공중협박자금조달과 관련되어 있는 것으로 판단되는 개인·법인·단체를 금융거래등 제한대상자로 지정하여 고시한다.

금융거래등 제한대상자가 다음의 행위를 하려는 경우에는 대통령령으로 정하는 절차에 따라 허가신청서를 금융위원회에 제출하여 허가를 받아야 한다.

- 금융회사등과의 금융거래 및 그에 따른 지급·영수
- 동산, 부동산, 채권 및 그 밖의 재산 또는 재산권에 관한 양도, 증여 등 처분

행위와 그 점유의 이전 및 원상의 변경

(3) 금융거래종사자의 금융거래등 제한대상자의 거래 취급금지(법 제5조)

금융회사등은 금융거래 제한대상자로 지정되어 고시된 자의 금융거래 및 그에 따른 지급 · 영수업무를 취급하여서는 아니 된다.

금융회사 임직원은 금융거래와 관련하여 수수한 재산이 공중협박자금 또는 대량살상무기확산자금이라는 사실을 알게 되거나, 금융거래의 상대방이 금융위원회의 허가를 받지 아니하고 금융거래나 그에 따른 지급 · 영수를 하고 있다는 사실 또는 공중협박자금의 죄에 해당하는 행위를 하고 있다는 사실을 알게 된 때에는 지체 없이 관할수사기관에 신고하여야 한다.

(4) 공중협박자금조달 의심되는거래보고의무

공중협박자금이라는 사실이 의심되는 경우 의심되는거래로 보고하여야 한다(특정금융정보법상의 의무이행).

참고 • **테러자금금지법 개정 주요내용**

개정일	개정 사항
2014. 5 .28.	• 대량살상무기 확산 관련 정밀금융제재 신설 • 테러자금조달에 관한 포괄적 금지 및 처벌규정 신설 (10년 이하의 징역 또는 1억원 이하의 벌금) • 정밀금융제재 위반행위에 대한 처벌조항 정비
2016. 3. 9	• 관련법률 명칭 변경
2020. 3. 24	• "금융거래"를 "금융거래등"으로 개정하여 테러자금 · 확산자금에 해당하는 범위를 확대

제3절 자금세탁방지 처벌규정

1 금융거래 미보고 및 감독명령 등 거부

(1) 내부통제의무 위반(특정금융정보법 제17조)

① 위반행위

- 자금세탁 보고업무를 담당할 자의 임명 및 보고체제의 수립, 자금세탁방지 등을 위한 절차 및 업무지침의 작성 · 운용, 임직원의 교육 및 연수 등 조치를 하지 아니한 경우
- 고객이 실제 소유자인지 여부가 의심되는 등 고객이 자금세탁행위 등을 할 우려가 있는 경우 신원확인, 금융거래 목적과 거래자금의 원천을 확인 조치하지 않은 경우
- 금융정보분석원의 감독상 필요한 명령 · 지시 및 검사에 응하지 아니하거나 이를 거부, 방해 또는 기피한 경우

② 벌칙: 1억원 이하의 과태료

(2) 금융거래 미보고 및 자료보존 위반

① 위반행위

- 의무보고대상 의심되는거래보고, 고액현금거래보고를 하지 않은 경우
- 고객확인의무를 위반한 경우
- 금융거래정보 및 자료 등의 5년간 보존 등을 하지 아니한 경우

② 벌칙: 3천만원 이하의 과태료

2 허위보고 및 보고사실 누설

(1) 위반행위

- 의심되는거래보고 및 고액현금거래보고를 허위로 한 경우(금융회사)
- 의심되는거래보고를 하고자 하거나 보고를 하였을 경우 그 사실을 당해 보고와 관련된 금융거래의 상대방을 포함하여 다른 사람에게 누설한 경우(직원)

(2) 벌칙

- 1년 이하의 징역 또는 1천만원 이하의 벌금 부과
- 징역과 벌금은 병과 가능
- 금융회사 임직원이 처벌받는 경우 양벌규정에 의해 금융회사등에 대해서도 벌금형 부과

3 신고의무 위반 및 신고사실 누설

(1) 위반행위

- 범죄수익 또는 자금세탁행위 사실을 알면서도 수사기관에 신고하지 않은 경우(범죄수익은닉규제법 제5조 제1항 및 제2항, 테러자금금지법 제5조 제2항 및 제3항의 규정에 의한 수사기관 앞 신고의무 위반자)
- 상기의 신고를 하고자 하거나 신고한 경우 그 사실을 누설한 금융회사 임직원

(2) 벌칙

- 2년 이하의 징역 또는 1천만원 이하의 벌금 부과
- 징역과 벌금은 병과 가능
- 금융회사 임직원이 처벌받는 경우 양벌규정에 의해 금융회사등에 대해서도 벌금형 부과

> **참고** • **금융거래정보의 비밀보장 등**
>
> 금융정보분석원 소속 공무원, 중계기관에 종사하는 자 또는 수사기관 등의 종사자는 그 직무와 관련하여 알게 된 특정금융거래정보 및 제공받은 정보 또는 자료를 다른 사람에게 제공 또는 누설하거나 그 목적 외의 다른 용도로 사용한 경우, 5년 이하의 징역 또는 3천만원 이하의 벌금 부과(병과 가능)

4 허가받지 아니한 금융거래등 제한대상자와의 금융거래

(1) 위반행위

금융회사등이 허가를 받은 경우를 제외하고는 공중협박자금 조달과 관련하여 금융거래제한대상자로 지정되어 고시된 자와 금융거래 및 그에 따른 지급 · 영수 업무를 취급한 경우(「테러자금금지법」 제6조 제2항)

(2) 벌칙

- 3년 이하의 징역 또는 3천만원 이하의 벌금 부과
- 징역과 벌금은 병과 가능
- 금융회사 임직원이 처벌받는 경우 양벌규정에 의해 금융회사에 대해서도 벌금형 부과

  ※ 금융회사 임직원이 과실로 위반한 경우: 2천만원 이하의 과태료 부과

연습문제 제2장

자금세탁방지기구 및 관련 법령

1 금융정보분석원의 주요 기능과 관련하여 틀린 것은? (   )

① 의심되는거래보고 등 관련 자료를 심사 분석하여 불법재산, 자금세탁 등의 행위라고 판단되는 때에 관련자료를 FATF에 제공한다.

② 금융회사의 자금세탁방지를 위한 교육을 지원하고 자금세탁 등의 행위방지 등에 필요한 지침을 작성 · 운영한다.

③ 외국 금융정보분석기구와의 업무 협조 및 정보 교환 업무를 수행한다.

④ 자금세탁 등 행위의 가능성이 높은 의심되는 거래 참고 유형을 금융회사 등에 제공한다.

2 FATF의 활동에 대한 설명으로 틀린 것은? (   )

① FATF는 연례자체평가와 상호평가를 통해 회원국의 자금세탁방지대책 이행상황을 감독하고 있다.

② 자금세탁 등의 추세, 기법과 대응조치를 검토하고 40개 권고사항의 의미를 고찰한다.

③ FATF의 조치를 요하는 고위험 국가(대응조치, 강화된 고객확인)와 제도의 결함을 치유 중인 강화된 관찰대상 국가 명단을 매 총회마다 공개하고 있다.

④ FATF는 전세계 금융정보분석기구회의를 개최하고 FIU간 협력을 증진하기 위하여 출범하였다.

3 **자금세탁방지 관련 법령에 대하여 옳은 것은? (　　)**

① 특정금융정보법에 의하여 금융정보분석원은 금융정보분석 업무와 관련된 통계자료 등 금융거래 사항에 대하여 매년 금융감독원에 보고해야 한다.

② 범죄수익은닉규제법에 의하면 자금세탁행위를 범죄로 규정하고 있고 범죄수익 등의 은닉 · 가장행위, 범죄수익 등의 수수행위를 의미한다.

③ 범죄수익은닉규제법의 몰수는 물건에 대하여만 가능하고 사회통념상 경제적 가치가 있는 이익은 몰수가 불가능하다.

④ 금융거래 등 제한대상자가 부동산을 양도를 통하여 처분하려는 경우 허가신청서를 금융정보분석원에 제출하여 허가를 받아야 한다.

4 **자금세탁방지 관련 법령 위반 시 처벌과 관련하여 틀린 것은? (　　)**

① 특정금융정보법 상 자금세탁 보고업무를 담당할 자를 임명하지 않는 경우 1억원 이하의 과태료를 부과한다.

② 의심되는거래보고를 하였을 경우 금융거래의 상대방을 포함한 다른 사람에게 누설한 직원은 1년 이하의 징역 또는 1천만원 이하의 벌금 부과가 가능하다.

③ 특정금융정보법, 범죄수익은닉규제법, 테러자금금지법 위반 시 징역과 벌금은 병과 가능하다.

④ 특정금융정보법 상 고객확인의무를 위반하거나 의무보고대상 의심되는거래보고, 고액현금거래보고를 하지 않은 경우 3천만원 이하의 과징금을 부과받는다.

연습문제 제2장

자금세탁방지기구 및 관련 법령

⊙ 다음 문제를 읽고 옳으면 O, 틀리면 X를 하시오.

5 금융회사 종사자가 범죄수익의 은닉 · 가장행위를 알게된 때에는 관할수사기관에 즉시 신고하고, 금융정보분석원, 금융거래 상대방에게 누설해서는 안된다. ( )

6 몰수 대상 재산 또는 혼화재산이 범인 이외의 자에게 귀속된 경우에는 몰수할 수 없지만 그 범죄사실을 알면서 취득한 경우에는 몰수할 수 있다. ( )

7 금융회사 등이 금융정보분석원장에게 보고한 사항 중 금융정보분석원장이 수사기관 등 법 집행기관에 제공한 정보는 재판에서 증거로 사용할 수 없으며, 의심거래보고서에 관여한 금융회사 등의 종사자는 당해 보고와 관련된 사항에 관하여 증언을 거부할 수 있다. ( )

정답 1.① 2.④ 3.② 4.④ 5.(X) 6.(O) 7.(O)

제3장 고객확인의무(CDD)

제1절 적용대상

1 고객확인제도 개요

(1) 고객확인제도 정의

고객확인제도란 금융회사등이 고객과 거래시 고객의 신원을 확인·검증하고 실제소유자, 거래의 목적, 자금의 원천을 확인하도록 하는 등 금융거래 또는 금융서비스가 자금세탁등 불법행위에 이용되지 않도록 고객에 대해 합당한 주의를 기울이도록 하는 제도를 의미한다.

CDD(Customer Due Diligence) 금융거래를 이용한 자금세탁등의 행위를 예방하기 위하여 고객의 신원 및 실제 당사자 여부, 금융거래 목적 등을 확인토록 하는 제도			
계좌 신규개설	일회성 금융거래 · 외국환거래: 1만달러 · 전신송금: 100만원 · 또는 그에 상응하는 외화 · 기타: 1천만원	자금세탁등의 행위를 할 우려가 있는 경우	기존고객
고객확인 대상 고객에게는 고객거래확인서를 징구, 신원확인 및 검증			

(2) 고객확인제도의 유래

고객확인은 2001년 10월 BIS의 은행감독을 위한 바젤위원회(Basel Committee on Banking Supervision)가 "Customer due diligence for banks" 라는 보고서를 발표하면서 본격적으로 논의되기 시작하였으며, FATF는 1990년대 초반 자금세탁 방지를 위해 발표한 '40개 권고안'에 고객확인의무를 대폭 추가하여, 2003년 6월 새로운 40개 권고안을 발표하였다. 또한 선진국 금융기관(볼프스베르그 그룹)들은 2000년 10월과 2002년 11월 '프라이빗뱅킹 관련 고객확인의무'와 '코레스뱅킹 관련 고객확인의무'에 대한 표준을 자발적으로 발표함으로써 고객확인의무는 금융기관이 준수해야 할 국제표준(global standard)이 되었다.

우리나라에서는 2006년 1월 18일 특정금융정보법이 제정 · 시행됨에 따라 고객확인제도가 도입되었다.

2 고객확인제도의 필요성

(1) 금융회사의 건전성 제고

고객확인제도 도입을 통해 고객의 자금 세탁 위험도에 따라 대응함으로써 자금세탁등의 위험, 법률 · 운영 · 평판위험 등을 효과적으로 관리하여 금융회사의 건전성을 제고한다.

(2) 의심되는거래보고(STR)의 효용성 제고

고객 및 금융거래에 대한 정확한 정보 확보는 의심되는거래보고제도의 효율성을 위한 기초라 할 수 있다.

참고 • 고객확인제도를 통해 STR 효용성이 제고되는 이유

- 고객확인제도는 금융회사가 고객의 정보를 취득하는 과정에서 고객의 답변과 행태 등을 통해 의심되는거래보고 여부를 판단하는 데 유용한 정보를 수집할 수 있으며, FIU 보고 시 보다 정확한 정보를 제공할 수 있다.
- 고객으로부터 취득한 정보를 이용한 모니터링 과정을 통하여 의심되는거래 패턴 등의 분석을 용

이하게 함으로써 의심되는거래보고제도의 효용성을 높이는 데 도움을 주고 있다.

(3) 자금세탁방지 환경변화에 능동적 대응

위험에 따른 차별화된 고객확인 이행을 통하여 국제기준의 변화와 전자금융의 발전 등 외부환경 변화에 맞추어 자금세탁등의 위험을 감소시킬 수 있다.

참고 • 위험기반 고객확인의 의미와 관리체계 구축의 필요성

- 금융회사는 고객 확인 이행을 위해 자금세탁등의 위험을 식별하고 평가하는 위험관리체계를 갖추고, 위험평가 시 경영환경 및 특성 등을 고려하여 위험평가 요소와 중요도를 정하여야 하며, 위험은 크게 국가위험, 고객위험, 상품 및 서비스 위험으로 분류할 수 있다.
- 위험기반 고객확인은 상기 위험요소를 근거로 고객의 위험을 평가하여 자금세탁등 위험이 낮은 고객에게는 일반적인 고객확인(CDD) 절차를 이행하고, 자금세탁등의 위험이 높은 고객에 대해서는 강화된 고객확인(EDD) 절차를 이행하도록 하는 것이다.
- 금융회사가 이러한 위험기반 고객확인절차를 이행하기 위해서는 고객확인 및 평가에 필요한 요건을 사전에 정의하고, 외국의 정치적 주요인물 및 요주의 리스트(개인, 단체, 국가) 필터링 시스템을 갖추고 고객 수용절차의 도입 등 AML 관리체계를 명확히 구축하여야 할 필요성이 있다.

3 고객확인제도의 종류

고객유형	고객확인 [CDD; Customer Due Diligence]	강화된 고객확인 [EDD; Enhanced Due Diligence]	
개인 (개인사업자)	• 성명 • 실명번호(외국인 비거주자는 생년월일 및 성별) • 주소 및 연락처(외국인 비거주자는 실제 거소 또는 연락처) • 국적(외국인에 한함) • 직업 또는 업종 등 금융회사등이 자금세탁행위등의 방지를 위하여 필요로 하는 사항 • 실제소유자	필수 추가 정보*	• 직업 또는 업종(개인사업자) • 거래의 목적 • 거래자금의 원천
		임의 추가 정보	• 기타 금융회사가 자금세탁 우려를 해소하기 위해 필요하다고 판단한 사항 • 직장정보(직장명, 연락처, 근무부서, 직위) • 재산현황 • 연소득현황 • 거래상품 및 거래 종류별 예상거래 횟수 및 금액

법 인	• 법인명 • 실명번호 • 본점 및 사업장 주소 · 소재지 (외국법인 실제 사업장 소재지) • 대표자 또는 대표이사 · 이사 등 고위 임원에 대한 정보(개인 신원정보와 동일) • 업종(영리법인) • 설립목적(비영리법인) • 회사 연락처 • 실제소유자	필수 추가 정보*	• 법인구분정보(대기업, 중소기업) • 상장정보(거래소, 코스닥) • 홈페이지(또는 이메일) 등 회사에 관한 기본정보 • 설립일 • 거래목적 • 거래자금 원천
		임의 추가 정보	• 금융회사등이 필요하다고 판단하는 경우 예상거래 횟수 및 금액, 회사의 특징이나 세부정보 등 • 주요 상품 및 서비스 • 시장점유율 • 종업원 수 • 재무정보 • 주요 공급자 • 주요 고객
재이행주기	3년	1년	

* 자금세탁방지 업무규정 제42조

4 금융실명제와 고객확인의무의 차이

고객확인의무에 따른 고객확인의 경우 금융실명제에서의 실지명의를 확인하는 것뿐만 아니라 주소와 연락처 등도 확인하는 한편 자금세탁의 우려가 있는 경우 실제 당사자 여부 및 금융거래의 목적까지 확인하게 된다는 점에서 그 차이가 있다.

〈금융실명제와 고객확인제도의 비교〉

구 분	금융실명법	특정금융정보법	
근거 조문	제3조 (실명 확인)	제5조의2 제1항 제1호 (신원 확인)	제5조의2 제1항 제2호 (자금세탁 우려 확인)
적용 범위	• 은행업 수신 · 환업무 (여신, 금고대여 등 ×) • 보험 · 공제 · 카드업 등 ×	• 금융실명법 · 자본시장법 적용 금융거래 • (금융실명법 적용 제외되는 금융거래인) 은행여신 + 보험 · 공제 + 카드업+파생상품거래+외국환 거래업무 등 포함 • 카지노 사업자 포함	
확인 대상	• 계좌개설 • 1백만원 초과 송금 (무통장입금 포함)	• 계좌개설 • 1천만원 이상 일회성 금융거래	• 실제소유자 여부 의심 • 기타 자금세탁 우려가 있는 금융거래
확인 사항	• 거래자의 실지명의 – 개인(성명 · 주민번호) – 법인(명칭 · 사업자번호)	• 고객의 신원에 관한 사항 • 고객을 최종적으로 지배하거나 통제하는 자연인인 실제 소유자에 관한 사항	• 고객의 신원과 실제소유자에 관한 사항 + 금융거래의 목적과 거래자금의 원천 등
검증	• 실명확인증표에 의한 금융회사의 검증의무	• 검증 여부는 금융회사의 재량사항 (확인자료, 확인방법은 금융회사 업무지침에 반영)	

확인 되지 않은 경우	• 금융회사는 거래할 수 없음	• 금융회사로서는 – 해당 고객과의 신규 거래를 거절하고, 이미 거래관계가 수립되어 있는 경우에는 해당 거래를 종료하여야 함(의무사항) – 거래 거절 또는 종료 후 의심되는거래보고 여부를 검토하여야 함
위반 시 제재	금융회사 임직원에 대한 과태료와 신분상 제재	금융회사 임직원에 대한 과태료와 신분상 제재

제2절 적용대상거래

1 계좌신규개설《①신원확인 + ②실제소유자 확인》

"계좌 신규개설"이라 함은 고객이 금융회사에서 예금계좌를 신규로 개설하는 경우를 포함하여, 금융회사와 계속적 금융거래를 개시할 목적으로 계약을 체결하는 것을 말한다.

예 시	- 예금계좌, 위탁매매계좌 등의 신규개설 - 보험 · 공제계약, 대출 · 보증 · 팩토링 계약의 체결 - 양도성예금증서, 표지어음, 채권 등의 발행 - 펀드 신규 가입 - 대여금고 약정, 보관어음 수탁을 위한 계약 - 금융거래를 개시할 목적으로 계약을 체결하는 것

"계좌 신규개설"의 경우 거래금액에 상관없이 고객확인의무를 수행하여야 한다.

예 시	고객이 1천만원 미만의 양도성예금증서(CD)를 발행하는 경우, 1천만원 미만의 일회성 금융거래로서 고객확인 및 검증이 면제되는 것이 아니라 계좌의 신규개설로 보아 고객확인의무의 적용대상이 된다.

2 일회성 금융거래《①신원확인 + ②실제소유자 확인》

외국환거래(1만 달러), 전신송금(100만원 또는 그에 상응하는 외화), 기타(1천만원) 이상으로 일회성 금융거래를 하는 경우에는 고객확인을 하여야 한다.

"일회성 금융거래"라 함은 금융회사에서 개설된 계좌에 의하지 않고 무통입금(송금), 외국환거래(외화송금, 환전), 자기앞수표 발행 및 지급, 당좌수표 및 어음 지급, 보호예수(봉함된 경우 제외), 선불카드 매매, 무기명식정기예금 지급, 증서식 CD 지급, 증서식 표지어음 지급, 채권 발행 및 지급(통장거래 제외) 등 현금 또는 타점(당 · 타행수표, 어음, 기타타점)을 가지고 내점하여 처리를 요청하는 경우를 말한다.

다만, 통장을 가지고 내점하여 입·출금하는 경우와 위 일회성 금융거래들을 해당 금융회사 통장에서 출금된 자금으로 처리하거나 해당 금융회사 통장으로 입금하는 경우에는 일회성 금융거래로 보지 아니한다.

일회성 금융거래 기준금액은 단일거래뿐만 아니라 연결된 거래를 포함한 금액을 기준으로 산정한다(전산으로 자동 인식, 동일 상대방에 의한 동시·동일창구에서의 금융거래 시에는 직원이 인지하여 고객확인 이행).

일회성 금융거래 기준금액 적용방법

- 단일거래뿐만 아니라 동일인 명의의 일회성 금융거래로서 7일 동안 합산한 금융거래(연결거래)의 금액을 적용한다.
- 금융거래의 금액을 산정함에 있어서 금융거래의 대상이 되는 재산의 액면금액과 실지거래 금액이 다른 경우에는 실지거래 금액을 기준으로 한다.
- 혼합된 금융거래는 각호의 금융거래등으로 구분하여 금융거래등의 금액을 적용한다.
- 원화와 외화가 혼합된 거래일 경우 각각의 거래로 구분하여 그중 어느 하나라도 기준금액에 해당하면 그 금액을 적용한다.
- 외화환전과 같이 원화와 외화거래가 동시에 발생하는 경우 그중 하나의 거래가 기준금액에 해당하면 그 금액을 적용한다.
- 미화 이외의 외국통화의 경우 현찰매매율 또는 전신환매매율 등 실제 거래된 환율을 적용하여 미화로 환산한다.
- 금액을 확인할 수 없는 경우 기준금액 미만으로 본다.

참고 • 일회성 금융거래 예시

1) 1천 5백만원 자기앞수표(당·타행 포함)등 기타 타점에 의한 무통장 송금거래

☞ 1천만원 이상의 일회성 금융거래에 해당

2) 통장 1천만원 현금 출금(A)+2천만원 현금 무통장 송금(B)

☞ A거래는 계좌에 의한 거래로 일회성 금융거래가 아니나, B거래가 1천만원 이상의 일회성 금융거래 해당

3) 통장 1천 5백만원 대체 출금(A)+1천 5백만원 대체 무통장 송금(B)

☞ A가 계좌에 의한 거래이며, B는 A에 연결되어 일회성 금융거래가 아님

4) 2천만원 자기앞수표 대체 지급(A)+2천만원 대체 무통장 송금(B), 자기앞수표 발급(C)

☞ A, B, C 모두 계좌에 의한 거래가 없어 일회성 금융거래에 해당

5) 2천만원 자기앞수표 현금 지급(A)+2천만원 현금 무통장 송금(B)

☞ A, B거래 모두 계좌에 의한 거래가 없어 일회성 금융거래에 해당

6) 통장 1천만원 대체 출금(A)+1천만원 대체 양도성예금증서 발행(B)

☞ A는 계좌에 의한 거래, B는 계좌의 신규개설에 해당

7) 1천만원권 2매 자기앞수표 현금지급(A)+1천만원씩 무통장 현금송금 2건(B)

☞ A, B 모두 계좌에 의하지 않은 거래로 일회성 거래이며 연결거래의 합계금액이 1천만원 이상

8) 2천만원 자기앞수표 대체지급(A)+통장에 대체 유통 입금(B)

☞ B가 계좌에 의한 거래이며, A는 B에 연결되어 일회성 금융거래가 아님

9) 2천만원 자기앞수표 현금지급(A)+통장에 현금 유통 입금(B)

☞ A는 일회성 금융거래가 되며, B는 계좌에 의한 거래에 해당

10) 1천만원권 자기앞수표 대체 지급(A)+미화 1만불 외국통화 매도(B)

☞ A, B거래 모두 계좌에 의한 거래가 아니므로 일회성 금융거래에 해당

3 기타 자금세탁의 우려가 있는 거래등 고객확인이 필요한 거래 《①신원확인 + ②실제소유자 확인 + ③금융거래목적과 거래자금 원천 확인》

자금세탁등의 우려가 있는 거래란 실제 거래당사자 여부가 의심되는 등 자금세탁등의 행위와 관련성이 있다고 금융회사가 판단하는 경우를 말한다.

아래와 같이 "고객의 신원과 실제소유자에 관한 사항 및 금융거래 목적과 거래자금의 원천 등"을 확인하여야 한다.

(1) 고객의 신원과 실제소유자에 관한 사항 확인

거래자에 대하여 신원확인 후 거래자 이외에 실소유자가 존재하는지 여부(예: 금융거래 자금이 거래자의 소유인지 여부 등)를 확인할 의무가 있다.

- 거래거절 의무화(특정금융정보법 제5조의2 제4항, 제5항)
  - 고객이 신원확인 등을 위한 정보제공을 거부하여 금융회사가 고객확인을 할 수 없는 경우: 금융회사는 신규거래는 거절하고 기존 고객과는 해당 거래를 종료하여야 하며, 금융정보분석원에 대한 의심거래보고(STR) 여부도 검토해야 한다.
- 법인 신원확인 방식 변경(법 시행령 제10조의4)
  - 법인 또는 단체에 대한 신원확인 시 대표자 항목에 대해서는 대표자의 성명, 생년월일 및 국적을 확인

(2) 금융거래목적과 거래자금의 원천 등의 확인

자금세탁등의 우려가 있는 경우 고객이 스스로 실소유자의 신원을 밝히는지 여부에 상관없이 금융거래 목적을 확인하여야 하며, 여러 개의 거래목적이 있는 경우 그중 주된 목적을 밝히면 될 것으로 판단된다(예: 부동산 거래대금, 부채상환, 종업원 임금지급 등).

참고 • **실제소유자 여부가 의심되는 참고유형**

- 대포통장을 이용한 거래
- 미성년자 명의의 고액 거래
- 법인의 종업원이나 가족관계가 아닌 대리인에 의한 계좌개설
- 직업이나 소득을 명확히 밝히지 않거나 직업이나 소득에 비추어 그 실질 소유주가 아닌 것으로 의심이 되는 경우
- 고액(1억원 이상)의 타익신탁거래
- 1인이 동시에 5개 이상 요구불계좌를 개설하는 경우
- 1명의 대리인이 동시에 5인 이상의 요구불 계좌를 개설하는 경우

고객확인 면제대상

- 「금융실명거래 및 비밀보장에 관한 법률」(이하 '금융실명법') 제3조 제2항 제1호, 동법 시행령 제4조 제1항 제2호 및 제3호에서 정하는 금융거래
  - 실명이 확인된 계좌에 의한 계속거래
  - 각종 공과금 등의 수납
  - 100만원 이하의 원화 송금과 100만원 이하에 상당하는 외국통화의 매입 · 매각
- 금융실명법 제3조 제2항 제3호, 동법 시행령 제4조 제2항 및 제3항에서 정하는 금융거래
  - 「고용정책 기본법」 제28조의4의 규정에 의하여 근로복지공단이 발행하는 채권
  - 「중소기업진흥에 관한 법률」 제65조에 따라 중소기업 진흥공단이 발행하는 채권
  - 「예금자보호법」 제26조의2의 규정에 의한 예금보험기금채권
  - 「한국자산관리공사 설립 등에 관한 법률」 제40조의 규정에 의한 부실채권정리기금채권
- 법원공탁금, 정부 · 법원 보관금, 송달료를 지출한 금액
- 보험기간의 만료 시 보험계약자, 피보험자 또는 보험수익자에 대하여 만기환급금이 발생하지 아니하는 보험계약

4 인수 및 합병

다른 금융회사를 인수 · 합병하는 경우에는 피인수금융회사 거래고객에 대해서도 고객확인의무를 수행하여야 한다. 다만, 다음의 조건을 모두 만족하는 경우에는 피인수기관 고객에 대한 확인 및 검증을 생략할 수 있다.

- 피인수금융회사로부터 고객확인 이행에 대한 보증을 받고 관련 고객확인 이행자료를 입수한 경우
- 입수한 고객확인 이행자료의 표본추출 점검 등을 통하여 고객확인이 적정하다고 판단되는 경우

5 해외지점 또는 자회사

해외에 소재하는 지점 또는 자회사(현지법인)는 자금세탁방지 등에 관한 국내 · 외 법규를 준수하여야 하며, 보고책임자는 이의 이행 여부를 관리하여야 한다. 다만, 현지법규의 기준이 국내기준과 다른 경우 자금세탁위험을 관리 · 경감할 수 있는 조치를 취하고 그 사실을 보고책임자에게 보고하여야 한다.

보고책임자는 국제자금세탁방지기구(FATF) 권고사항이 이행되지 않거나 불충분하게 이행되고 있는 국가에 소재한 국외지점 등에 대하여는 특별한 주의를 기울여야 한다.

제3절 이행시기

1 확인사항

(1) 계좌 신규개설 또는 1천만원(외화 미화 1만불 상당액) 이상의 일회성 거래 시

<table>
<tr><th>고객유형</th><th>확인사항</th></tr>
<tr><td>개 인</td><td>■ 고객에 대한 신원 확인 및 검증사항
고객명, 실명번호, 국적, 여권번호(외국인인 경우), 주소(외국인인 경우 연락 가능한 실제거소), 연락처, 직업 또는 업종, 금융회사가 필요로 하는 사항 등
■ 실소유자에 대한 신원확인 및 검증사항
고객과 실소유자가 일치하지 않은 사실을 인지한 경우 고객의 위험수준을 고려하여 실소유자 여부를 확인
– 실지명의 및 국적(외국인인 경우)
■ 거래목적 및 용도 확인
– 직업 또는 업종(개인사업자)
– 사업자등록번호(개인사업자인 경우)
– 거래목적과 자금의 원천</td></tr>
<tr><td>법 인
(영리, 비영리, 기타 및 외국인, 외국단체)</td><td>■ 고객에 대한 신원 확인 및 검증사항
법인(단체)명, 대표자 또는 대표이사・이사 등 고위 임원에 대한 개인신원정보, 본점/사업장 주소 및 연락처, 업종(영리법인), 설립목적(비영리법인의 경우)
■ 실소유자에 대한 신원확인 및 검증사항
특정금융정보법 제5조의2(금융회사등의 고객확인의무) 제1항의
2016.1.1.시행(자금세탁방지업무규정 제41조 기 시행)
– 법인의 경우도 개인과 같이 '실제소유자 여부를 확인'하고 변경/실제소유자가 의심되는 경우 '거래목적과 거래자금의 원천 등' 확인
– 실제소유자: 성명, 생년월일, 국적
■ 거래목적 및 용도 확인
– 법인정보(설립일, 상장정보 등)
– 홈페이지 등 회사에 관한 기본정보
– 거래목적과 거래자금의 원천 등 확인</td></tr>
</table>

신원확인을 한 후에 같은 고객과 다시 금융거래를 하는 때에는 동일한 확인조치를 취하지 않을 수 있다.

다만, 기존의 확인사항이 사실과 일치하지 않을 우려가 있거나 그 타당성에 의심이 있는 경우에는 다시 확인하여야 한다.

(2) 실제 거래당사자 여부가 의심되는 등 자금세탁행위의 우려가 있는 경우

실제 거래당사자 여부가 의심되는 등 자금세탁행위의 우려가 있는 경우 상기 신원에 관한 사항과 함께 실제 거래당사자 여부 및 금융거래의 목적을 추가로 확인하여야 한다.

금융거래목적은 고객이 금융거래를 하는 목적을 말하며, 그 목적이 여러 가지가 있는 경우 주된 목적을 파악하면 된다. 그리고 금융거래목적 파악은 고객이 실제 거래당사자 여부를 밝히는지 여부에 상관없이 확인하여야 한다.

금융거래 목적 유형예시	• 계좌 개설 시: 저축 및 투자, 입출금거래, 사업상 거래, 보험 · 증권 거래 등 • 일회성금융거래: 증여성, 사업성, 부채상환 등

(3) 대리인이 금융거래를 하는 경우

대리인이 상기 금융거래를 하는 경우 본인인 개인 또는 법인에 대한 고객확인 및 검증절차와 대리인에 대한 고객확인 및 대리권한에 대한 확인을 수행하여야 하며, 관련기록을 5년간 보관한다.

2 확인방법

(1) 일반적인 경우

금융회사등은 위 확인사항을 고객에게 구두로 질문하여 기록하거나 금융회사 소정양식 징구 등의 방법으로 확인할 수 있다.

(2) 의심되는 경우

금융회사등은 위 확인사항이 의심되는 경우 출처가 신뢰할 만한 문서 · 정보 등 기타 확인자료를 이용하여 그 진위 여부를 확인할 수 있다. 이 경우 금융회사등은 그 확인자료 및 확인방법을 고객확인의무에 대한 업무지침에 반영하여 운용하여야 한다.

확인자료 예시	• 주소(본점 및 사업장소재지): 주민등록등본, 주민등록증, 공과금 영수증, 법인등기부 등본, 사업자등록증, 기타 공공기관이 발행한 증서 등 • 연락처: 명함, 전화요금 영수증 등 • 업종: 사업자등록증 등 • 설립목적: 법인등기부 등본, 정관 등 • 국적: 여권, 외국인등록증 등

3 이행시점

(1) 원칙

고객확인은 당해 고객이 계좌를 신규로 개설하기 전 또는 금융거래가 완료되기 전까지 이행하여야 한다.

(2) 예외

다음의 경우에는 다음 각각에서 정하는 기간까지 고객확인을 할 수 있으나, 이 경우 고객이 내점하여 고객확인을 하기 전에는 입금 및 지급을 제한할 수 있다.

- 근로자 · 학생 등에 대한 일괄적인 계좌개설의 경우
  ⇨ 계좌개설후 거래당사자의 최초 금융거래 시
- 타인을 위한 보험의 경우
  ⇨ 보험금, 만기환급금, 그 밖의 지급금액을 청구권자에게 지급하는 때 또는 청구권이 행사되는 때
- 일회성 금융거래로서 연결된 분할거래의 합계액이 기준금액 이상인 경우
  ⇨ 동 거래 후 창구를 이용한 실명확인대상 금융거래 시
- 일괄적인 계좌 개설의 경우 계좌개설을 대행하는 사업주 등에 대하여는 계좌 개설 시에 고객확인을 하여야 한다.

4 지속적 고객확인

고객확인을 한 고객과 금융거래가 유지되는 동안 당해 고객에 대하여 주기적으로 고객확인을 생략할 수 있다.

고객의 위험도에 따라 고위험 고객은 1년, 저위험 고객은 3년 주기등의 방법으로 개별 금융사가 재이행주기를 설정하여 고객확인을 재이행하여야 한다. 재이행 주기가 도래하지 않은 경우에는 고객확인을 생략할 수 있다. 다만, 기존 확인사항이 사실과 일치하지 아니할 우려가 있거나, 그 타당성에 의심이 있는 경우에는 고객확인을 실시하여야 한다.

고객확인을 위해 입수한 문서, 데이터 및 위험평가 결과 등을 지속적으로 비교·검토하여 관리하여야 한다.

5 비대면거래

예시	• 인터넷 등과 같은 전자수단에 의한 거래(인터넷 뱅킹을 통한 계좌개설, 대출, 해외 송금 등) • ATM 서비스 및 텔레뱅킹 서비스 등

금융회사등은 비대면 거래와 관련된 자금세탁등의 위험에 대처하기 위한 절차와 방법을 마련하여 적용하여야 한다. 전자금융에 의한 계좌개설 등 비대면 거래 시 고객확인 절차는 다음과 같다.

- 인터넷뱅킹, 텔레뱅킹 등 비대면 거래의 고객확인이 필요한 경우 해당 고객에게 영업점 방문을 통한 고객확인이 필요하다는 사실 고지
- 고객이 영업점을 방문하여 실명확인대상 금융거래를 하거나, 고객이 요청하는 때에 고객확인 이행

6 고객공지

금융회사는 고객확인을 위해 필요한 자료 등을 공지하여야 하며, 공지하는 때에는 다음 사항이 포함되어야 한다.

- 고객확인에 대한 법적 근거
- 고객확인에 필요한 정보, 문서, 자료 등
- 고객이 정보 등의 제출을 거부하거나, 검증이 불가능한 경우에 취하는 조치 등

7 고객정보 관리 및 보호

(1) 고객정보 관리

금융회사는 고객확인의무를 통해 확인된 고객의 신원사항 및 실제 소유자 여부, 거래목적에 대한 내용을 전산 등을 통해 기록 관리하여야 하고 이와 관련된 모든 서류와 기록은 최소한 5년 이상 보존하여야 한다.

(2) 고객정보 보안

금융회사는 고객확인의무를 통해 확인된 고객의 정보에 대한 사항을 기존 고객정보관리와 동일한 주의의무로써 보안관리하여야 한다.

제4절 고객확인 및 검증

1 개인고객의 확인 및 검증

(1) 개인고객 신원정보 확인

개인고객(개인사업자, 외국인 포함)에 대하여는 다음의 신원정보를 확인하여야 한다.

- 성명
- 실명번호(외국인 비거주자의 경우 생년월일 및 성별)
- 주소 및 연락처(외국인 비거주자의 경우 실제 거소 및 연락처)
- 국적(외국인의 경우에 한함)
- 실제소유자

(2) 개인고객 신원정보 검증

개인고객에 대하여 다음의 신원정보를 검증하여야 한다.

- 성명
- 실명번호(외국인 비거주자의 경우 생년월일)
- 주소 및 연락처(외국인 비거주자의 경우 실제 거소 및 연락처)
- 국적(외국인의 경우에 한함)
- 실제 소유자

(3) 개인고객 신원정보 검증방법

① 문서적 방법

주민등록등본, 재직증명서, 노인 복지카드, 경로 우대증, 이름과 주소가 명시되어 있는 전기, 가스, 수도요금 청구서 또는 영수증, 이름과 주소가 명시되어 있는 전화요금 영수증 또는 청구서, 청소년증, 회사와 직원의 이름 및 사진이 첨부된 사원증, 공익근무원증, 전역증, 호적등본, 명함, 출입국관리 사무소장이 발행한 출국사실 증명서, 외국민 등록부, 건강보험증, 운전면허증(국외), 사회보장카드, 시민권, 인감증명서, 세금 고지서 또는 영수증 등에 의한다.

② 비문서적 방법

가. 1382전화를 통한 주민등록 발급일자 확인, 정부민원포털 홈페이지(www.minwon.go.kr)를 통한 주민등록증 진위 확인, 경찰청 홈페이지(www.police.go.kr)를 통한 운전면허증 진위확인, 신용정보기관을 통한 확인, 외국인 정보인증시스템, 본인 음성녹취 등에 의함

나. 전화 녹취를 통한 검증의 경우 모니터링 콜(Monitoring Call『해피콜』) 등을 통해 계약자의 성명, 실명번호, 연락처, 주소, 직업, 국적 등 자금세탁 업무규정에서 정한 신원정보를 확인하고 녹취*

* 금융정보분석원, 보험협회 및 보험회사 자금세탁방지 실무작업반에 의한 「고객확인 및 검증의 이행을 위한 보험업계 권고사항」

다. 신원정보 검증이행: 자금세탁등의 위험이 낮은 경우로서 다음 방법으로 고객의 신원을 확인한 때에는 검증을 이행한 것으로 본다. 이 경우 실명확인증표의 진위 여부에 주의를 기울여야 한다.

- 주민등록증, 운전면허증과 같이 사진이 첨부되어 있는 실명확인증표로 위의 신원정보(연락처 제외)를 모두 확인한 경우
- 학생, 군인, 경찰, 교도소 재소자 등에 대해 금융실명법상의 실명확인서류 원본에 의해 실명을 확인한 경우

2 법인고객의 확인 및 검증

(1) 법인고객 신원정보 확인

법인고객(영리법인, 비영리법인, 외국법인 포함)에 대하여는 다음의 신원정보를 확인하여야 한다.

- 법인(단체)명
- 실명번호
- 본점주소 및 사업장의 주소·소재지(외국법인의 경우 연락 가능한 실제 사업장 소재지)

- 대표자 또는 대표이사, 임원등 고위임원에 대한 정보(개인고객 신원확인 사항에 준함)
- 업종(영리법인의 경우) 또는 설립 목적(비영리법인의 경우)
- 회사 연락처
- 실제소유자
- 가상통화 취급업소 여부

(2) 법인고객 신원정보 검증

- 법인(단체)명
- 실명번호
- 본점주소 및 사업장의 주소 · 소재지(외국법인의 경우 연락 가능한 실제 사업장 소재지)
- 업종(영리법인의 경우) 또는 설립 목적(비영리법인의 경우)
- 실제소유자

(3) 법인고객 확인 방법

① 문서적 방법

사업자등록증, 고유번호증, 납세번호증, 사업자등록증명원, 법인등기부 등본, 영업허가서, 정관, 외국인투자기업등록증 등

② 비문서적 방법

전자공시, 상용 기업정보 제공 데이터베이스 등

3 강화된 고객확인

(1) 개인고객에 대한 추가정보 확인

자금세탁등의 고위험으로 분류된 개인고객에 대하여는 고객거래확인서를 받아 신원정보 이외에 다음의 추가정보를 확인하여야 한다.

① 필수추가정보

- 직업 또는 업종(개인사업자)
- 거래의 목적
- 거래자금의 원천

② 임의추가정보

- 기타 금융회사가 자금세탁 우려를 해소하기 위해 필요하다고 판단한 사항
- 직장정보(직장명, 연락처, 근무부서, 직위)
- 재산현황
- 연소득현황
- 거래상품 및 거래 종류별 예상거래 횟수 및 금액

(2) 법인고객에 대한 추가정보 확인

자금세탁등의 고위험으로 분류된 법인고객에 대하여는 고객거래확인서를 받아 신원정보 이외에 다음의 추가정보를 확인하여야 한다.

① 필수추가정보

- 법인구분정보(대기업, 중소기업 등)
- 상장정보(거래소, 코스닥 등)
- 설립일
- 홈페이지(또는 이메일) 등 회사에 관한 기본정보
- 거래의 목적
- 거래자금의 원천

② 임의추가정보

- 금융회사등이 필요하다고 판단하는 경우 예상거래 횟수 및 금액, 회사의 특징이나 세부 정보 등
- 주요 상품 및 서비스
- 시장점유율
- 종업원 수
- 재무정보
- 주요 공급자
- 주요 고객

(3) 기타

자금세탁등의 고위험으로 분류된 상품 및 서비스를 거래하고자 하는 경우에도 위의 방법으로 고객확인을 하여야 한다.

최근 3개월 동안 3회 초과하여 의심되는거래보고가 발생한 고객과 거래하고자 하는 경우에도 위와 같은 방법으로 고객확인을 하여야 한다.

4 실제소유자 확인방법

고객을 최종적으로 지배하거나 통제하는 자연인을 실제소유자라고 한다. 실제소유자가 누구인지를 판별하여야 하는 것은 자금세탁을 방지하는데 실익이 있기 때문이다. 〈특정금융정보법 제5조의2 제1항, 동법 시행령 제10조의5〉

금융회사는 개인 또는 법인인 고객이 신규계좌를 개설하는 등의 경우* 실제소유자를 확인하여야 한다.

* 계좌 신규개설 또는 1천만원 이상 일회성 금융거래등

(1) 개인고객

기본적으로 고객과 실제소유자가 동일하다고 추정하며, 고객이 실제소유자가 따로 존재한다고 밝히거나 고객이 타인을 위한 거래를 하고 있다고 의심될 경우에 실제소유자를 확인*한다. 개인의 실제소유자에 대해서는 실지명의(성명, 주민등록번호)를 법인·단체는 실제소유자의 성명, 생년월일, 국적을 확인하고 기재하여야 한다.

* 기타 경우에는 '계좌 명의인을 실제소유자'로 간주한다.

(2) 법인 및 단체

3단계에 걸쳐 25% 이상 지분증권 소유자, 임원을 과반수 이상 선임한 주주, 최대 지분증권 보유자, 법인 또는 단체의 사실상 지배자, 대표자 등을 파악하여야 한다. 다음의 어느 하나에 해당하는 사람이 있으면 그 실제소유자의 성명, 생년월일(해당 법인 또는 단체의 대표자인 경우는 제외) 및 국적을 확인하여야 한다.

법인 또는 단체가 투명성이 보장되거나 정보가 공개된 경우* 실제소유자 확인의

무 면제 가능하다.

* 국가 · 지자체 · 공공단체 · 금융회사 및 사업보고서 제출대상법인

법인 또는 단체에 대한 단계별 실제소유자 확인절차

(1단계) 100분의 25 이상의 지분증권을 소유한 사람

↓ (1단계에서 확인할 수 없는 경우)

(2단계) ①, ②, ③ 중 택일

① 대표자 또는 임원 · 업무집행사원의 과반수를 선임한 주주(자연인)

② 최대 지분증권을 소유한 사람

③ ①, ② 외에 법인 · 단체를 사실상 지배하는 사람

* 단, 최대 지분증권 소유자가 법인 또는 단체인 경우, 금융회사는 3단계로 바로 가지 않고 최종적으로 지배하는 사람을 추적하는 것을 선택할 수 있음

↓ (2단계에서 확인할 수 없는 경우)

(3단계) 해당 법인 또는 단체의 대표

* 금융회사는 주주, 대표자, 임원 등을 법인등기부등본, 주주명부 등을 통해 확인 가능

5 가상자산사업자에 대한 고객확인의무

(1) 가상자산사업자에 대한 고객확인의무

금융회사는 거래상대방인 고객이 가상자산사업자인 경우 기본적으로 고객에 대하여 적용하는 고객확인의무 및 신고에 대한 의무를 이행하여야 하며 추가로 다음의 사항을 확인하여야 한다.

- 상호, 대표자 성명, 사업장의 소재지, 연락처 등 대통령령으로 정하는 사항의 신고 및 변경신고 의무와 이행에 관한 사항
- 특정금융정보법 제7조 제3항에 따른 신고의 수리에 관한 사항
- 특정금융정보법 제7조 제4항에 따른 신고 또는 변경 신고의 직권말소에 관한 사항
- 다음 ① 또는 ② 에 해당하는 사항의 이행에 관한 사항

① 예치금(가상자산사업자의 고객인 자로부터 가상자산거래와 관련하여 예치받은 금전을 말한다)을 고유재산(가상자산사업자의 자기재산을 말한다)과 구분하여 관리

② 「정보통신망 이용촉진 및 정보보호 등에 관한 법률」 제47조 또는 「개인정보보호법」 제32조의2에 따른 정보보호 관리체계 인증(이하 "정보보호 관리체계 인증"이라 한다)의 획득

(2) 가상자산사업자에 대한 강화된 고객확인

금융회사등은 가상자산사업자가 자금세탁등의 위험이 높은 고객으로 분류하여 다음의 추가적 확인사항을 이행하여야 한다.

- 취급업소가 제공하는 서비스의 내용
- 취급업소의 실명확인 입출금계정서비스 이용 여부 및 이용계획
- 취급업소가 이용자의 생년월일, 주소, 연락처 등을 포함한 신원사항 확인 여부
- 취급업소가 취급업소의 고유재산과 이용자의 예탁 · 거래금을 분리하여 관리하고 있는지 여부
- 취급업소가 이용자별 거래내역을 구분하여 관리하고 있는지 여부
- 취급업소가 이용자를 상대로 가상통화는 법정 화폐가 아니라는 사실과 가상통화의 내용, 매매 및 그 밖의 거래에 따르는 위험 등을 이용자가 이해할 수 있도록 설명하고 그 의사를 확인하는지 여부
- 취급업소가 가상통화거래 관련 집금을 위해 임직원 계좌 등 별도의 계좌를 운용하는지 여부
- 대한민국 정부에서 발표하는 가상통화와 관련한 정책의 준수 여부
- 기타 금융회사등이 자금세탁등의 방지를 위해 필요하다고 인정하는 사항

(3) 가상자산사업자인 고객에 대한 신규거래 거절 및 종료

금융회사는 다음의 어느하나에 해당하는 경우 계좌 개설 등 해당 고객과의 신규거래를 거절하고 이미 거래관계가 수립되어 있는 경우 해당거래를 종료하여야 한다.

- 특정금융정보법 제7조 제1항 및 제2항에 따른 신고 및 변경신고 의무를 이행하지 아니한 사실이 확인된 경우

- 특정금융정보법 제7조 제3항 제1호 또는 제2호에 해당하는 사실이 확인된 경우
- 특정금융정보법 제7조 제3항에 따라 신고가 수리되지 아니한 사실이 확인된 경우
- 특정금융정보법 제7조 제4항에 따라 신고 또는 변경신고가 직권으로 말소된 사실이 확인된 경우

(4) 가상자산사업자에 대한 지속적 확인

금융회사등은 가상자산사업자가 자금세탁등의 위험이 높은 고객임을 고려하여 6개월 이하의 주기마다 지속적으로 확인하여야 한다. 또한 가상자산사업자가 실명확인 입출금계정서비스를 이용하지 않는 등 특별한 주의를 요하는 경우 3개월 이하의 주기마다 지속적으로 확인하여야 한다.

6 대리인에 의한 거래의 고객확인

금융회사등은 개인 및 법인 또는 그 밖의 단체를 대신하여 금융거래를 하는 자(대리인)에 대해서는 그 권한이 있는지를 확인하고 해당 대리인에 대해서도 고객확인을 하여야 한다.

※ 특정금융정보법 시행령 제10조의4 제1호(다른 개인, 법인 그 밖의 단체를 위한 것임을 표시하여 금융거래를 하는 자를 포함)

7 제3자를 통한 고객확인 이행

(1) 개요

제3자를 통한 고객확인이란 금융회사등이 금융거래를 할 때마다 자신을 대신하여 타인인 제3자로 하여금 고객확인을 하도록 하거나 타인인 제3자가 이미 당해 고객에 대하여 고객확인을 통해 확보한 정보 등을 자신의 고객확인에 갈음하여 이를 활용하는 것을 말한다.

(2) 이행요건

금융회사등이 제3자를 통해 고객확인을 하고자 하는 경우 다음 사항을 충족하여야 한다.

- 제3자는 고객확인과 관련된 필요한 정보를 금융회사등에 즉시 제공할 것
- 제3자는 금융회사등의 요구가 있는 경우 고객신원정보 및 기타 고객확인과 관련된 문서사본 등의 자료를 지체 없이 제공할 것
- 제3자가 자금세탁방지등과 관련하여 감독기관의 규제 및 감독을 받고 있어야 하고, 고객확인을 위한 조치를 마련하고 있을 것.
- 제3자가 국외에 거주하는 자인 경우 FATF의 권고사항을 도입하여 효과적으로 이행하고 있는 국가에 거주하는 자에 한하며, 그 국가가 동 권고사항을 적절하게 준수하는지를 점검할 것

(3) 최종책임

제3자를 통한 고객확인의 경우 최종책임은 제3자를 활용하여 고객확인을 하고자 하는 당해 금융회사등에 있다.

8 고객확인 면제거래

다음의 금융거래에 대하여는 고객확인을 면제한다.

- 금융실명법 제3조 제2항 제1호, 동법 시행령 제4조 제1항 제2호 및 제3호에서 정하는 각종 공과금 등의 수납
- 금융실명법 제3조 제2항 제3호, 동법 시행령 제4조 제2항 및 제3항에서 정하는 채권의 거래
- 법원공탁금, 정부·법원보관금, 송달료의 지출
- 보험기간의 만료 시 보험계약자, 피보험자 또는 보험수익자에 대하여 만기 환급금이 발생하지 아니하는 보험계약
- 전자금융거래법 제16조 제1항 단서, 동법 시행령 제11조 제1항에서 정하는 5만원 이하 전자화폐의 발행

• 전자금융거래법 제23조 제1항 제1호, 동법 시행령 제13조 제1항 본문에서 정하는 선불전자지급수단의 발행

9 고객확인 및 검증거절 시 조치

금융회사등은 고객이 신원확인 정보 등의 제공 거부 등으로 고객확인의무를 이행할 수 없는 경우에는 당해 고객과의 금융거래를 거절할 수 있으며, 이미 거래관계를 수립하였으나 고객확인의무를 이행할 수 없는 때에는 당해 거래를 중단할 수 있다. 이 경우 의심되는거래보고 여부를 검토하여야 한다.

10 요주의 인물 여부 확인

금융회사등은 계좌개설 및 자금이체 등의 금융거래 시 다음과 같은 요주의 리스트 정보와 고객정보를 비교·확인을 통하여 당해 거래고객이 요주의 인물인지 여부를 확인하여야 한다.

• 테러자금금지법에서 금융위원회가 고시하는 금융거래제한대상자 리스트
• UN(United Nations)에서 발표하는 테러리스트 (Consolidated List of terrorists)
• FATF에서 발표하는 비협조국가 리스트 (non-cooperative countries and territories) 및 FATF Statement에서 FATF 권고사항 이행취약국가로 발표한 리스트
• UN 또는 그 밖의 국제기구(World Bank, OECD, IMF 등)가 발표하는 제재, 봉쇄 또는 이와 유사한 조치와 관련된 리스트
• 외국의 정치적 주요인물 리스트 등

※ 금융회사등은 고객이 상기 요주의 인물에 해당하는 때에는 당해 고객과의 거래를 거절하거나 거래관계 수립을 위해 고위경영진의 승인을 얻는 등 필요한 조치를 취하여야 한다.

제5절 위험평가

1 위험의 식별 및 평가

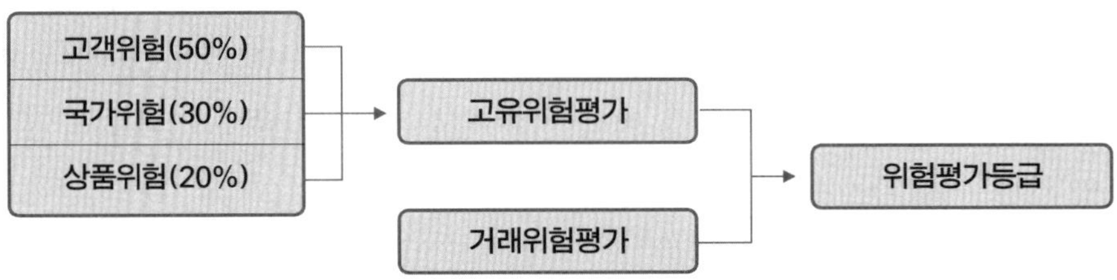

※ 시스템상 등록된 **고객정보(고유위험평가)**와 **거래정보(거래위험평가)**를 기반으로 자금세탁등의 위험도 평가

(1) 위험평가 방법

고유위험평가 (①~③을 통해 평가된 평점을 합산하여 등급 산정)	
① 국가위험평가	FATF 비협조 국가, UN 또는 타 국제기구(World bank, OECD, IMF 등) 발표 제재리스트, 국제투명성기구 등이 발표하는 부패관련 국가리스트 등 공신력 있는 자료를 활용하여 평가
② 고객위험평가	고객위험은 고객의 특성에 따라 다양하게 발생하는 자금세탁등의 위험을 말하며, 고객의 직업(업종) · 거래유형 및 거래빈도 등을 활용하여 평가 ※ 종합자산관리서비스 고객, 외국의 정치적 주요인물, 비거주자, 대량의 현금거래가 수반되는 카지노사업자, 대부업자, 환전상, 고가의 귀금속 판매상, 금융위 고시 금융거래제한대상자, UN 발표 테러리스트 등은 고위험으로 분류하여 EDD 이행
③ 상품 및 서비스 위험평가	자금세탁등의 위험과 관련된 상품/서비스의 속성을 분류하여 평가 ※ 양도성 예금증서(증서식, 무기명), 환거래 서비스, 비대면 거래, 기타 정부 또는 감독기관에서 고위험으로 판단하는 상품 및 서비스 등은 자금세탁등의 위험이 높은 상품 및 서비스로 고려하여야 함

거래위험평가 (①~④를 통해 평가된 평점을 합산하여 등급 산정)	
① 거래기간	21일 미만, 21일 이상~181일 미만, 181일 이상 ~ 366일 미만으로 나누어 평가
② 거래금액	특정금액 미만과 이상을 나누어 평가하고, 고액거래를 할수록 위험평가 점수가 높아짐
③ 거래횟수	2번 미만과 이상으로 나누어 평가하고, 동일 기간 내에 거래횟수가 많을수록 평가 점수가 높아짐
④ 영업시간 외 거래비율	과거 7일간 0.9 미만과 0.9 이상으로 나누어 평가

(2) 국가위험 평가자료 (예시)

국가코드	국가명	국가영문명	FATF Statement 권고사항 취약국가	OECD에 의한 비협조적인 역외 조세피난처(unco-operative offshore tax haven)로 분류	국제적인 제재리스트(sanction list)에 특별하게 언급된 국가
GH	가나	Ghana	○		
NG	나이지리아	Nigeria			
LB	레바논	Lebanon			○
RW	루안다	Rwanda			○
LR	리베리아	Liberia			○
LY	리비아	Libyan Arab Jamahiriya			○
LI	리히텐스타인	Liechtenstein		○	
MO	마카오	Macao		○	
MK	마케도니아	Macedonia, The Former Yugoslav Republic of			○
MM	미얀마	Myanmar			○
VE	베네수엘라	Venezuela			○
VN	베트남	VietNam			○
BY	벨라루스	Belarus			○
BA	보스니아 헤르체코비나	Bosnia herzegovina			○
BO	볼리비아	Bolivia			
KP	북한	Korea, Democratic People's Republic of	○		○
ST	상토메프린시페	Saotome Principe			
RS	세르비아	Serbia&Montenegro	○		
SO	소말리아	Somalia			○
SD	수단	Sudan			○
LK	스리랑카	Sri Lanka	○		○
SI	슬로베니아	Slovenia			○
SY	시리아	Syrian Arab Republic	○		○
SL	시에라리온	Sierra Leone			○
HT	아이티	Haiti			○
AF	아프카니스탄	Afghanistan			○
AD	안도라	Andorra		○	
ER	에리트리아	Eritrea			○
EC	에쿠아도르	Ecuador			

국가코드	국가명	국가영문명	FATF Statement 권고사항 취약국가	OECD에 의한 비협조적인 역외 조세피난처(unco-operative offshore tax haven)로 분류	국제적인 제재리스트 (sanction list)에 특별하게 언급된 국가
ET	에티오피타	Ethiopia	○		
YE	예멘	Yemen	○		○
IQ	이라크	Iraq			○
IR	이란	Iran, Islamic Republic of	○		○
ID	인도네시아	Indonesia			
CN	중국	China			○
ZW	짐바브웨	Zimbabwe			○
KE	케냐	Kenya			
CI	코트디브와르	Côte D'Ivoire			○
CG	콩고	Congo			○
CU	쿠바	Cuba			○
HR	크로아티아	Croatia			○
CY	키프러스	Cyprus			○
TZ	탄자니아	Tanzania			
TH	태국	Thailand			
TR	터키	Turkey			
PK	파키스탄	Pakistan	○		

※ 고유위험과 거래위험에 대한 종합평가결과에 따라 저위험과 고위험으로 분류하며, 저위험으로 분류된 경우 일반적인 절차에 따라 개인고객 및 법인고객의 신원확인을 하고, 고위험으로 분류된 경우 강화된 고객확인을 하여야 한다.

2 국가위험 평가

국가위험이란 특정국가의 금융거래 환경이 취약하여 자금세탁이 발생할 위험을 말하며, 공신력 있는 기관의 자료 등을 활용하여 평가할 수 있다.

평가요소에 대한 예시	① FATF가 성명서 등을 통해 발표하는 고위험 국가 리스트 ② FATF 가 이행 취약국가로 발표한 국가 리스트 ③ UN 또는 공신력 있는 기관(World bank, Egmont Group, OECD, IMF 등)에서 발표하는 제재, 봉쇄, 또는 기타 이와 유사한 조치와 관련된 국가 ④ 국제투명성기구(Transparency International) 등에 의해 선정된 부패관련 국가 ⑤ 주요 해외지점 등 소재 국가의 정부에서 자금세탁행위 등의 위험이 있다고 발표하는 국가 리스트

<table>
<tr><th colspan="2">분 류</th><th>대상국가</th></tr>
<tr><td colspan="2">FATF 자금세탁방지 비협조국가
(FATF Public Statement)</td><td>이란, 북한</td></tr>
<tr><td rowspan="2">FATF*
성명서</td><td>자금세탁방지
결함국가(11)
(정치적의지 표명 및
이행계획 수립국가)</td><td>에티오피아, 시리아, 파키스탄, 스리랑카, 예멘, 세르비아, 트리니다드토바고, 튀니지, 바하마, 보츠와나, 가나</td></tr>
<tr><td>자금세탁방지
이행제고 필요국가(21)
(이행계획 미수립국가)</td><td>아프카니스탄, 알바니아, 알제리, 앙골라, 아르헨티나, 방글라데시, 캄보디아, 쿠바, 쿠웨이트, 키르지스탄, 라오스, 몽골, 네팔, 모로코, 나미비아, 네팔, 니카라구아, 나이지리아, 수단, 타지키스탄, 짐바브에</td></tr>
<tr><td colspan="2">UN 제재국</td><td>나이지리아, 르완다, 라이베리아, 리비아, 부룬디, 소말리아, 수단, 시에라리온, 앙골라, 에디오피아, 에리트레아, 유고슬라비아, 이라크, 코트디부아르 등</td></tr>
<tr><td colspan="2">OFAC 제재국</td><td>수단, 시리아, 쿠바 등</td></tr>
<tr><td colspan="2">조세피난처</td><td>라이베리아, 리히텐슈타인, 마샬군도, 모나코, 안도라 등</td></tr>
<tr><td colspan="2">마약생산국가</td><td>라오스, 미얀마, 볼리비아 등</td></tr>
</table>

* FATF 공식 성명서는 2013. 9. 17. 발표 자료 기준이며, 자금세탁방지 결함국가는 정부 고위급 서한으로 FATF 지적에 대해 결함 이행을 약속한 국가임

3 고객위험 평가

고객위험이란 금융거래를 하는 고객의 특성에 따라 다양하게 발생하는 자금세탁위험을 말하며, 업종, 직업, 거래유형, 거래빈도 등을 활용하여 평가할 수 있다.

(1) 평가요소에 대한 예시

- 정부, 감독기관 또는 기타 공신력 있는 기관[1]에서 고위험으로 판단하는 상품 및 서비스
- 대량의 현금(현금등가물) 거래가 수반되는 사업 등

1) 신용평가기관(한신평, 기신평 등), 펀드평가기관(한국펀드평가 등) 등이며 회계법인을 의미하는 것이 아님

(2) 저위험 고객 유형의 예시

- 국가, 지방자치단체 및 공공단체
- 특정금융정보법에 따른 감독 · 검사의 대상인 금융기관등(카지노사업자, 환전영업자, 소액해외송금업자, 대부업자 제외)
- UN산하 국제자선기구 (예, 유니세프 등)
- 상장회사(주권상장법인 및 코스닥상장법인 공시규정에 따라 공시의무를 부담하는 경우)

(3) 고위험 고객 유형의 예시

- 은행으로부터 종합자산관리 서비스를 받는 고객 중 추가정보 확인이 필요하다고 판단한 고객
- 외국의 정치적 주요 인물
- 비거주자(자금세탁행위 등의 위험도를 고려하여 달리 정할수 있음)
- 대량의 현금(현금등가물)거래가 수반되는 카지노사업자, 대부업자, 환전영업자 등
- 고가의 귀금속(보석 등) 판매상
- 금융위원회가 테러자금조달금지법 제4조 제1항에 따라 고시하는 금융거래제한대상자
- UN(United Nations)에서 지정하는 제재대상자
- 개인자산을 신탁받아 보유할 목적으로 설립 또는 운영되는 법인 또는 단체
- 명의주주가 있거나 무기명 주식을 발행한 회사
- 가상통화 취급업소 및 이용자 등

  ※ 미국의 경우 OFAC(Office of Foreign Assets Control)에서 발표하는 SDNs(Specially Designated Nationals or Blocked Persons) 리스트도 고위험으로 관리

4 상품 및 서비스 위험 평가

상품 및 서비스 위험은 금융기관 등이 고객에게 제공하는 상품 및 서비스가 자금세탁에 이용될 위험을 말하며, 상품 및 서비스 종류, 거래채널 등을 활용하여 평가할 수 있다.

(1) 평가요소에 대한 예시

- 정부, 감독기관 또는 기타 공신력 있는 기관에서 고위험으로 판단하는 상품 및 서비스
- 금융거래에 있어서 익명성 및 제3자 거래가 가능한 상품 및 서비스 등

(2) 저위험 상품 및 서비스 유형에 대한 예시

- 연간보험료가 300만원 이하이거나 일시 보험료가 500만원 이하인 보험
- 보험해약 조항이 없고 저당용으로 사용될 수 없는 연금보험
- 연금, 퇴직수당 및 기타 고용인에게 퇴직 후 혜택을 제공하기 위하여 급여에서 공제되어 조성된 기금으로서 그 권리를 타인에게 양도할 수 없는 것 등

(3) 고위험 상품 및 서비스 유형에 대한 예시

- 양도성 예금증서(증서식 무기명), 표지어음
- 환거래 서비스
- 비대면 거래 등
- 가상통화 관련 상품 및 서비스(실명확인 입출금계정 서비스 포함)
- 기타 정부 또는 감독기관에서 고위험으로 판단하는 상품 및 서비스 등

5 신상품 및 서비스 위험 평가절차

신상품 및 서비스 개발부서는 신상품 및 서비스 판매 전 다음 절차를 수행하여야 한다.

- 자금세탁위험 체크리스트를 통한 자금세탁위험 사전평가
- 자금세탁위험 완화조치를 마련하여 준법감시인 등에게 심사의뢰

준법감시인 등은 의뢰받은 자금세탁위험평가 및 완화조치를 심사하고, 심사결과 자금세탁위험이 크다고 판단될 경우 신상품 및 서비스의 판매중단 또는 보완을 요청할 수 있으며, 개발부서는 이에 협조한다.

제6절 전신송금

전신송금이란 고객이 계좌보유 여부를 불문하고 금융회사등을 이용하여 국내·외의 다른 금융회사등으로 자금을 이체하는 서비스를 말한다.

전신송금에 대한 예시	• 계좌에 의한 이체거래 • 계좌에 의하지 아니한 원화 또는 외화의 국내외 송금거래

1 적용대상

금융회사등은 100만원(외화의 경우 1천 미합중국달러 또는 그에 상당하는 다른 통화로 표시된 금액)을 초과하는 모든 국내·외 전신송금에 대하여 송금인 및 수취인과 관련된 정보를 확인하고 보관하여야 한다.

※ 예외사항

- 현금카드, 직불카드 또는 체크카드 등에 의한 출금을 위한 이체
- 카드 가맹점에서 신용카드, 직불카드 또는 체크카드 등에 의한 상품 및 서비스 구입에 대한 지불을 위한 이체
- 신용카드에 의한 현금 또는 대출서비스를 위한 이체
- 금융기관 상호간의 업무를 수행하기 위한 이체와 결제 등

2 송금 금융회사의 의무

해당 금융회사가 송금금융회사인 경우에는 송금 시 자금이체 건별로 다음의 송금관련 정보를 보관하고, 이를 중개 또는 수취금융회사에 제공하여야 한다.

- 송금인의 성명과 계좌번호(계좌번호가 없는 경우 참조 가능 번호)
- 수취인의 성명 및 계좌번호(계좌번호가 없는 경우 참조 가능한 번호)
- 송금금액 및 송금일자
- 수취금융회사등의 명칭
- 해외송금의 경우 송금인의 주소 또는 고유번호 또는 주민등록번호(법인의 경우 법인등록번호, 외국인의 경우 여권번호 또는 외국인등록번호)

국내송금으로서 다음에 해당하는 경우 송금인의 주소 또는 주민등록번호를 제공할 수 있다.

- 수취금융회사가 금융정보분석원장 앞 의심되는거래보고를 위하여 요청하는 경우
- 금융정보분석원장이 보고받은 정보를 심사·분석하기 위하여 요청하는 경우

3 중개 금융회사의 의무

중개금융회사등은 송금금융회사로부터 전신송금정보를 받아 이를 수취금융회사에 제공하여야 하며 이를 5년간 보관하여야 한다. 수취금융회사에 전달하여야 하는 정보는 다음과 같다.

⊙ 국내송금

- 송·수취 계좌번호
- 해당 참고번호(금융결제원의 금융거래키번호)

⊙ 해외송금

- 송금 금융회사가 전달한 정보
- 송금 금융회사명

4 수취 금융회사의 의무

송금 금융회사 또는 중개 금융회사에서 전송한 전신송금 관련 정보를 5년간 보관하여야 한다.

송금인의 정보가 일부 누락된 전신송금 거래의 경우 누락된 정보를 요구하거나 거래를 거절할 수 있다. 정보의 누락이 있는 경우 의심되는거래보고 여부를 검토하여야 한다.

5 관련정보의 보관

전신송금 관련정보는 금융거래 완료 후 5년간 보관하여야 한다.

제7절 고위험군에 대한 강화된 고객확인

1 환거래계약

(1) 개요

환거래계약이란 국제간 환거래은행과 국외의 환거래 요청은행이 금융상품 및 서비스의 제공과 수수를 위해 관계를 수립하는 것을 말한다.

환거래은행 계약과 관련하여 발생할 수 있는 자금세탁 위험은 다음과 같다.

- 환거래요청은행의 고객정보 및 거래목적 등에 대한 확인이 어려움
- 환거래요청은행과 당해 은행 소재국의 자금세탁방지제도 수행 정도에 대한 정보 부족
- 중복계좌를 이용한 제3의 금융기관의 익명거래가능성
- 대리지불계좌를 통한 직접적인 금융서비스 활용가능성

중복계좌 및 대리지불계좌

- **중복계좌**
  환거래요청은행이 환거래은행에 개설한 환거래계좌의 이용 권한을 제3의 금융기관에 부여하여 제3의 금융기관이 익명으로 환거래은행의 시스템에 접속하여 동 계좌(환거래 요청은행 명의 계좌)를 사용할 수 있도록 하는 것을 말한다.
- **대리지불계좌**
  환거래계좌를 보유한 환거래요청은행이 종속계좌 소유자로 불리는 자신의 고객에게 환거래계좌에 직접 접속하여 거래할 수 있도록 허용하는 것을 말한다.

(2) 환거래계약 시 주의의무 등

환거래계약 체결 관련 자금세탁등의 위험을 예방하고 완화할 수 있도록 환거래요청은행에 대한 고객확인 및 검증의무 등 필요한 절차와 통제방안을 수립 및 운용하여야 한다.

환거래은행은 실제로 존재하지 않는 은행 또는 감독권이 미치지(감독기관의 감독을 받지) 않는 지역 또는 국가에 설립된 은행(이하 '위장은행'이라 함)과 환거래계약을 체결하거나 거래를 계속할 수 없으며, 위장은행이 환거래요청은행의 계좌를 이용하지 않도록 적절한 조치를 취해야 함

위장은행 판단을 위한 예시	• 금융활동 승인을 받은 지역에 고정된 사업장이 없는 경우 • 한명 또는 그 이상의 인원이 Full-Time으로 근무하지 않는 경우 • 영업기록을 보유하지 않는 경우 • 금융활동을 인가한 감독당국에 의한 검사를 받지 않는 경우 • 단, 이러한 조건들을 만족하더라도 FATF 비협조국가가 아닌 국가(지역)에서 영업면허를 취득하고 당해 국가(지역)의 감독당국에 의해 감독을 받는 금융기관이 직간접적으로 지분을 소유하고 있는 금융회사는 제외

(3) 환거래계약 조치 등

환거래 계약 시 다음의 사항을 유의하여야 한다.

- 환거래요청은행의 지배구조, 주요 영업활동, 주된 소재지(또는 국가) 등에 관한 정보 수집을 통한 영업적 또는 사업성격을 확인입수 가능하거나 공개된 정보 등을 통해 환거래요청은행의 평판, 자금세탁등과 관련된 조사 또는 규제대상 여부 등의 감독수준 평가
- 환거래요청은행이 주로 소재하는 지역(또는 국가)에 대한 자금세탁방지등의 조치와 환거래요청은행의 자금세탁방지 등의 통제수단의 적절성 및 효과성 평가
- 환거래은행 및 환거래요청은행 간 자금세탁방지등 각각의 책임의 문서화
- 환거래은행은 환거래요청은행이 자신의 고객에게 환거래계좌를 직접 이용하여 거래할 수 있는 서비스(이하 '대리지불계좌'라 함)가 환거래계약에 포함되어 있는 경우 추가 조치사항
  - 환거래요청은행이 대리지불계좌를 통해 거래하고자 하는 자신의 고객에 대해 고객확인의무 이행
  - 환거래요청은행은 환거래은행이 요청하는 경우 해당 고객의 신원확인과 관련된 정보의 제공

(4) 고객확인의무 이행방법

FATF회원국의 은행이거나 국제적인 지역개발은행 및 무역은행(EBRD, IMF, WB 등)인 경우 간단한 질의서 또는 외부공시보고서 등을 활용하여 간소화된 고객확인의무를 이행한다

- 법인(단체)명
- 실명번호
- 본점/사업장 주소 및 소재지
- 대표자정보(성명, 실명번호, 주소, 전화번호, 전자우편주소, 국적, 생년월일, 성별)
- 업종
- 연락처(전화번호, 전자우편주소)

그 외 환거래요청은행의 경우 계약체결 이전에 질의서 등을 통하여 아래 정보를 추가 확인한다(강화된 고객확인의무 이행).

- 소유 및 지배구조
- 주요 제공서비스 및 고객유형
- 중복계좌 존재 여부
- 환거래요청은행의 자금세탁방지 이행 정도
- 주요 주주, 경영진 및 이사회 구성원
- 정치적 주요인물과 연관된 경우, 해당 인물의 은행 내 역할

2 고액자산관리서비스 고객

(1) 개요

고액자산관리서비스 고객이란 투자자문을 비롯한 법률, 세무 컨설팅 등 종합적인 자산관리 서비스를 받는 부유층(High Net Worth) 고객 중 추가정보 확인이 필요하다고 판단한 고객을 말한다. 금융회사등은 각 기관의 자금세탁 위험을 고려하여 금융회사의 특정 직원에 의해 전담서비스를 제공받는 주요 관리고객(주거래 고객 또는 PB고객 등) 중 자체 선정기준을 충족하는 고객을 대상으로 추가정보 확인이 필요한 종합자산관리 고객대상을 선정한 후 동 기준을 내규나 지침 등에 반영하여

관리하여야 한다.

자체선정 기준 예시	• 금융자산 10억원 이상 고객에 대해 강화된 고객확인의무 수행 • 실물자산을 포함한 100억원 이상 고객에 대해 강화된 고객확인의무 수행

고액 자산가와 관련하여 자금세탁 위험이 높은 이유는 다음과 같다.

- 주요 고객층이 주로 신분노출을 원하지 않는 고액자산가, 정치적 주요인물 등으로 구성
- 고객에 대한 비밀보장 문화 형성
- 고객과의 밀접한 유대관계 형성과 고객의 이익을 중요시하는 고액자산관리 담당직원의 의식(Relationship Management)
- 고객에 대한 과도한 보호의식으로 인한 내부통제 미흡
- 수익중심의 전담직원 보상체계

(2) 고객확인 방법

추가정보 확인이 필요한 종합자산관리 고객에 대하여 고객확인의무에서 정한 고객확인 및 검증 외에 계좌개설 시 사용된 자금의 원천과 출처, 계좌개설 목적과 일회성 거래목적, 재산현황 등 금융회사등이 자금세탁방지를 위해 필요한 사항을 추가로 확인하여야 한다.

금융회사등은 고객이 추가정보 확인이 필요한 고액 자산관리 고객으로 신규 편입되거나 고객이 계좌를 신규로 개설하는 경우 관리자의 검토 및 승인을 받아야 한다.

- 강화된 고객확인을 통해 획득한 신원정보 등의 적정성
- 거래의 수용 여부 등

(3) 거래모니터링

금융회사등은 추가정보 확인이 필요한 종합자산관리 고객에 대하여 금융거래모니터링을 지속적으로 이행하여야 하며, 자금세탁등의 위험이 높다고 판단되는 종합자산관리 대상고객에 대해 업무상 또는 조직체계상 금융거래 승인부서와 독립된 부서의 상위 책임자가 지속적으로 모니터링하도록 조치하여야 한다.

3 외국의 정치적 주요인물

(1) 개요

외국의 정치적 주요인물(PEP; Politically Exposed Person)이란 현재 또는 과거(일반적으로 사임 후 1년 이내)에 외국에서 정치 · 사회적으로 영향력을 가진 자, 그의 가족 또는 그와 밀접한 관계가 있는 자들을 말한다.

> **외국의 정치적 주요인물 관련인**
>
> - **정치 · 사회적으로 영향력을 가진 자**
>   - 외국정부의 행정, 사법, 국방, 기타 정부기관의 고위관리자
>   - 주요 외국 정당의 고위관리
>   - 외국 국영기업의 경영자
>   - 왕족 및 귀족
>   - 종교계 지도자
>   - 외국의 정치적 주요인물과 관련되어 있는 사업체나 단체
> - **가족 또는 밀접한 관계가 있는 자**
>   - "가족"은 외국의 정치적 주요인물의 부모, 형제, 배우자, 자녀, 혈연 또는 결혼에 의한 친인척
>   - "밀접한 관계가 있는 자"는 외국의 정치적 주요인물과 특별한 금전거래를 수행하는 자

외국의 정치적 주요인물은 부패, 뇌물 등과 관련하여 자금세탁등의 위험성이 높기 때문에 특별한 주의가 필요하다.

(2) 고객확인 방법

요주의리스트 필터링 결과 거래고객과 성명 등 매칭 정보가 일치하는 경우 고객으로부터 추가정보 확인을 통하여 동일인 여부를 확인한다.

동일인 여부를 확인하여 일치하는 경우에는 다음과 같이 처리한다.

- 외국의 정치적 주요인물과 거래할 경우: 고위경영진인 승인권자의 승인후 거래

- 외국의 정치적 주요인물과 금융거래 시에는 강화된 고객확인(EDD)을 이행하고 다음의 정보 추가 확인
- 계좌에 대해 거래권한을 가지고 있는 가족 또는 밀접한 관계가 있는 인물에 대한 신원정보(성명, 실명번호, 국적, 주소 등)
- 외국의 정치적 주요인물과 관련된 법인 또는 단체에 대한 신원정보(관계법인명, 실명번호, 업종, 사업장/본사, 국적 등)

동일인 여부를 확인하여 불일치하는 경우에는 동일인이 아님을 확인한 방법과 그 사유를 전산등록하고 관련 책임자(예: 자금세탁방지 보고책임자 등)가 승인한다.

금융회사등은 이미 계좌를 개설한 고객이 외국의 정치적 주요 인물인지 여부를 확인하기 위해 지속적으로 모니터링하여야 하며 외국의 정치적 주요인물인 고객과 거래가 지속되는 동안 거래 모니터링을 강화하여야 한다.

4 FATF 비협조국가

(1) 개요

FATF 지정 위험국가란 FATF가 성명서 등을 통해 발표하는 고위험 국가 리스트 또는 이행 취약국가로 발표한 국가 리스트에 포함된 국가를 의미한다.

국제기준 미이행 국가에 대한 조치 및 평가[2)]

종 류		내 용	국 가
❶ 조치를 요하는 고위험국가	대응조치 (Counter-measure)	사실상 거래중단, 해당 국가에 금융회사 해외사무소 설립 금지 등 적극적 대응조치 필요	이란 북한
	강화된 고객확인 (Enhanced due diligence)	자금세탁방지제도에 결함이 있어 해당 국가와의 거래 시 강화된 고객확인 등 특별한 주의 필요	미얀마
❷ 강화된 관찰 대상 국가		자금세탁방지제도의 결함을 치유 중인 국가	23개국*

* 알바니아, 바베이도스, 아랍에미리트, 부르키나파소, 케이만군도, 아이티, 자메이카, 요르단, 말리, 파나마, 필리핀, 세네갈, 남수단, 시리아, 터키, 우간다, 예멘, 지브롤터, 콩고민주공화국, 모잠비크, 탄자니아, 남아프리카공화국, 나이지리아.

2) 2023.2 기준

FATF 지정 위험국가의 고객은 자금세탁방지제도의 부재 또는 미흡 등으로 인하여 FATF 권고사항을 충실히 이행하는 국가에 비하여 자금세탁등의 위험에 노출될 위험이 높은 국가이므로 FATF 지정 위험국가의 고객(개인, 법인, 금융회사등)과 거래하는 경우 특별한 주의를 기울여야 한다.

(2) 고객확인 방법

FATF 지정 위험국가의 고객과 거래하는 경우 강화된 고객확인(EDD)을 이행하고 모니터링 강화 및 의심되는거래보고 체계 등을 강화하여야 하며 승인권자의 결재를 득하여야 한다.

5 공중협박자금조달고객

(1) 개요

공중협박자금조달 고객이란 금융위원회가 공중협박자금조달과 관련하여 고시하는 금융거래 제한대상자 및 UN에서 지정하는 제재 대상자 등을 말한다.

참고 • 공중협박자금

국가 · 지방자치단체 또는 외국정부(외국 지방자치단체 및 조약 또는 그 밖의 국제적인 협약에 따라 설립된 국제기구를 포함한다)의 권한행사를 방해하거나 의무 없는 일을 하게 할 목적으로 또는 공중에게 위해를 가하고자 하는 등 공중을 협박할 목적으로 행하는 행위에 모집 · 제공되거나 운반 · 보관된 자금이나 재산을 말한다.

공중협박자금조달 고객은 현재 또는 과거에 직 · 간접적으로 테러를 수행하거나 공중협박자금을 조달 경험 등을 이용한 자금세탁등의 위험이 높기 때문에 주의가 필요하다.

(2) 고객확인 방법

공중협박자금조달금지법에 의거 금융위원회 고시 금융거래제한대상자가 금융기관등과 금융거래 및 그에 따른 지급·영수를 하고자 할 경우에는 금융위원회의 허가를 받아야 하며, 금융기관등이 금융거래의 허가를 받은 자와 금융거래를 하는 때에는 강화된 고객확인의무를 이행하여야 한다.

* 금융위원회는 금융거래제한대상자의 금융회사등과 금융거래 및 그에 따른 지급·영수의 허가를 한국은행 총재에게 위탁할 수 있음(공중협박자금조달금지법 제4조 제5항)

(3) 거래모니터링

금융회사등은 이미 계좌를 개설한 고객이 공중협박자금조달 고객인지 여부 확인을 위한 지속적으로 모니터링하여야 하며 공중협박자금조달 고객과 거래가 지속되는 동안 거래모니터링을 강화하여야 한다.

주요 고위험군 관련 주요내용

주요 고위험군	검토 및 승인권자	간소화 여부	추가정보 확인 강제 여부
환거래계약	관리자 (임원 등 고위경영진: 통제절차 미구축기관과 환거래계약 체결 시)	• 예치 – FATF회원국 은행 – 국제적 개발은행 또는 무역은행 (EBRD, IMF, WB 등) • 무예치 – 위험고려 간소화 또는 생략 가능	강제
추가정보 확인이 필요한 종합 자산관리서비스 고객	관리자	–	강제
PEP	임원 등 고위경영진	–	강제
FATF 비협조국가	**FATF 비협조국가 고객에 대한 강화된 고객확인의무 이행**		–
금융거래 제한대상자	금융거래를 거절하여야 함		

제8절 자금세탁 위험이 높은 거래 유형

1 인터넷 뱅킹 등 비대면 거래에 대한 거래 모니터링 강화

인터넷뱅킹, 텔레뱅킹, 자동화기기 등 전자금융거래를 이용한 비대면거래의 거래 모니터링 강화 등 리스크 감소를 위한 적절한 대책을 마련하여야 한다.

단체자료에 의한 신규(급여계좌 개설, 장학적금) 및 특별한 목적을 위한 "0"원 **계좌거래**[3] 전화 또는 방문에 의한 섭외활동, IC 및 BC카드 실적 제고를 위해 실명확인 절차 없이 "0"원 계좌 신규 후 첫 거래 시 실명을 확인하는 제도에 대해서도 리스크 감소를 위한 다음의 적절한 대책을 마련하는 것이 바람직하다.

- 제출서류 확인 철저
- 단체자료에 의한 신규계좌 개설 후 최초거래 시 본인확인 철저

2 파생금융상품거래 고객확인의무 강화

(1) 파생금융상품거래의 자금세탁 위험성

파생상품거래는 주로 선물거래나 옵션거래를 통해 이루어지며, 유동성과 익명성이 높고, 그 거래가 복잡한 한편, 변동성이 크므로 자금의 이동에 용이하여 자금세탁의 수단으로 이용될 가능성이 높다.

(2) 거래고객의 실체관계 파악 및 거래모니터링 강화

파생상품거래는 통상 기업과 거래하는 바, 파생상품 약정 시 가급적 거래기업의 지배구조 등 실체관계를 파악하는 것이 바람직하다.

---

3) 전화 또는 방문에 의한 섭외활동, IC 및 BC카드 실적 제고를 위해 실명확인 절차 없이 "0"원 계좌 신규 후 첫 거래 시 실명을 확인하는 제도

비정상적인 파생상품거래를 추출해 내기 위해 전산시스템 등을 이용한 주기적인 모니터링 실시방안을 고려하는 것이 바람직하다.

3 기업설립 Agent를 이용한 자금세탁

자금세탁 위험이 높은 특정국가 소재기업과의 거래 시 확인의무를 강화하여야 한다. 자금세탁을 위해 위장법인(Paper Company, Shell Company)을 설립하는 경우도 있고, 기업설립 Agent를 통해 자금세탁의 규제가 없는 국가에 무역회사, 투자회사, 지주회사, 운송회사, 인터넷거래회사 등 법인설립을 하고, 동 법인을 통해 불법자금을 합법화하는 자금세탁거래가 발생할 위험성이 있다.

금융회사가 자금세탁 위험이 높은 특정국가 소재 기업과 거래를 하고자 하는 경우에는 CDD관련 금융회사 추가이행사항 중 고위험 고객군에 해당하는 고객확인의무를 이행하여야 하면서, 지속적인 거래모니터링을 하여야 한다.

제9절 고객확인의무 수행방법 및 사례[4)]

1 고객확인의무 응대요령

- CDD는 특정금융정보법에 따라 시행하는 것으로 설명하고, 자금세탁이라는 표현은 고객에게 불쾌감을 줄 수 있으므로 가급적 사용하지 않는다.
- 필요하면 대부분의 다른 국가에서도 시행되고 있으며, 국가신인도 제고를 위해 도입되었음을 안내하면서 협조요청을 한다.
- 모든 금융회사에서 시행됨을 안내하면서 위반 시 금융회사가 처벌될 수 있음을 설명한다.
- 법인고객의 경우 사전에 고객거래확인서를 교부하여 금융거래 시 미리 작성하여 다니도록 안내한다.
- 귀금속상, 환전상 등 고위험업종 종사자 등은 추가정보를 수집하여야 하는데, 고객들이 이를 가급적 인식하지 않도록 고객확인의무를 자연스럽게 수행한다.
- 고객이 제공한 정보는 관련법과 규정에 따라 엄격하게 관리함을 설명한다.
- 창구마찰 시 가급적 후선 책임자 이상이 응대하여 거래처리 지연을 막도록 한다.
- 거래거절 시에는 고객으로부터 민원이 발생하지 않도록 정중하게 처리한다.

2 고객확인의무 수행 사례

(1) 신규계좌개설 및 일회성 금융거래

예시 1	신규거래 고객이 고객정보를 제공하지 않는 경우

- 신입사원 고객이 급여계좌를 개설하고자 금융회사를 방문하여 인터넷 뱅킹과 체크카드까지 개설해 줄 것을 요청하였다.
- 금융회사직원은 기존 은행거래가 없는 신규고객으로서 고객확인의무 대상고객으로 판단하고 신청서 작성을 요구하자, 해당고객은 급여통장을 개설하는데 무슨 확인이 필요하냐며 불쾌한 의사를 표시하고 작성을 거부하였다.

4) 고철수, 김춘규 「업무에 활용하는 자금세탁방지(AML/CFT) 가이드」(2016) 참조

1단계

고객에게 금융거래 또는 서비스가 자금세탁 및 테러자금조달 등의 불법행위에 이용되지 않도록 고객확인 및 검증, 거래관계의 목적 확인 및 실소유자 확인 등 고객에 대하여 합당한 주의를 기울이는 것은 특정금융정보법에 따른 금융회사의 의무사항이라는 점을 설명한다.

확인해야 하는 개인고객의 신원정보는 다음과 같다.

• 성명, 생년월일 및 성별, 실명번호, 국적(외국인인 경우), 주소 및 연락처

계좌를 신규 개설하는 경우에는 거래금액과 관계없이 CDD를 수행하여야 한다.

2단계

금융회사는 신규고객이 신원확인정보 등의 제공을 거부하는 등 고객확인을 할 수 없는 때에는 당해 고객과의 거래를 거절하여야 한다. 이 경우 의심되는거래보고(STR)를 검토하여야 한다.

예시 2	고객이 일회성 금융거래를 하는 경우

• 신혼부부로 보이는 고객이 전세자금이라며 1억원 상당의 타행 자기앞수표를 무통장 입금하려고 은행을 방문하였다.
• 은행직원이 CDD 대상이라는 사실을 안내하자, 기존 거래고객이고, 이체업무만 하면 되는데 무슨 소리냐며 황당하다는 반응을 나타냈다.

1단계

고객에게 CDD에 대하여 설명한다.

기존거래 고객일지라도 일회성 금융거래(은행 등에 개설된 계좌에 의하지 아니한 금융거래)일 경우 고객확인의무 대상이라는 점을 설명한다.

2단계

고객에게 1천만원 이상의 일회성 금융거래로서 CDD대상임을 안내한다.

일회성 금융거래에는 무통장 입금, 외화송금 및 환전, 자기앞 수표 발행 및 지급, 보호예수, 선불카드 매매 등이 대상임을 설명한다.

또한, 단일 거래금액이 1천만원이 아니더라도 7일간 누적거래금액이 1천만원 초과 시 CDD대상임을 설명한다.

(2) 대리인 및 외국인에 의한 거래

예시 1	대리인에 의한 거래

- 가정주부로 보이는 고객이 초등학교에 입학한 자녀의 적금통장을 개설하기 위해 본인신분증과 주민등록등본을 지참하고 은행을 방문하였다. 자녀는 기존에 거래가 없는 신규고객이다.

1단계

미성년자의 가족관계확인서류(주민등록등본, 가족관계증명서 등)를 징구확인하여 대리인에게 법적 권한이 있는지를 확인하고 CDD를 이행 등록한다.

은행은 개인 및 법인 또는 그 밖의 단체를 대신하여 금융거래를 하는 자에 대하여는 그 권한이 있는지를 확인하고, 해당 대리인에 대해서도 고객확인을 한다.

2단계

은행을 방문한 친권자 대리인에 대해서도 고객확인의무를 이행한다.

예시 2	대리인에 의한 거래

- 법인회사에서 경리업무를 담당하는 직원이 은행을 방문하여 회사명의로 현금 3천만원을 타인계좌에 무통장 입금하였다. 법인과 대리인 모두 CDD 대상이다.

1단계

위임 내용이 포함된 위임장 및 법인관련서류(사업자등록증, 법인인감증명서 등), 대리인의 실명확인증표를 징구해야 함을 안내하고 서류를 통해 정당한 대리인임을 확인한 후 CDD를 이행한다.

은행은 고객을 대리하여 거래관계를 체결하는 대리인에 대해서도 법인에 대한 고객확인 및 검증절차에 준하여 수행하여야 하며, 관련 기록을 전산 또는 문서적 방법으로 5년간 보관한다. 또한 제3자를 활용한 CDD수행 시 자금세탁에 노출될 위험이 높으므로 주의의무가 필요하다.

2단계

은행을 방문한 대리인에 대해서도 고객확인의무를 이행한다.

예시 3	외국인이 거래하는 경우
• 국내 영어학원에 취업한 미국인이 여권을 가지고 은행을 방문하여 통장 신규개설을 요청하였다. 하지만, 외국인등록증이 발급되지 않은 상황이다.	

1단계

미국인이 외국인등록증을 소지한 외국인일 경우, 외국인등록증의 진위 여부를 확인하고 CDD를 이행한다.

외국인등록증, 외국국적동포 국내거소신고증, 재외국민 국내거소신고증 등 정부가 발행한 서류로서 이름, 실명번호, 주소, 국적, 국내의 거소 또는 사무소의 소재지 등이 기재된 서류로 확인가능하다.

2단계

외국인등록증이 없는 경우 고객이 소지한 여권을 신원확인증표로 하여 여권번호 또는 여권조합번호로 CDD를 이행한다. 추가적으로 소속 국가 정부에서 발행한 신분증, 운전면허증 등으로 신원검증을 실시한다.

(3) 단체신규 및 법인거래

예시 1	단체신규

- 1개월 전 부대에서 단체로 통장신규를 개설했던 군인이 은행을 방문하여 계좌에서 출금을 하고자 하는데 CDD 이행대상으로 확인되었다.
- 군인이 체크카드를 발급하고자 하는데 일괄적으로 계좌개설하면서 CDD를 이행하지 않고 거래를 실행한 사실이 확인되었다.
- CDD대상이라 거래가 불가상황이며, 확인결과 1개월 전 부대에서 일괄적으로 단체로 신규개설하면서 CDD를 미등록한 것으로 밝혀졌다.

1단계

창구거래 전 고객에게 일괄적인 계좌개설은 금융거래 이후 CDD수행이 가능한 경우로 창구에서 최초 금융거래 시 CDD 이행대상이라는 사실을 군인에게 안내한다.

종업원, 학생 등에 대한 일괄적인 계좌개설의 경우에 적용된다.

2단계

군인고객이 고객확인의무 이행을 거절한 경우 거래를 중단한다.

이미 거래관계는 수립하였으나 고객확인을 이행할 수 없는 때에는 당해 거래를 중단할 수 있으며, 이 경우 특정금융정보법에 따른 의심되는거래보고를 검토한다.

예시 2	법인거래

- 신설 법인업체(제도업)의 대표자가 사업자 통장을 개설하기 위해 사업자등록증, 법인인감증명서, 법인 인감, 본인 신분증을 지참하고 은행을 방문하여 법인명의 통장과 인터넷뱅킹 신규개설을 요청하였다.
- 대표자 본인의 고객확인의무가 이행되지 않은 상태이다.

1단계

법인의 경우 고객확인의무와 신원검증을 모두 이행하여야 한다.

신원확인정보는 법인명, 실명번호, 본점/사업장 주소 및 소재지, 대표자 정보, 업종, 회사연락처, 설립목적 등이다.

법인업체의 실명증표를 통해 CDD를 이행하고, 신원검증은 사업자등록증, 고유번호증, 법인등기부등본, 납세번호증, 영업허가서, 정관 등 문서적 방법으로 확인하거나 전자공시, 상용 기업정보 제공 데이터베이스 등의 비문서적 방법으로 갈음하여 CDD를 이행한다. 또는 대표자의 신원정보를 개인고객의 신원확인사항에 준하여 확인한다.

거래목적 및 용도를 파악하되, 확인해야 할 정보의 범위는 고객, 상품/서비스 등의 자금세탁 위험도에 따라 자율적으로 차등화할 수 있다.

2단계

국가, 지방자치단체 및 공공단체 또는 상장회사의 경우에는 검증을 생략할 수 있다.

(4) 강화된 고객확인의무 대상

예시 1	외국의 정치적 주요인물(PEP)
• 중국인이 은행을 방문하여 신규계좌 개설을 요청하였다. '요주의 인물'리스트에 등재되어 있다는 것을 인지하고 확인한 결과 중국 유명인사와 성명이 동일하다는 것을 알게 되었다.	

1단계

해당고객이 정치적 주요인물과 동일인이지 여부를 확인한다.

대상과 동일인인 경우에는 거래를 거절하거나 거래관계를 수립하기 위해서는 요주의 리스트 필터링을 거쳐 거래고객과 성명 등 매칭정보가 일치하는 경우 고객확인 및 검증의무 이외에 고객으로부터 추가정보 확인을 통해 동일인 여부를 확인하고 고위 경영진의 승인을 얻은 후 거래를 할 수 있다.

정치적 주요인물은 부패, 뇌물 등과 관련하여 자금세탁의 위험성이 높기 때문에 금융회사등의 주의의무가 필요하다.

2단계

고객이 외국의 정치적 주요인물로 확인된 때에는 강화된 고객확인의무를 이행하고 다음의 정보를 추가로 확인한다.

• 계좌에 대해 거래권한을 가지고 있는 가족 또는 밀접한 관계가 있는 인물에 대한 신원정보
• 정치적 주요인물이 관여되어 있는 법인에 대한 신원정보

예시 2	은행의 종합자산관리서비스 수혜 고객
• 유명 연예인이 본인 신분증과 주민등록등본을 가지고 은행을 방문하여 가족명의로 된 여러 개의 통장을 개설하여 거액을 예치하려고 한다.	

1단계

• 가족 간 대리인에 의한 금융거래 경우와 같이 업무처리하고 고객의 기본적인 신원확인과 검증 이외에 강화된 고객확인을 이행하여 자금의 원천, 금융거래 목적, 추정자산규모 등을 확인한다.

2단계

• 증여세, 상속세 등의 절세를 위한 미성년자에 대한 증여 또는 가족명의 분산거래는 조세탈루 혐의로 판단될 위험이 있음을 인지하고, 만약 자금세탁위험이 높다고 판단되면 의심되는거래보고(STR)를 검토한다.

예시 3	카지노 사업자
• 신규 카지노 사업자 대표가 은행을 방문하여 사업자 통장개설을 요청하였다.	

특별한 주의를 기울여 정당하게 설립된 법인인지 확인할 수 있는 서류를 징구하고, 해당업체가 정부로부터 인가받은 업체인지, 범죄자나 그 관련자가 다수지분을 보유하거나 실소유자인지, 카지노를 운영하거나 경영권을 가지고 있는지 여부를 확인한다.

카지노의 성격상 일반 금융회사에 비해 자금세탁에 이용될 가능성이 높고, 카지노를 이용한 대규모 자금세탁이 이루어진 것으로 의심되는 사례가 언론에 보도되면서 카지노 사업자에 대해서도 자금세탁방지의무를 부과하게 되었다.

예시 4	고위험 비영리단체(NPO)

- 선교단체가 은행을 방문하여 계좌에 입금된 거액의 현금을 조세회피처 국가와 일본에 있는 해외지사로 해외송금을 요청하였다.
  - 소속교단이 불분명하고 지속적으로 은행을 거래한 단체가 아니라는 사실도 확인하였다.

1단계

고객확인의무를 이행하되, 추가적으로 설립목적, 자금의 출처 등의 정보를 파악하고 필요시 책임자의 승인을 득하여 거래를 실행한다.

고위험 비영리단체의 경우 추가 확인사항 및 상위책임자의 승인을 득하여야 한다.

※ **추가확인사항**: 비영리단체 설립목적, 주요 활동지역, 조직체계(구조), 다른 비영리단체와의 제휴현황, 기부관련 정보, 주요 기부자 정보, 주요 수혜 정보, 모금 · 운영 · 집행자금 정보 등

2단계

자금세탁위험이 높다고 판단되면 지속적으로 모니터링을 하고, 의심되는거래보고를 검토한다.

영리법인에 비해 비교적 설립이 간편하고, 설립목적의 공공성 등에 의해 상대적으로 완화된 감독기준이 적용되므로 국제적 조직체계를 갖춘 비영리단체의 경우 국내외활동 및 금융거래시 직 · 간접적으로 테러자금조달에 이용될 위험이 높다.

3단계

자금세탁 위험을 예방하고, 완화시킬 수 있도록 지속적으로 모니터링을 해야 하며, 간소화된 고객확인의무 절차(CDD)를 적용한 비영리법인이라 할지라도 지속적인 모니터링을 통해 위험이 높다고 확인된 경우에는 강화된 고객확인의무(EDD)를 이행한다.

제10절 고객확인의무 위반 및 제재 사례

1 고객확인의무 미이행

⊙ 사례: 실제 소유자 미확인

금융회사는 법인 고객이 계좌를 신규로 개설하는 경우 고객을 최종적으로 지배하거나 통제하는 자연인(이하 '실제 소유자')의 성명, 생년월일 및 국적을 확인하여야 하는데도, 신규 계좌를 개설하면서 실제 소유자를 확인하지 않고 거래를 취급하여 고객확인 의무를 미이행

⊙ 사례: 비영리법인 및 단체 고객에 대한 설립목적 미확인

금융회사는 비영리법인 및 단체인 고객이 계좌를 신규로 개설하는 경우 해당 고객의 실지명의, 설립목적, 주된 사무소의 소재지 등을 확인하여야 하는데도, 비영리법인 또는 단체와 체크카드 신규 발급 계약을 체결하면서 설립목적을 확인하지 않고, 설립목적을 확인할 수 있는 관련 서류도 미징구

☞ 해설: 특정금융정보법 제5조의2 제1항, 동법 시행령 제10조의4 및 제10조의5를 위반한 행위로서 특정금융정보법 제11조 3항에서 정하고 있는 제재대상이며 특정금융정보법 제17조에 의거 과태료부과 대상

⊙ 사례: 법인 실제 소유자 미확인

20xx. 7.11. ~ 20yy. 3.16. 기간 중 62개 법인과 보험계약을 체결하면서 실제 소유자를 확인하지 않았거나 단계별 실제 소유자 확인 절차를 제대로 수행하지 않는 등 고객확인 의무를 이행하지 아니하였음

☞ 해설: 특정 금융거래정보의 보고 및 이용 등에 관한 법률 제5조의2 제1항 및 동법 시행령 제10조의5 제2항 등에 의하면 금융회사는 금융거래를 개시할 목적으로 법인 고객과 계약을 체결하는 경우 실제 소유자의 성명, 생년월일 및 국적을 확인* 하여야 함

* ① 의결권 있는 발행주식총수 25% 이상의 주식 · 출자지분을 소유한 자 → ② 주식 · 출자지분 수가 가장 많은 주주 등 → ③ 대표자의 순서로 단계별로 실제 소유자를 확인

2 고객확인 업무 운영절차 불합리

⊙ 사례: 고객위험평가모형 불합리한 운영

국가위험, 고객위험 및 상품위험 등을 반영하여 고객의 자금세탁위험을 평가하면서, 고객확인 정보 입력 내용의 정확성 제고를 위한 직원교육 및 자체점검을 실시하지 않아, 외국인고객의 국적정보를 '기타'로 입력하여 국가위험도가 '중위험'으로 처리됨에 따라 일부 고위험국가 국적자에 대한 고객위험이 낮게 평가되는 한편, 일부 신규상품에 대한 위험평가 결과를 지연 입력하여 일괄적으로 '중위험'으로 잘못 평가되는 사례가 발생하였으며, 자금세탁위험이 높은 업종인 대부업을 중위험으로 분류하고, 대여금고 이용약정 고객에 대해서는 위험 평가를 실시하지 않는 등 자금세탁위험 평가가 일부 불합리함

☞ 해설: 고객확인정보가 전산시스템에 적정하게 입력될 수 있도록 직원교육을 강화하고 고객확인정보 입력내용 및 고객위험평가모형의 적정성 점검절차를 마련하는 등 관련 내부통제절차를 개선할 필요가 있음

⊙ 사례: 고객위험평가의 부적절한 운영

자금세탁과 관련된 위험을 식별·평가하여 고객확인에 활용하기 위해 국가·고객유형·상품 및 서비스 위험 등을 반영하여 고객위험평가모형을 운영하면서, 고객에 제공하고 있는 일부 상품 및 서비스가 고객위험 평가모형에 반영되어 있지 않아 위험평가가 적절하게 이루어지지 않을 우려가 있음

☞ 해설: 고객에게 제공하고 있는 모든 상품 등이 반영되도록 고객위험평가모형을 개선하고 동 모형의 적정성을 주기적으로 검토하는 절차를 마련할 필요가 있음

⊙ 고객확인 재이행

내규상 고객확인 재이행 주기를 설정·운영하고 있으나, 고객확인 재이행 주기를 경과한 고객이 영업점을 방문하여 실명확인 대상 금융거래 또는 일회성 금융거래를 수행하는 경우에 한하여 고객확인을 재이행하도록 정하고 있어 비대면방식으로만 거래하는 고객의 경우 고객정보 갱신 등이 장기간 지체될 우려가 있음

☞ 해설: 고객확인 재이행이 장기간 지체되지 않도록 모바일 등 비대면 방식의 고객정보 갱신을 지속적인 고객확인 방법에 포함하는 등 업무절차를 개선할 필요가 있음

3 요주의 인물 관리 불철저

⊙ 사례

> 당해 거래고객이 요주의 인물인지 여부를 확인할 수 있는 절차를 수립·운용하고 있으나, 금융위원회가 고시하는 금융거래제한대상자 목록은 수시로 변경되고 있음에도 요주의 인물 목록을 1년 주기로 변경하고 있어, 요주의 인물과 거래관계를 거절 또는 수립 시 고위경영진의 승인 등이 누락될 소지가 있음

☞ 해설: 요주의 목록을 수시로 갱신하여 요주의 인물에 대하여 적시에 확인하고 거래관계를 수립하는 경우에는 고위경영진의 승인을 얻는 등 필요한 조치를 마련할 필요가 있음

⊙ 사례

> 외국의 정치적 주요인물(PEPs)에 대한 실제 고객확인 절차가 내규와 달리 운영되고 있고*, 강화된 고객확인절차 이행 대상에 FATF 권고사항 이행 취약국가 국적자가 포함되어 있지 않음
> * 내규에서는 고위경영진 승인 후 거래관계를 수립할 수 있도록 정하고 있으나, 실제로는 별도 승인절차를 두지 않고 모두 거절하도록 운영함

☞ 해설: PEPs에 대한 고객확인 시 내규와 실제 업무취급절차가 부합되도록 하는 한편, FATF 권고사항이행 취약국가에 대해서는 강화된 고객확인을 의무적으로 수행하도록 관련절차를 개선할 필요가 있음

4 제3자를 통한 고객확인 이행관리 불합리

⊙ 사례

> 금융회사간 고객확인 업무 위 수탁에 관한 사항이 업무제휴계약서 등에 명시되어 있지 않아 고객확인관련 정보 및 자료 제공 등이 적절히 이루어지지 않을 우려가 있음

☞ 해설: 수탁자를 통한 고객확인 업무의 적절한 이행을 담보하기 위해 업무제휴 계약서 등에 고객확인 업무 위·수탁에 관한 사항을 명시하여 운영할 필요가 있음

⊙ 사례

> 제3자를 통한 고객확인 이행의 적정성을 자체적으로 점검 · 관리하기 위한 업무절차(담당부서, 실시주기 등)가 마련되어 있지 않음에 따라, 고객확인 업무가 적정하게 수행되지 않은 사례가 발생함

☞ 해설: 제3자를 통한 고객확인 이행의 적정성을 자체적으로 점검 · 관리하기 위한 업무절차를 구체적으로 마련하여 운영할 필요가 있음

5 고위험 고객에 대한 추가 정보 미확인

⊙ 사례

> 20xx.5.16. ~ 20yy.6.26. 기간 중 고객 8명과 보험계약을 체결하면서 동 고객이 자금세탁등의 위험이 높은 고객으로 평가되었음에도 거래 목적 및 거래자금 원천등을 확인하지 아니하였음

☞ 해설: 특정 금융거래정보의 보고 및 이용 등에 관한 법률 제5조의2 제1항 및 자금세탁방지 및 공중협박자금조달금지에 관한 업무규정 제42조 제1항 등에 의하면 금융회사는 고객과 계약을 체결하는 경우 자금세탁등의 위험이 높은 것으로 평가된 고객에 대해서는 거래의 목적, 거래자금의 원천 등을 추가로 확인하여야 함

고객확인의무(CDD)

1 고객확인제도와 관련하여 틀린 것은? ( )

① 고객확인제도는 금융실명법 대상이 아닌 보험, 공제, 카드업의 경우에도 특정금융정보법을 적용하여 거래상대방의 신원확인을 하여야 한다.

② 고객확인제도를 이행하여야 하는 거래는 계좌신규개설, 일회성 금융거래로 1만달러 이상인 외국환거래, 100만원 이상의 전신송금거래, 기타 1천만원 이상 금융거래 등이 해당된다.

③ 고객확인제도는 고액현금거래보고제도의 효용성을 제고하기 위한 기초가 된다.

④ 실제소유자가 의심되는 등 자금세탁등의 행위를 할 우려가 있는 경우에도 고객확인제도를 수행하여야 한다.

2 법인의 고객확인과 관련하여 틀린 것은? ( )

① 대표자 또는 대표이사 · 이사 등 고위임원에 대한 정보를 확인하여야 하며 개인 신원정보와 동일하게 수행한다.

② 법인의 실제소유자는 고객을 최종적으로 지배하거나 통제하는 사람 또는 법인을 확인하여야 하고 확인 절차의 1단계는 100분의 25 이상의 지분증권을 소유한 사람 또는 법인의 확인이다.

③ 법인의 정보가 공개된 자본시장법제159조제1항에 따른 사업보고서 제출대상 법인은 실제소유자 확인 의무가 면제된다.

④ 자금세탁 등의 고위험으로 분류된 법인고객에 대하여는 법인구분정보, 상장정보, 설립일, 홈페이지, 거래의 목적, 거래자금의 원천을 추가로 받아서 확인한다.

고객확인의무(CDD)

3 고객확인의무와 관련하여 틀린 것은? ( )

① 개인 또는 법인을 대신하여 금융거래를 하는 대리인에 대하여도 고객확인을 하여야 하며 대리 권한이 있는지를 확인하여야 한다.
② 가상자산사업자가 실명확인 입출금계정서비스를 이용하지 않는 등 특별한 주의를 요하는 경우 6개월 이하의 주기마다 지속적으로 확인하여야 한다.
③ 국외에 거주하는 제3자를 통해 고객확인을 하는 경우 FATF 권고사항을 도입하여 효과적으로 이행하고 있는 국가에 거주하는 제3자에 한하여 가능하다.
④ 고객 확인 및 검증거절 시 의심되는거래보고 여부를 검토하여야 한다.

4 고객확인제도와 관련하여 틀린 것은? ( )

① 자금세탁방지 업무규정 상 자금세탁등과 관련하여 평가하여야 하는 위험의 종류는 국가위험, 고객위험, 상품위험 및 서비스위험이 있다.
② 환거래은행 계약은 고위험군에 해당하여 강화된 고객확인을 수행하여야 한다.
③ 금융회사는 특정직원에 의해 전담서비스를 제공받는 주요 관리고객인 고액자산가에 대하여 선정기준을 마련하고 추가정보를 확인하기 위한 내규나 지침 등을 마련하여야 한다.
④ 금융회사 등은 100만원을 초과하는 신용카드에 의한 현금 또는 대출서비스를 위한 이체에 대하여 송금인 및 수취인과 관련된 정보를 확인하고 보관하여야 한다.

⊙ 다음 문제를 읽고 옳으면 O, 틀리면 X를 하시오.

5 법인 • 단체인 고객과 금융거래를 하는 경우 그 고객을 최종적으로 지배하거나 통제하는 실제 소유자에 대하여 예외없이 그 생년월일을 확인하여야 한다. ( )

6 양도성 예금증서, 대여금고 약정, 보관어음 수탁을 위한 계약도 계좌신규개설에 해당하여 고객의 신원확인 및 실제 소유자 확인 등 고객확인의무를 수행하여야 한다. ( )

7 일회성 금융거래 기준금액에 해당하는지 확인할 수 없는 경우 기준금액 이상으로 본다. ( )

정답 1.③ 2.② 3.② 4.④ 5.(X) 6.(O) 7.(X)

제4장 의심되는거래보고(STR)

제1절 STR의 개요

특정금융정보법에 의거 금융기관은 자금세탁방지를 위해 금융재산이 불법재산이거나 금융거래 상대방이 자금세탁행위나 공중협박자금조달행위를 하고 있다고 의심되는 합당한 근거가 있는 경우 그 사실을 KoFIU에 의무적으로 보고하여야 하는 제도를 말한다.

※ 미수거래도 보고

불법재산 또는 자금세탁행위를 하고 있다고 의심되는 합당한 근거의 판단 주체는 금융회사 종사자이며, 그들의 주관적 판단에 의존하는 제도라는 특성이 있다.

1 의심되는거래보고의 정의

의심되는거래보고(STR; Suspicious Transaction Report)은 금융거래와 관련하여 수수한 재산이 불법재산[1] 이라고 의심되는 합당한 근거가 있거나, 거래상대방이 금융실명법을 위반하여 자금세탁등의 행위를 하고 있다고 의심되는 합당한 근거가 있는 경우[2] 범죄수익은닉규제법 및 테러자금금지법에 따라 금융회사등의 종사자가 수사기관에 신고한 경우로서 지체 없이 금융정보분석원장에게 보고하는 것을 말한다.

1) 40종의 각종 범죄와 관련된 수익을 말한다

2) 금융거래과정에서 취득한 고객의 신원사항, 실제당사자 여부, 거래목적 및 고객의 직업, 주소, 소득, 평소 거래사항, 사업내용 등을 종합적으로 감안하되 막연한 추측보다는 객관적인 사실을 토대로 판단하여야 한다.

2 의심되는거래보고의 중요성

STR은 1990년대 이후 유럽 및 미국을 중심으로 도입되기 시작하여 현재는 FIU를 설치한 거의 대부분의 나라에서 시행하고 있다.

금융정보분석원은 보고된 의심되는거래내용과 외환 전산망, 신용정보, 외국 FIU의 정보 등 자체적으로 수집한 정보를 종합 분석한 후 동 거래가 불법거래 또는 자금세탁등의 행위와 관련된 거래라고 인정되는 경우 금융거래 관련 자료를 법집행기관에 제공하며, 법집행기관은 거래내용을 조사 및 수사한 후 위법사항이 드러나면 관련자를 법에 따라 조치한다.

금융회사등을 이용한 자금세탁등의 행위를 예방하기 위해서는 고객과 직접 접촉하는 금융회사의 일선창구 종사자가 전문지식과 업무경험을 활용하여 거래자 및 거래내용을 확인하고 의심되는거래를 인지 후 보고하여야 한다.

참고 • **국가별 보고기준금액 현황**

기준금액 설정국	미국(US $5,000)
기준금액 미설정국	영국, 호주, 일본, 캐나다, 대만, 스위스, 싱가폴, 벨기에, 핀란드, 필리핀, 네덜란드, 프랑스, 브라질, 콜롬비아 등

※ 의심되는거래 시도(미수)를 비롯한 모든 의심되는거래 금액의 크기와 무관하게 보고되어야 한다.

3 의심되는거래보고의 필요성

(1) 범죄행위의 예방

금융회사 직원이 자신의 경험을 바탕으로 주관적인 판단하에 불법자금의 예치단계부터 의심되는거래를 보고하게 되면 범죄를 사전에 예방할 수 있다.

이는 범죄로부터 발생하는 사회적 비용을 축소하여 건전하고 투명한 사회를 건설할 수 있는 계기가 된다.

(2) 의심되는거래 미보고 시 처벌

금융회사 직원이 의심되는거래보고 의무를 위반할 경우 당해 금융회사에 과태료가 부과되며, 임직원에 대한 징계가 내려질 수 있기 때문에 의심되는거래보고를 할 필요가 있다.

* 금융회사: 3천만원 이하의 과태료 또는 영업정지(특정금융정보법 제17조)

* 임직원: 1천만원 이하의 과태료 또는 징계(특정금융정보법 제11조)

4 의심되는거래보고 처리절차

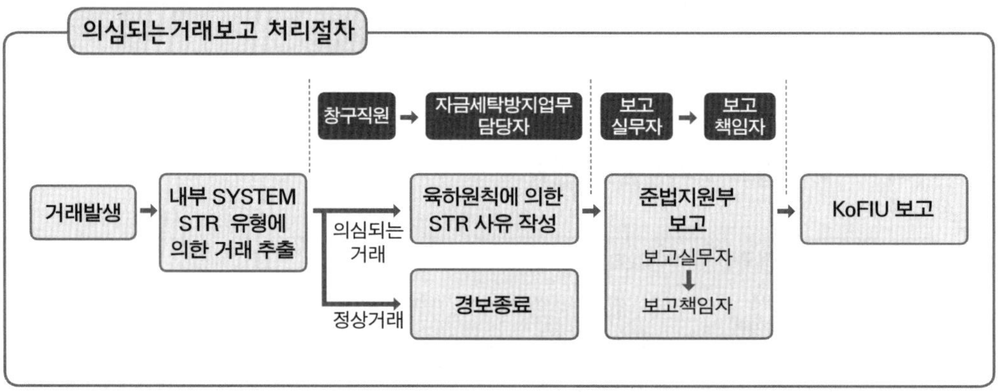

제2절 보고대상

1 의무보고대상

의무보고대상은 다음과 같다.

- 금융거래와 관련해서 수수한 재산이 불법재산이라고 의심되거나, 금융거래 상대방이 자금세탁등의 행위를 하고 있다고 의심되는 합당한 근거가 있는 경우
  - 고액현금거래보고를 회피할 목적으로 금액을 분할하여 현금거래를 하고 있다고 의심되는 합당한 근거가 있는 경우
  - 고객확인을 위해 요청하는 정보의 제공을 거부하거나, 수집한 정보의 검토 결과 고객의 금융거래가 정상적이지 못하다고 판단되는 경우
- 금융실명법을 위반하여 불법적인 금융거래를 하는 등 자금세탁행위나 테러자금조달행위를 하고 있다고 의심되는 합당한 근거가 있는 경우
- 범죄수익은닉규제법에 의한 범죄수익 수수 또는 금융거래의 상대방이 범죄수익 등의 은닉 · 가장의 죄에 해당하는 행위를 하고 있다는 사실을 알게 되어 관할 수사기관에 신고한 경우
- 테러자금금지법에 의한 테러자금 수수 사실을 알게 되거나 금융거래의 상대방이 테러자금금지법 제4조 제3항의 규정에 의한 허가를 받지 아니하고 금융거래나 그에 따른 지급 · 영수를 하고 있다는 사실 또는 테러자금조달행위를 하고 있다는 사실을 알게 되어 관할 수사기관에 신고한 경우

2 임의보고대상

금융거래가 발생하지 않더라도 자금세탁행위나 테러자금조달행위를 하고 있다고 의심되는 합당한 근거가 있는 경우에는 의심되는거래로 보고 가능하다.

제3절 의심되는거래보고 판단기준

1 개요

자금세탁등의 수단과 방법이 다양하고 수시로 변하고 있어 의심되는 합당한 근거의 객관적인 기준을 마련하기는 어려우므로, 고객확인을 통해 여러 정보를 파악하여 금융회사 직원의 업무지식, 전문성, 경험, 금융정보분석원이 제공하는 의심되는거래 유형 등을 바탕으로 종합적으로 판단하여야 한다. 확인하여야 하는 정보는 다음과 같다.

- 고객정보: 직업, 나이, 직장, 직장의 업종, 미성년자 여부, 고령자 여부, 신용불량자 여부, 주소지, 국적, 업종, 설립목적 등
- 계좌정보: 거래상품 및 서비스의 종류, 신규일, 존속기간 등
- 거래정보: 거래수단, 거래금액 규모, 자금의 출처, 거래의 전후(거래패턴), 분할거래 여부, 거래상대방 및 관계, 거래시간, 거래빈도, 입출금 시간차, 기타 평소거래 상황 등

혐의거래 참고유형의 보고유형에 해당하는 거래는 거래의 합리성이 확인되지 않는다면 보고대상 거래로 판단해야 한다.

2 의심되는거래보고 대상

(1) 혐의거래 참고유형

① 은행(저축은행, 신협, 새마을 금고 포함)

- 합리적 이유 없이 거액 현금에 의한 입출금 빈번
- 외국인, 신용불량자, 미성년자 또는 직원 명의계좌를 이용한 거래
- 단기간에 다수의 사람과 입출금후 해지 또는 거래중단
- 직업이나 사업에 비해 과도한 자금을 영수한 후 현금으로 인출

- 고액을 다수인에게 분할송금하거나 분할 수취하는 거래
- 다수인으로부터 이체 송금받은 후 현금으로 인출
- 합리적 이유 없이 거액의 현금을 주소지가 아닌 원격지에서 입출금
- 경제적 합리성 없이 양도성예금증서나 채권을 발행 또는 상환
- 대체거래를 현금으로 처리하는 거래
- 인터넷 Biz · 일괄 · 대체거래 등을 이용하여 상대방을 숨기는 거래
- 계좌주의 나이 · 성별 · 직업과 다른 것으로 추정되는 사람이 입출금
- 제3자의 부동산이나 거액예금을 담보로 대출하는 거래
- 거액 대출 후 2~3개월 이내에 현금이나 소액수표를 가져와서 상환
- 법인 · 대표자 등 제3 자명의 계좌에서 인출하여 외화송금하거나 환전
- 국내거주자의 예금을 담보로 해외체류자에게 Stand-by L/C 발금 자금원이나 상대방의 업종 등이 의심되는 해외투자목적 송금업종이나 업체규모에 비해 합리성 없는 거액의 내국신용장 발급
- 다수인이 현금을 가져와 1~2만불 미만으로 여러 영업점에서 분할 환전 등

② 증권

- 현금으로 거액의 증권을 매입하고 예탁원에 보관하지 않고 유가증권의 실물인도를 요청
- 고객 매수요청 주식이 특별한 이유 없이 급등하고 고객은 고가에 전량매도 후 매도 자금 모두 출금
- 증권매매대금을 타인계좌에서 이체받거나 타인계좌로 송금
- 오래된 수표, 구권, 무기명증권을 매각한 후 현금으로 교환
- 채권 매수 후 빈번히 입출고 또는 매도대금을 분할하여 현금 인출
- 적자 연속 기업, 소형업체 위주로 주식현물을 입고한 후 매도
- 옵션매매 등 고위험 거래에 집중하거나 시장가격과 차이나는 매매
- 거래가 거의 발생하지 않는 외가격옵션을 저가에 대량 매도하거나 고가에 매수

③ 보험

- 보험계약한 후 대출받은 후 곧바로 해약
- 보험금 수령 후 계약자 · 피보험자가 아닌 제3자에게 거액의 송금의뢰
- 보험계약 체결 후 비교적 단기간 내 고액의 보험료를 선납

- 합리적 이유 없이 보험계약대출과 상환을 반복
- 계약자의 직업, 재산상태 등에 비추어 특별한 사유 없이 고액의 보험계약을 체결
- 법인명의 계약에 대하여 대표이사 등의 현금 등으로 중도인출
- 법인명의의 계약 체결 후 법인대표로 계약자를 변경하고 해지 후 해지환급금을 현금으로 수령
- 탈세 등이 의심되는 보험계약 거래
- 부모가 거액의 보험을 가입한 후 자녀가 매월 특정일에 현금으로 거액의 중도인출금을 현금으로 대리 수령
- 자녀의 보험계약대출금을 부모가 대신 거액의 현금으로 상환
- 고액 일시납 계약 체결 후 단기간 내에 보험계약 대출을 한도만큼 현금으로 지급 요청
- 합리적 이유 없이 보험 부활 후 해약 또는 고액의 계약대출을 실행
- 경제적 능력이 의심되는 보험계약자가 거액의 일시납 생명보험계약을 가입하면서 아무런 이해관계가 없는 제3자를 수익자로 지정하고 그 이유를 합리적으로 설명하지 못함

(2) 보고대상으로 판단해야 하는 경우

① 의심되는 합당한 근거

특정금융정보법상 보고대상인 불법재산 수수, 자금세탁행위나 테러자금 조달행위는 수사기관 등에서 조사가 완료될 때까지는 범죄관련 여부를 판단하기 어려우므로 영업점에서 당해 거래가 불법재산의 수수 또는 자금세탁등의 행위로 의심되는 합당한 근거가 있는 경우 보고대상으로 판단하며, 특정한 범죄의 존재사실까지 확인할 필요는 없다.

의심되는 합당한 근거는 금융거래과정에서 취득한 고객의 신원사항, 실제소유자 여부, 거래의 목적 및 고객의 직업, 주소, 소득, 평소거래사항, 사업내용 등을 종합적으로 감안하되 막연한 추측보다는 객관적 사실을 토대로 판단한다.

입·출금 거래 시 의심되지 아니하였으나 모니터링 과정에서 의심되는거래로 판단한 경우 계좌보유 기관이 의심되는거래로 보고하는 것이 타당하다.

실제 발생한 금융거래뿐만 아니라, 발생하지 않은 거래(예: 창구상담결과 거래는 발생하지 않았으나 거래상대방의 신분확인이 가능한 경우)도 의심되는거래로 보고할 수 있다.

대체거래(계좌이체 등)를 고객요청에 따라 현금거래로 처리하는 것은 법집행기관의 자금추적을 방해하는 등 자금세탁등에 악용될 가능성이 있으므로 의심되는거래로 보고하여야 한다.

금융회사 직원은 거래의 경제적 실질에 부합되게 전표를 처리하는 것이 바람직하므로 고객의 현금거래 요청 시 대체처리를 유도하고 불가피하게 현금거래로 처리하는 경우 의심되는거래보고 여부를 검토하는 것이 바람직하다.

의심되는거래 판단 예시

- 직업 및 사업내용 등이 명확히 파악되지 않는 고객이 다수의 타인명의의 계좌를 소지하고, 거액의 금융거래를 하는 경우
- 미성년자 명의로 개설된 계좌에서 거액의 금융거래가 발생하는 경우
- 평소 상이한 금융거래 형태를 유지하고 있는 급여생활자, 개인사업자, 중소기업 등의 계좌에서 거액의 금융거래가 발생하고, 자금의 실제 당사자 여부를 확인하는 과정에서 의심되는 경우
- 금융거래자의 요청에 의하여 현금거래로 처리하는 등 평소 금융거래 형태와 상이한 거래로서 거액의 금융거래 또는 분할거래를 하고 있다고 의심되는 경우

② 분할거래 판단기준

분할거래의 여부는 금융거래 상대방의 수, 거래횟수, 거래기간, 거래인원, 거래점포 수 등을 고려하여 금융거래가 보고대상 금융거래인지를 판단한다.

- 금융거래의 상대방이 수 개의 점포(계좌) 또는 수일에 걸쳐 금액을 분할하여 거래할 때
- 다수인이 금융거래의 상대방이 되어 금액을 분할하여 거래할 때
- 동일인이 본인이 관리하는 여러 계좌(본인 · 타인)에서 현금의 지급 · 영수를 하고 그 각각의 합산 금액이 1일 1천만원 이상인 경우로서 고액현금거래보고를 회피할 목적인 경우

분할거래에 대한 예시

구분	내용
다수의 계좌에 고액을 분할한 계좌	7일 동안 개인이 1천만원 이상의 금액을 2명 이상에게 송금(수취)한 경우
다수로부터 고액 분할수취	1년 동안 동일한 고객이 3명이상의 고객으로부터 건별 1천불 이상을 송금 받은(수취) 총 금액이 1만불 이상인 경우(동일인이 보내는 송금은 제외)
장기간 거액 대출의 조기상환	1년 이상, 1억원 이상 대출금 중 대출 거래 발생 후 90일 이내 조기 상환되는 경우. 단, 분할 상환대출, 한도 내 개별 건(할인어음대출, 구매자금대출) 제외
고액의 현금 분할거래	30일 동안 건당 1천만원 이상 현금에 의한 자기앞수표 발행/지급거래가 10회 이상이고, 합계액이 1억원 이상인 경우

제4절 보고시기 및 방법

1 보고시기

담당책임자는 당해 금융거래가 의심되는 합당한 근거가 있는 경우에는 **지체 없이*** 보고책임자 등에 알리고, 보고책임자 등은 금융정보분석원에 보고하여야 한다.

* "**지체 없이**"란 보고책임자가 영업점 보고내용 및 인지한 정보 등을 종합적으로 검토하여 의심되는거래로 판단될 때, 시간적으로 지체함이 없이 금융정보분석원장에게 보고하는 것을 말함

영업점의 경우 해당 거래가 의심되는거래로 판단될 때 시간적으로 지체함이 없이 보고책임자에게 보고하여야 한다.

2 보고방법

(1) 담당책임자(영업점)

금융거래가 의심되는거래로 판단되면 그 사유를 육하원칙에 따라 지체 없이 보고책임자에게 보고하고, 신고대상거래로 판단되는 경우에는 지체 없이 관할 수사기관에 신고 후 보고책임자에게 보고한다.

영업점장 결재를 득한 후 보고하되, 부득이한 경우에는 영업점장의 결재 없이 보고할 수 있다.

자금세탁방지시스템을 이용하여 보고함을 원칙으로 하되, 사안이 긴급한 경우 전화, FAX 등에 의한 방법으로 보고할 수 있다.

(2) 보고책임자(담당부서)

담당책임자로부터 보고받은 내용과 자체적으로 파악한 내용 등 관련 자료를 종합적으로 검토하여 의심되는거래로 결정한 날로부터 3영업일 이내에 금융정보분석원장에게 보고한다.

온라인으로 보고하되, 온라인으로 보고할 경우 자금세탁방지 등의 목적을 달성할 수 없는 것으로 판단될 때에는 전화 또는 모사전송에 의한 방법으로 보고할 수 있으며, 이 경우 보고받는 자가 금융정보분석원 소속 공무원임을 확인하여 그의 성명과 보고일자 및 보고내용 등을 기록 · 보존하고 추후 온라인으로 재보고한다.

온라인 보고가 곤란한 첨부서류(문서, 전자기록매체 등)는 직접 또는 우편으로 제출할 수 있으며, 이 경우 보안유지를 위하여 봉투에 "秘" 표시를 하여 봉인하고 수신처를 금융정보분석원장으로 한다.

제5절 보고서 작성방법

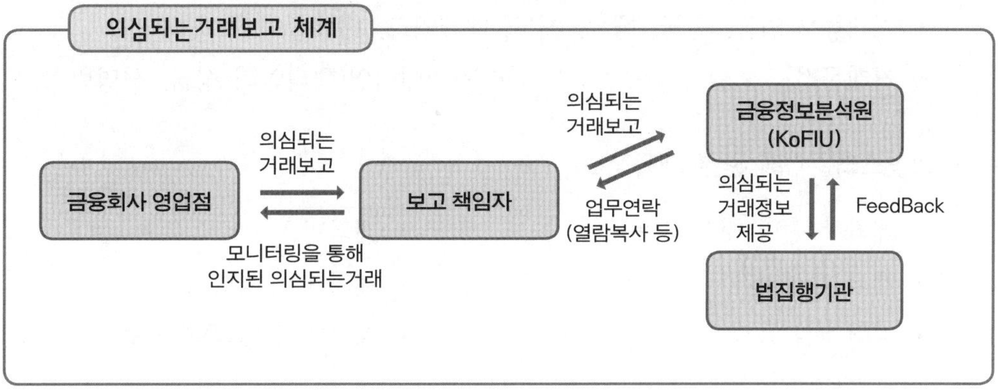

1 표제부

- 문서번호, 보고일자 등을 표시
  - 해당 금융회사별로 연도별 일련번호(예: 2022-008)

2 본문

① 보고회사에 대한 정보

- 보고회사명, 보고책임자명, 보고담당자명, 담당자 전화번호

② 의심스러운거래자에 관한 정보

- 성명(법인은 법인명), 실명번호(법인은 사업자등록번호, 외국인은 여권번호)
- 주소, 전화번호
- 직업(금융회사가 파악한 직업, 실제와 다른 경우라도 작성)
- 법인의 경우 대표자 성명 및 실명번호도 함께 기재

③ **의심스러운거래 내역에 관한 정보**

- 거래일시
- 거래 채널(창구, 인터넷, 전화 등)
- 거래영업점, 거래수단(현금, 수표, 외환 등)
- 거래종류(입금, 출금, 매수, 매도, 대체입고, 대체출고 등)
- 거래목적
- 거래대리인(대리인의 성명, 실명번호)

④ **의심스러운거래 관련 계좌정보**

- 계좌주 성명 및 실명번호
- 계좌번호
- 계좌 개설일자
- 계좌개설 영업점
- 계좌개설 목적
- 계좌개설 대리인 정보

⑤ **송금인/수취인 정보**

- 거래상대방이 동일 금융기관인 경우: 거래상대방의 성명, 실명번호, 상대금융기관명, 계좌번호
- 거래상대방이 타 금융기관(국외포함)인 경우: 거래상대방의 성명, 상대금융기관명, 계좌번호

⑥ **의심스러운거래 유형 및 의심스러운거래에 관한 정보**

- 긴급조사가 요구되는 사건인지, 거래자의 태도 및 특징(비밀요구, 불안한 태도 등), 계좌정보(타인 명의 계좌 이용, 다수계좌 이용 등), 거래유형(무기명CD, 거래패턴 변화, 분할 거래 등)
- 의심되는 정도는 매우 의심 5점 척도(지점 및 본사용)

3 종합의견

해당 거래의 의심되는 근거를 6하 원칙(누가, 언제, 어디서, 무엇을, 어떻게, 왜)에 따라 기술한다.

- 창구거래현황, 의심의 포커스 등 분석관에게 도움되는 정보를 추가
- 금융거래내역(3개월), 외국인의 경우 외환거래내역 1년 정도 첨부

제6절 의심되는거래보고 유형 및 사례

1 수신거래 관련 유형

(1) 보고 유형

- 합리적 이유 없이 거액 현금의 입 · 출금거래가 빈번하게 발생하는 거래
- 직업 등 신분이 확인되지 않은 외국인 또는 외국인 비거주자 계좌를 통한 반복적인 거액의 현금거래
- 출처가 불분명한 거액 현금으로 자기앞수표를 발행하거나, 다종, 다량의 거액 자기앞수표를 현금으로 지급하는 거래
- 단기간에 빈번히 거액이 입 · 출금된 후 해지되거나 거래가 중단된 계좌의 거래
- 합리적 이유 없이 직업이나 사업에 비해 과도한 자금을 제3자로부터 송금받은 직후 현금으로 인출하여 다수인에게 빈번히 송금하는 거래
- 자금의 출처, 수취인 등을 회피하기 위해 동일인이 일정금액 미만으로 수차례 나누어 입 · 출금하는 거래
- 실질적으로 타인명의 계좌를 이용하는 거래, 휴 · 폐업자 명의 또는 위장설립 법인의 계좌를 이용하는 거래(미성년자, 고령자, 신용관리대상자 등의 거액거래)
- 합리적 이유 없이 동일 대리인이 특정인 또는 여러명의 예금계좌를 다수개설하는 거래
- 본인이 합리적 이유 없이 다수의 요구불 예금계좌를 개설하는 거래
- 기존에 거래가 많지 않던 고객이 대여금고를 개설하여 단기간 빈번하게 이용한 후 해지하는 거래
- 야간금고를 이용하는 고객이 거액을 입금하고, 익일 현금 인출하는 등 거래형태가 평소와 크게 다른 거래
- 합리적 이유 없이 거액의 현금을 원격지에서 입 · 출금하는 거래
- 회사의 규모대비 거액의 어음 또는 수표 등 결제자금을 빈번히 타인의 자금으로 충당하는 거래

- 자금세탁방지제도에 대해 문의하는 등 필요 이상으로 관심을 보이거나 노출을 꺼리는 고객이 요청하는 거래
- 자금출처 등을 숨길 목적으로 타인명의로 자기앞수표 발행, 타행환 송금 등 본인의 거래를 타인명의로 위장하는 것으로 추정되는 거래
- 실소유자가 의심되는 거액의 채권 등을 합리적 이유 없이 보호 예수하는 거래
- 위탁자가 자금의 실소유자인지 의심되고, 이해관계없는 제3자를 수익자로 지정하는 등 합리적 이유 없는 거액의 타익 신탁거래
- 자금출처가 불법재산일 개연성이 있는 것으로 추정되는 주식납입금 입·출금 거래
- 경제적 합리성 없이 거액의 무기명증서나 채권을 발행하거나 상환하는 거래
- 대체거래를 현금거래로 처리하는 거래
- 단기간 내에 개인계좌에 법인으로부터 누적금액 기준으로 거액이 현금이체 입금된 거래
- 연속된 번호의 통화대용증권이 입금되거나 현금으로 지급된 거래
- 단기간 동안 거액의 수표를 소액수표로 교환하거나 소액 수표들을 거액수표로 교환한 거래
- 단기간 동안 거액의 카지노 명의의 수표가 계좌로 입금되거나 현금교환된 거래
- 자금력이 의심되는 계좌주*의 계좌에 단기간 내에 거액이 현금이체 입·출금된 거래

  * 신용불량자, 미성년자, 고령자, 무직자, 채무장기연체자 등
- 단기간 동안 비영리단체 계좌에서 거액이 개인계좌로 송금된 거래

(2) 보고사례

① 의심되는 사유: 거액을 법인 계좌에서 대표이사 계좌로 입금하는 거래

보고사례 → 00년12월30일 A(주)의 보통예금 계좌에서 대표이사 명의의 저축예금 계좌로 5억원이 인터넷뱅킹을 통하여 입금. A(주)의 직원인 甲이 A은행 B지점에 방문하여 대표이사 명의 저축예금 계좌에서 전액을 인출한 후 대표이사의 타행계좌로 송금(현금처리) 요청하여 송금사유에 대해 문의하였으나, 대표이사의 부동산 매입자금이라고 간략히 대답하는 등 송금 목적 불분명

의심되는 근거 → 법인명의 계좌에서 대표이사 명의 계좌로 거액을 송금한후 전액 인출하여 대표이사 명의의 타행계좌로 송금(현금처리)하는 거래

② 의심되는 사유: 예금계좌 개설 및 거액의 입·출금 관련

보고사례 1 → XX지점에서는 00년8월25일~00년8월25일 기간 중 ☆☆그룹 ㅇㅇ본부 직원(대리인)이 내점하여 A명의의 계좌 3개를 개설 요청, 명의인인 A가 직접 내점하지 않아 차명거래로 의심되어 보고

의심되는 근거 → 타인명의 계좌 자금세탁등에 이용

보고사례 2 → A는 급여생활자로서 00년12월7일 MMDA계좌 개설 시 3,996백만원이 입금되고, 00년12월16일 및 00년12월17일 각각 610백만원 및 658백만원이 입금되는 등 단기간에 급여소득자의 소득수준에 비해 거액 입금

의심되는 근거 → 소득수준에 부합하지 않는 금액 입금

③ 의심되는 사유: 거액의 현금 및 수표지급 거래가 빈번히 발생된 거래 관련

보고사례 → 00년1월25일~2월28일 기간 중 MMF계좌에서 5회에 걸쳐 자기앞수표 60억원(1백만원권 6,000매)이 지급되는 등 거액의 현금과 수표지급거래 빈번히 발생

- 00년8월27일 MMDA개설 시 약 7개월 전인 00년1월25일 및 00년2월2일 지급되었던 자기앞수표 18억원(1백만원권 1,800매)이 다시 입금

의심되는 근거 → – 소액의 정액 자기앞 수표(1백만원권)로 분할하여 다량 발행
– 상기 발행수표의 상당량이 7개월 후 재입금되었음

④ 의심되는 사유: 거래계좌의 금액 및 거래패턴 변화, 분할인출 관련 거래

보고사례 → A는 ㅇㅇ주식회사에 근무하는 급여 생활자. 본인명의 MMDA계좌에서 00년3월9일 1억원 인출 시 자기앞수표 1백만원권 100매로, 00년7월6일 144백만원 인출 시 100백만원을 자기앞수표 1백만원권 100매로 분할 인출하는 등 거액을 소액의 정액 자기앞수표로 분할 인출

의심되는 근거 → – 계좌의 거래패턴의 확연한 변화(소액거래 → 거액거래)
– 소득수준에 부합하지 않는 거액 입금
– 비합리적인 출금행위[소액 자기앞 수표(1백만원권)로 분할하여 다량 발행]

수신거래 관련 유의사항

① **전화사기 관련**
- 전화사기를 통해 다수인에 의해 입금된 자금을 현금지급기를 통해 반복적으로 일괄 출금이 일어나는 거래
- 내국인이라도 다수인에 의해 입금된 자금(영업상 입금 제외)이 입금 즉시 현금지급기에 의해 출금된 경우 의심되는거래로 점검
- 담당직원은 전화사기에 관한 참고유형을 숙지하여 의심되는거래보고가 누락되는 일이 없도록 하여야 한다.

② **자금의 흐름을 고의적으로 단절시키려는 거래**
- 고객의 요청에 의해 대체거래를 현금으로 처리한 경우는 의도적으로 자금의 흐름을 단절시키는 거래로 인식하고 의심되는거래로 보고 여부를 검토하여야 한다.

2 여신거래 관련 유형

(1) 보고 유형

- 거액예금 신규 후, 7일 이내에 담보로 대출받아 이를 대부분 현금으로 출금한 거래
- 현금 또는 자기앞수표로 거액을 갑작스럽게 예금한 후 단기간에 동 자금을 담보로 대출하는 거래
- CD를 대출담보로 제공하고, 거액을 대출한 거래
- 회사 발행 CD를 담보로 거액의 대출을 받으며 개인계좌로 대출금을 입금시키는 거래
- 취득경위가 의심되는 부동산을 담보로 하는 대출거래

- 경제적 합리성 없이 제3자 부동산을 담보로 하는 대출거래
- 대표이사가 동일한 외감대상 규모 미만의 소규모 법인으로 합리적 이유 없이 동 법인 상호간 담보제공하고 대출하는 거래
- 대표자에게 실질적 경영권이 없는 것으로 의심되거나 위장법인(Paper Company)이 합리적 이유 없이 거액을 대출받는 거래
- 거액의 대출신규 후, 단기간 내에 이를 현금과 발행일자가 6개월 이상 경과된 수표로 대부분 상환하는 거래
- 거액의 대출을 경제적 합리성 없는 제3자가 대리인 자격으로 상환하는 거래
- 장기간 연체된 대출금을 합리적 이유 없이 상환하는 거래
- 역외 금융지역에 존재하는 금융회사의 예치금(예금, CD 등 포함)을 담보로 대출한 거래
- 대출자와 담보제공자가 특수관계자인 거액 대출건 중, 대출자와 담보물의 명의가 제3자로 모두 변경된 거래
- 대출금이 신규 차입자의 상환능력에 비해 조기에 상환된 부동산 담보대출건 중 상환일로부터 얼마전 대출자 명의가 특수관계자로 변경된 거래

(2) 보고사례

① 의심되는 사유: 예금신규 가입 후 단기간 내 동 자금을 담보로 대출 취급하는 거래

보고사례 → 00년3월2일 A은행 B지점에 평소 거래가 없던 김OO가 C은행에서 발생한 자기앞수표 1억원권 5매(5억원)를 소지하고 내점하여 동 자금으로 정기예금을 신규 가입

– 며칠 후 다시 내점하여 동 정기예금을 담보로 3억원을 대출신청, 자금의 사용처 등 문의에 대해 답변을 회피. 대출금 전액 현금 출금하여 D은향 정OO 명의의 계좌로 송금한 바, 직업, 평소 거래상황 등을 볼 때 자금이 거액이고 예치후 단시일내에 거액의 대출을 받아 제3자에게 현금으로 송금한 점 등으로 볼 때 자금출처 등을 왜곡하는 행위로 의심되어 보고

의심되는 근거 → 취득경위가 의심되는 거액예금을 가입후 단기일내 예금담보대출 신청

② 의심되는 사유: 제3자 제공 부동산 담보대출로서 담보제공자의 관계가 합리성이 없는 거래

보고사례 → 기존 거래처인 이OO가 친구 김OO와 함께 내점하여 3억의 대출 신청. 이OO는 자신의 금융거래상황 및 자산정도 등으로는 거액의 대출이 어렵다는 것을 알고 친구 소유 부동산을 담보로 제공하겠다고 하면서 등기부등본, 등기권리증 등 관련서류를 제출

- 자금의 사용처를 문의한 바, 사업상 필요자금이라는 답변만 되풀이하고 금리 등 대출 조건이 불리해도 좋으니 대출이 이루어지게 해 달라고 거듭 부탁함. 동행한 친구는 은행과 거래가 전혀 없고 특별한 직업도 없어 보였으며 고객과 그다지 친분관계도 없어 보였으며, 담보로 제공된 부동산은 수일 전에 취득한 것으로 확인됨

의심되는 근거 →
- 은행과 거래가 없는 제3자의 담보를 제공하고 대출거래를 이용한 거래
- 짧은 기간의 부동산 매입한 대출거래

③ 의심되는 사유: 거액의 예금담보 대출을 출처가 의심되는 현금으로 단기간 내 상환하는 거래

보고사례 → 00년12월20일 정OO는 A은행 B지점에 신원미상의 다수인과 함께 현금 2억원의 소지하고 내점하여 원거리지역인 C지점에서 정기예금을 담보로 한 대출금 상환. 상환사유 등에 대한 별다른 답변 없이 여유자금이라고만 말함. 같이 내점한 고객들과 비밀스런 이야기 나눔

의심되는 근거 → 출처를 알 수 없는 고액의 대출 상환거래

제3자 담보대출 취급 시 Check Point

- 차주와 담보제공자의 관계는 어떠한가?
- 자금용도는 무엇이며 대출자금의 실수요자는 누구인가?
- 담보제공자가 자신의 재산을 담보로 제공한 목적은 무엇인가?
- 차주와 담보제공자의 금융거래와 내용 등에 문제는 없는가?

③ 외환거래 관련 유형

(1) 보고 유형

① 증여성 송금 및 영수, 환전거래

- 다수인이 동일인에게 분할송금 또는 분할 영수하는 경우
- 자금출처가 불분명한 거액의 외화자금을 송금하거나 영수하는 경우
- 법인 또는 법인의 대표자 명의계좌에서 인출한 자금을 직원명의로 계속해서 송금하는 거래
- 비영리법인 또는 기타단체의 사업목적 등에 비추어 경제적 합리성이 없는 거액 외화예금 또는 송금거래
- 평소 거래관계가 없는 개인 또는 법인이 거액의 자금을 최근 불법적인 해외부동산 취득이 빈번한 국가로 합리적 이유 없이 증여성 송금을 하는 거래
- 경제적 합리성 없이 거액의 외화자금을 영수 또는 분할하여 영수하는 거래, 거액의 자금을 재송금하는 거래
- 자금세탁방지 비협조국가 또는 조세피난처에 소재하는 거래상대방과의 외화자금 송금 및 영수거래
- 특정인이 지인과 동반하여 내점하거나 다수의 타인을 이용하여 일시적으로 자금이 입금된 계좌에서 인출된 자금 또는 현금, 수표 등을 이용한 증여성 해외송금거래
- 개인이 거액의 외화를 증여성 송금 또는 유학경비 또는 해외체제비 등의 각 지급목적별 송금한도 제한금액으로 분할하여 해외송금을 하는 거래
- 개인이 해외로부터 고액의 송금을 받은 후, 단기간 내에 타인의 국내계좌로 이체하거나 현금 출금하는 거래
- 사용 여부를 파악하기 어려운 용역비 등의 지급 목적으로, 법인의 정상적인 지급액보다 거액의 자금을 해외로 송금하는 거래
- 해외직접투자 목적의 송금으로서 투자자의 자금원 또는 투자상대방으로 보아 그 적정성이 의심되거나 그 투자목적의 경제적 합리성이 의심되는거래
- 수수료 등의 지급에 있어 경제적 합리성이 없는 거래
- 비거주자의 국내계좌에서 다수의 비거주자의 국내계좌로 고액(원화 또는 외화)을 빈번하게 이체하는 거래

- 국제금융관행 및 기업규모 대비 경제적 합리성 없는 국내기업의 외화자금 차입거래
- 다수인의 환전 또는 송금거래로서 자금출처가 동일하고 그 사유에 합리성이 없는 거래를 한 경우
- 환전상 등이 제3자를 대리하여 환전하거나 다수인을 동반하여 환전하는 거래로서 자금출처가 동일한 거래
- 거주자 또는 비거주자가 다수의 명의 또는 다수의 은행 영업점에서 1만불 이상 2만불 이하의 금액을 원화로 환전하는 거래
- 거주자가 일정기간 동안 거액을 분할하여 외국환 취득경위 입증서류 제출한도(2만불) 이하의 금액을 원화로 환전(매입)하는 거래

② 단체 해외여행자의 여행경비 지급

- 최근 제출한 여행자 명단과 유사한 이름이 반복되는 거래
- 개인이 해외에서 원화표시 자기앞수표를 외국환거래규정을 초과한 금액(1천만원)을 지급/추심을 요청한 거래

③ 해외이주비 지급

- 해외이주 신고지역과 다른 지역계좌로 송금하는 경우
- 제3자가 해외이주예정자의 이주비를 대리 송금하는 거래
- 비정상적 거래를 통한 국내거주자의 예금을 담보로 해외체류자에게 Stand-by L/C를 발급하여 사실상의 재산도피로 볼 수 있는 거래
- 여러 세대가 국세청 소득확인대상 이하의 해외이주비(10만불)를 동일한 해외수취인(수취계좌 포함)으로 송금하는 거래
- 해외이주자(예정자 포함)의 거액 이주비를 이주 국가와 상이한 소재지에 있는 수취인에게 송금한 거래

④ 외국인의 보수 지급

- 근무하는 업체의 규모에 비해 다수의 외국인이 빈번히 근로자 송금을 의뢰하는 경우
- 외국인 근로자의 보수송금이 동 업종 근로자의 소득대비 과다하거나 빈번한 비정상적 거래

- 동일한 사업장에 근무하는 다수의 외국인 근로자들이 동시에 급여송금 사유로 송금한도 범위 내의 외화를 해외의 동일한 계좌로 송금한 거래
- 외국인 근로자의 거액 급여가 해외로 송금되는 데 송금인의 국적과 해외의 수령하는 수취계좌의 국적이 상이한 거래

⑤ **무역거래**

- 송금방식을 이용한 중계무역거래에서 장기간 수출대금결제가 확인되지 않는 거래
- 사전송금방식 수입으로 거액의 외화송금 후 합리적 이유 없이 장기간 수입신고를 하지 않는 거래
- 경제적 합리성 없는 거액의 내국신용장 발급 거래
- 무역거래 관련 회사규모나 수출입 거래상대방 대비 경제적 합리성이 없는 상호계산 거래
- 합리적 이유 없이 장기간 수출대금이 입금되지 않는 등 의도적인 재산도피 의심거래
- 의심되는 D/A, D/P 방식 등을 이용한 수출거래
- 외환수취 사유는 수출에 대한 선수금 수취로 타발송금을 받았으나, 수취 후 개인소유 국내계좌로 이체한 거래
- 물품수입에 대한 선급금 지급(사전송금 방식) 사유로 송금하였으나, 다수의 개인계좌에서 증여성 송금한도 금액 이하로 분할하여 송금하는 거래

(2) 보고사례

① **의심되는 사유: 타발송금 거래 관련**

보고사례 → 일본소재 송금인 B가 00년 12월 10일 ~ 00년 11월 27일 기간 중 총41회에 걸쳐 U$1,812,989불(JPY 176,801천엔)을 A에게 수시로 증여성 송금

- 수취인 A가 의류판매업을 한다고 하면서 송금대전은 의류 판매대금이라고 주장하나 사업자등록이 되어 있지 않음

의심되는 근거 → – 거액의 해외 타발송금 거래

– 송금수취인 사업자 미등록(탈세 등 의심)

② 의심되는 사유: 당발송금 거래 관련

보고사례 → ○○은 00년 2월 13일 ~ 00년 5월 9일 기간 중 총 200건 987만 달러의 증여성 해외송금을 취급함에 있어 총 56회 걸쳐 특정인(신원미상)이 다수의 송금의뢰인과 함께 내점하여 건당 5만미달러 이하의 증여성 송금을 신청

의심되는 근거 → – 신원미상의 다수의 송금의뢰인을 대동하여 내점
– 5만미달러 이하로 분할하여 증여성 송금의뢰

③ 의심되는 사유: 환전거래 관련

보고사례 → ○○지점은 00년 12월 16일 ~ 00년 12월 23일 기간 중 개인의 이전거래를 사유로 고객 A, B, C등 3명에게 대하여 총 98건 869천달러 상당의 환전을 취급, △△지점은 00년 2월 20일 ~ 00년 11월 17일 기간 중 고객 A, B 2명에 대하여 총 200건 2,059천미달러 상당의 환전을 취급하였으며, 동건들이 일정기간 지속적으로 미화 1만불 이하의 외국환 매도를 요청

의심되는 근거 → 일정기간 지속적으로 소액 분할 환전(국세청통보 회피 목적 의심)

외환거래 관련 유의사항

- 정당하게 취득한 자금이라도 탈세목적 외환거래 여부 확인
- 외국환 관련법령에 따라 정당하게 신고 · 보고한 사실과 의심되는거래보고와는 별개임
- 무역거래를 이용한 자금세탁이나 외화도피거래 여부 확인
- 해외 분산송금 및 증여성 해외송금 관련

4 채권거래 관련 보고 유형

- 국공채, CD, 표지어음, 양도성예금증서 등 거액의 무기명채권의 발행과 관련하여 자금출처 또는 자금용도가 불분명한 경우
- 은행의 섭외나 권유 없이 자발적으로 찾아와서 거액의 자금을 신원이 불분명한 자의 명의로 채권 등을 매입하는 경우

5 보험거래 관련 유형

(1) 보고 유형

- 당일 미성년자 고객 일시납 2천만원 이상 계약 체결거래
- 최근 1개월 이내 청약철회가 3회 이상으로 합산금액 2천만원 이상인 거래
- 계약일로부터 3개월 이내 약관대출 합산금액이 5천만원 이상인 거래
- 최근 3개월 이내 3회 이상 중도 인출을 하고 그 금액이 5천만원 이상인 거래
- 최근 1개월 이내 월납 환산 1천만원 이상, 일시납 3억 이상의 보험계약체결
- 계약 후 6개월 이내 해지하는 거래 중 해지환급금이 5천만원 이상인 경우
- 보험계약 후 30일 이내 3억원의 보험료를 선납하는 경우
- 타인의 계좌를 이용한 월납기준 보험료가 1천만원 이상인 경우
- 초회보험료 3천만원 이상 납입 후 90일 이내 해지한 경우

(2) 보고사례

① 의심되는 사유: 합리적 사유 없이 보험계약 체결후 비교적 단기간 내에 거액의 보험료를 선납하는 거래

보고사례 → 김OO은 특별한 사유 없이 본인 및 가족 등의 명의로 다수의 보험계약을 체결하고 수개월 내에 남은 기간의 보험료 전액을 선납하였음. 다수의 보험계약 자체도 적은 액수가 아니었으며, 남은 기간의 보험료 총액은 2억이었음. 최초계약 시 선납할 경우 보험료 할인 혜택 등이 있었음을 설명하며 이유를 물어보자 알 필요 없다며 구체적인 답변을 회피

의심되는 근거 → 다수의 보험계약을 체결 후 비교적 단기간 내에 특별한 사유 없이 거액의 보험료를 선납하는 거래(증여세 등 탈세 의심)

제7절 의심스러운거래보고 의무 위반

1 의심스러운거래보고 의무

⊙ 사례

금융회사등은 금융거래의 상대방이 자금세탁행위나 공중협박자금조달 행위를 하고 있다고 의심되는 합당한 근거가 있는 경우, 그 사실을 종합적으로 검토한 후 의심되는거래보고대상 금융거래로 판단하는 때부터 시간적으로 지체함이 없이* 금융정보분석원장에게 보고하여야 하는데도 내부 결재를 통해 의심스러운거래보고대상으로 확정한 금융거래를 정당하거나 업무담당자의 규정 미숙지로 인한 업무 과다, 휴가 등의 사유 등 합리적인 사유 없이 지연보고하는 등 의심스러운거래보고 의무를 적정하게 이행하지 않음

***의심거래로 결정한 날로부터 3영업일 이내로 변경(2021.3.)**

☞ 특정금융정보법 제4조 제1항 및 특정금융거래정보 보고 및 감독규정 제3조를 위반한 행위로서 특정금융정보법 제11조에서 정하고 있는 제재대상에 해당하며 특정금융정보법 제17조에 따라 과태료 부과대상임

⊙ 사례

금융회사등의 종사자는 금융거래와 관련하여 수수한 재산이 사기 등의 범죄행위에 의하여 생긴 재산 등이라는 사실을 알게 되어 관할 수사기관에 신고한 경우에는 지체 없이 그 사실을 금융정보분석원장에게 보고하여야 하는데도(대출고객 OOO을 대출 관련 사기혐의로 수사기관에 고소하였음에도 이 사실을 지체 없이) 금융정보분석원장에게 의심스러운 거래로 보고하지 않음

☞ 특정금융정보법 제4항 제1항 위반으로 특정금융정보법 제11조에서 정하고 있는 제재 대상에 해당함

② 의심스러운거래 추출기준 미흡

⊙ 사례

일부 의심스러운거래 추출기준은 관련법상 제한된 거래이거나 전산시스템 설계 · 운영상 오류로 인하여 의심스러운 거래 경보가 전혀 발생하지 않고 있는데도 의심스러운거래 추출기준의 실효성을 정기적으로 검토하지 않고 관련 전산시스템 운영 현황도 점검하지 않는 등 의심거래 보고업무가 일부 불합리하게 운영

☞ 의심스러운거래 추출기존 및 운영 현황을 정기적으로 분석 · 점검하는 절차를 마련하여 운영하여야 함

③ 의심스러운거래 추출건 검토 업무 미흡

⊙ 사례

고객의 거래를 현금의 물리적 이동이 없는 대체거래라는 이유로 고액현금거래보고 대상에서 제외하는 경우, 동 거래유형에 대한 의심스러운 거래 보고 여부 검토 내용을 문서화하도록 되어 있지 않는 등 관련 의심스러운거래에 대한 검토 절차가 불합리하게 운영

☞ 대체거래를 고객의 요청에 따라 현금거래로 처리하는 경우 의심스러운거래보고 여부에 대한 검토 내용을 충실히 문서화하여야 하며 이에 대한 주기적으로 점검하는 절차를 마련하여 운영하여야 함

④ 의심스러운거래보고업무 운영 불합리

⊙ 사례

- 금융거래와 관련하여 수수한 재산이 사기 등의 범죄행위에 의하여 생긴 재산 등이라는 사실을 알게 되어 관할 수사기관에 신고한 경우, 고객의 금융계좌 등에 대해 수사기관이 금융거래정보를 요구한 경우 및 가상자산 관련 금융거래 중 자금세탁위험이 높은 거래행위에 대해 의심거래보고 대상인지 여부를 확인하는 절차가 없음
- 전산시스템 기반의 의심거래 추출 이외에 부서별 업무특성을 고려하여 수기로 의심거래 모니터링을 운용 중이나, '일별 의심스러운거래 유형' 해당 여부만을 체크하고 있으며, 사후적으로 적정성 점검도 하지 않고 있어 의심거래보고업무가 형식적으로 이루어질 우려가 있음

☞ 고객의 거래를 지속적으로 모니터링하여 비정상적인 거래행위를 식별 · 분석하여 의심스러운거래로 보고하는 업무 체계를 마련하고 있으나, 위와 같이 미흡한 점이 있으므로 의심거래보고 업무 체계 및 의심거래 추출기준의 적정성을 검토하여 이를 합리적으로 개선하여야 함

제5장 고액현금거래보고(CTR)

제1절 CTR의 개요

1 의의 및 필요성

고액현금거래보고제도(CTR; Currency Transaction Report)란 일정금액 이상의 현금거래가 발생하는 경우 이를 금융정보분석원에 보고하도록 하는 제도이다.

고액현금거래보고제도는 객관적 기준에 의해 일정금액 이상의 현금거래를 보고토록 하여 불법자금의 유출입 또는 자금세탁혐의가 있는 비정상적 금융거래를 효율적으로 차단하려는 데 그 목적이 있다.

우리나라에서는 자금세탁을 방지하기 위하여 법적 규제로서 2001년 금융회사등의 의심되는거래보고 및 자금세탁행위(범죄수익의 은닉 · 가장)에 대한 형사처벌을 주된 내용으로 하는 특정금융정보법 및 범죄수익은닉규제법을 제정하였고, 2005년 1월 특정금융정보법이 개정되어 고객알기제도와 더불어 고액현금거래보고제도(CTR)을 도입하였다.

2 도입취지

고액현금거래를 보고하도록 한 것은 출처를 은닉 · 위장하려는 대부분의 자금세탁거래가 고액의 현금거래를 수반하기 때문이며, 금융회사 직원의 주관적 판단에 의존하는 의심되는거래보고제도 만으로는 금융회사의 보고가 없는 경우 불법자금을 적발하기가 사실상 불가능하다는 문제점을 해결하기 위한 것이다. 우리나라는 금융거래에서 현금거래 비중이 높은 점 때문에 자금세탁방지의 중요한 장치로서 도입의 필요성이 강하게 제기되어 도입하게 되었다.

즉 금융회사의 주관적 판단과 자발적 보고에 전적으로 의존하는 한계를 보완하고, 고액현금의 지급 · 영수를 통한 불법자금의 유통을 사전에 차단하는 한편 STR 자료의 전략적 심사분석 등에 활용하기 위하여 도입된 것이다.

이러한 취지에서 고객확인의무와 마찬가지로 FATF · APG(Asia Pacific Group) 등 자금세탁방지 관련 국제기구가 각국에 도입을 권고하는 사항이며, 미국 · 호주 · 캐나다 · 대만 · 태국 등 여러 나라에서 도입 · 시행되고 있다.

STR과 CTR의 비교

구 분	의심되는거래보고(STR) (Suspicious Transaction Report)	고액현금거래보고(CTR) (Currency Transaction Report)
제도내용	• 금융회사는 자금세탁행위를 하고 있다고 의심되는 금융거래 내용을 koFIU에 보고	• 금융회사는 자금세탁 여부에 관계없이 기준금액 이상 현금거래 내용을 koFIU에 보고
법령상 보고대상	• 불법재산이라고 의심되거나 자금세탁 의심이 있는 금융거래	• 고액현금의 지급, 영수거래 • CTR보고회피 목적 분할거래
제외대상	–	• 다른 금융회사와의 거래 • 국가, 지자체, 공공단체와의 거래 • 공과금 등의 수납 · 지출거래 등 • 외국통화 거래
기준금액	• **기준금액폐지**(2013.11.14.)	• 원화 1천만원 이상(외국통화 제외)
판단기준	• 금융회사 종사자의 업무지식, 전문성, 경험 등을 바탕으로 의심되는거래 정황을 고려 판단	• 일률적인 객관적 기준(금액)에 따라 보고
보고시기	• 의심되는거래로 판단되는 때로부터 지체없이 보고	• 금융거래 발생후 30일 이내 보고
보고방법	• On-line 보고 우선 • 문서, 플로피디스크 등으로 보고	• On-line 보고 우선 • 문서, 플로피디스크 등으로 보고
보고서식	• 의심되는거래보고서	• 고액현금거래보고서, 다만, CTR보고회피 목적 분할거래는 의심되는거래보고서로 보고
장점	• 금융기관 임직원의 전문지식에 근거 • 불법자금 적발효과가 높음	• 불법자금차단에 대한 국민인식 제고 • STR분석 시 참고자료로 활용

단점	• 금융회사 업무부담이 높음 • 참고유형 제시 등 어려움	• 방대한 자료로 효용성이 낮음 • 전산시스템 구축 등 비용발생
기타	• FATF 권고사항 중 고객확인의무와 함께 AML/CFT의 핵심적인 제도	• FATF의 선택적 권고사항으로 미국, 캐나다, 호주 등에서 도입 · 운용

3 CTR 체계

CTR(Currency Transaction Report) **현금 10백만원 이상의 금융거래 발생 시 KoFIU에 보고하는 제도**			
CTR리스트	자금세탁거래인지 검토	정상거래 확정	자동보고
금융회사별 자금세탁방지시스템에서 수행			

제2절 보고대상

1 보고대상

(1) 보고대상

① 보고대상은 "현금(외국통화 제외)의 지급 또는 영수거래"이다.

- 현금거래라 함은 금융회사와 고객 사이에 이루어지는 현금(한국은행권 및 주화)의 물리적 이동을 의미한다.
- 현금의 지급이라 함은 출금, 지출 등 그 명목을 불문하고 금융거래에 수반하여 보고기관으로부터 거래자에게로 현금이 물리적으로 이동하는 것이고,
- 현금의 영수라 함은 입금, 수납 등 그 명목을 불문하고 금융거래에 수반하여 거래자로부터 보고기관에게로 현금이 물리적으로 이동하는 것을 말한다.

② 현금과 유사한 기능의 지급수단

현금과 유사한 기능의 지급수단으로서 하는 금융거래는 카지노 사업자의 영업장에서 현금 또는 수표를 대신하여 쓰이는 것으로서 카지노에서 베팅에 사용되는 도구인 칩을 수표와 교환하는 금융거래등을 하는 경우 카지노 사업자가 지급 또는 영수하는 수표 중 권면액이 100만원을 초과하는 수표를 말한다. 다만, 카지노사업자가 그 수표를 지급하거나 영수하면서 실지명의를 확인한 후 실지명의 및 수표번호를 기록 · 관리하는 경우는 제외한다(법 시행령 제8조의3).

2 보고대상 기준금액

금융회사가 1거래일 동안 동일인에게 지급 또는 영수한 현금거래를 합산하여 **원화 1천만원 이상**인 경우 해당 거래내역을 보고해야 한다.

금융회사 창구에서 이루어지는 현금거래뿐만 아니라 현금자동입출금기상에서의 현금 입 · 출금, 야간금고에서의 현금 입금 등을 포함한다.

그러나 계좌이체 · 인터넷뱅킹 등 회계상의 가치이전만 이루어지는 거래는 그 대상에 포함되지 않는다.

〈**보고 기준금액 단계적 인하**(특정금융정보법 시행령 부칙)〉

- **5천만원**(2006. 1. 18) → **3천만원**(2008. 1. 1) → **2천만원**(2010. 1. 1) → **1천만원**(2019. 7.)

참고 ● **현금의 지급 · 영수의 예시**

거래유형	거래내역 예시	비 고
계좌거래	금융회사의 창구 또는 자동화기기 등을 이용하여 계좌에서 현금을 출금하거나 입금하는 경우	각각 현금의 지급 · 영수
비계좌거래	금융회사를 방문하여 무통장 입금방식으로 송금하는 경우	현금의 영수
환전거래	외화를 원화로 환전하거나 그 반대의 경우	각각 현금의 지급 · 영수
유가증권거래	수표 · 어음 등 유가증권을 제시하여 현금으로 교환하거나 그 반대의 경우	현금의 지급 · 영수
계좌 + 비계좌 거래	자기명의 계좌에서 현금출금 후, 창구에서 바로 타인에게 무통장 입금방식으로 송금하는 경우	현금출금은 현금지급, 송금은 현금영수
계좌 + 비계좌 거래	자기명의의 예금을 해지하여 현금을 지급받은 후, 창구에서 그 현금을 재원으로 자기앞수표 발행을 의뢰하는 경우	예금해지시 현금지급, 자기앞수표 발행의뢰시 현금영수

※ CTR을 회피할 목적으로 금액을 분할하여 금융거래를 하고 있다고 의심되는 경우에는 의심되는거래보고를 하여야 한다.

보고기준금액은 자금세탁등 불법자금 유통을 효과적으로 차단할 수 있는 범위 내에서 각국의 현금거래 성향, 수준 등을 고려하여 결정하므로 나라에 따라 다른 양상을 보이고 있으나, 미국, 호주, 캐나다 등 주요국에서는 1만 달러(자국화폐 기준) 이상의 현금거래를 보고하도록 하고 있다.

대부분의 국가에서는 CTR제도를 회피하기 위해 분할거래를 하는 경우에 대비해 일정기간 동안의 다중거래를 단일거래로 판단하여 그 금융거래의 합산금액이 보고기준금액을 넘는 경우에도 보고하도록 하고 있으며, 보고방식으로는 서면과 전자식 보고방식을 병행하고 있으나, 기술적인 보고능력이 부족한 경우를 제외하고는 전자식 보고방식을 권장하고 있으며 실제로 대부분의 보고가 전자식으로 이루어지고 있다.

〈국가별 CTR 기준금액 및 보고대상기관〉

국 가	기준금액	보고대상기관	보고건수
미국	USD 10,000 이상	은행, 증권브로커와 딜러, 자금서비스업, 카지노 등	연간 12~13백만 건
캐나다	CAD 10,000 이상	은행, 신탁회사, 생명보험회사, 증권딜러, 환전업자, 회계사(법인), 부동산 중개인, 카지노 등	연간 12~13백만 건
호주	AUD 10,000 이상	은행, 보험회사 및 보험중개인, 금융서비스업, 신탁회사, 변호사 또는 법무법인, 카지노 등	연간 약 2백만 건

3 기준금액 산정방법

① 보고 금융회사에서 동일인에게 1거래일 동안 지급하거나 영수한 금액을 각각 합산하여 산정한다.

"동일인"이라 함은 금융실명법 제2조 제4호의 실지명의(개인: 성명, 주민등록번호, 법인: 명칭, 사업자등록번호 등)가 동일한 경우를 말한다.

"외국인"의 경우 여권, 외국인등록증, 국내거소신고증 등 각 실명증표별 거래금액을 합산하여 기준금액을 산정[1)]한다.

"1거래일" 동안 수 건의 금융거래에 따라 지급한 금액을 합산하거나 영수한 금액을 합산한다. 이와 같은 보고기준금액의 합산취지는 고액현금거래보고를 회피하기 위하여 이루어지는 분할거래에 대하여 1거래일을 기준으로 합산함으로써 이를 규제하기 위한 것이다.

1거래일을 넘어 분할거래가 이루어지는 경우에도 금융회사등은 고액현금거래보고를 회피할 목적으로 분할하여 금융거래를 하고 있다고 의심되는 합당한 근거가 있는 경우에는 그 사실을 금융정보분석원장에게 보고하여야 한다(법 제4조의2 제2항).

1) 외국인의 경우 여권번호, 외국인등록증 등으로 이원화되어 관리되고 있어 동일인의 거래라도 합산되지 않을 우려가 있으므로, 실명조합번호를 하나로 일원화하여 관리할 필요성이 있다.

② 고액현금거래보고 기준금액 산정 시 제외되는 금융거래는 다음과 같다.

- 100만원 이하의 원화 송금(무통장입금 포함) 금액
- 100만원 이하에 상당하는 외국통화의 매입 · 매각 금액
- 각종 공과금 등을 수납한 금액
- 법원 공탁금, 정부 · 법원보관금, 송달료를 지출한 금액
- 은행지로장표에 의하여 수납한 금액
- 100만원 이하의 선불카드 거래금액
- 현금거래가 아닌 것(대체거래)

* 특정금융거래정보보고 및 감독규정 제9조 각 호

참고 • **기준금액 산정 예시**

거래 사례	보고 여부	비 고
甲은행에서 A가 본인명의 2개의 계좌를 이용, 오전에 a계좌에서 현금 500만원, 오후에 b계좌에서 현금 500만원을 각각 인출한 경우	해당됨	지급액 1천만원
甲은행에서 A가 1개의 계좌를 이용, 오전에 현금 1천만원 입금, 오후에 현금 500만원 출금한 경우	해당됨 (영수만)	지급액 500만원 영수액 1천만원
甲은행에서 A가 오전에 본인 계좌에 현금 1천만원을 입금하고, 오후에 같은 은행에서 현금 500만원을 무통장입금으로 乙은행의 B계좌에 송금한 경우	해당됨	영수액 1천500만원
甲은행에서 A가 오전에 본인 계좌에 900만원을 현금 입금하고, 오후에는 B에게 현금 100만원을 송금한 경우	해당 안됨	영수액 900만원 (*100만원 송금은 합산 제외)
乙은행에서 B가 1개의 계좌를 이용하여 오전에 900만원을 현금 입금하고 오후에 현금 100만원 입금하는 경우	해당됨	영수액 1천만원

③ 보고 제외대상

- 다른 금융회사등(카지노사업자, 가상자산사업자, 자금세탁행위와 공중협박자금조달행위에 이용될 위험성이 높은 자로서 금융정보분석원장이 정하여 고시하는 자는 제외)과의 현금의 지급 또는 영수

- 국가, 지방자치단체, 그 밖에 대통령령으로 정하는 공공단체와의 현금의 지급 또는 영수
- 자금세탁의 위험성이 없는 일상적인 현금 등의 지급 또는 영수로서 대통령령이 정하는 것

제3절 보고의무 주체와 거래상대방

1 보고의무의 주체: 금융회사등

고액현금거래의 보고의무자는 금융회사등으로 의심되는거래보고의 경우와 동일하다. 보고의무를 부담하는 자는 금융회사등의 종사자 개인이 아니라, 법인으로서 금융회사등이다. 금융회사 종사자를 보고주체로 하게 되면 보고불이행에 대한 책임을 면하기 위하여 의심되는거래까지도 보고할 것이 우려되기 때문이다.

은행, 증권회사, 보험회사 등 금융회사가 보고의무이나 관광진흥법에 따른 허가를 받은 카지노업자도 고액현금거래의 보고의무자이다. 자금세탁은 규제가 약한 곳으로 이동하기 마련이므로 원칙적으로 금융거래를 수행하는 모든 금융회사를 적용대상으로 하고 있는 것이다.

2 보고의무의 주체와 거래상대방

구 분	보고주체	거래상대방
통장거래	계좌개설 금융회사	계좌 명의인
무통장송금거래	송금요청받은 금융회사	송금 의뢰인
자동화기기 입출금거래 (타행카드 이용거래 포함)	계좌보유 금융회사	계좌 명의인
자기앞수표 지급거래	자기앞수표 지급은행	자기앞수표 지급신청인

예 시

거래 사례	보고기관/상대방	비 고
甲은행 B명의 계좌에 B의 통장을 소지한 A가 2천만원을 입금한 경우	예금주인 B를 보고함 다만, 甲은행이 A의 입금행위가 자금세탁등의 우려가 있다고 판단하는 경우 A에 대하여 별도로 의심되는거래보고 가능	A가 B의 부탁으로 심부름을 한 경우 등 A가 범죄목적으로 B명의의 계좌를 양도 · 대여받아 거래하는 소위 대포통장의 경우
A가 甲은행을 방문, 乙은행의 B명의 계좌로 무통장송금하는 경우	甲은행이 A를 보고함	-
A(또는 A의 대리인)가 甲은행의 현금자동입출금기를 이용하여 乙은행 A계좌에서 인출하는 경우	乙은행이 A를 보고함	계좌개설은행인 乙은행이 甲은행의 기기를 이용한 것일 뿐, 실제 금융거래는 乙은행과 A 사이에 이루어진 것임

3 은행·증권·보험과의 혼합거래 시 CTR의무 주체

은행 간 계약을 통한 대지급(A은행과 B은행, 지방은행의 뱅크라인 등)의 경우 CTR 의무는 실제로 지급 · 영수를 수반하는 금융거래를 한 은행에게 있다. 동 거래는 계좌개설은행이 타 은행과 입 · 출금업무 대행계약을 통해 입금 및 지급을 위탁한 것이므로 금융거래 당사자 및 보고의무 주체는 계좌개설은행이다.

은행에서 보험상품 판매를 대행하거나 펀드 판매를 대행하는 경우 은행이 현금을 수령하거나 지급하는 주체가 되므로 고액현금거래보고의 주체가 된다. 따라서 은행에서의 펀드 판매 대행 또는 보험상품 판매 대행의 경우 은행에서 개설한 수신계좌를 통하여 자금이 펀드 판매 위탁사로 이체되므로 현금의 지급 및 영수는 은행에서 이루어지므로 은행이 고액현금거래를 보고하여야 한다.

제4절 보고시기 및 보고방법

1 보고시기

본점의 보고책임자는 보고대상 금융거래 발생 후 30일 이내에 금융정보분석원장에게 보고하여야 한다(특정금융정보법 제4조의2 제1항).

대부분의 금융회사 영업점은 금융거래 발생 후 5영업일 이내에 해당 금융회사 자금세탁방지시스템을 통해 보고대상 거래에 대한 오류내용을 점검한 후 제외 대상에 대한 정정요청서를 전산등록하거나 본점 해당부서에 제출하고 있다.

2 보고방법

(1) CTR 보고체계

금융거래의 상대방에게 지급하거나 그로부터 영수한 현금(외국통화 제외)의 지급 또는 영수거래를 각각 합산한 금액이 보고기준금액 이상인 경우 그 거래내역을 금융거래 발생 후 30일 이내에 금융정보분석원에 보고한다.

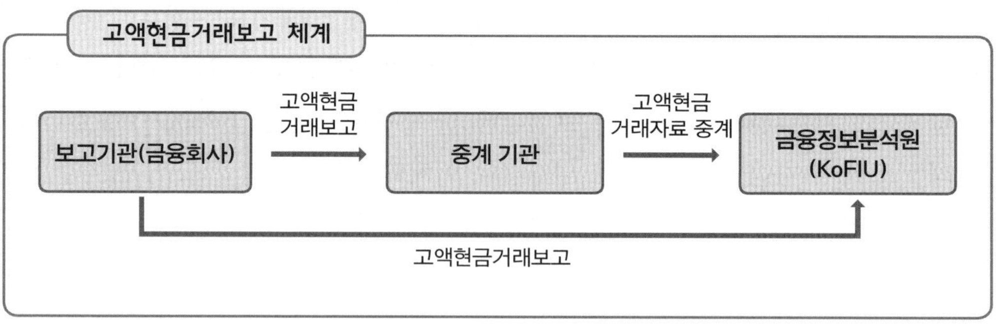

(2) 담당부서(예: 준법지원부) 보고

온라인 보고를 우선으로 한다.

(3) 보고서 제출방법

온라인 보고는 금융정보분석원 온라인 보고시스템으로 제출

(4) 보고내용

- 보고하는 금융회사 명칭 및 소재지
- 현금의 지급 또는 영수가 이루어진 일자 및 장소
- 현금의 지급 또는 영수의 상대방
- 현금의 지급 또는 영수의 내용
- 그 밖에 현금의 지급 또는 영수의 사실을 분석하기 위하여 필요한 사항으로 금융정보분석원장이 정하는 사항

제5절 CTR 재검토 대상 및 심사기준

고액현금거래로 발생된 건 중 의심되는거래로 추정되는 건은 반드시 의심되는거래보고를 하여야 한다.

1 재검토 대상

본점의 보고책임자는 보고대상거래 내용을 검토하여 해당 영업점에 재검토하도록 통보할 수 있다.

과다한 현금거래, 대체를 현금으로 입력한 것으로 판단되는 거래, 반복적인 현금거래 등이 그 예이다.

이 경우 영업점 담당책임자는 통보일로부터 통상 5영업일 이내에 재검토 결과를 해당 금융회사 자금세탁방지시스템에 등록하여야 한다.

- 의심되는거래인 경우: STR(CTR 자동확정됨)
- 정정대상인 경우: 수정보고
- 정상거래인 경우: 타당성 등록 후 확정

CTR흐름도

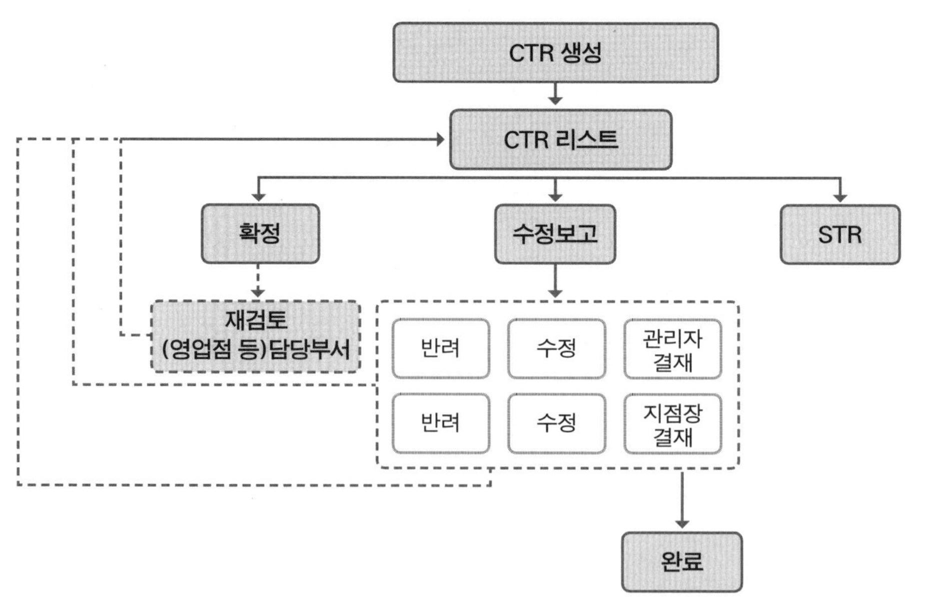

2 재검토 심사기준

재검토 심사기준은 다음과 같다

- 분할 입·출금거래
- 시간의 연속성을 띠는 다수의 입·출금거래
- 휴면계좌의 거액 거래
- 미성년자의 거액 입·출금 거래
- 신규고객의 고액 일반장 자기앞수표 제시 지급
- 신규거래와 동시에 고액의 현금거래
- 고액현금거래가 빈번한 경우
- 단기성 여신의 상환

3 재검토 제외대상(정상거래)

- 주거래 업체의 매출대금 입금 거래
- 예금 만기해지 후 재신규
  * 예금주 명의변경 제외 – 가족관계(BPR) 확인
- 공과금 납부를 위한 출금거래
- 현금거래로 상거래를 하는 업체
- 고액현금거래 후 소액 추가 거래가 발생한 경우 소액 합산 제외
- 현금/대체 오조작 후 소액거래(현금/대체 수정거래후 소액거래는 삭제)
- 카드대금, 당좌결제자금
- 급여지급을 위한 고액현금 출금거래
- 대출금 상환을 위한 출금 및 입금거래(대출금 전표확인, 여신거래내역 확인)
- 동일 거래로 STR로 보고된 경우
- 종업원 급여이체 거래(출금 등)
- 특정일자의 기업 간 물품송금거래(월말, 월초)
- 급여이체를 위한 고액현금 입·출금거래

제6절 고액현금거래보고 유형 및 사례

1 고액현금거래보고 관련 사례별 업무처리

(1) 고객이 현금처리를 요청할 경우

① 정상적인 거래일 경우

무통장 입금 시 수취인, 본인명의 다른 계좌에 입금 요청하여 입금된 자금을 바로 현금화(전자금융, 현금출금 등)하여 사용하는 경우로 이런 경우에는 고객이 대체, 현금의 정확한 의미를 알지 못하여 현금으로 처리를 요청하는 경우로 대체거래가 가능하다는 것을 알려준다.

② 자금세탁행위로 의심이 되는 경우

현금거래는 자금출처를 은폐하고 거래내용에 대한 추적을 피할 수 있는 점 때문에 요청하는 경우로서, 특히 거액현금거래에 대하여 고객과 상담 등을 통해 고객의 경제활동내용과 거래상황 등을 보다 자세하게 파악한 후, 자금세탁행위로 의심될 경우 의심되는거래보고로 보고해야 한다.

(2) 고객이 CTR을 회피하기 위해 분할거래를 하는 경우

고객이 고액현금거래보고를 회피할 목적으로 기준금액보다 낮게 금액을 분할하여 거래하고 있다고 의심되는 경우에는 의심되는거래로 보고한다.

(3) 고객이 지속적으로 현금출금을 요청하는 경우

거래목적, 자금원천, 실소유자 여부의 파악 등 고객확인업무 수행을 고객이 거절하는 경우 금융거래를 거절할 수 있으나 그렇지 않은 경우에는 거절이 불가하다. 다만 고객에게 고액현금거래보고 통지의 가능성 등을 주지시켜 주어야 한다.

이런 경우 1거래일 중에 일어난 현금거래를 입금(영수), 출금(지급)으로 나누어 각각 합산한 금액이 1천만원 이상이면 고액현금거래보고 대상에 해당된다. 그러나 고객의 요청에 의해 전산(계정)처리만 현금으로 한 경우(현금의 물리적인 이동이 없는 경우)에는 합산에서 제외한다. 다만, 고객의 요청에 의해 현금처리를 한 경우 해당 거래가 의심스럽다고 판단되면 의심되는거래로 보고하여야 한다.

2 고액현금거래보고 합산대상 금융거래의 판단

(1) 당일자 취소, 정정, 환입, 취소 등의 경우 보고대상 여부

원칙적으로 취소, 정정 등이 발생하더라도 금융회사와 거래자 사이에 현금의 물리적 이동이 발생하였다면 고액현금거래로 보고하는 것이 바람직하나, 입·출금거래 후 당일자(오조작에 의한) 취소된 경우 금융거래가 발생하지 않은 것으로 보아 보고대상에서 제외 가능하다.

금융회사와 고객 사이에 현금의 물리적 이동이 발생하였으나, 당일자 취소는 금융회사 직원의 오조작에 의한 것이 대부분이므로 이것을 고객의 요청에 의한 취소와 구분할 실익이 없다. 다만 고객이 취소를 요청한 경우에는 의심되는거래로 보고할 수 있다.

정정, 환입, 환출, 당일 이외의 취소는 보고대상이며, 동 거래 발생당일이 보고기준일이 되고, 해당거래 또는 합산한 금액이 보고대상금액 이상일 경우 CTR로 보고하여야 한다.

정상거래 시에는 보고대상이 아니었으나 환입, 환출, 정정거래로 인하여 보고대상에 해당되면 환입, 환출, 정정 거래일이 보고 및 합산기준일이 된다.

(2) 전일자 거래, 마감 후 거래의 합산기준일

전일자 거래와 마감 후 거래의 계리일자는 서로 상이하나, 고액현금거래보고를 위한 거래합산 기준일은 전일자 거래와 마감 후 거래가 발생한 당일로 한다.

(3) 공휴일 거래의 합산 여부

법령상 영업일의 개념이 없으므로 공휴일 거래도 평일과 동일하게 1일거래 금액을 기준으로 합계금액이 보고대상 금액 이상인 경우에 보고한다.

(4) 금융회사에서 판매를 대행하고 있는 상품권, 복권, 공연입장권, 교통카드 충전, 수입인지(증지) 등의 판매금액 합산 여부

상품권, 복권, 공영입장권, 교통카드충전, 수입인지(증지) 등의 판매는 법에서 정한 금융거래에 해당되지 않으며, 판매회사는 법의 적용대상 금융회사가 아니므로 합산에서 제외한다(특정금융정보법 제2조 제2호).

(5) 현금자동입출금기 등을 이용한 1백만원 이하 송금의 합산 여부

100만원 이하의 원화송금(무통장입금)금액은 합산 제외대상이다(특정금융정보법 시행령 제8조의2 제4항 제1호). 1백만원 이하 송금의 경우 실명확인 생략대상 금융거래에 해당되어 합산에서 제외한다(금융실명법 제3조 제2항 제1호 및 동법 시행령 제4조 제1항 제2호).

(6) 1백만원 초과의 송금거래이나 현금이 1백만원 이하인 경우 합산 여부

고액현금거래보고제도는 금융회사와 거래자 사이의 현금의 물리적 이동을 의미하므로 현금금액만 합산한다.

예) 150만원 송금신청 시 현금 50만원, 자기앞수표 1백만원의 경우 50만원만 합산

(7) 고액현금거래보고 시 합산대상 이자와 보증료의 범위

금융거래의 성격인 대출이자, 보증료 등(이자개념)은 포함하며, 중도해지수수료, 중도상환수수료, 제증명서 발급수수료 등 금융거래에 의해 부수적으로 발생하는 순수한 수수료(Fee)는 합산에서 제외한다.

합산대상 이자와 보증료 예시

- 원화 및 외화대출이자
  - 지급보증료
  - 지급보증대지급금이자
  - 매입어음이자
  - 외환수입이자(매입외환할인료, 수입어음결제이자)
  - 외환지급이자(수출환어음 관련 지급이자, 수입어음 관련 지급이자)
  - 카드론이자
  - 현금서비스수수표(단, 취급수수료 제외)
  - 신용판매대금수수료 중 할부수수료

특정금융정보법 시행령 제8조의2 및 특정금융거래정보보고 및 감독규정 제9조에 의한 아래의 공과금은 합산에서 제외한다.

- 금융실명법에서 정하는 각종 공과금을 수납한 금액
- 법원공탁금, 정부 · 법원보관금, 송달료를 지출한 금액
- 은행지로장표에 의하여 수납한 금액

(8) 무기명 양도성예금증서(CD) 발행 및 만기상환 시 금융거래금액 합산의 명의자

무기명 양도성예금증서(CD)발행 시 발행의뢰인의 실명확인 후 증서상 무기명으로 발행하므로 발행의뢰인 명의로 합산하며, 만기상환 시에는 최종소지인(해지의뢰인) 명의로 금융거래금액을 합산한다.

(9) 가수금, 가지급금, 별단예금 등 비온라인거래의 합산 여부

온라인, 비온라인 여부를 불문하고 금융회사가 고객과의 금융거래 시 현금의 영수와 지급이 수반되어 현금의 물리적 이동이 일어나면 합산하여야 한다.

출납과잉금은 금융회사와 거래자 사이의 현금의 물리적 이동이 아니므로 합산에서 제외한다.

(10) 고객이 5천만원의 원화를 들고 내점하여 외화예금통장에 입금한 경우 계좌·비계좌거래 중 어디에 해당되며 보고대상 여부와의 합산 여부

원화를 대가로 외화통장에 입금할 경우 금융회사는 고객으로부터 원화를 영수한 후, 원화에 상당하는 외화로 환산하여 외화예금계좌에 입금하므로 계좌거래에 의한 현금영수에 해당되며 합산대상이다.

(11) 고객이 외화예금통장에서 외화를 인출하는 경우와 외화를 대가로 원화로 환전하여 인출하는 경우 보고대상 여부

고객이 외화예금통장에서 외화로 인출하는 경우는 고액현금거래보고 대상이 아니나, 인출한 외화를 대가로 원화로 환전하여 인출하는 경우 계좌거래에 의한 현금지급에 해당하므로 합산대상이 된다.

(12) 100만원 이하의 원화송금(무통장입금 포함)금액의 합산 제외 범위

금융실명법에 의거 100만원 이하의 원화송금(무통장 입금 포함)거래는 보고기준금액 산정 시 합산대상에서 제외되나, 통장, 카드, 모바일 칩 등을 이용한 100만원 이하 입금거래는 합산대상에 포함된다.

단, 지급의 경우에는 통장이나 카드, 모바일 칩 등의 사용 여부에 관계없이 모두 합산하여야 한다.

(13) 공동명의 예금의 경우 합산명의

공동명의 예금 신규 시 전산에 등록된 **주된 고객명의로 합산**한다. 향후 공동명의 예금 신규 시 고객에게 동 내용을 반드시 설명함으로서 민원 또는 이의신청 등을 사전에 예방하여야 한다.

(14) 고액현금거래보고 시 기준금액을 산정함에 있어 동일인이 1거래일 동안 지급하거나 영수한 금액을 각각 별도 합산하여 산정하기 위한 동일인의 산정방법

"동일인"이라 함은 금융실명법의 실지명의가 동일한 경우를 말하며, 각 실명증표별로 구분 합산하여 기준금액을 산정한다.

- 개인의 경우 성명, 주민등록번호
- 법인의 경우 명칭, 사업자등록번호
- 외국인의 경우 여권, 외국인등록증, 국내거소신고증 등

(15) 대출금 상환 시 고액현금거래보고 합산 여부

대출금 상환을 현금으로 하는 경우 고액현금거래보고 합산대상이며, 차주명의로 합산한다. 단, 대위변제의 경우 거래의 상대방은 대위변제자로 하여야 한다.

제7절 고액현금거래보고 위반 및 제재 사례

1 고액현금거래 불철저

⊙ 사례

XXX투자증권은 현금자동입출금기(ATM)를 통한 현금 입출금거래를 고액현금거래보고(CTR) 추출대상 거래유형에 포함하지 아니하여 2017.○.○. ~ 2019.◇.◇.기간 중 입금된 2천만원 이상의 고액현금거래 ◎건 및 2019.△.△. ~ 2019.□.□. 기간 중 입금된 1천만원 이상의 고액현금거래 ◎건을 금융정보분석원에 보고하지 아니함

☞ 특정 금융거래정보의 보고 및 이용 등에 관한 법률 제4조의2 제1항 및 동법 시행령 제8조의2 제1항에 의하면 금융회사등은 2천만원(2019.7.1. 이후는 1천만원) 이상의 현금을 금융거래의 상대방에게 지급하거나 그로부터 영수하는 경우에는 그 사실을 30일 이내에 금융정보분석원장에게 보고하여야 함.

2 고액현금거래보고 보고의무 위반

⊙ 사례

금융회사등은 2천만원(2019.7.1.부터 1천만원) 이상의 현금을 금융거래의 상대방에게 지급하거나 그로부터 영수하는 경우에는 그 사실을 30일 이내에 금융정보분석원장에게 보고하여야 하는데도, 고객으로부터 2천만원 이상의 현금을 0건 영수하고도 이를 30일 이내에 금융정보분석원장에게 보고하지 않고 지연 보고하는 등 고액현금거래보고 의무를 적정하게 이행하지 않음

☞ 특정금융정보법 제4조의2 및 동법 시행령 제8조의2 제1항을 위반한 행위로서 특정금융 정보법 제11조에서 정하고 있는 제재대상이며 특정금융정보법 제17조에 의거 과태료 부과대상임

❸ 고액현금거래보고업무 운영 불합리

⊙ 사례

> 현금의 물리적 이동을 수반하지 않는 대체거래 등을 전산처리의 편의성 등에 따라 전산상 현금거래로 처리한 후 사후적으로 고액현금거래보고대상에서 제외하는 건이 과다하여 고액현금거래보고업무의 효율성 및 정확성이 저해

☞ 현금거래가 아닌 거래가 고액현금거래보고대상으로 추출되지 않도록 해당 전산처리 절차를 개선할 필요

제6장 관련자료 보존과 비밀보장 및 면책규정

제1절 관련자료 보존

1 보존대상

(1) 고객확인 관련 보존자료

- 고객(대리인, 실소유자 포함)에 대한 고객거래확인서, 실명확인증표 사본, 고객 신원정보 확인 및 검증을 위해 확보한 자료
- 고객 신원정보 이외에 금융거래의 목적 및 성격을 파악하기 위해 추가로 확인한 자료
- 고객확인을 위한 내부승인 관련 자료
- 계좌개설 일시, 계좌개설 담당자 등 계좌개설 관련 자료 등

(2) 금융거래기록 관련 보존자료

- 거래에 사용된 계좌번호, 상품 종류, 거래일자, 통화 종류, 거래금액을 포함한 전산자료나 거래신청서, 약정서, 내역표, 전표의 사본 및 업무서신
- 금융거래에 대한 내부승인 관련 근거 자료 등

(3) 내 · 외부 보고 관련 보존자료

- 의심되는거래보고서(사본 또는 결재양식) 및 보고대상이 된 금융거래 자료
- 의심되는 합당한 근거를 기록한 자료
- 의심되는거래 미보고 대상에 대하여 자금세탁등의 가능성과 관련하여 조사하였던 기록 및 기타 자료
- 보고책임자의 이사회 및 경영진에 대한 보고서 등

(4) 기타 보존자료

- 자금세탁방지 등을 위한 내부통제체계 설계 및 운영관련 자료
- 독립적인 감사 수행 및 사후조치 관련 자료
- 자금세탁방지 등 업무 관련 교육자료(교육내용, 일자, 대상자 등)

2 보존기간

보존대상 자료는 5년 이상 보존하여야 한다.

3 보존방법

- 자료의 보존은 원본, 사본, 마이크로필름, 스캔, 전산화 등 다양한 형태로 내부관리 절차에 따라 보존할 수 있다.
- 보존자료는 보고책임자의 책임하에 보안이 유지되도록 관리하여야 한다.
- 금융정보분석원장 또는 특정금융정보법 제11조 제3항에 따라 검사업무를 위탁받은 기관의 장(금융감독원장)이 보존대상 자료를 요구하는 때에는 적시에 제공하여야 한다.

제2절 비밀유지

1 의심되는거래보고 관련 사실 누설금지

금융회사등에 종사하는 자는 특정금융정보법 제4조 제1항에 따라 의심되는거래 보고를 하거나 보고를 하였을 때에는 그 사실을 그 보고와 관련된 금융거래의 상대방을 포함하여 다른 사람에게는 누설하여서는 아니된다. 다만, 다음의 경우에는 그러하지 아니하다.

- 자금세탁행위와 테러자금조달행위를 방지하기 위하여 같은 금융회사등의 내부에서 그 보고사실을 제공하는 경우
- 외국 금융정보분석기구에 대하여 해당 외국의 법령에 따라 의심되는거래보고에 상당하는 보고를 하는 경우

2 신고사실 누설금지

금융회사등에 종사하는 자는 범죄수익은닉규제법 제5조 제1항(수수한 재산이 범죄수익 등이라는 사실을 알게 된 때 또는 금융거래의 상대방이 범죄수익 등 은닉·가장행위를 하고 있다는 사실을 알게 된 때)의 규정에 따라 관할수사기관에 신고하고자 하거나 신고한 경우 그 사실을 당해 신고에 관련된 금융거래의 상대방 및 그의 관계자에게 누설하여서는 아니 된다.

금융회사 임직원은 테러자금금지법 제5조 제2항(수수한 재산이 테러자금 또는 대량살상무기확산자금이라는 사실을 알게 되거나, 금융거래의 상대방이 동법 제4조 제3항의 허가를 받지 아니하고 금융거래나 그에 따른 지급·영수를 하고 있다는 사실 또는 동법 제6조 제1항의 죄에 해당하는 행위를 하고 있다는 사실을 알게 된 때)에 따라 관할수사기관에 신고를 하려 하거나 신고한 경우에는 그 사실을 해당 금융거래의 상대방을 포함한 다른 사람에게 누설하여서는 아니 된다. 다만, 동일한 금융회사등의 내부에서 대량살상무기확산 등을 방지하기 위해 필요한 경우 그 신고

사실을 제공하는 것은 가능하다.

③ 금융거래 정보제공

다음의 경우 금융실명법 제4조(금융거래의 비밀보장), 신용정보법 제32조(개인신용정보의 제공 · 활용에 대한 동의) · 제42조(업무목적외 누설금지 등) 및 「외국환거래법」 제22조(외국환거래의 비밀보장)의 규정에 우선하여 적용한다.

- 금융정보분석원에 대한 의심되는거래보고(STR), 고액현금거래보고(CTR)
- 한국은행총재, 세관장, 외환정보 집중기관장은 외국환업무 거래자료 통보
- 금융정보분석원의 법집행기관에 대한 특정금융거래정보 제공
- 금융정보분석원장이 금융회사등이 제공한 고액현금거래보고(금융정보분석원장이 정리하거나 분석한 정보는 제외)를 검찰총장 등에게 제공한 경우 제공한 날(통보유예의 기간이 끝난 날)부터 10일 이내에 제공한 거래정보의 주요내용 등을 명의인에게 통보하는 것
- 외국금융정보분석기구와의 특정금융거래정보의 제공
- 금융정보분석원의 관계행정기관장, 신용정보집중기관장에 자료제공 요청
- 금융회사에서 금융정보분석원의 제공요구에 따라 「외국환거래법」에 규정된 외국환업무에 따른 거래를 이용한 금융거래 관련정보 또는 자료의 제공
- 금융정보분석원장의 지시 및 위탁에 따라 금융회사등에 대한 감독 · 검사를 하는 자가 감독 · 검사의 필요에 의하여 금융회사등의 장에게 금융거래정보나 의심되는거래 정보, 고액현금거래보고 자료를 요구하여 제공하는 경우

「특정금융정보법」에 따라 제공한 정보에 대하여는 신용정보법 제35조(신용정보 제공사실의 통보요구)를 적용하지 아니한다. 앞서 본 바와 같이 고액현금거래보고와 관련된 명의인에 대한 금융정보분석원의 통보는 특정금융정보법 제7조의2에 따른다.

제3절 면책

1 손해배상책임 면제

금융회사(금융회사 임직원 포함)는 의심되는거래보고를 한 경우 당해 보고와 관련된 금융거래의 상대방 및 그의 관계자에 대하여 손해배상책임을 지지 않는다. 다만, 고의 또는 중대한 과실로 인하여 허위보고를 한 경우는 제외한다.

2 재판상 증거 불인정

금융회사가 금융정보분석원에 보고한 사항 중 금융정보분석원에서 수사기관 등 법집행기관 등에 제공한 특정금융거래정보는 재판에서 증거로 채택할 수 없다.

3 증언 거부

의심되는거래보고에 관여한 금융회사 임직원은 특정금융정보법 제13조 및 제14조의 규정과 관련된 재판을 제외하고는 당해 보고와 관련된 사항에 관하여 증언을 거부할 수 있다. 다만, 중대한 공익상의 필요가 있는 때에는 그러하지 아니하다.

연습문제 제4,5장

자금세탁방지업무

1 의심스러운거래보고(STR)의 의무보고대상과 관련하여 틀린 것은? ( )

① 고액현금거래보고를 회피할 목적으로 금액을 분할하여 현금거래를 하고 있다고 의심되는 합당한 근거가 있는 경우

② 금융거래의 상대방이 범죄수익 등의 은닉 • 가장의 죄에 해당하는 행위를 하고 있다는 사실을 알게되어 관할 수사기관에 신고한 경우

③ 테러자금조달행위를 하고 있다고 의심되는 합당한 근거가 있으나 금융거래가 발생하지 않았다면 금융거래 발생 시에 보고 가능하다.

④ 금융실명법을 위반하여 불법적인 금융거래를 하여 자금세탁행위를 하고 있다고 의심되는 합당한 근거가 있는 경우

2 의심스러운거래보고와 관련하여 틀린 것은? ( )

① 의심스러운거래보고 기준 금액은 폐지되었다.

② 보고책임자는 보고받은 내용과 자체적으로 파악한 내용 등 관련자료를 종합적으로 검토하여 의심되는거래로 결정한 날로부터 3영업일 이내에 금융정보분석원장에게 보고한다.

③ 보고서에는 의심스러운 거래자에 관한 정보 기재 시 법인의 경우 대표자의 성명 및 실명번호도 함께 기재한다.

④ 거래상대방이 타금융기관인 경우 거래상대방의 성명, 실명번호, 상대금융기관명, 계좌번호를 기재한다.

3 고액현금거래보고제도에 대하여 틀린 것은? ( )

① 금융회사는 자금세탁 여부에 관계없이 기준금액 이상 현금거래 내용을 금융정보분석원에 보고한다.

② 금융회사 직원의 업무지식, 전문성, 경험 등을 바탕으로 보고 여부를 판단한다.

③ 고액현금거래보고를 회피하기 위한 목적으로 분할거래를 하는 경우 의심되는 거래보고서로 보고한다.

④ 고액현금거래보고는 방대한 자료로 효용성이 낮다.

4 고액현금거래보고 기준금액 산정과 관련하여 틀린 것은? ( )

① 동일인에게 1거래일 동안 지급하거나 영수한 금액을 각각 산정한다.

② 100만원 이하의 선불카드 거래금액은 고액현금거래보고 기준금액 산정 시 제외된다.

③ 자기앞수표의 현금 지급 시 보고 주체는 자기앞 수표 발행은행이다.

④ 은행이 보험상품 판매를 대행하거나 펀드판매를 대행하는 경우 은행이 고액현금거래보고의 주체가 된다.

⊙ 다음 문제를 읽고 옳으면 O, 틀리면 X를 하시오.

5 전일자거래와 마감 후 거래의 계리일자는 서로 상이하나 고액현금거래보고를 위한 거래합산 기준일은 전일자 거래와 마감 후 거래가 발생한 당일로 한다. ( )

6 외환 거래와 관련하여 외국환관련 법령에 따라 정당하게 신고·보고하였다면 의심되는거래보고 대상이 아니다. ( )

7 영업점에서 당해 거래가 자금세탁등의 행위로 의심되는 합당한 근거가 있는 경우 보고 대상으로 판단하며 특정한 범죄의 존재사실까지 확인할 필요는 없다. ( )

정답 1.③ 2.④ 3.② 4.③ 5.(O) 6.(X) 7.(O)

저자약력

⊙ 이 근 택
- 신한EZ손해보험 준법감시인 겸 소비자보호총괄 (현)
- AIG손해보험 준법감시인
- AIA생명보험 준법감시인
- 삼성그룹 법무팀
- 미국 인디애나대학교 MBA
- 성균관대학교 경영학 석사
- 경북대학교 법과대학 행정학과 졸업

⊙ 이 진 우
- DB생명보험(주) 소비자보호팀장 (현)
- DB생명보험(주) 준법감시팀장(내부통제, 법무, 자금세탁방지) (전)
- 삼성카드(주) 법무팀, 준법감시팀 근무 (전)
- AFPK, CKLU, 변액보험판매관리사
- 고려대학교 법과대학 법학과 졸업

⊙ 이 홍 경
- 고려대학교 식량자원학과 졸업
- 고려대학교 법무대학원 금융법학과 졸업(금융법학 석사)
- 스탠다드차타드은행 경영지원준법감시부 (현)

영업점 컴플라이언스 오피서(보험편)

전정1판 1쇄 발 행	2011년 7월 29일
전정6판 1쇄 발 행	2025년 5월 14일
저 자	이근택, 이진우, 이홍경
발 행 인	이준수
발 행 처	한국금융연수원 출판미디어사업부 03053 서울특별시 종로구 삼청로 118
전 화	(02)3700-1500
팩 스	(02)3700-1530
홈 페 이 지	http://www.kbi.or.kr
등 록	1990. 4. 20(제 1-1040호)

〈정가 22,000원〉 ISBN 978-89-287-8263-5 13360

한국금융연수원 자격검정시험 안내

•「국가공인자격」은 자격기본법에서 정한 기준과 절차에 따라 국가가 공인한 자격으로 신용분석사, 여신심사역, 국제금융역, 자산관리사(FP), 신용위험분석사(CRA), 외환전문역 I종, 외환전문역 II종 등 7개의 자격이 있습니다.

•「자체인증자격」은 우리 원이 인정, 수여하는 자격으로 공개시험형 자체자격인 프라이빗 뱅커(CPB), 은행텔러, 영업점 컴플라이언스 오피서(은행)(보험)(증권), KBI 금융DT 테스트, 자금세탁방지 업무능력 검정시험 등 7개 자격이 있습니다.

구분	자 격 명 (공인/등록번호)	응시료	자격소개
국가공인자격	신용분석사 (제2024-1호) (2008-0438)	전과목 : 66,000원 1부 : 28,000원 2부 : 39,000원	금융회사의 여신관련 부서에서 기업에 대한 회계 및 비회계자료 분석을 통하여 종합적인 신용상황을 판단하고 신용등급을 결정하는 등 기업신용 평가업무를 담당하는 금융전문가
	여신심사역 (제2024-2호) (2008-0439)	전과목 : 66,000원 1부 : 28,000원 2부 : 39,000원	금융회사의 여신심사 담당자로서 경제상황과 기업의 재무, 비재무상태 등을 분석, 파악하여 적정한 대출심사 의견서 작성, 대출이율 및 대출기간 결정 등 대출실행 여부를 판단하고 자금의 효율적 운용, 대손 방지를 위한 제반조치, 여신의 법률적 검토, 사후관리업무 등 여신업무와 관련한 종합적인 업무를 수행하는 금융전문가
	국제금융역 (제2021-1호) (2008-0440)	전과목 : 66,000원 1부 : 33,000원 2부 : 33,000원	금융회사의 국제금융 관련 부서에서 국제금융시장의 동향파악, 분석 및 예측 등을 통하여 외화자금의 효율적 조달과 운용업무를 담당하고 이에 따른 리스크관리 등 국제금융 관련 업무를 수행하는 금융전문가
	신용위험분석사(CRA) (제2023-2호) (2008-0442)	1차 : 77,000원 2차 : 88,000원	금융회사 및 기업신용평가기관 등에서 개인과 기업에 대한 신용상태를 조사평가하고 신용위험을 측정 · 관리하는 여신전문가
	자산관리사(FP) (제2020-1호) (2008-0441)	전과목 : 55,000원 1부 : 28,000원 2부 : 28,000원	금융회사 영업부서의 PB(Private Banking) 팀에서 고객의 수입과 지출, 자산 및 부채현황, 가족상황 등 고객에 대한 각종 자료를 수집, 분석하여 고객이 원하는 Life Plan 상의 재무목표를 달성할 수 있도록 종합적인 자산설계에 대한 상담과 실행을 지원하는 금융전문가
	외환전문역 I종 (제2020-1호) (2008-0436)	전과목 : 55,000원	금융회사의 외환업무 중 외국환 거래 법규 및 외환거래실무를 이해하고 고객의 외화 자산에 노출되는 각종 외환 리스크를 최소화시키는 등 주로 개인 외환과 관련된 직무를 담당
	외환전문역II종 (제2020-1호) (2008-0436)	전과목 : 55,000원	금융회사의 외환업무 중 수출입업무 및 이와 관련된 국제무역규칙을 이해하고 외환과 관련된 여신 업무를 수행하는 등 주로 기업 외환과 관련된 직무를 담당
자체인증자격	은행텔러 (2008-0437)	전과목 : 55,000원	창구에서 일어나는 제반업무에 대해 신속하고 친절한 업무수행과 정확한 업무처리로 고객에게 도움을 주고 상담을 통해 문제해결을 하도록 도와주는 금융전문가
	영업점 컴플라이언스 오피서(은행) (2010-0118) (보험, 증권) (2013-0702,0703)	전과목 : 각 44,000원	금융회사의 영업점에서 준법관련 법규와 감독기관의 감독규정이 정한 내용과 취지를 충분히 이해하고 업무 수행과정에서 이를 준수하며, 영업점에서 발생 가능한 금융사고 및 민원사항이 발생하지 않도록 사전적 예방 차원에서 그 준수사항의 이행을 점검하는 금융전문가(은행, 보험, 증권 분야별로 자격이 구분됨)
	프라이빗뱅커 (CPB) (2018-004091)	1차 : 110,000원 2차 : 342,000원 (실무교육)	개인고액자산가의 자산 및 수익증대를 실현하기 위해 금융분야 전반에 걸쳐 종합적인 금융상담과 실행을 지원할 수 있는 최고급 수준의 금융자산설계전문가
	KBI 금융DT 테스트 (2021-001872)	전과목 : 44,000원	금융인 및 예비금융인을 대상으로 디지털금융 전반에 대한 기본지식과 업무활용능력 등 금융DT 관련 기본역량 평가
	자금세탁방지 업무능력 검정시험 (2023-004792)	전과목 : 66,000원	금융시스템을 이용한 자금세탁행위와 공중협박자금조달행위를 적발 및 예방할 수 있는 전문적인 업무역량 평가

소비자 알림사항

•상기 "프라이빗뱅커(CPB)", "영업점컴플라이언스 오피서(은행)(보험)(증권)", "KBI 금융DT 테스트", "은행텔러", "자금세탁방지 업무능력 검정시험" 자격은 자격기본법 규정에 따라 등록한 민간자격으로, 국가로부터 인정받은 공인자격이 아닙니다.

•민간자격 등록 및 공인 제도에 대한 상세내용은 민간자격정보서비스 (www.pqi.or.kr)의 '민간자격 소개'란을 참고하여 주십시오.

기타

•응시료 환불 규정 : 접수기간 중 100%, 접수기간 종료 후 시험일 5일전 18시까지 50% 환불/이후 환불 불가

•자격 공인번호는 재공인시점에 따라 변경될 수 있으며, 응시료, 환불규정 등은 응시 시점에 따라 변경될 수 있으니 자격시험 응시 전 반드시 한국금융연수원 홈페이지에서 응시하고자 하는 자격시험에 관한 최신 정보를 확인하시기 바랍니다. 자격시험에 관한 자세한 사항은 한국금융연수원 홈페이지를 참조하시기 바랍니다.

•주소 : 서울특별시 종로구 삼청로 118 / TEL : 02-3700-1500 / 홈페이지 : www.kbi.or.kr